新时代劳动教育概论

中国教育学会《新时代劳动教育概论》编写组　编著

广西教育出版社 ·南宁·

图书在版编目（CIP）数据

新时代劳动教育概论 / 中国教育学会《新时代劳动教育概论》编写组编著. -- 南宁 : 广西教育出版社, 2021.11
ISBN 978-7-5435-9022-9

Ⅰ. ①新… Ⅱ. ①中… Ⅲ. ①劳动教育-教学研究-中小学 Ⅳ. ①G633.932

中国版本图书馆 CIP 数据核字(2021)第 220767 号

策划编辑：黄红杰　黄立明　　装帧设计：李浩丽
责任编辑：孙华明　　责任技编：蒋　媛
责任校对：陆婿澄　谢桂清

出 版 人：石立民
出版发行：广西教育出版社
地　　址：广西南宁市鲤湾路 8 号　　邮政编码：530022
电　　话：0771-5865797
本社网址：http://www.gxeph.com
电子信箱：gxeph@vip.163.com
印　　刷：天津奥丰特印刷有限公司
开　　本：787mm×1092mm　1/16
印　　张：25.5
字　　数：400 千字
版　　次：2021 年 11 月第 1 版
印　　次：2021 年 11 月第 1 次印刷
书　　号：ISBN 978-7-5435-9022-9
定　　价：72.00 元

中国教育学会《新时代劳动教育概论》编写组

执行主编：时俊卿　李红婷　李杨映雪

编　　委：（以姓氏笔画为序）

王　珍　王秀玲　巴春蕾　冯光国

任　媛　李　娜　李红婷　李杨映雪

时俊卿　张　静　张正菊　赵　霞

赵丰平　姜晓波　郭　强　唐培森

龚　振　韩　竹　游　森

新时代劳动教育呼唤劳动教育学的建立

党的十八大以来，习近平总书记立足新时代党和国家事业全局，多次对劳动和劳动教育作出重要论述。习近平总书记在2018年全国教育大会上明确指出，“要努力构建德智体美劳全面培养的教育体系”，将劳动教育纳入培养社会主义建设者和接班人的总体要求。“要在学生中弘扬劳动精神，教育引导学生崇尚劳动、尊重劳动，懂得劳动最光荣、劳动最崇高、劳动最伟大、劳动最美丽的道理，长大后能够辛勤劳动、诚实劳动、创造性劳动。”总书记的重要论述，突出强调了劳动教育在新时代教育工作中的重要地位和独特价值，深刻阐述了劳动教育的使命和任务，推动劳动教育回归初心、回归育人，为全面加强新时代劳动教育提供了根本遵循，指明了方向。

2020年中共中央、国务院发布《关于全面加强新时代大中小学劳动教育的意见》，对新时代劳动教育作出全面部署。2021年新修订的《教育法》进一步将劳动教育固定为法律规范。加强劳动教育，是新时代教育工作的新要求、新任务，我们要深入学习习近平总书记关于劳动和劳动教育的重要论述，全面贯彻新时代党的教育方针，不断深化对劳动教育重要意义、丰富内涵、时代价值的认识，增强劳动教育的紧迫感和责任感，扎实推进新时代劳动教育理论研究和实践创新。《关于全面加强新时代大中小学劳动教育的意见》将劳动教育阐释为：“劳动教育是国民教育体系的重要内容，是学生成长的必要途径，具有树德、增智、强体、育美的综合育人价值。实施劳动教育重点是在系统的文化知识学习之外，有目的、有计划地组织学生参加日常生活劳动、生产劳动和服务性劳动，让学生动手实践、出力流汗，接受锻炼、磨炼意志，培养学生正确劳动价值观和良好劳动品质。”

2020年7月7日教育部印发实施的《大中小学劳动教育指导纲要（试行）》指出：“劳动教育是发挥劳动的育人功能，对学生进行热爱劳动、热爱劳动人民的教育活动。”“劳动教育是新时代党对教育的新要求，是中国特色社会主义教育制度的重要内容，是全面发展教育体系的重要组成部分，是大中小学必须开展的教育活动。”概括起来讲，劳动教育通过有目的、有计划地组织学生参加教育性劳动，包括日常生活劳动、生产劳动和服务性劳动，使学生树立正确的劳动观念和劳动态度，热爱劳动和劳动人民，养成劳动习惯，培养正确的劳动价值观和良好的劳动品质，是学生德智体美劳全面发展的主要内容和路径之一。

劳动教育的内涵、形式随着时代发展而不断变化。我们要与时俱进，科学、准确地把握好新时代劳动教育的本质属性、原则规律、目标和要求，不断深化劳动教育研究和实践，积极探索劳动教育有效实施和科学评价的方式方法，推动新时代劳动教育持续健康发展。一是要进一步明确定位，统筹好劳动课程实施和育人的关系，将劳动教育真正贯穿到人才培养全过程。单独开课是基础，是主渠道，但并不是劳动教育的全部。要加强对劳动教育丰富内涵的研究和阐释，加强对劳动教育与相关学科融合发展的研究和创新，将劳动教育的思想观念融入教育教学全过程，探索和完善人才培养体系。二是要进一步聚焦目标，统筹好劳动手段和培育人才目标的关系，不断提升劳动育人实效。要准确把握劳动教育的特点和规律，做好总体规划和顶层设计，在劳动中融入教育的内容和要求，充分体现教育意义。要强化劳动教育效果评价导向，关注劳动对学生良好思想意识和精神品质的促进程度。三是要进一步加强引导推动。要深入挖掘一批劳动教育典型案例，持续跟踪研究，及时发布研究成果，充分体现劳动教育与其他学科教育相辅相成、相互促进的密切关系，加强宣传引导，广泛调动“家校社”共同支持和参与劳动教育的主动性和创造性。

2018年全国教育大会以来，各地各校认真学习贯彻习近平总书记关于劳动教育的重要讲话精神和中央有关决策部署，紧密结合地方和学校实际，充分挖掘学校和社会资源，因地因校制宜，扎实推进中小学劳动教育，取得了积极进展，涌现了一批典型案例和创新做法。他们在育人实践中把劳动教育摆在突出位置，积极拓展劳动教育空间，着力开发劳动教育课程，设计劳动清单，设立劳动周（月），结合校园文化建设、主题教育活动和社团活动等，创新开展劳动实践。《新时代劳动教育概论》一书，就是各地各校蓬勃开展劳动教育实践的缩影。本书试图从新时代劳动教育的目标、规律、规则等方面，梳理一些中小学劳动教育的典型做法，对开展劳动教育的意义、实施路径、方法策略等给予校本化解答，提出系统、科学、高效的方法论与研究体系，对促进中小学加强劳动教育创新研究和实践具有一定参考价值。本书编写团队汇聚了一批中小学劳动教育一线的实践者和有关指导专家、学者，期待借此展示近年来中小学着力加强劳动教育的阶段性成果，以推动更多中小学进一步加强新时代劳动教育研究和实践，着力丰富、创新新时代劳动教育方式和内容，大力推动新时代劳动教育发展，为构建德智体美劳全面培养的高质量教育体系作出积极贡献。

中国教育学会《新时代劳动教育概论》编写组

2021 年 10 月

目录

第一章

劳动教育概述

劳动创造了历史，更承载着未来，脑体合一的劳动在人类发展和个体发展中具有重要意义。劳动教育是人类教育的重要组成部分，重视劳动教育是中国教育历史发展进程中形成的优良传统。新时代劳动教育在汲取不同历史时期劳动教育经验的基础上，强调立德树人，凸显全面育人，是中国特色社会主义教育的重要内容。当前基础教育应将劳动教育纳入人才培养的全过程，深刻认识劳动教育的时代内涵，全面掌握劳动教育的本质，从课程开发、师资培养、场地保障、机制建设等方面构建新时代劳动教育实践机制。

第一节　劳动教育发展的历史轨迹

劳动教育是中国特色社会主义教育的重要内容，在促进人的全面发展、培养高水平人才、促进教育现代化等方面的作用不可替代。新中国成立后，随着党和国家对劳动教育的重视，劳动教育在理论和实践层面不断迈向纵深，呈现动态化的特点：从单纯注重劳动技能向手脑并用转变，从注重经济政治功能向素质培养、全面育人转变。

一、新中国成立初期（1949—1956 年）

新中国成立之初，面对国内“一穷二白”的情况，党和国家在借鉴苏联模式和解放区已有经验的基础上，建设适应时代发展要求的新教育，劳动教育体系初步建立，教育为生产建设服务的经济功用逐渐凸显。

（一）劳动教育体系的初步酝酿

1950 年，教育部副部长钱俊瑞在全国学联执委会扩大会议上做《改革旧教育建设新教育》的报告。钱俊瑞指出：“现在和今后若干年内，教育工作应该着重做到……实行教育与生产结合，在各级学校加强科学技术教育，创设高等和中等技术学校，培养大批建设人才。”[①] 此报告强调劳动教育在中小学教育中的重要地位，为劳动教育的实施提供了方向指引。此后，我国发布了一系列规章来促进劳动教育体系的构建。

1953 年 8 月，《小学（四二制）教学计划（草案）》明确规定：“劳作活动，联系课堂教学的实验实习，例如栽种植物、饲养动物、制作教具、玩具等，可各班分组轮值进行，每人每两天参加一次，每天平均以 30 分钟为度。”[②] 在此草案中，劳动教育是作为课外活动形式之一存在的，其内容也较为简单，不够系统。1955 年 5—6 月，国务院召开全国文化教育工作会议，提出要在中小学有步骤地实施基本的生产技术教育，高小、初中应进行工农业生产常识的教学。同年 9 月教育部颁发《小学教学计划》和《关于执行〈小学教学计划〉的指示》，要求开始实施基本生产技术教育（即综合技术教育），加强劳动教育及体育，更完整地体现全面发展的教育方针。为此，增设了“手工劳动”科，并在《关于小学课外活动的规定》中，把“生产劳动”作为一项内容。此时，劳动教育被列入正式课程体系中。1956 年 5 月，教育部颁发《师范学校教学计划》，提出增设“教学工厂实习”“农业生产基本知识及实习”；同年 7 月，教育部颁发试行《中学试验园地工作暂行条例（草案）》，规定每个中学都应该建立实验园地。与此同时，在中小学提倡适当开展各种形式的课外劳动活动，突出了课外活动的辅助性作用。例如，1955 年 11 月青年团中央、教育部联合发出通知，

① 金铁宽主编：《中华人民共和国教育大事记 1》，济南：山东教育出版社，1995 年，第 24—25 页。

② 吴履平主编，课程教材研究所编：《20 世纪中国中小学课程标准·教学大纲汇编·课程（教学）计划卷》，北京：人民教育出版社，2001 年，第 215 页。

支持北京、江苏、辽宁等地少年儿童倡议的“小五年计划”活动（如栽培植物、饲养动物、帮助农业合作社和家庭做事、帮助学校制作简单的教学实验用品、绿化环境和学校等），以及组织学生到工厂、农村参观，等等。①

（二）劳动教育经济功用显著

新中国成立以后，强调教育为工农服务，为生产建设服务。这一时期劳动教育的宗旨是为工农和全体人民服务，目的是教育与生产相结合。1953 年 12 月，《人民日报》发表社论《组织高小毕业生参加农业生产劳动》。1954 年 1 月，教育部在全国中学教育会议上指出，要向小学、初中毕业生宣传积极参加生产劳动的道理。同年 4 月，青年团中央发出《关于组织不能升学的高小和初中毕业生参加或准备参加劳动生产的指示》。5 月，中共中央批转教育部党组《关于解决高小和初中毕业生学习与从事生产劳动问题的请示报告》。以上文件批判了鄙视体力劳动和体力劳动者的错误教育思想，倡导广大高小和初中毕业生积极从事劳动生产，成为有政治觉悟、有文化教养的社会主义的建设者。

二、社会主义建设的探索和曲折发展时期（1956—1978 年）

社会主义建设的探索和曲折发展时期，各项事业在探索中曲折发展。为了满足社会主义建设对人才的需求，这一时期劳动教育的地位被提升至前所未有的高度，在实践层面得到一定推进，但由于政治形势的影响，劳动教育的实施逐渐偏离教育的本质。

（一）劳动教育思想改造功用显著

1958 年 9 月，中央提出的教育方针是教育为无产阶级的政治服务，教育与生产劳动相结合。由此，教育与生产劳动相结合成为教育工作的根本方针，同时方针强调教育为无产阶级的政治服务的导向，极大地影响了劳动教育此后近 20 年的发展。这一时期劳动教育政策的核心要旨是消灭一切剥削阶级残余，劳动教育成为思想政治教育的内容和阶级改造的政治手段。

（二）劳动教育的“左”倾化

在“大跃进”的影响下，“勤工俭学”被异化为“以劳代学”。在激进思

① 《中国教育年鉴》编辑部编：《中国教育年鉴（1949—1981）》，北京：中国大百科全书出版社，1984 年，第 466—467 页。

想的影响下，中小学教育一味强调生产劳动，而无视文化课学习，甚至将劳动和学习对立起来，将生产实践和理论知识对立起来。突出表现在“大跃进”期间，全国上下掀起了学校办工厂、师生参与大炼钢铁的热潮，甚至是停课。这种将劳动凌驾于学习之上的模式完全背离了教育与生产相结合的本质。

三、十一届三中全会至21世纪初期（1978—2012年）

1978年，党的十一届三中全会召开，党和国家的工作重心转移到经济建设上来，强调知识、科技和人才的重要性，发展教育事业也由此成为国家的工作重点。

（一）劳动教育的技术功能更加凸显

“文化大革命”结束后，特别是邓小平主持教育工作之后，劳动教育开始得到调整和恢复，并重新走上正轨。1978年全国教育工作会议召开前后，教育部修订了《全日制中小学暂行工作条例》，重申中小学生参加生产劳动的规定。邓小平同志在会上做了重要讲话，他指出：“更重要的是整个教育事业必须同国民经济发展的要求相适应。”“要使教育事业的计划成为国民经济计划的一个重要组成部分。”“制订教育规划，应该与国家的劳动计划结合起来，切实考虑劳动就业发展的需要。”[①] 邓小平的这些观点其实就是将“教育与生产劳动相结合”阐述为“教育要与经济发展相结合”，这一思想成为改革开放新时期劳动教育实践的指导思想。在这一思想的指引下，劳动技术教育得到迅速发展。1978年9月，教育部颁布的《全日制小学暂行工作条例（试行草案）》提出小学要开展科技活动。《全日制中学暂行工作条例（试行草案）》提出要切实加强“向科学技术现代化进军”的重要知识的教育。1981年，教育部颁布的《全日制六年制重点中学教学计划（试行草案）》将劳动课改为劳动技术课。1982年10月，教育部颁发《关于普通中学开设劳动技术教育课的试行意见》，对劳动技术课的目的、原则、时间、组织安排、成绩考核、培训提高师资、大纲、教材、劳动场地等方面做了明确要求。这使得劳动技术教育在内容和形式上有了新拓展，符合时代发展要求。

---

① 张应强、周明星主编：《素质教育与实践能力培养全书（下）》，北京：华龄出版社，2000年，第1029页。

（二）劳动教育被纳入素质教育

1981 年 8 月，教育部颁布了《小学生守则》《中学生守则》，其中对中小学生思想品德提出的基本要求中就有“爱劳动”。1993 年 2 月，中共中央、国务院发布了《中国教育改革和发展纲要》，提出中小学要由应试教育转向全面提高国民素质的轨道，面向全体学生，全面提高学生的思想道德、文化科学、劳动技能和身体心理素质，促进学生生动活泼地发展，办出各自的特色。1995 年 2 月，国家教委正式颁发的《中学德育大纲》明确提出，中学德育内容有爱国主义教育、集体主义教育、社会主义教育（高中为马克思主义常识和社会主义教育）、理想教育、道德教育、劳动教育（高中为劳动和社会实践教育）、社会主义民主和遵纪守法教育（高中为社会主义民主观念和遵纪守法的教育）、良好的个性心理品质教育八个方面。至此，劳动教育被纳入素质教育的范畴，成为德育的主要内容和重要途径，实现了由注重单一劳动技能向注重综合素养的转变。

四、中国特色社会主义进入新时代（2012 年至今）

（一）“五育”并举，将劳动教育纳入全面培养教育体系

党的十八大以来，习近平总书记立足新时代历史方位，多次就劳动和劳动教育作出重要论述。习近平总书记多次强调劳动在教育中的重要地位和对历史发展的重要意义，“全面建成小康社会，进而建成富强民主文明和谐的社会主义现代化国家，根本上靠劳动、靠劳动者创造”，“要在学生中弘扬劳动精神”。这些有关劳动的重要论述回应了新时代的重大关切。2019 年 7 月，中共中央、国务院印发《关于深化教育教学改革全面提高义务教育质量的意见》，提出要坚持“五育”并举，即德智体美劳全面发展，充分发挥劳动的综合育人功能。这是劳动教育作为与其他“四育”对等的概念首次在中央正式文件中被提出，体现了新时代中国特色社会主义对劳动教育的迫切需要。

（二）劳动教育全面育人功能凸显

改革开放后，教育实践中出现了片面强调智育、忽视劳动教育的倾向，有的学校有意无意地淡化劳动教育的育人功能，把劳动教育简单看成一种技能训练。这些错误思想影响了德智体美劳全面发展人才的培养。2020 年 3 月，中共中央、国务院颁布《关于全面加强新时代大中小学劳动教育的意见》（以下简

称《意见》），明确提出劳动教育的总体目标是：“通过劳动教育，使学生能够理解和形成马克思主义劳动观，牢固树立劳动最光荣、劳动最崇高、劳动最伟大、劳动最美丽的观念；体会劳动创造美好生活，体认劳动不分贵贱，热爱劳动，尊重普通劳动者，培养勤俭、奋斗、创新、奉献的劳动精神；具备满足生存发展需要的基本劳动能力，形成良好劳动习惯。”《意见》明确劳动教育“是学生成长的必要途径，具有树德、增智、强体、育美的综合育人价值”，要求要“把劳动教育纳入人才培养全过程”。劳动教育的价值理念得到强化，有利于学生正确劳动价值观的形成和良好劳动品质的培养。同时，《意见》明确表示育人是新时代劳动教育的基本原则之一。“把准劳动教育价值取向，引导学生树立正确的劳动观，崇尚劳动、尊重劳动，增强对劳动人民的感情，报效国家，奉献社会。”《意见》明确了准确把握育人导向是新时代劳动教育的首要价值，也是最核心的价值。

第二节　劳动教育的界定与认识

一、劳动教育的内涵

（一）劳动教育的界定

1. 劳动

要理清“劳动教育”这一概念，我们有必要先明确劳动的基本内涵。《辞海》对“劳动”是这样定义的：“人们改变劳动对象使之适合自己需要的有目的的活动，即劳动力的支出或使用。”“劳动力的支出或使用”就蕴含着劳动必备的要素——体力和脑力。通过劳动，人们可以在生产过程中有目的地根据自己的需要改造自然对象，创造物质财富和精神财富。马克思认为：“劳动作为使用价值的创造者，作为有用劳动，是不以一切社会形式为转移的人类生存条件，是人和自然之间的物质变换即人类生活得以实现的永恒的自然必然性。”[①]劳动是人类一种特殊的存在形式，是人类社会生存和发展的基础。劳动大致可以分为体力劳动和脑力劳动两大类，人是劳动的主体，人通过劳动来获取自身

① 马克思、恩格斯：《马克思恩格斯全集（第 23 卷）》，中共中央马克思恩格斯列宁斯大林著作编译局译，北京：人民出版社，1972 年，第 56 页。

所需的生产生活资料，劳动是创造社会物质财富和精神财富的必要手段。

2. 劳动教育

教育，是一种有目的的实践活动。我们可以从开展劳动教育的目的来分析劳动教育的内涵。

新中国成立后，中国共产党对马克思主义的“教育与生产劳动相结合”的思想做了创造性实践和发展，并把这一原理作为党的教育方针。然而在新中国成立后很长一个时期，劳动只是被看成工业和农业领域的体力劳动，这显然是对劳动简单化的理解。“劳动教育被确定为勤工俭学、勤俭建国、多快好省建设社会主义的重要途径”①，劳动是创造生产价值的途径和公民道德标准。劳动教育的目的是培养劳动观念和劳动习惯，激发国民劳动的热情和积极性。所以，这一时期劳动教育的内涵主要侧重于体力劳动这一形式，鼓励国民通过日常生活劳动、生产劳动来创造物质财富。

新中国成立初期，劳动教育的主要任务是“提高人民文化水平，培养国家建设人才，改革旧教育，肃清封建的、买办的、法西斯的思想，发展为人民服务的思想”。因此，课程设置与生产生活紧密相关，以此来改造学生思想。这一时期，劳动教育的开展起到了普及劳动知识、培养劳动技能的作用，但是在实施过程中缺乏计划性，过分强调成效而忽略了过程，在方法上操之过急，常常超出学生的能力范围。②

社会主义建设的探索和曲折发展时期，尤其是“文化大革命”时期，我国的各项事业均受到严重冲击，劳动教育也被教条化。在错误政策的指导下，劳动教育课程的设置和实施均以纯粹的体力劳动为主，为政治服务，理论课程被严重忽视。教学内容方面，小学主要开展农业生产活动，中学大力强调思想政治教育，借助劳动教育宣传阶级斗争。教学原则方面，一切劳动教育理论必须为生产服务。教育制度方面，村校不分，学校由公社和大队开办，形成“民办公助”式学校，学生服务农村或者直接从工人和农民中选拔学生，学成之后再回到生产实践中去。

---

① 李珂：《嬗变与审视：劳动教育的历史逻辑与现实重构》，北京：社会科学文献出版社，2019 年，第 66 页。

② 陈彤彤：《建国以来劳动教育的历史演变与反思》，海南师范大学硕士学位论文，2015 年，第 10—13 页。

改革开放以后，脑力劳动和体力劳动的关系、教育与生产劳动的结合、劳动教育在全面发展教育中的地位等问题引起了深入讨论。党中央努力给脑力劳动正名，重塑“尊重知识、尊重人才”的风气，贯彻脑力劳动与体力劳动相结合、教育必须与生产劳动相结合的方针。1993年，中共中央、国务院印发的《中国教育改革和发展纲要》明确将我国的教育方针表述为“教育必须为社会主义现代化建设服务，必须与生产劳动相结合，培养德、智、体全面发展的建设者和接班人”①。可见，这一时期劳动教育的内涵更全面，劳动教育的目的是培养全面发展的社会主义建设者和接班人，偏向其社会目的。

受科技革命和国内教育体制的影响，改革开放以后的劳动教育表现出了与时俱进的时代特征。课程内容方面，小学劳动教育课程以自我服务劳动、家务劳动、简单的社会公益劳动、简单的生产劳动技能以及手工艺劳动为主。中学的劳动教育主要以劳动技术教育课程为主，包括农作物种植、木工、烹饪等日常生产生活内容。课程实施方式则灵活多样：一是将劳动教育与其他学科融合起来，将其穿插在其他课程的教授中；二是让学生参加公益活动，在劳动中培养学生的奉献精神；三是让学生参加生产劳动，定期到校办工厂和农场进行实地操作，将理论与实践紧密结合起来；四是开设手工艺课程，主要培养小学阶段学生的动手能力。改革开放以后，劳动教育逐渐走上正轨，并且取得了较大进步，培养学生劳动素养的维度逐渐凸显。

进入21世纪以来，党中央站在新的历史高度重新阐释了新时期劳动的内涵，明确了劳动创造价值，全社会形成了尊重劳动的风气。相应地，教育方针也就劳动教育做了调整。党的十六大报告将“尊重劳动、尊重知识、尊重人才、尊重创造”明确为党和国家的一项重大方针。此外，2001年国务院发布的《关于基础教育改革与发展的决定》中提到，“坚持教育必须为社会主义现代化建设服务，为人民服务，必须与生产劳动和社会实践相结合，培养德智体美等全面发展的社会主义事业建设者和接班人”②，更强调了教育要与社会实践相结合，更强调了对知识的运用与创新。这一时期，劳动教育更关注技术、追求创新，

① 何东昌主编：《中华人民共和国重要教育文献（1991—1997）》，海口：海南出版社，2003年，第3471页。

② 何东昌主编：《中华人民共和国重要教育文献（1998—2002）》，海口：海南出版社，2003年，第887页。

却有忽略体力劳动之嫌。

进入新时代，习近平总书记强调广大青少年要“热爱劳动、热爱创造，通过劳动和创造播种希望、收获果实，也通过劳动和创造磨炼意志、提高自己”。2015 年 7 月，教育部联合共青团中央、全国少工委印发了《关于加强中小学劳动教育的意见》，“通过劳动教育，提高广大中小学生的劳动素养，促进他们形成良好的劳动习惯和积极的劳动态度，使他们明白‘生活靠劳动创造，人生也靠劳动创造’的道理，培养他们勤奋学习、自觉劳动、勇于创造的精神，为他们终身发展和人生幸福奠定基础”。

综合各个时期劳动教育的目标和内容来看，劳动教育的内涵可以分成两大类：一是培养社会主义事业的建设者和劳动者，劳动教育锻炼受教育者的劳动技能，使受教育者积极投入社会的建设与发展之中；二是作为德育的内容之一，培养受教育者良好的劳动意识、劳动态度，使受教育者珍惜他人的劳动成果，形成良好的道德品质。随着时代的发展，劳动教育也被赋予了新的时代内涵，2020 年 7 月教育部印发的《大中小学劳动教育指导纲要（试行）》（以下简称《指导纲要》）对劳动教育的内涵进行了详细界定，“劳动教育是发挥劳动的育人功能，对学生进行热爱劳动、热爱劳动人民的教育活动”。劳动教育是帮助学生形成正确的劳动价值观、养成良好的劳动品质的教育活动。

3．劳动教育和劳动教育学

劳动教育的本质是一种教育活动，是有目的、有计划地组织学生参加日常生活劳动、生产劳动和服务性劳动，让学生动手实践、出力流汗，接受锻炼、磨炼意志，培养青少年尊重劳动、尊重劳动人民和尊重劳动成果，能运用知识与技能的实践活动。教育活动是动态的过程，随着时代的发展被赋予更多新的内涵。

目前学界对劳动教育学的讨论较少，更多的是将劳动教育与职业教育相提并论，关于如何对青少年进行劳动教育等方面的内容仍较欠缺。劳动教育学应是一门科学，旨在系统地研究如何把劳动教育纳入人才培养全过程，科学地帮助青少年激发职业兴趣、发现职业倾向、规划职业生涯，正确认识和评价劳动的意义和价值。

（二）劳动教育的内容

劳动教育的最终目的是让学生掌握劳动的知识和技能，培育劳动的观念，端正劳动的态度，养成劳动的习惯。为此，我们有必要探讨劳动教育的内容，并根据学生的身心发展水平，探讨不同学段的内容。

劳动教育的内容是根据劳动教育的目标，按照一定的逻辑顺序组织编排而成的体系，是动态生成的。《指导纲要》指出，劳动教育的内容主要包括三方面：日常生活劳动教育、生产劳动教育和服务性劳动教育。其中，日常生活劳动教育要让学生立足个人生活事务处理，注重培养生活能力和良好的卫生习惯，树立自立自强意识；生产劳动教育要让学生体验工农业生产创造物质财富的过程，增强产品质量意识，体会平凡劳动中的伟大；服务性劳动教育要注重让学生利用所学知识和技能，服务他人和社会，强化社会责任感。《指导纲要》强调劳动教育的途径要注重课内外相结合，在开设劳动教育必修课的同时，还要在课外、校外活动中安排劳动实践。中小学每周课外活动和家庭生活中的劳动时间纳入学生日常管理。

劳动教育以日常生活劳动、生产劳动和服务性劳动为主要内容，针对不同学段、不同类型的学生的特点有不同的内容，具体可分为家务劳动、公益劳动、服务劳动等。例如，让小学低年级学生学习日常生活自理，感知劳动的乐趣；让小学中高年级学生做好个人清洁卫生，主动分担家务，适当参加校内外公益劳动；让初中学生加强家政学习，开展社区服务，适当参加生产劳动；让普通高中学生开展服务性劳动、参加生产劳动，使学生熟练掌握一定的劳动技能；让高校学生结合学科和专业积极开展实习实训、专业服务、社会实践、勤工助学等。总之，对低年龄段学生侧重劳动态度和习惯的培养，对高年龄段学生则侧重劳动能力的培养。

（三）劳动教育途径

劳动是贯穿“三全育人”的理念，将劳动教育纳入人才培养全过程，丰富、拓展劳动教育的实施途径。劳动教育主要包含四个途径。一是独立开设劳动教育必修课，课程内容方面应加强马克思主义劳动观教育，普及与学生职业发展密切相关的劳动科学通用知识，并让学生经历必要的劳动实践。二是在学科教学中有机渗透劳动教育。在中小学道德与法治（思想政治）、语文、历史、艺术等学科中，要有重点地纳入劳动创造人本身、劳动创造历史、劳动创造世界、劳动不分贵贱等马克思主义劳动观，纳入歌颂劳模、歌颂普通劳动者的选文选材，纳入阐释勤劳、节俭、艰苦奋斗等中华民族优良传统的内容，加强对学生辛勤劳动、诚实劳动、合法劳动等方面的教育。数学、科学、地理、技术、体育与健康等学科，要注重培养学生劳动的科学态度、规范意识、效率观念和创新精神。三是在课外、校外活动中安排劳动实践，中小学每周课外活动和家庭生活中的劳动时间，小学一至二年级不少于 2 小时，其他年级不少于 3 小时。将劳动教育与学生的个人生活、校园生活和社会生活有机结合起来，丰富学生的劳动体验，提高学生的劳动能力，深化学生对劳动价值的理解。四是在校园文化建设中强化劳动文化，学校要将劳动习惯、劳动品质的养成教育融入校园文化建设之中。要通过制订劳动公约、每日劳动常规、学期劳动任务单，组建与劳动教育有关的兴趣小组、社团等，结合植树节、学雷锋纪念日、五一劳动节、农民丰收节、志愿者日等，开展丰富的劳动主题教育活动，培育“劳动光荣、创造伟大”的校园文化。

立德树人是教育的根本任务，四川省成都市金牛区教育局充分利用劳动教育这一抓手构建劳动育人新模式，打造学校德育升级版。2015 年 9 月，金牛区教育局研究制订《关于深入开展劳动教育实践活动的实施方案》，将劳动教育与德育常规结合起来，搭建了“学生劳动教育中心 + 学生劳动教育联盟 + 劳动教育基点学校（示范学校）”组织架构，形成了以点带面、以面促新、以新提质的全域特色劳动教育整体氛围。在课程设置上，充分发挥课程教育的主阵地，将劳动教育融于学校德育的全过程，形成“基础 + 特色 + 平台”的课程体系。在义务教育学校与普通高中每周开设不少于 2 课时的劳动与技术教育课，开设烹饪、手工、园艺、志愿服务等 20 余门特色课程。在教育评估方面，通过适时举办学生劳动技术成果展示、定期组织生活技能比赛等方式，营造开展劳动教育的良好环境。

二、劳动教育的意义

中共中央、国务院印发的《意见》，教育部印发的《指导纲要》，将劳动教育提高到国之大计、党之大计的高度，强调劳动教育是与德育、智育、体育、美育并列的全面培养体系的重要组成部分，明确了劳动教育是发挥劳动的育人功能，对学生进行热爱劳动、热爱劳动人民的教育活动。劳动教育回归了其育人的本质。

（一）劳动教育是新时代党的教育方针的重要内容

劳动教育是新时代党对教育工作的新要求，是中国特色社会主义教育体系的重要内容。把劳动教育纳入党的教育方针，是对新时代党的教育方针的丰富和发展，更是新时代弘扬劳动精神、倡导劳动教育思想的集中体现。习近平总书记明确提出的“五育”并举、全面育人及关于劳动教育的重要论述，无不强调在人才培养中实施劳动教育的重要性和必要性。劳动教育是人得以全面发展的基础，是对德、智、体、美各项教育的有力支撑，体现了育人与育才的统一。

长期以来，劳动教育独特的育人价值被忽视，导致劳动教育成为教育体系中的一个短板，因此，各大中小学校要高度重视起来，将劳动教育摆在突出位置，深入学习领会《意见》和《指导纲要》要求，充分认识劳动教育的重要性，并在课堂上落实。

当前忽视劳动的现象主要表现为轻视体力劳动。《指导纲要》重申《意见》提出的“以体力劳动为主，注意手脑并用”要求，指出“劳动教育是发挥劳动的育人功能，对学生进行热爱劳动、热爱劳动人民的教育活动”。《指导纲要》具有三个基本特征：一是鲜明的思想性，强调一切劳动和劳动者都应该得到鼓励和尊重，反对一切不劳而获、崇尚暴富、贪图享乐的错误思想；二是突出的社会性，要求引导学生走向社会，认识社会，强化学生的责任担当意识，让学生体会社会主义社会平等、和谐的新型劳动关系；三是显著的实践性，以动手实践为主要方式，引导学生在认识世界的基础上，学会建设世界，塑造自己，实现树德、增智、强体、育美的目的。

当前，学校中有教育无劳动和有劳动无教育的问题同时存在。《指导纲要》从独立开设劳动教育必修课、在学科专业中有机渗透劳动教育、在课外校外活动中安排劳动实践、在校园文化建设中强化劳动文化四个方面明确劳动教育的途径，特别是对劳动教育必修课、课外校外劳动实践时间、每学年一次的劳动周提出了具体要求，将劳动教育纳入人才培养全过程，切实解决有教育无劳动的问题。

（二）劳动教育是完成立德树人根本任务的重要途径

国无德不兴，人无德不立。党的十八大报告提出，“把立德树人作为教育的根本任务，培养德智体美全面发展的社会主义建设者和接班人”。此后，习近平总书记在全国教育大会上发表重要讲话，强调坚持中国特色社会主义教育发展道路，培养德智体美劳全面发展的社会主义建设者和接班人，明确回答了“培养什么人、怎样培养人、为谁培养人”这一根本问题，要求全面加强党对教育工作的领导，坚持立德树人根本任务，培养德智体美劳全面发展的社会主义建设者和接班人。

从人的全面发展高度看，劳动教育具有树德、增智、强体和育美的功能。以劳立德，即通过劳动形成认同劳动、尊重劳动、热爱劳动人民的道德品质；以劳增智，即通过劳动提高认识世界和改造世界的能力，激发创新创造的灵感；以劳强体，即通过劳动达到增强体质、磨砺意志、锻炼身心的效果；以劳育美，即在劳动中创造美，塑造美的形体、创造美的事物、收获美的感受。德智体美劳相互渗透、相互促进，共同构成了促进人的全面发展的教育体系。我们要坚持“五育”并举，发挥好劳动教育在立德树人中的重要作用。

例如，劳动教育与美育的结合需要学校、家庭和社会达成共识，整合资源，形成共育机制，在多方共同协作下，创设多样态的实践情境。家庭教育是一种情感态度教育，家长对劳动的态度很大程度上影响着孩子，所以家长应以身作则，和孩子共同劳动，比如一起整理、装饰房间，以达到劳动和审美双重锻炼的目的。学校教育中的每门课程都有其内在美，要让学生在劳动的过程中体悟到学科之美，就需要教师深入挖掘本学科的美学价值，并设置活动让学生亲身体悟。校外的美育资源与劳动教育资源十分丰富，比如教师带领学生考察建筑的历史价值和文化价值，并和劳动人民的智慧结合起来思考，可达到以劳育美、以美育劳的目的。①

劳动教育作为“五育”之一，具有相对独立性，有着其他“四育”无法替代的独特育人功能。劳动教育在思想层面注重培养学生的劳动理念、劳动态度、劳动道德和劳动价值观，帮助学生树立“劳动最光荣、劳动最崇高、劳动最伟大、劳动最美丽”的劳动观念，培养他们服从安排、按时完成劳动任务的积极劳动态度，养成高尚的社会公德和职业道德。在实践层面注重培养学生的劳动技能和劳动习惯，通过设计系统的劳动教育环节来全面提升学生的劳动技能，使学生长大后能够辛勤劳动、诚实劳动、创造性劳动，成为为中国特色社会主义奋斗终身的有用人才。

---

① 白芸：《以劳育美　以美育劳——劳动教育与美育结合实施的思考与探索》，《福建教育》2019 年第 38 期，第 26 页。

（三）劳动教育是实现中华民族伟大复兴中国梦的重要支撑

中华民族伟大复兴的中国梦需要勤劳勇敢、开拓创新的劳动人民来实现。习近平总书记指出："劳动是财富的源泉，也是幸福的源泉。人世间的美好梦想，只有通过诚实劳动才能实现；发展中的各种难题，只有通过诚实劳动才能破解；生命里的一切辉煌，只有通过诚实劳动才能铸就。"苏霍姆林斯基曾说："社会的社会性进步和道德进步，取决于组成这个社会的人们如何对待劳动，把劳动看作什么——仅仅是获取物质福利的手段，还是有充分价值和丰富内容而又有趣的精神生活的条件。"[①] 开展劳动教育，不仅是劳动技能的培养，而且是一种内化于心、外化于行的价值观的培育。

我国五千多年的文明是由一代又一代中华儿女通过辛勤的劳动实践创造的，同时也积蕴和锻造了中国人民勤劳勇敢、艰苦奋斗的优秀品质。许多流传至今的文化典籍记载的内容都体现了辛勤劳动、劳动为本是中华民族的传统美德，体现我国从古至今对劳动实践的认同和尊重。

人类通过劳动创造了自己，也在劳动中不断地发展和充实自己，劳动不仅是人类获得赖以生存的物质条件的基础，也是提高审美能力、道德判断能力和实现社会价值的基本途径。新时代，随着信息技术和人工智能技术的迅猛发展，大量的劳动将由智能化机器来承担，人类需要对自身可从事的劳动内容和范围进行重新界定，以便确认自我存在的价值和意义。劳动教育可实现对世界观、人生观和价值观的重塑。劳动不等于体力劳动，劳动教育也不是机械的体力劳动训练，劳动教育最核心、最本质的目标是培育学生尊重劳动的世界观、人生观和价值观，培育学生对劳动的内在热情和对劳动创造的积极性，把爱国情、强国志、报国行自觉融入坚持和发展中国特色社会主义事业、建设社会主义现代化强国、实现中华民族伟大复兴的奋斗之中。

三、劳动教育托起中国梦

（一）深入把握劳动教育的时代要义

新中国成立以来，劳动教育一直受到重视，在每个历史阶段，劳动教育受

① ［苏］B.A. 苏霍姆林斯基：《帕夫雷什中学》，赵玮等译，北京：教育科学出版社，1983 年，前言第 3 页。

政治经济的影响，其价值也体现出鲜明的时代特色。新时代劳动教育的价值是当前开展劳动教育的准绳。与其他历史时期相比，新时代背景下，“五育”并举意味着劳动教育被纳入全面培养教育体系，其育人功能得到凸显。2020 年 3 月，中共中央、国务院颁布《意见》，提出“把劳动教育纳入人才培养全过程”，劳动教育“是学生成长的必要途径，具有树德、增智、强体、育美的综合育人价值”。只有深入把握劳动教育的价值取向，才能引导学生树立正确的劳动观，崇尚劳动、尊重劳动，增强对劳动人民的感情，报效国家，奉献社会，从而避免出现为劳动而劳动、流于形式、内容局限等现象。

（二）全面掌握劳动教育的本质

劳动是社会不断进步的根本动力，也是人类自我塑造的必经过程。劳动教育是我党历来坚持的教育实践，重视劳动教育也是历史给出的答案。随着一代又一代人的探索，劳动教育越来越接近其本质，同时时代性又反映在劳动教育的理念、原则、目标和内容等方面。这为我们全面把握新时代劳动教育的实质、开展好适应时代需要的劳动教育提供了思想指南和行动纲领。

从基本理念和原则上看，新时代劳动教育追求强化劳动观念，弘扬劳动精神，但又不局限于单一的动手，而是在发挥学生主体作用下，手脑并用，身心参与，从而激发创新能力。在具体实施过程中，要把握好劳动教育的育人导向，遵循教育规律，创新体制机制，强化综合实施，体现时代特性和地区特色。

在这种理念和原则指导下，劳动教育目标的价值取向由社会本位转向以人为本，劳动教育目标的内容结构也由单一走向综合。《指导纲要》明确了劳动教育的总体目标：准确把握社会主义建设者和接班人的劳动精神面貌、劳动价值取向和劳动技能水平的培养要求，全面提高学生劳动素养，使学生树立正确的劳动观念，具有必备的劳动能力，培育积极的劳动精神，养成良好的劳动习惯和品质。具体而言，从小学低中高段、初中、普通高中，到职业院校、普通高等学校，均提出了详尽且具有针对性的阶段性要求。

（三）构建新时代劳动教育实践机制

有了价值引领和目标导向，构建新时代劳动教育实践机制就要解决教什么、怎么教、谁来教、怎么学、怎么评等问题。

课程设置与开发方面，要遵循保持优势、适应时代的原则，在课程目标设计上要进一步突出“育人”导向，在课程内容和体系上体现梯度并进一步完善。

课程开发目标定位要精准，内容选择要丰富，组织实施要可行。课程资源的开发首先要以学校劳动教育为支点，把校园作为开展劳动教育的主要场所，充分挖掘日常性的劳动资源，合理利用生产性的劳动课程资源。家庭作为学生的第一教育场所，在劳动教育课程开发中必然不可或缺。此外，社会公益劳动也为劳动教育提供了丰富的课程资源。

劳动教育价值的实现需要辅以适当的策略和模式。与以往的主题模糊、教师游离于劳动之外等模式不同，新时代劳动教育要求主题要贯通于师生共同参与的劳动全过程。同时教育策略也更加多样，逐渐形成价值体认、伦理辨析、时空拓展的认知引导策略；开发以劳动为统筹、多学科双向促进渗透的课程融合策略；搭建家校之间、校校之间、校企之间的内外联动策略；运用技能竞赛、成果展评、榜样引领、价值转化的精神激励策略。

劳动技术教育是我国劳动教育的一大特色，且在历史发展过程中已经积累了相当丰富的经验。数字化和信息化亦是当今社会发展的大趋势。因此，站在历史和未来的交汇点上，与信息技术的结合理应成为劳动教育的应有之义。信息技术本身即劳动教育课程，信息技术的功能应用即劳动教育过程，我们要承认信息技术课程的劳动教育属性，这是时代赋予教育的必然选择。信息技术在劳动教育的应用过程中可以优化劳动教学环境，锤炼劳动思维品质，培养创新实践能力，积累劳动教学素材。

目前我国劳动教育存在一定的弱化现象，很大程度上是因为劳动教育缺乏过程管理，实施过程随意化，实施时间碎片化。过程管理是劳动教育正常有序开展的前提，此项工作应引起各教育职能单位的重视，一方面形成政府、学校、家庭、社会协同化育人的横向合作，另一方面贯通大中小学，形成各学段一体化实施的纵向互联。

教育评价是教育保持螺旋上升的关键所在，对于劳动这种体验式教育来说更是如此。新时代劳动教育的评价要坚持面向全体，发展劳动观念和劳动习惯；坚持关注过程，促进劳动体验；坚持关注目标达成，发展劳动精神，促进学生发展核心素养。具体来说，评价维度要注重知识、情感和素养的平衡，评价指标要注重观念、体验和品行培养的平衡，评价基本形式要注重平时表现、学段综合、劳动素养的平衡。

教师和学生是劳动教育过程主体的“一体两面”。与其他基础类课程不同，目前我国大多数学校没有专职的劳动教师，而现有的且数量有限的劳动教师大多专业水平和工作积极性不高。这种现象反映出的诸多问题，正是当下加强劳动教育师资队伍建设的关键所在。一方面，要完善优化劳动教育教师评价机制，提高其思想重视程度；另一方面，要提高劳动教育教师的教学技能，提升基本素养。这两方面的工作，除了劳动教育教师要树立自觉学习、主动提升的意识，地方政府和学校也要承担起相应的职责。

最后，教育的发展，教固然关键，但是学才是根本，放在劳动教育上，便是如何让学生去“做”。首先，要明确学生的角色，劳动教育中的学生不仅仅是参与者，而且是设计者和评价者。其次，这种角色不仅仅限于课程，而且要在家庭和社会中熟练“扮演”，自然发生。

第二章 劳动教育目标

教育与生产劳动相结合是我国教育方针一贯坚持的原则。明确劳动教育目标是确定劳动教育内容、实施方法和评价方法的基础。我国劳动教育受不同社会发展阶段及其相应的政治制度、经济基础、文化方针、教育政策等因素的影响，其目标要求不同。本章在追溯不同时期我国中小学劳动教育目标的联系与区别的基础上，概述新时代我国劳动教育基本理念和面临的主要问题，明确新时代劳动教育的总体目标和学段目标。

第一节　我国中小学劳动教育目标沿革

我国劳动教育发展以新中国成立以后的历史脉络为节点，不同发展阶段的劳动教育在教育方针、政策导向、实施内容、方法等方面的阐述和要求各不相同。我们对我国各个时期劳动教育整体目标的沿革进行梳理和比较后发现：新中国成立初期，我国中小学劳动教育的推进旨在改造旧社会重知识轻劳动的旧思想，以及解决中小学毕业生走向社会后的就业问题；社会主义建设的探索和曲折发展时期，劳动教育旨在改造政治思想；改革开放以后，劳动教育目标演变为培养服务社会主义现代化建设的技术性人才；新时代劳动教育作为国民教育体系的重要内容，重视有目的、有计划地组织学生参加日常生活劳动、生产劳动和服务性劳动，让学生动手实践、出力流汗，接受锻炼、磨炼意志，旨在培养人的劳动观念、劳动能力、劳动精神、劳动习惯与品格，促进人的全面发展。

一、新中国成立初期：劳动教育旨在改造旧思想，解决就业问题

（一）改造旧思想，培养有社会主义觉悟的有文化的劳动者

新中国成立初期，我国积极学习苏联教育，遵循理论联系实际的教学原则，倡导教育与工农生产劳动相结合，把“改革旧教育，肃清封建的、买办的、法西斯的思想，发展为人民服务的思想”作为教育的主要任务之一。1954 年，中共中央批转教育部《关于解决高小和初中毕业生学习与从事生产劳动问题的请示报告》明确指出：“旧中国遗留下来的鄙视体力劳动和体力劳动者的错误的教育思想，继续支配着广大教师和学生。”[①] 这一时期，学校始终重视中小学生参与日常生活劳动和节假日到农村参加生产劳动。

1957 年，毛泽东在《人民日报》上发表《关于正确处理人民内部矛盾的问题》指出：“我们的教育方针，应该使受教育者在德育、智育、体育几方面都得到发展，成为有社会主义觉悟的有文化的劳动者。”从受“学而优则仕”影响至深的教育观念到培养有社会主义觉悟的有文化的劳动者，成为新中国成立后我国教育目标的重要转向标志。这一阶段，我国开展劳动教育的主要目的在于改造学生重知识轻劳动的旧思想，帮助学生树立社会主义新思想，为更好地培养有社会主义觉悟的有文化的劳动者打下基础。

（二）培养生产技能，解决就业问题

新中国成立初期，劳动教育的目标虽然旨在改造学生思想，但其依旧处于探索阶段，劳动教育并未形成科学的体系，其受重视程度也有待提高。在 1955 年以前，劳动教育并未被正式纳入中小学课程体系。直到 1956 年，社会主义改造基本完成，劳动教育作为缓解中小学毕业生升学压力、动员毕业生就业的手段逐步受到重视。因而这一阶段我国劳动教育旨在“使学生获得一些基本的生产知识，学会使用一些简单的生产工具，发展创造才能，并养成正确的劳动

---

① 李珂、曲霞：《1949 年以来劳动教育在党的教育方针中的历史演变与省思》，《教育学报》2018 年第 5 期，第 64 页。

态度”[①]。劳动教育的侧重点也从改造旧思想转移到培养学生获得能够满足现代生产需求的基本知识与基本技能上，从而解决无法升学的中小学毕业生的就业问题。

二、社会主义建设的探索和曲折发展时期：劳动教育旨在改造政治思想

由于照搬照抄苏联的教育模式，“教育与生产劳动相结合”这一方针被异化。之前重知识轻劳动的思想在社会主义建设的探索和曲折发展时期被彻底扭转为激进的轻知识重劳动思潮，在劳动作用被无限夸大的前提之下，劳动教育走向另一个极端。1966 年 8 月 8 日，中共中央八届十一中全会通过了《中国共产党中央委员会关于无产阶级“文化大革命”的决定》，在第十条关于“教学改革”中提出，“学制要缩短，课程设置要精简，教材要彻底改革，有的首先删繁就简，学生以学为主，兼学别样，也就是不但要学文，也要学工、学农、学军”。在这一时期，受形式主义、教条主义的影响，劳动教育的内涵被窄化为体力劳动，并将脑力劳动与体力劳动相对立，知识分子与劳动人民相对立。“读书无用论”盛行之下，“劳动”则成为“思想”“文化”的象征。教师和学生将教学场地从学校转移到农村、工厂，青年知识分子上山下乡，以生产劳作的方式接受无产阶级政治思想改造。在当时历史条件下，劳动教育完全取代了基础文化知识教育，彻底沦为思想政治课，其目标也旨在服务阶级斗争，改造政治思想。

三、党的十一届三中全会至 21 世纪初期：劳动教育目标旨在服务经济建设，培养德智体美全面发展的建设者和接班人

随着党的十一届三中全会的召开，党和国家的工作重心转移到经济建设上来，开启了改革开放和社会主义现代化建设的新篇章。20 世纪 80 年代后，经过拨乱反正与一系列教育改革文件的发布，教育事业得到恢复与发展。教育也须顺应时代潮流，为社会主义现代化建设服务。在这一时期，我国中小学的劳动教育被具体明确为劳动技术教育，1981 年教育部正式提出了开设劳动技术教育课的要求。1982 年教育部通过官方文件将劳动技术教育课列入正式的教学计

---

① 卓晴君：《我国中小学劳动教育课程的变迁与展望》，《基础教育课程》2019 年第 5 期，第 35 页。

划。1987年颁布的《全日制普通中学劳动技术课教学大纲（试行稿）》指出："劳动技术课的教学目的，在于培养学生的劳动观点、劳动习惯和热爱劳动人民的思想感情；使学生初步掌握一些生产劳动或通用的职业技术的基础知识和基本技能。"[①] 可见，改革开放以来，我国劳动教育的目标突破了新中国成立初期狭隘的通过简单的体力和手工劳动实现思想品德政治教育的固有模式，更有针对性地着眼于对学生现代技术、科学知识和生产技能的培养，从而为社会发展输送高素质专业人才，进而促进人民生活水平的提高和国民经济的快速发展。

2000年1月，教育部发布《全日制普通高级中学课程计划（试验修订稿）》，取消了必修课中劳动技术课的单独设置，改设综合实践活动课，包括研究性学习、劳动技术教育、社区服务、社会实践四个部分。由于劳动与技术教育被纳入综合实践活动课程，中小学在执行上随意性较大，导致这个阶段劳动教育存在被弱化现象。

走向新世纪，教育领域提出了跨世纪教育改革与发展的蓝图和总体规划（《中国教育改革和发展纲要》《面向21世纪教育振兴行动计划》和《2003—2007年教育振兴行动计划》），形成中国特色社会主义教育体系基本框架。与此同时，全面推进素质教育，加快法治建设，进一步深化教育体制改革，不断促进教育发展，在探索中国特色社会主义教育体系的道路上迈出了坚实的步伐。我国教育方针提出：全面贯彻党的教育方针，坚持教育为社会主义现代化建设服务，为人民服务，与生产劳动和社会实践相结合，培养德智体美全面发展的社会主义建设者和接班人。劳动教育逐渐回归学校课程育人体系。上海、北京、江苏、浙江等省市坚持在必修课中单独设立劳动课和劳动技术课。如上海市建立起一套完整的包括劳动课和劳动技术课的课程标准、课程设置、教材、劳动基地、教师和教研员队伍、评价考核制度等要素的劳动教育课程体系，要求以培养学生爱劳动、动手操作、提高学生技术素养和创新能力为目标。这些做法在全国范围内起到了引领带动作用，一些省市陆续开设劳动课和劳动技术课。

① 何东昌主编：《中华人民共和国重要教育文献（1976—1990）》，海口：海南出版社，1998年，第2588页。

四、中国特色社会主义进入新时代：劳动教育旨在提高学生劳动素养，促进人的全面发展

人的全面发展是一切教育活动的旨归，劳动是实现人的全面发展的必由之路。随着中国特色社会主义进入新时代，在继承和发展马克思主义劳动教育思想的基础上，以习近平同志为核心的党中央赋予了劳动教育“以劳动托起中国梦”的崇高地位，并倡导构建德、智、体、美、劳全面发展的“五育”并举的教育体系。劳动教育与德育、智育、体育、美育相比，既特点各异又密切联系。劳动教育有其自身的育人价值，不仅有利于学生在劳动经历和劳动体验中提高劳动技能，而且有利于培养学生的劳动观念、劳动精神，使学生养成热爱劳动的习惯和形成良好的劳动品格。劳动教育与其他“四育”之间既相互独立，又相互促进。劳动教育与其他“四育”融合，有利于彰显以劳树德、以劳增智、以劳强体、以劳育美“五育”并举的育人目标，促进学生全面而又有个性地发展。劳动教育与德育融合，有利于彰显劳动育人的价值引领，有利于更好地达成塑造学生正确的世界观、人生观、价值观的“树德”目标。劳动教育与智育融合，有利于在劳动教育中注入智慧启迪和发掘个性化创新创意能力，有利于基于学习者经验、运用多学科知识解决真实情境中的问题，进而更好地达成培养其科学精神的“增智”目标。劳动教育与体育融合，有利于练就强健体魄和发展顽强毅力，有利于体育与生活、体育与社会、体育与心理健康的有机整合，达到促进学生身心健康的“强体”目标。劳动教育与美育融合，有利于强化劳动中的审美体验，有利于更好地达成美育与生活、美育与社会、美育与自然的有机融合，实现学生发现美、创造美的“育美”目标。

与以往各个历史时期劳动教育凸显的政治功能、社会功能不同，新时代劳动教育的目标体现了劳动育人的功能，着眼于人的发展的价值追求，以提升学生的劳动素养为核心，促进学生全面发展。

第二节　不同时期我国中小学劳动教育目标的差异

新中国成立至今，我国中小学劳动教育经历了不同阶段的发展，劳动教育目标也随之发生了变化，但服务现实社会需求的育人功能始终不变。

一、各时期劳动教育目标的联系

（一）体现劳动教育的教育性：突出价值引领，培养优良品德

思想教育是一个知、情、意、行和谐统一发展的过程，劳动教育是融合知、情、意、行的重要媒介之一。劳动教育在劳动活动中外化为劳动行为，学生通过劳动经历和劳动体验，获得劳动知识、劳动能力，进而上升为劳动情感与劳动态度，因而劳动教育具有很强的思想改造性。实践也证明，无论是新中国成立初期以改造旧社会重知识轻劳动的旧思想为主，还是新时代倡导发展劳动观念、劳动能力、劳动精神、劳动习惯和品格，我国劳动教育目标都彰显了“劳动教育作为改造思想，树立正确思想政治教育的主要途径”①。

（二）体现劳动教育的工具性：提升劳动技能和服务社会的能力

掌握生产与生活必需的劳动知识与技能是个体在社会得以生存与发展的前提条件。新中国成立后，我国在相当长的一段时间内将劳动能力教育作为中小学劳动教育的主要目标，并通过开设劳动技术课、组织勤工俭学等手段进行实践。学校通过劳动技能培育，帮助学生掌握劳动实际操作的流程，使学生在将来就业时能够满足岗位需求。从历史发展的轨迹中也能看出，掌握劳动技能、服务社会建设一直是我国各时期劳动教育目标的重要组成部分，也是劳动教育的现实呼唤。但有一点值得注意的是，虽然我国劳动教育不同时期的目标都在某些程度上体现了以提高劳动者劳动能力为导向，但不同时期劳动教育目标对劳动者劳动技能的要求是不同的。例如，在社会主义改造完成初期，提升劳动者的劳动技能主要着眼于简单的体力劳动和手工业劳动，对劳动技能的要求较低；在改革开放以后，劳动教育的培养目标主要是针对科学化、现代化生产来培养人才，技能难度相较于前者有了很大的提高；而新时代科学技术发展日新月异，人类的劳动方式、劳动领域、劳动岗位发生了很大的变化，新时代劳动教育对劳动技能的培养面临着新的挑战。

---

① 丁文杰：《1949—1989 年：劳动教育的演变历程及特征》，山西师范大学硕士学位论文，2015 年，第 31 页。

二、各时期劳动教育目标的沿革

（一）劳动教育目标的价值取向由社会本位转向以人为本

综观我国各时期的劳动教育目标，从新中国成立初期到改革开放，我国劳动教育都是基于劳动的生产意义，或侧重于社会主义思想的改造，或重点培养学生掌握基本科学技术知识和学会生产的基本技能。其价值取向无疑体现了社会本位观，劳动教育的目标是为社会主义建设培养“可能的生产力”。而新时代新形势下的劳动教育目标不再将“人”视为工具与手段，而是直接着眼于个体的生长与发展，在尊重人的主体性、自觉性、能动性、实践性的基础上，以培养学生的劳动素养为切入点，以促进学生全面发展为落脚点，从而摆脱了以往劳动教育的社会功能的价值取向制约，实现了以人为本的价值转向。

（二）劳动教育目标的内容结构由单一走向综合

新中国成立初期，劳动教育的重点在于改造思想，培养劳动者的思想品德。改革开放后，劳动教育突破了只培养掌握简单生产劳动技能或体力劳动技能的劳动者的束缚，把劳动知识、劳动技术纳入劳动教育中，旨在使学生掌握社会主义现代化建设所需要的生产技术与劳动技能。新时代劳动教育的目标提出“提升学生劳动素养”这一新概念。与以往劳动教育目标所提到的单一的改造思想、提升技能不同，“劳动素养”一词极具综合性，囊括了劳动知识与劳动技能、劳动情感与劳动态度、劳动价值观、劳动习惯、劳动精神等与劳动相关的基本知识、关键能力和必备品格。《指导纲要》指出，劳动教育要准确把握社会主义建设者和接班人的劳动精神面貌、劳动价值取向和劳动技能水平的培养要求，全面提高学生劳动素养，使学生树立正确的劳动观念，具有必备的劳动能力，培育积极的劳动精神，养成良好的劳动习惯和品质。从我国劳动教育目标的发展变化可以看出，其内容结构从单一到综合，呈现出不断发展、不断丰富、不断完善的特点。

三、我国劳动教育面临的主要问题

有人认为，开展劳动教育就是让学生到农田、到工厂干体力活和学习劳动技术，这显然是一种片面的、落后于时代的观点。劳动教育具有丰富的内涵，劳动教育的目标具有多维性，应当包括使学生树立正确的劳动观念、具有必备的劳动能力、培育积极的劳动精神、养成良好的劳动习惯和品质。劳动教育还具有融通性，是德育、智育、体育和美育的基础，对于其他“四育”有着正向的支持和促进作用，概括起来就是以劳树德，以劳增智，以劳强体，以劳育美。

近年来，劳动教育在学校、家庭、社会场域存在被弱化、被软化、被淡化等现象。

（一）劳动教育在家庭教育中存在被弱化现象

一些家长对学生必要的家务劳动要求淡漠，没有发挥应有的指导和培养作用，往往以孩子学业负担重、升学压力大等为借口，把学生本应该做的日常家务劳动包办替代，认为孩子应该把所有精力投入学习中去，把学习好、考上好大学作为全部要求。2019 年某省高中生调研显示，63% 的学生周末每天家务劳动未超过半小时。事实上，劳动教育不仅能够丰富学生的学习生活，而且对学生的发展具有持久影响力。

（二）劳动教育在学校教育中存在被软化现象

现实中，一些学校对劳动教育的认识存在简单化现象，把劳动教育等同于体力劳动，认为组织学生开展一些简单的手工劳动、义务劳动就是劳动教育。把劳动教育等同于一门学科，认为在学生中开设劳动教育课就等于开展了劳动教育这种认识，使劳动教育被窄化，没有深入理解劳动教育内容的丰富性及多元性。曾有媒体大篇幅报道某地区劳动教育的成果，呈现了大量的劳动场景，从学生的笑容中也能读出学生参与劳动的愉悦心情，有些家长也参与了一些活动，但从文字中读不到开展劳动教育应持有的劳动观念，也没有读到劳动教育的目标，存在学校劳动育人价值缺失的问题。

（三）劳动教育课程存在被淡化现象

目前，一些学校没有独立设置劳动教育课程，仅有在综合实践活动课程中包含的劳动与技术教育，劳动教育停留在碎片化、浅层次上，未能依据学生身心发展状况和社会发展需要，系统设计和创造性地开展劳动教育，未能发挥劳动育人价值。有调查结果显示，某省至今尚未独立设置劳动教育课程，仅有的劳动课程仍在综合实践活动中开设，尚未独立配备劳动教育任课教师，多数由学科教师兼任，教师对国家有关劳动教育政策缺乏基本了解，劳动教育课程存在被忽视、被淡化现象。

（四）学校、家庭、社会有机结合的劳动教育机制尚未建立

学校、家庭、社会对中小学生的劳动教育重视程度低，导致一定程度上存

在劳动教育场所缺乏，学生参与劳动的机会少，甚至不同程度地存在轻视劳动、不会劳动、不珍惜劳动成果等现象。究其原因，既有教育观念、价值认同、育人功能等理解和认识层面的问题，也有课程开发、实施、评价、师资队伍建设和资源供给等方面的问题。日常家庭劳动由家长包办，学校劳动由清洁工承包，学生连节假日都被安排满满的文化课作业，或者需要参加各类特长培训等，根本没有机会参加生产劳动，导致学生劳动机会缺失。因此，学校、家庭、社会应形成合力，按照《意见》要求，努力促进家庭劳动教育日常化，学校劳动教育规范化，社会劳动教育多样化，形成协同育人的格局。

第三节　新时代我国劳动教育的理念与性质

《意见》就全面贯彻党的教育方针，加强大中小学劳动教育进行了系统设计和全面部署，将新时代大中小劳动教育提到了新高度，具有划时代的战略意义，必将开创劳动教育的新局面。新时代加强劳动教育必须强调以习近平新时代中国特色社会主义思想为指导，落实立德树人根本任务，把劳动教育纳入中小学人才培养全过程，贯穿家庭、学校、社会各方面，与德育、智育、体育、美育相结合，突出“五育”并举，切实把握劳动教育的育人导向，遵循教育规律，创新体制机制，注重突出实效，确保知行合一，促进学生形成正确的世界观、人生观、价值观。

一、新时代我国劳动教育的基本理念

《指导纲要》对新时代劳动教育的基本理念进行了系统的概括。

第一，强化劳动观念，弘扬劳动精神。强调要将劳动观念和劳动精神教育贯穿大中小学人才培养全过程，同时要贯穿到家庭、学校、社会各方面，让学生在劳动教育过程中培养劳动技能，发展劳动能力，领悟劳动的意义和价值，形成勤俭、奋斗、创新、奉献的劳动精神。

第二，强调身心参与，注重手脑并用。强调要把握劳动教育的根本特征，让学生面对真实的日常生活劳动、生产劳动和社会性服务，亲历劳动过程，在劳动体验和感悟中运用所学知识观察、思考和解决实际问题，提高劳动质量和效率。

第三，继承优良传统，彰显时代特征。强调要充分发挥传统劳动、传统工艺项目的育人功能，紧跟科技发展和产业变革，准确把握新时代劳动工具、劳动技术、劳动形态的新变化，创新劳动教育的内容、途径、方式，增强劳动教育的时代性。

第四，发挥主体作用，激发创新创造。要关注学生劳动过程中的体验和感悟，引导学生感受劳动的艰辛和收获的快乐，增强获得感、成就感、荣誉感。鼓励学生在学习和借鉴他人丰富经验、技艺的基础上，尝试新方法，探索新技术，打破僵化思维方式，推陈出新。

二、新时代我国劳动教育的性质

劳动教育是中国特色社会主义教育体系的重要内容，对培养社会主义建设者和接班人具有重要战略意义。《指导纲要》明确指出："劳动是创造物质财富和精神财富的过程，是人类特有的基本社会实践活动。劳动教育是发挥劳动的育人功能，对学生进行热爱劳动、热爱劳动人民的教育活动。当前实施劳动教育的重点是在系统的文化知识学习之外，有目的、有计划地组织学生参加日常生活劳动、生产劳动和服务性劳动，让学生动手实践、出力流汗，接受锻炼、磨炼意志，培养学生正确劳动价值观和良好劳动品质。"

将劳动教育作为全面发展教育体系的重要组成部分，是新时代党对教育的新要求。劳动教育已成为新时代大中小学必须开展的教育活动。新时代劳动教育的性质如下。

第一，劳动教育具有鲜明的思想性。劳动教育必须贯彻马克思主义劳动观。劳动是一切财富、价值的源泉，一切劳动成果和劳动者都应该得到尊重。倡导通过诚实劳动创造美好生活、实现人生梦想，反对一切不劳而获、崇尚暴富、贪图享乐的错误思想。

第二，劳动教育具有突出的社会性。必须加强学校教育与社会生活、生产实践的直接联系，发挥劳动在个人与社会之间的纽带作用，引导学生认识社会，增强社会责任感。同时，注重让学生学会分工合作，体会社会主义社会平等、和谐的新型劳动关系。

第三，劳动教育具有显著的实践性。劳动教育应面向真实的生活世界和职业世界，引导学生以动手实践为主要方式，在认识世界的基础上，获得有积极意义的价值体验，学会建设世界，塑造自己，实现树德、增智、强体、育美的目的。

第四节 新时代劳动教育的目标定位

一、新时代劳动教育的价值取向

1. 劳动教育有利于学生树立自主发展的信念

在人们的理念中，劳动往往是与勤奋、勤劳、辛勤等词紧密联系在一起的。苏霍姆林斯基说："劳动是一种复杂的过程，在这一过程中，使人产生满足感的不仅是体力上做出的努力，也是他对个人的创造力和智力因素的认识。"① 从"满足人民对美好生活的向往"的需要来看，教育现代化首先需要解决劳动教育的现代化问题，劳动教育就是人的本质教育，劳动教育关系到生命质量教育、生存质量教育、生活质量教育、生产质量教育、职业教育、创新教育、创业教育等。从"让每个孩子都有成功体验"的视角来看，劳动教育让每个孩子都有自己的成功经验、劳动成果，有利于增强学生的成就感、自信心、自豪感。从"以学生发展为本"的视角来看，学生在劳动过程中增加劳动体验，学会解决问题，有利于形成正确的劳动观念，获得必备的劳动能力，发展积极的劳动精神，养成良好的劳动习惯和品质，从而更加热爱生活，珍惜学习生涯，建立良好的同伴关系，坚定自主发展和不断超越自我的信念。

中小学要重视劳动教育课程观念的凝练，突出价值引领，改变劳动教育只停留在劳动经历和劳动体验层面的现状，还要使学生通过劳动教育掌握基本的劳动技能，树立正确的劳动价值观。

2. 劳动教育有利于学生发展核心素养

在新时代学校课程育人指向学生发展核心素养背景下，劳动教育必然是未来学校的重要课程。劳动教育具有综合性，与其他学科紧密联系。以综合实践活动、项目化学习、STEM 教育（科学、技术、工程和数学教育）等方式开设的劳动教育课程，兼顾知识、实践技能、多元思维，体现了劳动教育的开放性、融合性、超学科性等特点。劳动教育课程可以有效融入文化基础课程，有利于

① 肖甦主编译：《苏霍姆林斯基教育智慧格言》，北京：人民教育出版社，2014 年，第 274 页。

发展学生的人文精神和科学精神。劳动教育统筹日常生活劳动、生产劳动、服务性劳动等多种实践场域的劳动，从生活世界出发，有利于发展学生自主学习、交往协作能力，增强学生的社会参与意识，提升学生的责任担当能力。劳动教育注重实践体验，提倡“在做中学”和“在学中做”，手脑并用，理论与实践结合，给每个学生提供创新劳动和表达的机会，进而提高学生的实践创新能力。劳动是一种学习方式，为学生提供探索学习的途径，让学生在劳动中发现自己，不断超越自我，发展责任担当能力。劳动是一种交往方式，让学生在生产劳动、服务性劳动中，学会成果分享和情谊表达，学会学习，学会健康生活，促进学生自主发展。总之，劳动教育在以劳树德、以劳增智、以劳强体、以劳育美、以劳创新的融合机制中，发展学生自主发展、社会交往和高阶思维能力，帮助学生形成正确的价值观、必备品格和关键能力。

3. 劳动教育有利于提升学生的综合素养

习近平总书记在全国教育工作大会上提出“要在学生中弘扬劳动精神，教育引导学生崇尚劳动、尊重劳动，懂得劳动最光荣、劳动最崇高、劳动最伟大、劳动最美丽的道理，长大后能够辛勤劳动、诚实劳动、创造性劳动”，“构建德智体美劳全面培养的教育体系”。

劳动教育具有综合课程、融合课程的特点，因而不仅具有独特的育人功能，而且具有综合育人的功能。《意见》要求把劳动教育贯通大中小学各学段，贯穿家庭、学校、社会各方面，与德育、智育、体育、美育相融合。《指导纲要》要求独立开设劳动教育必修课，在学科专业中有机渗透劳动教育，在课外、校外活动中安排劳动实践活动，在校园文化建设中强化劳动文化以彰显劳动教育的综合育人功能，提升学生综合素养。

4. 劳动教育有利于促进学生全面发展

劳动教育是连通生活世界、教育世界、职业世界、创新创业世界的重要桥梁，是青少年核心素养和素质教育的重要内容，是促进青少年德、智、体、美、劳全面发展的重要抓手，有利于实现以劳树德、以劳增智、以劳强体、以劳育美的“五育”并举的育人功能，有利于全面落实立德树人根本任务。

教育是根据人的发展需求和时代发展需要培养人的工作，劳动教育本身就是生存教育、生活教育、实践教育、创造教育、全人教育。劳动教育内容的丰富性和全面性，对整个育人体系及社会发展的作用是不言而喻的。劳动教育对

“五育”的基础性、系统性、融通性、整体价值性具有本质的解释力和承载力。劳动教育具有开放性、包容性和兼容性。

案例

山东二七一教育集团十二年一贯制学校的劳动教育课程价值观

一、学校劳动教育整体发展观

劳动教育作为促进学生德、智、体、美、劳全面发展的教育体系的重要组成部分，要体现树德、增智、强体、育美的融合育人价值，促进每个孩子全面而有个性地发展。

二、学校教育课程观

课程是学校一切教育教学活动的总和。劳动教育课程是关乎学生健康成长的一门核心课程，具有其他课程不可替代的育人价值。

三、学校劳动教育课程观

整合校内外课程资源，创建学校劳动课程综合育人体系和实施方式，让孩子在参与劳动过程中出力流汗，动手实践，学会合作，习得技能，树立正确的劳动价值观，具有必备的劳动能力，培养积极的劳动精神，养成热爱劳动的习惯和品格。

（山东省昌乐二中　赵丰平）

二、新时代劳动教育的目标定位与基本框架

根据《指导纲要》确定劳动教育的目标定位与基本框架：准确把握社会主义建设者和接班人的劳动精神面貌、劳动价值取向和劳动技能水平的培养要求，全面提高学生的劳动素养，使学生树立正确的劳动观念、具有必备的劳动能力、培育积极的劳动精神、养成良好的劳动习惯和品质。

三、新时代我国劳动教育总体目标和学段目标

劳动教育是新时代党和国家对教育提出的新要求，是中国特色社会主义教育制度的重要内容，意义重大。《意见》和《指导纲要》明确提出相关要求，是当前我国全面开展中小学劳动教育最具纲领性和指导性的文件。

（一）新时代我国劳动教育的总体目标

新时代我国劳动教育的总体目标是在继承与发展以往劳动教育目标的基础之上，实现由“社会本位”向“以人为本”的价值转变，并创造性地提出“劳动素养”这一概念，实现内容结构由单一化走向综合化的跨越，使中小学劳动教育具有德育、智育、美育、体育多方面功能。

《指导纲要》明确指出新时代劳动教育的总体目标：准确把握社会主义建设者和接班人的劳动精神面貌、劳动价值取向和劳动技能水平的培养要求，全面提高学生的劳动素养，使学生树立正确的劳动观念，正确理解劳动是人类发展和社会进步的根本力量，认识劳动创造人、劳动创造价值、劳动创造财富、劳动创造美好生活的道理，尊重劳动，尊重普通劳动者，牢固树立劳动最光荣、劳动最崇高、劳动最伟大、劳动最美丽的思想观念；具有必备的劳动能力，掌握基本的劳动知识和技能，正确使用常见劳动工具，增强体力、智力和创造力，具备完成一定劳动任务所需要的设计能力、操作能力及团队合作能力；培育积极的劳动精神，领会“幸福是奋斗出来的”内涵与意义，继承中华民族勤俭节约、敬业奉献的优良传统，弘扬开拓创新、砥砺奋进的时代精神；养成良好的劳动习惯和品质，能够自觉自愿、认真负责、安全规范、坚持不懈地参与劳动，形成诚实守信、吃苦耐劳的品质，珍惜劳动成果，养成良好的消费习惯，杜绝浪费。

显然，劳动教育的目标具有多维性，包括劳动观念、劳动能力、劳动精神、劳动习惯和品质，有助于促进学生发展劳动素养。劳动教育具有融通性，概括起来就是以劳树德、以劳增智、以劳强体、以劳育美，有助于促进人的全面发展。

现实中，由于中小学对劳动教育价值和劳动育人目标的认识仍不够深入，在一定程度上还存在课程建设水平较低、缺乏专任教师等问题，具体表现在课程实施仍停留在劳动实践体验和劳动技术学习层面，缺乏更进一步的、对劳动育人价值的研究，缺乏指向劳动观念、劳动能力、劳动精神、劳动习惯与品格等劳动教育目标的体现。近年来也有一批学校在劳动课程建设上已经取得了长足的发展，体现在学校劳动教育总体目标设置上能够依照《指导纲要》，比较好地体现了劳动育人价值。

案例

山东二七一教育集团十二年一贯制学校的劳动教育课程目标

山东二七一教育集团将开展劳动教育实践与发展学生劳动教育素养紧密结合起来，学校劳动教育课程的目标为：

让每位二七一教育学子在劳动教育课程学习与实践中，树立劳动最光荣的劳动观念；

让每位二七一教育学子积极参与体力劳动和各种动手操作，培养劳动能力；

让每位二七一教育学子认知劳动价值，传承劳动文明，拥有艰苦奋斗的劳动精神；

让每位二七一教育学子在劳动中出力流汗，体验过程，走向劳动创造，拥有劳动品质。

（山东二七一教育集团）

（二）新时代我国劳动教育各学段目标

1. 小学学段劳动教育目标

低年级阶段以个人生活起居为主要内容开展劳动教育，注重培养学生劳动意识和劳动安全意识，使学生懂得人人都要劳动，感知劳动乐趣，爱惜劳动成果。指导学生：完成个人物品整理、清洗工作，进行简单的家庭清扫和垃圾分类等，让学生树立自己的事情自己做的意识，提高学生的生活自理能力；参与适当的班集体劳动，主动维护教室内外环境卫生等，培养学生的集体荣誉感；进行简单的手工制作，照顾身边的动植物，使学生关爱生命，热爱自然。

中高年级阶段以校园劳动和家庭劳动为主要内容开展劳动教育，让学生体会劳动光荣，尊重普通劳动者，初步形成热爱劳动、热爱生活的态度。指导学生：参与家居清洁、收纳整理工作，制作简单的家常餐等，每年学会1—2项生活技能，使学生增强生活自理能力和勤俭节约意识，培养家庭责任感；参加校园卫生保洁、垃圾分类处理、绿化和美化等工作，适当参加社区环保、公共卫生等力所能及的公益劳动，增强学生的公共服务意识；初步体验种植、养殖、手工制作等简单的生产劳动，使学生初步学会与他人合作劳动，懂得生活用品、食品来之不易，珍惜劳动成果。

2. 初中学段劳动教育目标

兼顾家政学习、校内外生产劳动、服务性劳动，安排劳动教育内容，开展职业启蒙教育，让学生体会劳动创造美好生活，使学生养成认真负责、吃苦耐劳的劳动品质，增强公共服务意识和担当精神。让学生：承担一定的家庭日常清洁、烹饪、家居美化等劳动，进一步培养学生的生活自理能力和习惯，增强学生的家庭责任意识；定期开展校园包干区域保洁和美化工作，以及助残、敬老、扶弱等服务性劳动，初步形成对学校、社区负责任的态度和社会公德意识；适当体验包括金工、木工、电工、陶艺、布艺等项目在内的劳动及传统工艺制作过程，尝试家用器具、家具、电器的简单修理，参与种植、养殖等生产活动，学习相关技术，获得初步的职业体验，形成初步的生涯规划意识。

3. 普通高中学段劳动教育目标

注重围绕丰富职业体验，开展服务性劳动和生产劳动，使学生理解劳动创造价值，接受锻炼、磨炼意志，具有劳动自立意识和主动服务他人、服务社会的情怀。指导学生：持续开展日常生活劳动，增强生活自理能力，固化良好劳动习惯；选择服务性岗位，经历真实的岗位工作过程，获得真切的职业体验，培养职业兴趣；积极参加大型赛事、社区建设、环境保护等公益活动或志愿服务，强化社会责任意识和奉献精神；统筹劳动教育与通用技术课程相关内容，从工业、农业、现代服务业及中华优秀传统文化特色项目中自主选择 1—2 项生产劳动，经历完整的实践过程，提高创意物化能力，养成吃苦耐劳、精益求精的品质，增强生涯规划的意识和能力。

4. 职业院校劳动教育目标

重点结合专业特点，增强职业荣誉感和责任感，提高职业劳动技能水平，培育积极向上的劳动精神和认真负责的劳动态度。组织学生：持续开展日常生活劳动，自我管理生活，提高劳动自立自强的意识和能力；定期开展校内外公益服务性劳动，做好校园环境秩序维护，运用专业技能为社会、为他人提供相关公益服务，培育社会公德，厚植爱国爱民的情怀；依托实习实训，参与真实的生产劳动和服务性劳动，增强职业认同感和劳动自豪感，提升创意物化能力，培育不断探索、精益求精、追求卓越的工匠精神和爱岗敬业的劳动态度，坚信“三百六十行，行行出状元”，体认劳动不分贵贱，任何职业都很光荣，都能出彩。

5. 普通高等学校劳动教育目标

强化马克思主义劳动观教育，注重围绕创新创业，结合学科专业开展生产劳动和服务性劳动，积累职业经验，培育创造性劳动能力和诚实守信的合法劳动意识。使学生：掌握通用劳动科学知识，深刻理解马克思主义劳动观和社会主义劳动关系，树立正确的择业、就业、创业观，具有到艰苦地区和行业工作的奋斗精神；巩固良好的日常生活劳动习惯，自觉做好宿舍卫生保洁，独立处理个人生活事务，积极参加勤工助学活动，提高劳动自立自强能力；强化服务性劳动，自觉参与教室、食堂、校园等场所的卫生保洁、绿化美化和管理服务等，结合“三支一扶”“大学生志愿服务西部计划”“青年红色筑梦之旅”“三下乡”等社会实践活动，开展服务性劳动，强化公共服务意识和奉献精神；重视生产劳动锻炼，积极参加实习实训、专业服务和创新创业活动，重视新知识、新技术、新工艺、新方法的运用，提高在生产实践中发现问题和创造性地解决问题的能力，在动手实践的过程中创造有价值的物化劳动成果。

四、劳动教育课程目标典型案例

学校劳动教育课程体系的建设，要结合学校自身劳动资源基础，涵盖日常生活劳动、生产劳动和服务性劳动内容，构建学校劳动教育课程育人体系。一是要在课程目标的设计上突出总体目标和各模块目标的一致性，准确定位总体目标，将总体目标和具体模块内容所能承载的育人目标统筹研究，使各模块目标更有效地支持总体目标。二是不同年级劳动教育内容及其目标的设计要适合相应年龄段学生的认知基础和心理发展需求。三是要突出不同学校各自的文化特色和地域环境资源，创建劳动教育特色课程。四是要重视学校劳动教育课程的系统化建构，提升劳动教育综合育人价值。

案例 1

同一劳动教育模块在不同年级开设的劳动教育设计

学校的同一劳动教育模块可在不同年级开设，不同年级的课程目标要实施一体化课程设计，随年级的升高形成进阶式发展。

山东省烟台市牟平区第二实验小学（五四制学校）积极开展“生产劳动”

主题课程。“生产劳动”主题课程的开设需要开辟劳动基地，让学生真实地参与劳动，出力流汗，磨炼意志，感悟劳动之辛苦、劳动之美丽。学校开辟了校外七大劳动基地：

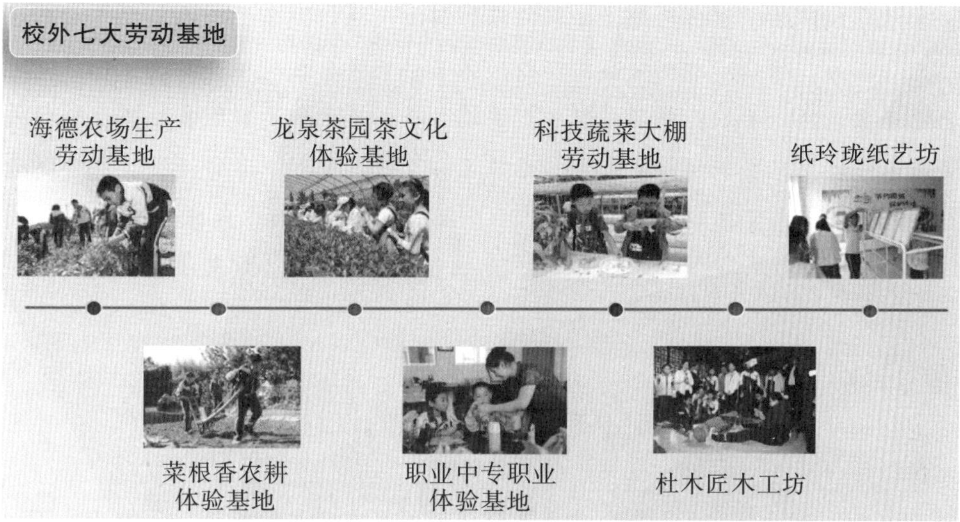

各年级教育序列目标

一年级

花园

1. 认识花园里的各种花，了解它们的生长习性。
2. 能持续观察花儿的生长，用图画记录下来。
3. 学会给花儿浇水、松土，体验劳动的乐趣。

二年级

茶园

1. 通过实地参观，了解茶树的生长及种植规律。
2. 学会种植茶树，并进行浇水、施肥等跟踪管理。
3. 能持续观察茶树的生长情况，学习设计茶树生长记录表，能用图画和文字进行记录。
4. 了解茶叶的炒制过程，体验劳动收获的快乐。

三年级

菜园

1. 了解各种蔬菜的生长习性，能依据时令季节按时种植。
2. 掌握各种蔬菜的种植方法，并参与浇水、培土、搭架等管理活动。
3. 能持续观察蔬菜的生长情况，坚持记录，写蔬菜生长日记。
4. 在种植管理过程中开展研究性学习，善于总结种植经验，体验劳动带来的喜悦。

果园

1. 了解各种果树的生长习性，能持续观察并记录它们的生长状态。
2. 学习剪枝、疏果、套袋等基本的果树管理技能，了解这些管理技术对果树成长的作用。
3. 在管理、收获的过程中开展研究性学习，形成研究报告，感受“一分耕耘一分收获”的道理。

四年级

葫芦园

1. 了解葫芦的种类及生长习性，自主探究催芽、移栽等种植技术，并能持续观察记录葫芦的生长情况。
2. 学习施肥、去杈、搭架、采摘等管理葫芦的方法，在劳动过程中开展研究性学习，形成研究报告。
3. 学习彩绘、烙刻、雕刻等葫芦创作技艺，体验劳动创造生活美。

菜根香非遗传习所

1. 认识胶东传统农耕用具及其使用方法。
2. 学习胶东传统花饽饽制作方法。
3. 体验省级非遗项目“棒槌花边”编织技巧。

五年级

田园

1. 认识并了解常见农作物的种植方法，体验种植小麦、谷子等，感受劳动的艰辛。
2. 开展立体种植、无土栽培等活动，在实践中学习现代农业科学技术。
3. 通过“德融数理”项目化学习，培养学生探究能力及持之以恒的劳动精神，引导学生珍惜粮食。

海德农场

1. 认识小米、高粱等常见农作物，了解它们的生长习性，观摩现代化的种植管理技术，感受农业科技的力量。
2. 学习花生、地瓜、玉米等常见农作物的种植、管理方法，为校内田园种植打下基础。
3. 认识家畜，了解它们的生活习性，在学习饲养鸡、鸭、鹅等常见家禽的过程中体验劳动的幸福。

劳动教育区别于劳动，既要重视学生的劳动经历、劳动体验和获得基本的劳动技能，也要重视学生在劳动过程中的价值体认，达成树德、增智、强体、育美的综合育人价值。教师要关注学生在劳动过程中的参与，有意识地引导学生主动发现问题、提出问题、分析问题和解决问题，提高学生解决现实问题的能力。比如，烟台市牟平区第二实验小学某小组学生在种植黄瓜过程中，发现自己辛勤种植的黄瓜枯萎了，经查找资料、分析原因和请教家长，认识到种植黄瓜不能在阳光直射的中午浇水，而应该在上午八点到十点时浇水，这样更适合黄瓜生长。在夏季阳光照射强烈的中午浇水，会引起黄瓜急性萎蔫。

（烟台市牟平区第二实验小学　姜曰美）

案例2

突出学校文化特色的设计

山东省济南市南上山街小学具有鲜明的民俗文化办学特色，学校开发了一系列民俗文化劳动教育课程，主题课程“沙包设计及其创意体育游戏项目课程教学设计”的目标设计如下：

一、课程内容

依托民族、民间传统体育的课程内容，确立此模块课程的总体目标，然后根据本主题“沙包设计及其创意体育游戏项目课程教学设计”，设计上下贯通一致的主题课程目标。

学校有关民族、民间传统体育活动的教学内容很多，有以嬉戏为主的民族、民间传统体育课程内容，如跳绳、扔沙包、跳皮筋、滚铁环、抽陀螺等；也有以竞赛为主的民族、民间传统体育课程内容，如内蒙古的摔跤、新疆的骑马、东北的雪橇；还有配合节庆习俗的民族、民间传统体育课程内容，如云南的竹竿舞、北京的抖空竹、福建的舞龙舞狮等。

“沙包设计及其创意体育游戏项目”课程为小学六年级劳动课程，课程实施在每周五下午的校本课程时间。

本课程的主要内容包括沙包的选材、沙包设计、沙包制作以及创意民族、民间传统体育游戏。本主题课程目标是：了解传统体育在中国传统文化中的历史和发展；学习沙包制作的样式选择与制作，学会裁剪、缝制等技能，发展劳动兴趣，提升劳动能力；在选材、搭配、制作等环节，增强对废物利用、厉行节约等传统美德的理解；在个体设计的创意创新过程中，发展学生的创新精神和实践能力；在作品展示和为产品代言中，发展学生的竞争意识和表达能力；在沙包比赛中，体验民族、民间传统体育的魅力，发展学生的竞技意识和奋勇争先的体育精神。

二、民族、民间传统体育课程目标

民族、民间传统体育课程的总体目标是：开设民族、民间传统体育课程，增进学生对民族、民间传统体育的非物质文化遗产价值的理解，提升学生对传统体育传承、弘扬的责任担当意识，培养掌握民族、民间传统体育基本理论与技能的传承人；充分发挥该课程多学科统筹在树德、增智、强体、育美等融合育人中的价值，促进学生综合素养的发展；通过制作和使用传统体育器械，增强学生体育兴趣，强健学生体魄，振奋学生不断超越、走向卓越的体育精神。

（济南市南上山街小学）

案例3

统筹考虑学校资源、学生学习需求等开展一体化劳动教育设计

深圳市光明区东周小学一年级自理能力培养课程重视自理技能培养，突出学生通过展示活动提升学生劳动意识、劳动能力及综合素养，提出“劳动托起中国梦，争做自理自立好少年”。

一、活动背景

我们在学校教育过程中观察到：一年级学生依赖性强，日常生活由家长包办；学习不规范，自主意识淡薄；良好的学习和生活习惯有待养成。一年级是学生自理意识培养和自理技能学习以及习惯养成的关键阶段，因此要开展一年级自理能力培养主题系列活动，引导学生学习和掌握基本的学习、生活技能，提高自理自立意识，形成良好的劳动习惯，懂得劳动最光荣、人人都要劳动的道理。

二、参加对象

一年级全体预备队员。

三、活动主题

劳动托起中国梦，争做自理自立好少年。

四、活动目标

（一）劳动观念

引导学生从学习、生活中的小事情做起，树立自己的事情自己做的意识。

（二）劳动能力

知道小学生一日学习和生活自理的基本内容和要求，掌握各项技能，提高自理能力。

（三）劳动精神

体会父母平时对自己的点滴照顾，学会感恩父母，珍惜劳动成果。

（四）劳动习惯和品质

引导小学生完成21天打卡，每天自觉认真做好个人一日生活学习自理，养成自己的事情自己做的习惯。

五、活动内容

序号	活动项目	具体内容
1	劳动主题班会：培训会、劳技课、分享会、策划会、动员会	1. 指导队员了解具体比赛时间、内容、形式和意义等，激发学生参与兴趣 2. 参赛项目技能培训，指导学生掌握劳动技能，提高学生参与热情 3. 开展主题分享会，了解队员对技能的掌握情况，及时反馈，帮助解决队员遇到的困难，激发学生持续参与的积极性 4. 根据年级比赛方案，制订班级参赛计划，设置小岗位

续表

序号	活动项目	具体内容
2	“我勤快，我会做”劳动打卡活动	1. 打卡内容：（1）每天自己穿衣服、洗漱；（2）每天自己整理书包；（3）承担一项家务劳动；（4）每天做好课前准备 2. 打卡方式：学生按照劳动打卡项目打卡，并做好打卡记录；家长对学生一周打卡完成情况和质量进行评价，每周最高可获得 5 颗星；21 天打卡结束，各科任教师对学生的课前准备进行 ABC 等级登记评价
3	“劳动托起中国梦，争做自理自立好少年”班级活动成果展	1. 完善学生打卡表，21 天后上交打卡表，制作成册 2. 劳动教育主题黑板报 3. “最美劳动者”照片墙
4	“劳动托起中国梦，争做自理自立好少年”劳动技能现场考核赛	1. 劳动技能现场考核（全体学生参加） 2. 班级团队劳动技能比赛 3. 颁奖仪式：颁发结业证书、表彰优秀个人和集体、合影留念

六、活动实施

（一）活动准备

1. 召开主题筹备会

德育处组织召开活动筹备会，确定整体活动方案。根据一年级学生的认知水平和实践活动能力水平，确定劳动技能考核培养的具体方法，现场技能考核的具体形式、内容，以及整个活动的评价体系；明确各项工作的分工和要求。

2. 家校共育

组织开展专题家长会，下发《致家长的一封信》，引导家长充分重视，树立崇尚劳动的良好家风，充分发挥家庭在劳动教育中的作用，引导家长充分给予孩子劳动实践的机会，让学生在学校学到的技能在家中得到应用，让家校合作贯穿整个活动，为后续家长主动对学生进行指导、参与过程性评价和担任现场考核评委做好铺垫。

3. 教程编写和录制

各班级负责老师组织学生、家长录制考核项目的视频、制作课件等，明确要求，统一规范。德育处牵头制订“‘我劳动，我快乐’劳动打卡和考核项目清单”“‘我勤快，我会做’劳动打卡记录表”，以及《东周小学自理技能考核及比赛方法指引》；设计自理能力大赛准考证、闯关卡、结业证书等。

2019年东周小学一年级自理能力考核

准考证

姓　　名：陈诗睿

学籍号：2019360101

科　　目：自理能力

考　　区：东周小学

考试科目及时间表

考试科目	时间安排	参与班级
第一项：规范穿礼服、校服 第二项：我会穿袜子、鞋子 第三项：我会整理书包 第四项：我会叠衣服、裤子、袜子、毛巾 第五项：我会做好课前准备	第1场：2：00-2：45 第2场：2：45-3：20 第3场：3：20-4：05	一（1.2）班 一（3.4）班 一（5.6）班

考生说明：1.考生号为学生个人学籍号。

2.考生务必准时到达考试区。

劳动托起中国梦，

争做自理自立好少年！

东周小学2019年一年级劳动自理能力考核记录卡

中队：____（　）预备中队　　学生姓名：________

<table>
<tr><td>考核项目</td><td colspan="3">第一项
规范穿礼服、校服</td><td colspan="2">第二项
我会穿鞋袜</td><td colspan="2">第三项
我会叠衣物</td><td colspan="2">第四项
我会整理书包</td><td colspan="2">第五项
我会做课前准备</td></tr>
<tr><td>考核标准</td><td>准确表达
2颗星</td><td>正确完成
2颗星</td><td>动作熟练
1颗星</td><td>正确完成
3颗星</td><td>摆放整齐
1颗星</td><td>动作熟练
1颗星</td><td>分类正确
2颗星</td><td>摆放整齐
1颗星</td><td>动作熟练
2颗星</td><td></td><td></td></tr>
<tr><td>星级</td><td colspan="3"></td><td colspan="2"></td><td colspan="2"></td><td colspan="2"></td><td colspan="2"></td></tr>
<tr><td>总计</td><td colspan="11">恭喜你本学期共获得____颗“自理”星，继续努力哦！</td></tr>
</table>

东周小学劳动技能考核

结业证书

陈诗睿同学在2019-2020学年第一学期积极参加劳动实践活动，在期末劳动自理能力考核中，各项成绩合格，掌握了学习、生活基本自理技能，准予结业。

深圳市光明区东周小学

校长：何耀泉

二〇一九年十二月二十七日

编码：20191226001

（二）活动过程

1. 召开班级动员会

各班级召开自理能力考核大赛动员会，让学生了解比赛的时间、内容、形式、意义、评价激励方式等，提高学生的自理意识，激发学生的参与兴趣。

2. “我勤快，我会做”21 天劳动实践打卡活动

学校统一发放“‘我劳动，我快乐’劳动打卡和考核项目清单”“‘我勤快，我会做’劳动打卡记录表”，引导学生坚持每天晚上自己整理书包，每天自己穿衣服、整理床铺，每天承担一项家务劳动，在学校每天坚持做好课前准备。坚持完成 21 天劳动打卡，并且获得父母和科任老师的点赞才可以获得准考证和闯关卡。

3.“我勤快，我会做”自理技能培训和实践

通过线上共享视频、图文教程，家校共育，指导学生进行劳动实践和打卡；通过校内专题技能指导课，确保每个学生都能学习规定项目的劳动技能；召开阶段性的班级比赛、分享会，并及时了解学生的掌握情况，及时评价和反馈，持续激发孩子的参与积极性。

4.“劳动创造快乐”班级劳动实践成果展

组织学生上交参加劳动的照片、美化劳动打卡表，引导学生通过绘画、照片的形式，记录自己的劳动经历和成长历程，表达对劳动的热爱。通过制作主题黑板报和布置班级主题照片墙，引导学生关注自己的成长，体验劳动带来的成就感，明白劳动最光荣的道理。

5.“争做自理自立好少年”劳动技能现场考核

经过一个多月的精心准备，一年级全体同学以最佳的状态参与到活动中来。同学们依次完成了5个项目的技能考核，家长评委现场评定各项目星级，教师评委审定学生最终的考核等级。最终，一年级298名同学全都以优异的成绩顺利地完成考核并拿到了自己的首张劳动技能结业证书。

6.“我是劳动小能手”团队技能接力赛

个人技能考核结束后，每个班级的5名小队员代表接力展示学生的一日生活技能，整个比赛在兴奋、紧张、欢快的氛围中落下帷幕，同学们意犹未尽。通过有趣、好玩、有意义的活动，巩固学生的技能，让他们体验劳动成就感，并内化为意识，外化为行为。

7.“劳动创造幸福”结业仪式和颁奖典礼

学校组织充满仪式感的劳动自理能力培养结业仪式，结业证书由校长签发，校长亲自为每一名同学颁发他们人生的首张劳动技能结业证书。隆重的结业仪式，让学生明白人人都要劳动，懂得劳动最光荣的道理。为激励先进，树立典型，学校还针对学生不同的认识和实践水平设置最佳完成奖、最美设计奖、自理小达人等奖项，并进行颁奖。

（三）活动成效

1.学生成长

活动中每一个学生都参与劳动实践打卡，以掌握基本的自理技能，提高生活和学习的自理能力，培养良好的学习和生活习惯。一年级298名同学全都以

优异的成绩顺利地完成考核并拿到了自己的首张劳动技能结业证书，进一步增强了热爱生活、热爱劳动的意识。张敖菡同学说：“通过参加这个活动，我学会了叠被子、系鞋带、扣纽扣，还可以帮助爸爸妈妈做家务，特别开心。”

2. 家长观念的转变

家长参与活动的全过程，真实地看到孩子的成长，强化了自身的观念和意识，明白了家长要言传身教，让孩子从小养成爱劳动的好习惯。覃柏臻妈妈说：“看着孩子们熟练地进行书本分类，真的十分欣慰。学校在第一学期就开展自理能力比赛，真是太及时了。”陈文煊家长说：“学校组织的劳动技能大赛是非常有意义的。知识来源于实践，而好习惯的养成也得益于长期坚持的劳动实践。这次劳动技能大赛，有助于小朋友养成良好的劳动习惯，对小朋友掌握科学知识也有很大的帮助。”

3. 教师成长

教师在参与活动的过程中观念得到更新，提高了指导学生参与劳动实践的能力。何艳芳老师说：“从刚开始的不知所措，到不断地实践和探究，老师们深刻体会到低年级的劳动教育要贴近孩子的日常生活，通过儿童化、趣味化的活动，引导孩子掌握自理技能，体验劳动的快乐，从而更好地养成良好的学习和生活习惯。”

（深圳市光明区东周小学　饶秀芳　何艳芳）

案例4

传统手工技艺“盘扣”主题课程设计

盘扣又称盘纽或盘花，是中国传统服饰中经常使用的一种纽扣，其主要作用是固定衣襟或装饰，是中国结的一种。作为我国精美的民间艺术之一，盘扣因其手工盘制的技艺而得名。它寓意丰富，种类繁多，造型优美，是中华传统文化的体现，体现了人们对美好生活的追求。

一、“盘扣”主题课程的目标定位

介绍盘扣的起源，引导学生认识和了解盘扣的发展历史、特点、价值，以及在日常生活中的应用。教会学生基本的盘扣编制方法，并进行简单花式盘扣的制作。通过认识、欣赏、尝试制作盘扣，体会制作的快乐，领略中华优秀传统文化的美，提高动手能力、审美能力与创造能力；在教与学的过程中阐释东方美，让学生获得美的感受。学生在劳动中体验中华优秀传统文化，充分认识到非遗手工劳动教育的价值。通过制作盘扣，更好地将劳动教育与非遗课程结合起来，增强学生的劳动意识和培养学生的工匠精神，同时培养技艺传承人。

二、“盘扣”主题课程的内容结构及实施要求

“盘扣”主题课程的主要内容包括展示实物、拆解演示、动手实践、展示作品并评价、拓展延伸等。具体实施要求：在展示实物环节，引导学生认识盘扣，了解盘扣在日常生活中的应用，通过视频让学生了解盘扣的发展历史，激起学生的学习兴趣和探究欲望，为学生学习制作盘扣奠定基础。拆解演示和动手实践环节，引导学生通过观察认识盘扣的组成，通过折一折的方法了解盘扣的结构，在实践中感受盘扣的魅力，体验动手制作盘扣的乐趣。展示作品并评价环节，让学生通过同桌合作的方式学习制作盘扣，并对自己的作品进行评价，改进不足，进一步提升动手能力与创新意识。拓展延伸环节，通过展示一些具有代表性的盘扣照片，激发学生的民族自豪感，让他们能够积极参与到传承传统技艺的活动中去。

三、“盘扣”主题课程评价

“盘扣”主题课程评价要关注课程设计的合理性、历史性、传承性，关注学生的人文素养、探究欲望、爱好特长，重点看学生能否在劳动中充分体验优秀传统文化，能否认识到非遗手工劳动教育的价值。在“盘扣”主题课程的学习过程中，要积极尝试分享式评价、展示式评价等多种评价方式，对学生参与主题探究活动过程中的学习态度、动手能力、合作意识、创新精神等进行全面、科学、合理评价。

（齐鲁师范学院　黄晓敏）

第二章

劳动教育的理念与原则

为构建德智体美劳全面发展的教育体系，本章将结合案例对劳动教育理念的历史演变、新时代劳动教育基本理念及基本原则进行详细阐述。

第一节　劳动教育理念的历史演变

教育起源于生产劳动，自人类教育产生便有了劳动教育，劳动教育是人类教育的重要组成部分，并随着人类教育的发展而发展。劳动教育在推动人类社会进步的过程中一直发挥着不可替代的作用。党的十八大以来，习近平总书记在继承马克思主义劳动观和中华优秀传统文化的基础上，围绕“中国梦”“劳动”“劳动者”“劳模精神”等内容进行了深刻阐述，指出“劳动是推动人类社会进步的根本力量”。为了让“劳动最光荣、劳动最崇高、劳动最伟大、劳动最美丽”的价值理念深入人心，加强青少年劳动教育势在必行。梳理、继承与合理批判中华民族劳动教育思想与劳动教育理念，是劳动教育者的一项重要研究课题。

一、中华民族劳动教育理念的演变

中华文明由勤劳智慧的中国人民所创造，人民群众是实践的主体，人民群众在长期与自然抗争的过程中，形成了丰富的劳动教育思想。系统梳理中华民族劳动思想与教育发展的关系，有助于我们理解和实施中国特色社会主义劳动教育。

（一）古代劳动教育思想

从教育的起源看，教育起源于生产劳动，教育从一开始就与生产劳动融为一体。原始社会的教育主要就是生产劳动教育，强调的是生产或劳动，教育是附带的。原始社会末期出现了原始的文字，使得生产劳动和社会生活的经验向知识演变。系统知识的传授需要学校这样的机构，社会发展到夏商周时代，才有了学校的雏形——均、序、庠、校，其目的主要是维护统治阶级政权。可以推测出，在中国古代学校教育中，劳动教育几乎是不存在的。虽然早期学校教育没有专门提及劳动教育，但早期农业的发展催生了耕读文化，耕读文化的发展在一定程度上促进了劳动教育的发展。

中国古代教育发展到战国时期，有一个非常重要的思想流派——墨家学派。墨家学派由墨子创立，学派弟子个个堪称能工巧匠。该学派建立了庞大的以“农与工肆之人”为主体的私人学术团体，成为诸子百家中引人瞩目的教育组织。墨子成为我国古代明确提出劳动教育思想的学者，他认为教育可以“兴利除害”，尤其推崇生产劳动教育，认为生产劳动教育对国家的发展具有重大作用。墨子非常重视生产劳动与科学技术，如农业生产、自然科学、机械原理、军事防御等。经过长期的生产劳动，墨子积累了丰富的经验，主张教育与劳动实践相结合，尤其重视生产劳动与体力劳动。在战事连绵、劳动无足轻重的战国时代，墨子所提倡的劳动教育具有独特的价值。

明末清初的著名思想家、教育家颜元，非常注重劳动对人的培养作用。他在《颜元集》中有这样的论述：“上至天子，下至庶人，皆有所事，夙夜勤劳。”“凡为吾徒者，当立志学礼、乐、射、御、书、数及兵、农、钱、谷、水、火、工、虞。予虽未能，愿共学焉。”颜元特别重视生产劳动，重视农业知识与各种劳动技术的学习。他认为无论是天子还是普通百姓，都应该劳动，都应该热爱劳动，充分肯定了劳动的德育价值，认为劳动不仅可以培养人的勤勉个性，还可以强身健体，使人保持身心健康。但颜元的劳动教育思想局限于当时的封建思想，如他认为小人学农，士学君相和百官。

总之，古代劳动教育带有体力劳动的倾向，没有独立形态的劳动教育，劳动教育的主要目的是满足人们的生存与生活需要。

（二）近现代劳动教育思想

著名的民主革命家、教育家蔡元培非常重视劳动教育和平民教育。他认为若要使人的精神有张有弛，就要养成勤劳的习惯。1928 年，在拟定的中华民国教育宗旨中，蔡元培提出“养成劳动习惯，增高生产技能”的要求。对于劳动教育，他主张脑力劳动与体力劳动应同时并进，提出“即工即学”“工学结合”的观点。

著名教育家、思想家陶行知提出了生活教育主张，著名的论述有“生活即教育”“社会即学校”“教学做合一”。劳动教育成为其生活教育理论的核心内容，而“在劳力上劳心，用心以制力”是其劳动教育思想的理论基础。陶行知认为，一个人要对社会有贡献，就要手脑并用，然后才可以创造、发明，以建设国家。他说：“唯独在劳力上劳心的人类，才能征服自然势力，创造大同社会。”① 为了避免传统教育中劳心者与劳力者明显分离的极端现象，陶行知提倡：“教劳心者劳力，教读书的人做工；教劳力者劳心，教做工的人读书。”② 其劳力与劳心的论述表明了一个重要观点，即物质生产劳动与精神生产劳动相结合。这是陶行知劳动教育思想的精髓。

无产阶级革命家、教育家吴玉章是新中国高等教育的开拓者。根据当时的社会背景，吴玉章从培养新民主主义与社会主义事业接班人的角度提出了一系列关于劳动教育的思想与主张。吴玉章高度重视劳动教育对人的培养作用：“劳动是人类赖以生存和发展的永久的必需的条件，人类生活中的一切财富，整个人类历史以至人类本身，都是劳动创造出来的。”③ 他在担任延安大学校长一职时提出劳动教育是学校教育中不可缺少的内容，学校教育要与生产劳动相结合，培养学生的劳动习惯、建设精神及正确的劳动观念。学校要成立生产委员会，制订生产计划，开展生产运动。学生要参加生产劳动与社会实践，这样才能懂得劳动的伟大意义及其在社会主义建设中的作用。劳动教育在帮助学生树立正确劳动观念和养成良好劳动习惯的同时，也注重培养学生对劳动人民的深厚感情。吴玉章的劳动教育思想符合时代特征，提出了相对完备的劳动教育实施途径与方法，采取多种方法培养劳动后备力量。

---

① 陶行知：《中国教育改造》，合肥：安徽人民出版社，2019 年，第 87 页。

② 陶行知：《中国教育的觉醒》，北京：群言出版社，2013 年，第 269 页。

③ 吴玉章：《吴玉章往来书信集》，重庆：重庆大学出版社，1993 年，第 225 页。

到了近现代，学校劳动教育思想演变得更全面，主要表现在劳动教育的育人功能越来越突出。一是要培养青少年尊重劳动、热爱劳动、尊重劳动人民、珍惜劳动成果的高尚品质，树立正确的劳动观念，做到脑力劳动与体力劳动相结合；二是要从学生身心特征出发开展多种形式的劳动教育，如生产劳动、手工劳动、公益劳动、自我服务劳动等；三是劳动教育的内容设定、实施途径应更加科学化与规范化。

（三）中华民族劳动教育思想演变的启示

纵观劳动教育的发展历程，从古代的生产生活劳动，到后来教育慢慢渗透到生产劳动中，劳动与教育融为一体。在封建社会，劳动教育受社会等级制度的限制。随着社会形态的改变，劳动教育的理念也随之发生变化，不同时期的劳动教育都有着深刻的时代烙印。阶级社会出现了将劳动逐步分为脑力劳动与体力劳动的现象。随着社会的进步，又出现了教育与生产劳动相结合的趋势。在近现代生产劳动条件下，在一系列的教育实践中，脑力劳动与体力劳动相结合成为自然的价值标准，逐步形成了完整的劳动教育思想。劳动教育和德、智、体、美等方面教育一样，是培养青少年不可或缺的一部分。

二、西方劳动教育理念的演变

西方的劳动教育可追溯到古希腊时期。古希腊时期，教育主要是为奴隶主统治阶级服务的，各城邦都有比较完善的教育制度，尤其重视体育训练在教育中的作用。由于城邦之间经常发生战争，城邦之间的教育目标和内容各有不同。斯巴达推行武士教育，主要培养军事技艺和道德。雅典的教育被称为“公民教育”，主要目的是培养身心和谐发展的公民，教育的内容主要包括德智体美。其中闻名于世的学校有柏拉图学园、吕克昂学园等。这些学校有一个共同的特点，即都设有专门的劳动教育课程，这和当时的时代背景与社会发展需求有关。

西方劳动教育理念经历了从突出生产到突出育人的转变，即从生产实践的体力劳动到育人功能的劳动的转变。近代西方也出现了专门的劳动教育课程。

（一）不同时期的劳动教育思想及代表人物

1. 洛克的劳动教育思想

英国教育思想家洛克提出劳动学校计划，他是近代学校劳动教育的开创者。洛克的劳动教育思想有别于他的绅士教育思想，劳动学校计划主要为贫苦儿童设计，向他们传授生活和生产技能，通过劳动抵偿他们的生活开支。在儿童参加劳动和接受劳动教育的意义方面，洛克认为："主要目的是在使他利用一种有用的和健康的体力运用，去从别种比较正经的思想和工作中得到消遣而已。"① 至于其他的手工技艺，是从劳动中获得的，通过劳动加以练习和实践，这个过程不但可以增进儿童的技巧，还能够促进儿童健康成长。通过劳动，儿童能够自食其力，为日后的职业生涯奠定基础。劳动学校计划虽然没有得到广泛实施，但对英国后期的教育产生了重要的影响。

2. 卢梭的劳动教育思想

法国启蒙思想家、教育家卢梭，高度评价劳动教育对儿童智力发展、道德发展的积极作用。卢梭认为劳动教育可以使儿童的身体与双手得到锻炼，他尤其重视劳动教育对学生品德培养的作用。他在著作《爱弥儿》中说："劳动是社会的人不可或免的责任，任何一个公民，无论他是贫或是富，是强或是弱，只要他不干活，就是一个流氓。"② 劳动教育可以让身体和思想同时得到锻炼。他建议儿童每星期都要到师傅家里去学习，除了参加农业劳动，还要经历几种职业体验，在学做工的同时重视学习。培养"自然人"是卢梭重要的教育思想，而劳动教育对于培养"自然人"具有重要作用。儿童参加生产劳动，不仅可以获得劳动技能，还能培养对劳动人民的感情。卢梭的劳动教育主张在本质上是培养独立人格的自由教育，为当时的政治社会奠定必要的道德基础。因此，卢梭对劳动教育本质的理解和把握对现代社会道德基础构建具有重要的价值和启示意义。

3. 裴斯泰洛齐的劳动教育思想

瑞士教育家裴斯泰洛齐深入开展平民教育实验，他形成了完整的劳动教育思想，为世界各国劳动教育实践提供了重要的理论参考。裴斯泰洛齐的劳动教育思想受到"儿童中心论"的影响，他专注于贫民子女的劳动教育实验。他的劳动教育思想主要包括对儿童身体器官的训练、日常生活能力的训练以及实践技能的训练等，促进儿童身心健康和谐发展，提升儿童的精神境界。裴斯泰洛齐采用教学与劳动相结合的方法，强调"发展人的内在力量，不得不利用社会

---

① 洛克：《教育漫话》，傅任敢译，北京：人民教育出版社，1985 年，第 201 页。

② 卢梭：《爱弥儿》（上卷），李平沤译，北京：商务印书馆，1978 年，第 262 页。

与人生相结合的教育方法”①。这种遵循自然法则来培养人的方法，是裴斯泰洛齐劳动教育实践的主要路径，使得他更加关注以适应劳动和取得谋生本领来看待孩子们的勤劳。他强调劳动教育的心理化、生活化，给劳动教育赋予了精神内涵，在提升儿童精神境界的同时，注重发展儿童的个性。裴斯泰洛齐的劳动教育思想对新时代劳动教育的改革与发展具有很好的借鉴与指导意义。

4. 杜威的劳动教育思想

杜威是美国著名的哲学家、教育家、心理学家，实用主义的代表人物。杜威的教育理论是顺应时代的产物，他的手工教育与劳动教育思想都源自实用主义哲学观，即以“做中学”为基本原则。杜威的手工教育与劳动教育课程实施的方法主要是通过不同形式的手工训练作业，如园艺、烹饪、木工等，融合一些社会研究、自然科学、思想交流等活动，强调课程设计与活动课程、学科课程相统一，所谓教育即生活，学校即社会。最终，手工教育与劳动教育的落脚点是职业教育。杜威把职业教育与学校课程相结合，建构出一个完整的教育体系，并集中反映了他的实用主义教育思想。

5. 马卡连柯的劳动教育思想

苏联教育家马卡连柯的教育思想具有独创性，他将教育整体观下的劳动教育内涵总结为能够促进学生体脑健康发展、锻炼意志和性格，以养成学生的劳动人民情感、集体主义精神和组织纪律性的活动。他提出劳动教育的原则应是劳动与教育相结合，劳动教育服从学校一般教育目的，培养学生创造性劳动。此外，还要注意劳动的量力性、长期性、复杂性和多样性等特征。马卡连柯的劳动教育思想深受马克思主义劳动观的影响，强调教育与生产劳动相结合，强调学生正确的劳动观念、劳动习惯、荣誉感、责任心，都是通过实际生活与劳动锻炼形成的，并提出劳动教育对学生组织能力、管理能力与智力发展的重要作用。这种集体教育的主张，使得学生在劳动教育实践活动中形成的相互依存的关系能够促进人际交往能力的提高，以及责任意识的培养。马卡连柯认为劳动教育是教育的基本要素，与德、智、体、美之间相互渗透与整合，甚至将劳动教育作为“五育”之首，推动其他教育发展。

① 张焕庭主编:《西方资产阶级教育论著选》(第2版)，北京: 人民教育出版社，1979年，第173页。

6. 苏霍姆林斯基的劳动教育思想

苏联教育理论家、实践家苏霍姆林斯基注重学生的全面发展，将劳动教育作为其教育思想体系的核心，继承和发展了马卡连柯的劳动与教育相结合的思想，十分重视劳动和劳动教育的意义与重要作用。其中，创造性劳动是苏霍姆林斯基劳动教育思想的关键。他在对劳动教育的论述中指出，劳动应该成为人的一种自我需要，人通过劳动创造的社会财富越多，对世界本质的认识就越深，对社会的贡献就越大。他将劳动教育内涵总结为：学生在教师指导和帮助下，将生命作为和谐整体，在学习劳动中使德、智、体、美几方面综合发展，能够培养其自觉、自由、创造力、个性以及能够产生实际劳动成果的活动。苏霍姆林斯基充分肯定了劳动教育在促进人的全面发展中的重要地位，劳动教育的意义与价值主要体现在劳动教育可以改变学生的思想面貌，丰富学生的精神生活，提高学生的道德修养和审美情操。

（二）马克思、恩格斯的劳动教育思想

1. 教育同生产劳动相结合思想的理论基础

人的全面发展理论是马克思主义教育同生产劳动相结合思想的理论基础。人的全面发展理论和教育同生产劳动相结合思想，是马克思、恩格斯致力于人之解放理论构想的一体两面。人的全面发展是马克思主义的终极理想，教育同生产劳动相结合是实现这一理想的途径和方法。

恩格斯在1845年的《在爱北斐特的演说》中最先提出“每一个人都无可争辩地有权全面发展自己的才能”[①]的主张。1845—1846年，马克思、恩格斯在《德意志意识形态》中使用了“个人全面发展”的概念，并且指出个人全面发展实际上就是“全面发展其才能”，“就是全面地发展自己的一切能力，其中也包括思维的能力”，就是“个人的独创的和自由的发展”[②]。1867年，马克思在《资本论》中对人的全面发展做出了完整、详细、系统的阐释。马克思指出，全面发展的人是适应于不断变动的劳动需求而可以随意支配的人员，是能够把不同的社会职能当作相互交替的活动方式的全面发展的个人。

---

① 马克思、恩格斯:《马克思恩格斯全集(第2卷)》，中共中央马克思恩格斯列宁斯大林著作编译局译，北京：人民出版社，1957年，第614页。

② 马克思、恩格斯:《马克思恩格斯全集(第3卷)》，中共中央马克思恩格斯列宁斯大林著作编译局译，北京：人民出版社，1960年，第84、330、516页。

脑力劳动与体力劳动的结合是人的发展的内在规定性。脑力劳动与体力劳动二者相结合的基础是个体智力和体力的统一。人的全面发展的实质就是在个人智力和体力尽可能广泛、充分、统一和自由发展的基础上，实现脑力劳动与体力劳动相结合。同时，智力与体力的统一、脑力劳动与体力劳动的结合又必须以智力与体力的多方面充分自由的发展为前提。

2. 教育同生产劳动相结合的内涵

马克思、恩格斯设想在合理的社会制度下，人人都应参加生产劳动，人人也应受教育。列宁在此基础上进一步具体化，提出社会主义教育同生产劳动相结合，必须是普遍生产劳动同普遍教育相结合。这里有两个层面的含义，即一方面人人普遍受教育，同时人人普遍参加生产劳动；另一方面，所有的劳动部门和所有的学校教育机构都必须普遍结合。也就意味着，没有人可以脱离教育，也没有人可以脱离生产劳动，不允许存在脑体的分离和所谓的“劳心者治人，劳力者治于人”。每个人都需要接受教育而成为合格的劳动者。教育同生产劳动相结合不仅是教育部门的任务，也是生产部门的任务。现代社会生产和现代教育发展的现实表明，只有教育与生产劳动普遍地结合，才能促进现代教育和社会生产的共同发展和提高。

3. 实施全面教育

马克思、恩格斯把人的全面发展思想和教育结合起来，重视教育在人的全面发展中的作用，创立了全面教育的思想。实施全面教育是人的全面发展的重要社会条件，也是教育与生产劳动相结合的内在要求。提高社会生产和培养全面发展的人，这是一个问题的两面。提高社会生产为人的全面发展创造物质基础，人的全面发展又有力地促进社会生产的发展，而这两者又都是通过教育特别是全面教育与生产劳动的结合才得以实现。对于全面教育的内容，马克思在1866年《临时中央委员会就若干问题给代表的指示》中明确提出把教育理解为智育、体育和技术教育。进而，马克思、恩格斯又认为，人的全面发展的唯一途径和方法就是教育同生产劳动相结合和实施普遍的综合技术教育。在推进教育同生产劳动相结合和促进人的全面发展的过程中，要始终围绕全面教育这一关键途径，不断改进全面教育的实施方法。

（三）西方劳动教育思想演变的启示

纵观西方劳动教育思想的演变过程，大致可总结为从突出劳动的生产性到突出劳动的育人功能，从最初不具备独立形态的劳动教育到教育与生产劳动相结合、与社会生活相结合，将劳动教育作为培养全面发展的人的目的、内容与手段。这给予我们经验上的认识是，一般性的劳动不具备教育的功能，而劳动教育是对单纯学习一般劳动知识与技能的转变，劳动教育的根本目的是育人，帮助青少年树立正确的劳动观。劳动产品不仅是物质产品，更重要的是精神产品。劳动教育可以培养具有正确劳动观念、爱惜劳动产品、尊重劳动人民、热爱劳动、具备劳动能力和有尊严的人。对于学校教育最重要的一点启示是，劳动教育不是独立于其他教育之外的教育，劳动教育应与德育、智育、体育、美育相融合，贯穿于教育的全过程。我们要认清劳动教育的时代特征，劳动教育应与新产业、新科技相适应。

中国共产党始终坚持教育与生产劳动相结合这一原则，推动马克思主义教育同生产劳动相结合思想不断发展。毛泽东同志在领导中国革命和建设的过程中，高度重视教育同生产劳动相结合，1934 年在苏区就把教育与劳动联系起来，作为苏维埃文化教育总方针的重要内容。抗战时期，又提出“一面学习，一面生产”的号召。1958 年，毛泽东同志又进一步把教育必须同生产劳动相结合规定为社会主义教育工作的组成部分，并全面贯彻执行。改革开放后，党确立了以经济建设为中心的基本路线，我国经济社会各项事业飞速发展，同时也参与了日趋广泛激烈的以科学技术为标志的国际竞争。正是在这种时代背景中，邓小平同志提出教育同生产劳动相结合——“更重要的是整个教育事业必须同国民经济发展的要求相适应”等著名论断，推动着马克思主义教育同生产劳动相结合原则在新时期的理论创新和实践创新。进入新时代，以习近平同志为核心的党中央继续坚持马克思主义教育同生产劳动相结合原则，把劳动教育纳入培养社会主义建设者和接班人的总体要求之中，明确提出构建德智体美劳全面培养的教育体系，把教育同生产劳动相结合原则的理论和实践推向了新的历史高度。

第二节　劳动教育的核心理念

劳动教育的实施离不开正确理念的引领，只有有了正确理念的引领，才能更好地发挥劳动教育的育人功能。

一、价值追求：强化劳动观念，弘扬劳动精神

劳动教育是新时代党对教育提出的新要求，是继承和发展马克思主义劳动观、贯彻落实习近平新时代中国特色社会主义思想的重要体现，亦是当代教育的价值追求。通过劳动教育活动，帮助学生树立正确的劳动观，形成良好的劳动素养（劳动知识、劳动技能、劳动情感、劳动精神）和劳动品质（实践能力、反思意识、创新精神），成长为全面发展的人，是新时代劳动教育的价值所在。

在劳动教育实施过程中，我们应当将劳动观念教育和劳动精神教育贯穿其中。习近平总书记强调，“要在学生中弘扬劳动精神，教育引导学生崇尚劳动、尊重劳动，懂得劳动最光荣、劳动最崇高、劳动最伟大、劳动最美丽的道理，长大后能够辛勤劳动、诚实劳动、创造性劳动”。因此，挖掘劳动本身的教育意义和价值具有重要的现实意义，通过“规划—实施—调整（过程中的调控管理与指导）—评价—劳动教育结果”系统框架，让学生充分认识到劳动教育的重要价值。

二、本质把握：强调身心参与，注重手脑并用

劳动教育具有明显的实践性，准确地把握新时代劳动教育的本质特征，能够帮助人们认识劳动教育在整个教育体系中的重要作用。

基于劳动的实践性特征，劳动具有两个核心因素：手和脑。因此，劳动教育需要注重手和脑的结合，或者说劳力与劳心的结合。陶行知先生指出，“劳力而不劳心，则一切动作都是囿于故常，不能开创新的途径；劳心而不劳力，则一切思想难免玄之又玄，不能印证于经验”①。

杜威提出“从做中学”，陶行知进一步提出“教学做合一”，其中，“做”是最核心的，强调教师和学生要身心参与，在做中教、做中学，强调要从实际生活出发，用实际中遇到的问题引发“做”。“从做中学”，正是通过劳动实践，在手和脑的协调配合下，从身和心两个层面对劳动形成更深的体验和领悟，并创新性地分析问题、解决问题。

同时，面对不同学段的学生，手脑并用的方式和侧重点有所不同。例如，在低年段，教师在劳动教育课程教学中，应当以生活劳动、简单的生产劳动为主，

① 陶行知：《陶行知教育文选》，北京：教育科学出版社，1981 年，第 79 页。

强调劳动与生活的联系，并在此过程中培养学生热爱劳动、尊重劳动人民的品格。在中高年段，教学应以社会实践和专业实践活动为主，并向职业教育过渡，让学生从具体的劳动过程中体会劳动的意义和快乐，感悟人生的意义，从而实现人的全面发展。

三、实施路径：继承优良传统，彰显时代特征

长期以来，劳动教育都是我国重要的教育内容和方向之一。新中国成立后，我国的劳动教育既积累了丰富的经验，也出现过偏颇和失误。新时代的劳动教育不是对之前劳动教育的简单“回归”，更不是“平地建楼”般的全新创造，而是在继承优良传统的基础上，彰显时代的特征，既要充分发挥传统劳动的育人功能，又要紧跟科技和产业发展，分析新时代劳动工具、劳动技术、劳动形态的新变化，创新劳动教育的内容、途径和方式。

案例

新时代耕读教育课程体系的构建与实施

山东省昌邑市奎聚街道李家埠小学是一所乡村小学，办学条件与城区学校差距较大，且生源减少，师资不足。为探索农村学校的新发展，该校自2015年开始进行“新时代耕读教育”的研究与探索，在实施国家课程的过程中，融入传统文化教育、劳动教育、家庭教育，把“耕读教育”作为学校特色进行建设，给“耕读传家”的传统文化赋予“以耕践行、以读养心、耕读并驱”的新时代内涵，旨在让教育回归本真。

一、Ⅰ类课程：可视化物型课程

“耕”即“劳”，“读”为“学”。学校以“传统淳朴的耕读文化与新时代文明相融合”为切入点，深度打造“一苑三馆两廊三区”耕读校园文化格局。把校园的每一处做成一门课程，让孩子生活在充满耕读气息的潜在课堂里，每时每刻接受熏陶，达到润物细无声的育人效果。

耕读苑占地800平方米，树木花草错落有致，环境宜人。书简、耕犁两处标志性雕塑韵味十足。乡拾馆展示了耕读历史的辉煌、农具的发展历史和劳动的伟大，使学生在解了农事、农具的同时，激发他们对家乡、对劳动的热爱之情。

行知馆融阅览、融诵读、融书法、融课堂，一馆书香，一馆精美。劳耕体验馆再现消失的农活，让学生体验旧时的劳作，亲历现代化的劳动情景，领会“谁知盘中餐，粒粒皆辛苦”的含义。

以“农具变迁、民俗璀璨、峥嵘岁月、耕读履痕”为主题，精心打造班级耕读文化长廊，以“修身养性”为目的，建设集休闲、品读、赏耕、趣乐于一体的“悠然”长廊，让学生体验劳动实践的快乐，感受耕读文化的魅力。蔬菜种植区、农作物种植区、农家生活体验区“三区”融合，使学生在劳作体验的过程中，培养勤俭、奋斗、创新、奉献的品质。

二、Ⅱ类课程：综合性劳技课程

劳动与技术课程是新时代耕读教育课程的重要组成部分，学校以“让学生获得积极的劳动体验，形成良好的技术素养”为目标，以“立足现实、贴近生活、便于教学、体现综合、重视安全”为宗旨，分年级编辑出版了《劳动与技术》校本教材，涵盖了“日常家务劳动”“旧时农活体验”“新科技生活器具使用”“创意手工制作”等八类劳动体验内容，分为探究学习、实践体验、交流评议、拓展创新四个板块。制订了《李家埠小学劳动与技术教育教学指导意见》，运用适合的教学方法，逐层深入，提升劳动与技术课堂教学的有效性。

劳技课以具有操作性、实践性的学习方式，培养学生正确的劳动技术意识和创新思维能力，让学生获得积极的劳动体验，形成良好的技术素养，对学生的全面发展具有重要的作用。

四、动力激发：发挥主体作用，激发创新创造

《意见》明确提出：“强化诚实合法劳动意识，培养科学精神，提高创造性劳动能力。”“热爱劳动、尊重知识、重视人才、主动创造”成为当今社会发展的主流，劳动教育成为实现教育强国的重要路径。面对日新月异的科学技术和繁重复杂的发展任务，新时代劳动教育应树立创造性劳动的理念，以提高创造性劳动能力为目标，改革劳动教育内容。劳动教育要主动适应科技发展和产业变革新趋势，结合劳动新形态、产业新样态，不断深化产教融合及创新人才培养模式，切实提高青少年的劳动能力，特别是创造性劳动能力。

以上从价值追求、本质把握、实施路径和动力激发等方面对新时代劳动教育的基本理念进行了系统分析与阐述，从顶层设计到实施过程的指导，再到基

本理念的把握，为劳动教育的落实提供了参考。新时代劳动教育担负着培育全面发展的人的历史使命，在新时代劳动观的引领下，各级各类学校应深入贯彻落实《意见》精神，引导学生树立辛勤劳动、诚实劳动、创造性劳动理念，让每一名学生都能拥有劳动自觉和劳动获得感。

第三节　劳动教育的基本原则

劳动教育的基本原则是有效进行劳动教育必须遵循的基本要求，它反映了人们对劳动教育本质特征和内在规律的认识，是合目的性和合规律性的。在合目的性方面，劳动教育须按照一定的教育目的进行，其开展过程和具体工作必须与国家的政策方针一致，即通过劳动教育帮助学生树立正确的劳动观念，使其具有必备的劳动能力，培育其积极的劳动精神，帮助其养成良好的劳动习惯和劳动品质。在合规律性方面，劳动教育必须符合新时代学生的身心发展规律和社会发展规律，并在基本原则的指导下科学有效地开展。《意见》提出了以下五项原则，为劳动教育各项工作的开展提供了指导。

一、把握育人导向

以“育人”为根本，是劳动教育的基本导向。一方面，劳动教育必须“坚持党的领导，围绕培养担当民族复兴大任的时代新人，着力提升学生综合素质，促进学生全面发展、健康成长”。我国是广大劳动人民建立的社会主义国家，所开展的劳动教育必须为劳动人民服务，坚持社会主义办学方向，“办好人民满意的教育，努力培养担当民族复兴大任的时代新人，培养德智体美劳全面发展的社会主义建设者和接班人”。然而，新媒体带来的多元文化的冲击，使我国大中小学生的劳动价值观出现了若干问题，少数学生的价值观中存在拜金主义、享乐主义、个人主义，将劳动狭隘地理解为“单纯的体力劳动”，而且一些地区和学校仍将学业成绩作为衡量学生的唯一标准，在教育过程中忽视培养学生的劳动观念和劳动能力，致使青少年的劳动教育部分地偏离了正确的方向。因此，全社会必须大力营造尊崇劳动、尊重劳动者的浓厚氛围，教育必须坚持社会主义办学方向，坚持为劳动人民育人的办学立场，将劳动教育作为促进人全面发展的重要手段，落实“立德树人”根本任务的重要途径，从而形成新时代青少年劳动教育机制，实现德智体美劳“五育”协同育人的良好局面。

劳动教育应在党的领导下，“把准劳动教育价值取向，引导学生树立正确的劳动观，崇尚劳动、尊重劳动，增强对劳动人民的感情，报效国家，奉献社会”。新中国成立以来，劳动教育的政策发展经历了不同的历史阶段，虽然各时期的价值诉求的侧重点各有不同，但亦存在一些共同之处，即我国劳动教育表现出明显的服务社会发展的外在价值取向，来自教育系统之外的需要成为左右劳动教育走向的主要因素。这反映出了教育者对劳动教育的价值把握不到位，忽视了劳动教育在人才培养过程中的重要作用，割裂了劳动与人的身心健康及全面发展之间的逻辑关系。新时代的劳动教育，应围绕培养担当民族复兴大任的时代新人的目标，坚持以生为本的教育原则，使学生形成正确的劳动观念，习得劳动技能，养成劳动习惯，淬炼劳动品质，引导学生树立马克思主义劳动价值观，自觉把个人的理想追求融入国家和民族的事业中去，建构个人与集体、个人梦与中国梦融合统一的命运共同体，实现新时代青少年的全面发展。

案例

上海市“劳模精神进校园”系列活动开展

为大力弘扬劳模精神，上海市教卫工作党委、市教委、市总工会开展了“劳模精神进校园”系列活动。活动聚焦立德树人根本任务，大力弘扬劳模精神、劳动精神，引导青少年学生崇敬劳模、学习劳模，崇尚劳动、热爱劳动，让劳模精神成为青少年成长成才的精神动力。活动主要从以下五个方面开展。

一、成立上海市劳模文化研究中心

劳模文化研究中心以劳模文化研究为牵引，汇聚优秀研究团队，聚集优质研究资源，大力开展劳模价值文化、劳模精神文化、劳模制度文化、劳模品牌文化研究，深入挖掘劳模崇高品格和劳模精神的育人价值，传承和弘扬劳模精神，建设劳模文化研究与决策咨询智库。

二、组建劳模讲师团

深入挖掘劳模典型事迹，遴选有强烈社会责任感和奉献精神，具有较强语言表达能力及胜任此项工作的劳模，建立劳模讲师团数据库。邀请不同行业、不同类型的劳模走进校园，讲述发生在自己身上的精彩故事，用自己的亲身经历感召和引领学生。

三、建立劳模育人实践基地

重点在全国五一劳动奖章获得单位、市模范集体、市“劳模创新工作室”中遴选一批产业特色明显、技术优势显著、适合开展现场教学、具有较高影响力的团队或工作室建立劳模育人实践基地，基地以劳模名字命名。

四、开展“走近劳模”系列活动

组织学生采访劳模，整理编撰劳模口述史。劳模讲述自己的亲身经历，用真情真事真话感染青少年学生。组织学生开展“劳模伴我成长”“我心中的劳模”等主题征文、演讲比赛；提炼贴近青少年的小故事、小画报、小文艺、小动画，让劳模形象生活化，增强互动性，增强青少年对劳模的认同感和亲近感。

五、推进劳模精神进课堂

组织教师研究劳模，编写《劳模精神导读》《劳模教学案例》等教学参考资料，深入诠释劳模价值。积极做好《劳模》杂志进校园工作，发挥劳模读物在学校图书馆、阅览室、网站等学生公共学习场所的传播作用，用劳模精神引导学生、启迪学生、鼓舞学生。

二、遵循教育规律

教育规律是贯穿于教育活动过程的客观存在的、必然的、稳定的联系。新时代劳动教育必须遵循教育规律，符合学生的身心成长规律和年龄特点，以体力劳动为主，注重手脑并用。这就要求劳动教育必须充分考虑青少年的认知范围、认知方式和认知能力，根据不同年龄学生身心成熟程度及对身心调配的差异性，选择相应的劳动教育内容和形式，并提供恰当的劳动教育契机。

在实践层面，对不同年龄阶段的学生实施分阶段、有侧重的教育，是劳动教育的基本要求。小学阶段应以个人生活起居、校园劳动和家庭劳动为主要内容开展劳动教育，注重培养学生的劳动意识和劳动安全意识，让学生体会劳动光荣，尊重普通劳动者，指导学生提高其生活自理能力，初步形成热爱劳动、热爱生活的态度。中学阶段兼顾家政学习，注重围绕丰富职业体验，开展服务性劳动和生产劳动，让学生理解劳动创造价值，培养其劳动自立意识和主动服务他人、服务社会的情怀。大学阶段，将学生的创新创业能力培养作为重要目标，结合学科专业开展生产劳动和服务性劳动，引导大学生积累职业经验，树立正确择业观，培养到艰苦地区和行业工作的奋斗精神，使其懂得空谈误国、实干兴邦的道理。职业院校可根据劳动教育新要求，调整和优化专业人才培养方案，在抓好职业技术教育的同时，强化劳动精神、劳模精神、工匠精神教育，让学生增强职业荣誉感，体会平凡劳动中的伟大。

开展劳动教育的过程中应注意安全适度，结合不同年龄段青少年的生理发育状况、性别差异，分类施策、精心设计，适度安排劳动强度和时长，切实关注劳动任务及场所的适宜性，既要起到劳动育人的作用，又要避免劳动中可能出现的“过”与“不及”现象，同时还要做好劳动过程中的安全保护，科学评估劳动实践活动的风险，认真排查、清除各种安全隐患。在设施选择、材料选用、工具设备和防护用品使用等方面制订安全、科学的操作规范，强化各个岗位的管理，保障学生的人身安全。

实践性是劳动教育的特征之一，加强劳动教育，还需要强化实践体验，让学生亲历劳动过程，引导学生养成砥砺奋斗、吃苦耐劳的品质，提升劳动教育的育人实效性。

三、体现时代特征

新时代劳动教育应深刻理解和把握“变”与“不变”的关系、“继承”与“创新”的关系。一方面，要理解新时代劳动的本质。马克思主义唯物史观强调，劳动是人类的本质活动，劳动改造自然、创造世界、创造人本身，离开劳动，人类就不能生存与发展。这些本质特征决定了劳动始终是推动社会发展、人类进步的根本力量。我国亦不乏劳动教育的精神，“从《尚书》中的‘克勤于邦、克俭于家’，到《国语》中的‘劳则思，思则善心生’，再到《朱子治家格言》中的‘黎明即起，洒扫庭除，要内外整洁’，诸多古训格言都彰显了勤俭自持、耕读传家的中华传统美德”[①]。新时代的劳动教育必须更生动、更科学、更扎实地传承劳动教育精神。另一方面，随着经济社会的发展，劳动的形态发生了巨大变化，单靠继承传统是远远不够的，还要深入认识新时代劳动的新特性，在继承的基础上大胆创新，适应科技发展和产业变革。

---

① 刘余莉：《坚持基本原则，结合学生实际，积极开展新时代劳动教育》，《人民日报》2020 年 4 月 30 日，第 9 版。

其一，新时代劳动教育的目标要创新。劳动教育目标不应只局限于体力劳动或简单的劳动技能，还要引导青少年充分认识到新时代劳动形态的丰富性，把脑力劳动与体力劳动、群体劳动与个人劳动、创造性劳动和重复性劳动都看作有贡献的、光荣的劳动。且在生产劳动过程中应重视新知识、新技术、新工艺、新方法的应用，培育学生的科学精神，提升其创造性劳作的能力。

其二，新时代劳动教育的内容要有所创新。《意见》明确规定劳动教育要“结合产业新业态、劳动新形态，注重选择新型服务性劳动的内容”，将劳动教育与青少年的日常生活、社会生活结合起来，将劳动教育与课外活动、社会实践结合起来，切实用劳动来创造人们的幸福生活。

其三，新时代青少年的身心特点与劳动教育内容的丰富性决定了教育手段要革新。伴随互联网长大的一代人，他们参与传统体力劳动的机会大大减少，“不珍惜劳动成果、不想劳动、不会劳动”的现象更为普遍。针对这一现象，在强调利用传统方式开展劳动品德与劳动能力教育的同时，还要紧跟时代步伐，契合当代学生的学习环境与学习特点，充分利用网络信息技术拓展劳动教育方式。例如，利用微课、慕课、云端教学、翻转课堂等形式讲好劳动教育课程，打造一批新形式的劳动教育“金课”。同时积极利用新媒体海量、快速、交互、生动的传播优势，制作和推广更多的新媒体宣传产品，增强劳动教育的感染力和吸引力，从而拓展劳动教育工作的空间。

四、强化综合实施

新时代劳动教育需要“加强政府统筹，拓宽劳动教育途径，整合家庭、学校、社会各方面力量”，强化综合实施。这是劳动教育能够得到贯彻的关键，也是新时代全面加强大中小学劳动教育的落脚点。

第一，发挥政府在劳动教育实施中统筹全局的作用。2020年颁布的《意见》，针对当前教育实践中德、智、体、美、劳发展不平衡的状况和劳动教育缺位的状况，从顶层设计上加强了规划，明确了劳动教育的意义、指导思想、基本原则、教育体系、总体目标和保障体系等，着力提升政府在劳动教育中的领导组织和支持保障能力。地方政府应在国家文件的指导下，因地制宜地制订各地劳动教育实施指导意见。此外，政府还应加强劳动教育的制度建设和监督管理，健全相关的劳动教育评价体制和机制，以强制性制度的形式规范劳动教育，并在全社会范围内逐步形成重视劳动教育的文化，形成家庭、学校、社会各方面齐抓共管、协同实施的机制，把劳动教育任务落到实处。

第二，家庭劳动教育日常化，发挥家庭在劳动教育中的基础性作用。习近平总书记指出，家庭是人生的第一所学校，家长是孩子的第一任老师，家长要给孩子讲好“人生第一课”。与学校教育相比，家庭教育开始时间最早、持续时间更长、与个体的成长更密切。因此，家长应形成崇尚劳动的良好家风，秉持正确的劳动教育观念，抓住衣食住行等日常生活中的劳动实践机会，从小培养孩子热爱劳动的习惯，帮助孩子扣好人生的第一粒纽扣。

案例

家庭项目式学习为劳动教育探路

为充分发挥家庭在劳动教育中的基础性作用，深圳市盐田区教育科学研究院在新冠肺炎疫情期间研发了适用于3—15岁儿童的家庭项目式学习活动操作指引。家庭项目式学习是一个立体、综合、多元的自主学习模式，方法简单易学，可操作性强，且分学段地提供相关活动主题供家长选择。

幼儿阶段开展家庭项目式学习，重在培养孩子的劳动意识与增加孩子的劳动体验。以“植物艺术家”为例，该案例以居家种植为主要活动，家长有目的地挑选并提供有特点的植物，帮助幼儿在种植过程中了解植物的特性，明白其种植的方法，并鼓励幼儿进行深层次学习。幼儿在学习种植中关注细节，感受到季节、温度、阳光等因素对植物的影响，提出探究问题，并最终通过成功的种植作品和展示分享，获得种植活动带来的获得感、成就感。

小学阶段开展家庭项目式学习，重在培养孩子的劳动兴趣与劳动习惯。以小学五年级学生完成的“手工家族致敬白衣英雄”为例，参与此项目的学生在家长的帮助下，充分发挥手工制作的特长，通过拼豆豆、热缩片、3D打印、针线、掐丝、衍纸六种手工制作工艺，设计并完成医生头像制作，并以此向奋战在抗疫一线的医务人员致敬。该案例中，学生对自己喜欢的手工制作很感兴趣，投入了极大的热情和精力，在制作过程中养成了善于观察、注重细节的好习惯，培养了动手、沟通、协作、创新等多种能力。

初中阶段开展家庭项目式学习，重在培养孩子的劳动品格与劳动技能。以初一学生参与的“我为家人泡杯茶”为例，该案例以家庭成员的饮茶爱好为研究对象，学生通过上网查阅和家长的分享，了解中国茶文化知识，并将习得的泡茶步骤应用于实践，成功地为家庭成员泡茶，得到家人的一致称赞。在这个案例中，学生将自己所掌握的泡茶技能应用于日常生活中，充分发挥了项目式学习的持续性教育效果，同时也为家人之间的沟通提供了机会，促进了家庭成员的交流，家庭成员坐在一起品茶时，茶味浓浓，情意如茶。

第三，学校劳动教育注重规范化，发挥学校在劳动教育中的主导作用。学校是开展各类教育活动的主要场所，是党的教育方针政策的主要贯彻者和执行者。在劳动教育中，学校应切实承担实施劳动教育的主体责任。各级各类学校应切实领会党和国家有关劳动教育的政策指示和相关精神，明确实施机构和人员，加强师资培训，开齐开足劳动教育课程，并通过理论课程强化学生的劳动观念，通过实践课程提升学生的劳动技能水平，通过校园文化培养学生的劳动品质。

第四，社会劳动教育注重多样化，发挥社会各方面在劳动教育中的支持作用。劳动精神和劳动风气是一个社会、一个时代风貌的体现。习近平总书记在党的十九大报告中指出：“弘扬劳模精神和工匠精神，营造劳动光荣的社会风尚和精益求精的敬业风气。”应利用各类资源为劳动教育提供必要保障，通过大众传媒大力宣传劳模精神和劳动光荣的理念，使“劳动最光荣、劳动最崇高、劳动最伟大、劳动最美丽”的劳动价值观深入人心，从而营造出崇尚劳动的良好社会氛围。劳动教育的实施还离不开社会的资源保障，商场、社区、工厂、企业等各类单位都应为劳动教育提供场所和资源支持，保障劳动教育多样化实施。

五、坚持因地制宜

劳动教育应注重精准化实施，“根据各地区和学校实际，结合当地在自然、经济、文化等方面条件，充分挖掘行业企业、职业院校等可利用资源，宜工则工、宜农则农，采取多种方式开展劳动教育，避免‘一刀切’”。

一是因地制宜。我国各地区的自然条件和经济社会发展水平不同，因此在推动劳动教育的过程中，要紧密结合各地区的自然、经济、文化等情况，统筹考虑城乡特点、区域特征、环境条件、季节变化、风俗习惯、学段要求及学校实际等多种因素。例如，农村地区可把相应的土地、山林、草场等作为学农实践基地，城镇地区可确认一批企事业单位和社会机构作为学生参加生产劳动、服务性劳动的实践场所。最大限度地利用本地劳动教育资源，综合开发设计具有地方特色的劳动教育课程，加强学校与当地企业、工会的联系，科学筹划创建劳动教育校外实践基地，切实提升劳动教育的实效。

案例

广州市特色劳动教育

广州市2019年发布《广州市中小学劳动教育指导纲要》，其中便有具有广东地区特色的劳动主题活动案例——“走进广彩世界”，主要是对具有广府特色的广彩瓷烧制技艺开展探究。活动的设计如下。

活动准备阶段：首先，教师引导学生构思选题，通过查阅资料、访谈广彩瓷工艺专业人士等，初步了解广彩瓷的工艺特征。其次，走进广彩瓷工艺坊，开展“我是广彩烧制小助手”活动，通过准备广彩瓷烧制的工具、配置颜料、协助彩绘和烧制等一系列的劳动活动，初步体验广彩瓷制作的工艺和流程，确定研究选题。最后，让学生参与活动方案的制订，引导学生对活动方案进行讨论，以优化和完善方案。

活动实施阶段：教师创设真实的情境，让学生体验多样化的劳动。例如，开展“广东博物馆之广彩行”参观考察活动，让学生了解广彩瓷的历史和代表作品；开展“广彩工艺师职业体验活动”，让学生亲身体验工艺师一天的工作。

活动总结阶段：第一，教师指导学生选择合适的结果呈现方式，对活动过程和活动结果进行系统梳理和总结。第二，开展公益宣传活动，设计和拍摄“广彩瓷烧制技艺传承人”微电影，在社区展播。第三，开通“广彩瓷烧制技艺传承与发展”微信公众号，对广彩瓷传承的价值、现状、保护措施等信息定期推送，开展宣传活动。

二是因校制宜。在同一地区，由于各学校周边的环境不同，开展劳动教育能够依托的自然资源、社会资源也会有很大的不同。因此需要在劳动教育方针的指导下，考量各学校的学生、师资队伍、相关资源等，制订并实施适合本校实际的劳动教学计划，做到“一校一策”。

案例

上海市“三研”特色劳动教育

上海市奉贤区推进“科研、德研、教研”三研协同创新模式来促进劳动教育特色发展，并建设10所劳动教育基地学校，包括曙光中学、青溪教育集团、庄行学校、育贤小学、树园幼儿园、奉贤中专、汇贤中学、育秀学校、奉教院附小、明德外国语小学。

例如，育贤小学有一个“小当家”课程群：一至二年级开设“整理小达人”“家务小帮手”“茶香润童心”等校本课程，三至五年级开设“皮影小传人”“美丽布艺班”“种植小能手”“中华点心师”等课程，四年级的劳动技术课程中还融入3D打印技术，学生动手设计制作收纳盒、创意小支架，以培养学生的创造力。在此过程中指导家长不断探索家、校、社联动劳动教育模式。

又如，在庄行学校，有一块占地大约20000平方米的劳动基地，学校将劳动教育与农耕文化、农业现代化结合起来，引导学生走进劳动基地，在玩中学习和生活。在学农基地，还通过光伏提水系统、水处理及生态循环系统等，创建水循环生态风景示范基地；通过栽培果树、花卉等，创建绿色植物种植学习示范基地。

再如，开设种子课程并在集团内共享“大厨来了”“微缩家居”“屋顶乐植物”“我是酿酒师”“绿色大课堂”……青溪教育集团的首批劳动教育“种子课程”将在集团内5所学校中实现课程资源共享。

此外，新时代劳动教育还应当因时制宜。从纵向上看，劳动教育涵盖大、中、小学生，涉及多个年龄段、多个学段，而能否根据个体的体力和脑力发展程度科学、合理地设计劳动教育的内容，关系到劳动教育的育人目标能否实现。与此同时，随着科技的发展和产业的变革，劳动出现了新形态，并对劳动者各方面的素质也提出了更高的要求。因此，劳动教育必须与时俱进，坚持时代性原则。

第四章

新时代劳动教育课程设置与开发

劳动教育课程的缺失制约了中小学劳动教育的实施，也弱化了中小学劳动教育的综合育人价值。因此，必须将劳动教育课程建设作为当前的重要任务。只有科学系统地构建劳动教育课程体系，深入挖掘劳动教育课程资源，开发出适应新时代育人需求的劳动教育课程，才能促进劳动教育的持续健康发展。

第一节　新时代劳动教育课程设置的意义和要求

《意见》明确提出要“在大中小学设立劳动教育必修课程”，其中“中小学劳动教育课每周不少于1课时”。我国劳动教育在发展进程中曾走了弯路，这与对劳动教育内涵缺乏理性认识、对劳动教育课程设置的意义和要求认识不足有一定关系。进入新时代，对劳动教育课程的理念、精神实质进行深层剖析，显得非常必要。

一、新时代劳动教育课程设置的重要意义

课程是人才培养的核心要素。劳动教育课程是开展劳动教育的重要载体，劳动教育应以课程为核心，以提高学生劳动素养为目标，对大中小学生进行劳动教育。教育部在《指导纲要》中指

出，劳动教育“必须面向真实的生活世界和职业世界，引导学生以动手实践为主要方式，在认识世界的基础上，获得有积极意义的价值体验，学会建设世界，塑造自己，实现树德、增智、强体、育美的目的”。可见，以劳树德、以劳增智、以劳强体、以劳育美，以此促进学生全面发展，是劳动教育课程的独特价值和重要意义。

（一）以劳树德

劳动教育是对学生进行热爱劳动、珍惜劳动成果、树立正确的劳动观、培养劳动素养的教育活动。劳动教育具有德育属性，而德育以劳动教育为重要形式和重要内容。一方面，劳动教育实践可以间接地对学生进行正直、爱心、诚实、毅力等思想品德教育，帮助学生形成健全的心智和人格，从而推进德育内化。另一方面，设置劳技实践课程，让学生体会劳动成果的珍贵和劳动过程的艰辛，可以引导学生树立正确的劳动情怀与劳动观念，从而推进德育外化。因此，从这个意义上看，以劳树德的劳动教育课程旨向，是以劳育人本位价值观的折射，也是实施德育的本质诉求和基本愿景。

案 例

在小学四年级的一节劳动课上，老师让孩子们自行设计制作超轻黏土作品。有一个小男孩做了一个很特别的烟灰缸，引起了老师的注意。在分享交流环节，老师请这个小男孩说说他的劳动感想。他说，他的爸爸妈妈经常因为爸爸在家抽烟而吵架，他为此很苦恼，于是在老师让大家自主设计制作黏土作品的时候想到了亲手给爸爸做一个烟灰缸。小男孩说这个烟灰缸不准备放在家里，而是放在走廊的窗台上，并附上写有“吸烟有害身体”字样的纸条。

这个小男孩的作品能达到什么效果，你能猜得到吗？爸爸的反应是内心被孩子的言行深深地触动，下定决心彻底戒烟。从此，家庭和睦、幸福快乐。

（二）以劳增智

从某种意义上讲，劳动教育是能使学生掌握一定的生产知识及劳动技能的教育，其中智力因素非常重要。因此，劳动教育课程建设必须注重劳育和学科知识之间的渗透与衔接，观照学生心智的健康发展。因为劳动的双手本身就是智慧创造的隐喻者，劳动教育课程的科学设计要注重培养学生的手脑并用能力，运用教育者的机智，使学生从劳动理论知识和操作实践教学中获得劳动技能知识，引导他们自主挖掘自身的潜能，激发他们的求知欲和想象力。这个过程能够极大地促进学生智力水平的提高。

劳动教育的作用是通过劳动过程实现的。在劳动过程中，学生整合头脑中已有的知识，通过亲身体验获得新的知识和认知，从而在智力上得到提升。劳动教育能为学生参与社会生产打下坚实的知识、技术与技能基础，具有智育的属性和特质。劳动教育向受教育者传授现代生产的基本知识和技能，它是以劳动实践为主，结合思想教育开展的技术教育。

案例

某小学有一个四年级男孩的数学成绩一直不及格，家长多次找班主任要求让其留级，但并未如愿。这时，学校开设了陶艺课，这个男孩的泥塑人物做得很好，得到老师的大力表扬，他便喜欢上了泥塑，在课余时间捏制了很多泥人。学校举办多彩实践节，还专门开辟一块地方，让手艺出众的学生进行个人作品秀，该男孩得以展示自己的作品。之后不久，区里进行教学质量抽测，该男孩的数学居然考了 63 分。当班主任通知家长，说孩子通过陶艺提高了自信心，数学成绩及格了的时候，家长表示不相信，问班主任："我的孩子玩泥巴就能把数学玩及格了？""陶艺男孩"数学及格了，这是不争的事实。

（三）以劳强体

劳动教育与体育都以"动"为共性，两者具有天然耦合性。体育是以身体活动为媒介，以个体身心健康、全面发展为直接目的的社会文化现象和教育过程。劳动教育强调磨炼意志、出力流汗，因此学校的每一节劳动教育实践课程，本身就是一次高效能的健体活动和隐喻性体育锻炼。学生在此过程中不仅获得劳动知识、技能技巧，而且体能也得到了相应的增强，甚至能够改变很多学生怕苦怕累、怕脏怕疼、怕面对挫折等心理。显然，学生劳动实践课程不仅增强了学生的体质，也映射出劳动教育本身就具备体育的属性和特质。

（四）以劳育美

马克思认为，美是人的本质力量的对象化。劳动是世界上欢乐和美好事情的源泉，劳动可以创造美、生成美，让人感受美。劳动教育不仅能陶冶学生心灵，而且能培养学生正确的审美观，提高学生鉴赏美、感受美和创造美的能力，从而达到以劳育美的目的。事实上，根据学生的兴趣爱好、个性、特长和多样化需求，设置丰富多样的劳动教育活动，能够净化学生周围的生活环境。比如学生参加大扫除、课堂值日、工艺品制作、黑板画报设计、社区公益劳动等，都可以帮助学生形成良好的审美情趣，激发学生再现美和创造美的热情。因此，劳动教育对培养学生懂得何为美、劳动何以产生美，以及感受劳动成果的内外生成之美，都有重要促进作用。

二、新时代劳动教育课程设置的基本要求

根据课程基本要素，推进新时代中小学劳动教育课程的统筹建构，需要我们树立“五育”并举教育观，从实际出发，在实践中不断探索，在探索中不断实践。为了切实保证劳动教育质量，课程设置需要满足以下要求。

（一）设立劳动教育必修课

按照国家要求，在各级各类学校开设劳动教育必修课，将劳动教育作为一种独立的课程形态，开足开齐规定课时。中小学劳动教育实行 1+X 课时制度，以每周 1 课时为基础，同时安排家务劳动、校园劳动和校外劳动作为补充。职业院校以实习实训课为主要载体开展劳动教育，其中劳动精神、劳模精神、工匠精神等专题教育不少于16学时。普通高等学校要明确劳动教育主要依托课程，其中本科阶段不少于 32 学时。除了劳动教育必修课，其他课程还要结合学科、专业特点，有机融入劳动教育内容。

（二）系统构建劳动教育课程体系

根据各学段特点，设计涵盖不同劳动教育内容、层级递进的课程体系，系统加强劳动教育。《指导纲要》规定，新时代劳动教育主要有三类：以家务劳动为主的日常生活劳动，以手工劳动和技术性劳动为主的生产劳动，以志愿服务、公益劳动为主的服务性劳动。随着人工智能和信息技术的快速发展，以编程为基础的创新性劳动也应编入劳动教育课程，以培养学生的创新精神和创造能力。同时，在构建劳动教育课程体系时，应当根据劳动教育的课时安排，精心设计三类劳动教育的比例关系，分清课程的难易程度，厘清劳动教育在不同年级的逻辑关系和分布层次，保证劳动教育课程体系的完整性和系统性。

（三）开辟劳动教育场所，挖掘劳动教育资源

劳动教育场地建设是劳动教育课程设置的前提。传统的教室不能满足劳动教育动手实践的要求，因此需要开辟专门的劳动教育功能教室，如金工教室、木工教室、陶艺教室等。另外，每所学校都要开辟种植园、养殖角等，为学生提供体验种植、养殖的场所。城区学校土地少、空间小，可以在窗前屋后设立“袖珍菜园”，还可以在教室的一角建立“空中小菜园”，让学生观察蔬菜的生长，从中汲取劳动知识和培养劳动素养。创造条件让高年级学生参加服务性劳动、创造性劳动，以满足国家对知识型、技能型、创新型人才培养的需要。

（四）大中小学每学年设立劳动周

义务教育阶段的学生原则上在学年内安排，高中阶段可结合寒暑假自主安排，以集体劳动为主。建立中小学生劳动教育成果展示交流机制，各学校设立劳动实践节，定期举办劳动教育成果展评或劳动技能竞赛。高等学校可安排劳动月，集中落实各学年劳动周要求。

第二节　新时代劳动教育课程设计

科学地设计劳动教育课程，对于课程的实施和学生劳动素养的培养，具有举足轻重的作用。

一、课程设计的现状分析

只有立足当下，展望未来，才能抓住课程设计的根本，否则，容易走弯路，事倍功半。

（一）劳动教育课程设计方面已经取得的成功经验

我国在多年的劳动教育实践中，对课程的设计方面进行了不断的探索、实践，取得了丰硕的成果。主要表现在以下几方面。

1. 课程设计比较系统、准确

现有的劳动教育课程中编排的基本劳动知识都来自生产、生活实践，知识体系比较系统、科学，有助于学生形成比较扎实的知识体系，加深对劳动的理解和认识。

2. 对基本劳动技能的设计具体、形象

现有的劳动教育课程中，对相关劳动技能的设计，步骤比较科学，有图示，有文字解释，有的还配有视频教学资料，教师在教学过程中，可以严格、规范地按照要求对学生进行示范讲解，有利于学生准确、熟练地掌握相关技能。

3. 课程操作体系设计比较成熟

现有的劳动教育课程对劳动技术的操作有明确、具体的要求，对教师的教和学生的学都有具体的、量化的要求，具有很强的可操作性。

（二）基于问题的新时代劳动教育课程设计改进

现有的劳动教育课程在设计上尽管已经有许多成功经验，但社会的发展和教育改革的不断深化对劳动教育提出了更高的要求，课程设计需要不断地深化和完善。

1. 课程目标设计应进一步突出育人导向

新时代劳动教育强调坚持社会主义的办学方向，落实立德树人的根本任务。劳动教育不是简单的教技术、动手操作，而是要培养学生正确的劳动价值观念、良好的劳动习惯和品质。而现有的课程往往在设计和实施的过程中，过于突出对劳动知识的传授，突出对劳动技能的示范讲解，过分关注学生对劳动知识的接受和对劳动技能的掌握，一定程度上忽视了学生内在的情感体验，忽视了学生劳动价值观念的形成，不利于学生提高劳动素养。

2. 课程内容体系设计应进一步优化

（1）课程体系需要不断丰富和完善。现有的劳动教育课程内容不够丰富，一些内容的设计也不够科学。现有的劳动教育课程体系比较零碎，一些与学生成长密切相关的劳动知识和技能没有系统地加以展现。因此，需要统筹规划相关课程资源，设计校内劳动、家务劳动、社会实践劳动等方面的课程。

（2）课程设计要突出学生的主体作用。新时代劳动教育应注重引导学生自主开展学习。在现有的课程体系中，虽然学生动手操作、展示等实践环节有所体现，但在活动的时间与空间方面均不够充足，学生在体验的深度上也远远不够。在课程设计及实施中，往往过多地关注学生外在的表现和物化的成果，而忽视了学生内在的情感体验；在课程评价方面，也忽视了学生作为评价主体的作用。

（3）课程内容设计需要体现梯度。《意见》对大中小学不同学段的劳动

教育目标提出了具体要求：小学低年级要注重劳动意识启蒙，小学中高年级要注重劳动习惯养成，初中要注重劳动知识、技能的掌握，普通高中要注重丰富职业体验，中等职业学校要培养工匠精神和爱岗敬业的劳动态度，高等学校要注重创新创业。《意见》强调，在内容设置上，各学段既有共性要求，又各有侧重，要根据学生的年龄特点科学确定各学段的课程内容。在劳动教育方式上，将知识、技能、观念、品格等劳动教育关键要素贯穿于各个学段，同时要针对不同学段学生特点分层递进、螺旋上升地进行教学。而现有的劳动教育课程在内容设计上，各学段之间虽然体现了一定程度的差异性，但梯度不明显，各学段的教学内容也缺乏必要的衔接和过渡。

3. 课程实施途径应多样化、校本化

无论什么年代什么学科，学校教育都是教育的主阵地，新时代的劳动教育也一样，因此，以学校教育为主轴，统筹协调家庭、社会各方面的教育资源，拓宽劳动教育渠道是劳动教育的题中应有之义。其中，家庭在劳动教育中起基础作用，学生通过日常生活中的家务劳动，掌握生存必需的家务劳动和生活技能，养成热爱劳动的好习惯。学校在劳动教育中起主导作用，应加强劳动教育课程系统化建设，集中与分散相结合，灵活安排课时，培养学生正确的劳动观、价值观，帮助学生掌握基本的劳动技能。社会在劳动教育中起支持作用，政府、企业和社会团体可以利用自身资源优势，通过开放劳动实践场所、增加劳动体验项目等方式，让学生参加多种多样的劳动教育。而现有的劳动教育课程实施途径相对单一，主要依赖学校教育，主要方式是教师在课堂上讲授劳动知识，为学生示范讲解劳动技能，学生则在教师的指导下学习理论知识，进行简单的手工艺制作等。虽然也有到校外劳动基地参与劳动的机会，但劳动的时间少、空间小，导致学生对劳动缺乏深度的实践和深刻的体验。学生虽然在家庭中也不同程度地参与家务劳动，但缺乏必要的、系统的指导。学校对校外劳动基地的开发和劳动资源的利用也不充分。

新时代劳动教育应该与其他学科有机融合，相互补充，促进学生核心素养的形成。而现有的劳动教育课程虽然与其他学科也有一定的联系，但在实施过程中仍缺乏有机融合。

新时代劳动教育的实施要充分发挥本地区、本学校的优势，形成特色。而现有的课程没有能够很好地结合学校的实际来实施，尤其是没有形成规范、有

特色的劳动教育校本课程。因此，应在贯彻国家劳动教育方针、积极实施劳动教育必修课程的同时，开发富有特色的校本课程。

二、课程设计的基本原则

课程是教学目标、教学内容和教学规划的总体体现，是学校实现育人目标的根本。课程深刻影响每个学生的个性发展，也影响学校特色的延展方向。新时代劳动教育课程设计应遵循以下几个原则。

（一）方向性

新时代劳动教育不是简单地在原来“劳动与技术教育”的基础上加以强调，而是面对新时代、新要求，结合立德树人的任务进行的从知识到技能再到观念的教育。要通过劳动培养学生勤于动手的习惯和“以辛勤劳动为荣，以好逸恶劳为耻”的价值观念，帮助学生理解并树立马克思主义劳动观，让学生在出力流汗的过程中感受到劳动的艰辛和快乐，发现劳动之美，形成劳动最光荣、劳动最崇高、劳动最伟大、劳动最美丽的观念，为将来走上社会做好准备。

（二）体验性

劳动教育课程不同于一般学科课程，它以亲身劳动的情感体验为基础，既有劳动知识的传授，又有劳动技能的获得。在亲力亲为中通过身体各部分的活动，获得“切肤之感”，这是劳动教育课堂的独特价值所在。劳动过程中大家相互帮忙、通力合作，纵然大汗淋漓，感到辛苦和疲劳，但呼吸通畅，并有所得，这些都将长久留存在学生的记忆中。在课程设计中，对劳动感观的引导要恰如其分、恰到好处，把握好观念植入、情感干预的时机，给予学生积极引导，达成让学生感到劳动光荣的教育目标。

（三）适应性

我国幅员辽阔，经纬度跨越大，南北方地理环境差异较大，民族文化也丰富多样，这就使得我国各地区劳动教育的内容区别很大，例如，用差不多的材料和方法，北方包饺子，南方包汤圆。只有这样，才能形成具有地方特色的劳动教育，劳动教育才有生命力，才能真正适配当地经济、社会发展的需要。也只有具备地方特色的劳动课程，才能满足学校的个性化教学需要，使教学实践更亲民，更接地气。

（四）创造性

现在有不少人对劳动教育的认识浅层化，还停留在劳动就是干体力活的层面，认为劳动就是简单重复的无脑工作。有的学校甚至把干体力活作为惩罚学生的一种手段。对劳动的认识偏差不但削弱了劳动者的荣誉感，而且还会误导学生，使其忽视自主能动性在劳动中的重要作用。劳动创造是发展学生智力的强有力的方式之一。新时代的劳动素养在很大程度上体现为劳动者的创造性。劳动课程应大胆设计开放性的劳动案例，如只设定劳动条件和劳动目标，而不限制其他条件，鼓励学生自己寻找方法，从条件出发达成目标。

（五）融合性

新时代劳动教育应该是与德育、智育、体育、美育融合而生的。没有劳动，德育课程往往陷于虚妄和空谈，教育效果不明显。脱离体育的劳育，就没有肢体的参与，等于只说不动，纸上谈兵。脱离美育的劳动，则劳而无获。在劳动中欣赏美、创造美是劳动教育的目标之一。高阶的劳动课程，应将德育、智育、体育、美育设计其中，寻找适切的契合点而展开，丰富其内容和维度。以劳育带动其他“四育”，融合创新，形成开放、综合的课程体系，是劳动教育课程设计所追求的目标之一。

（六）社会性

劳动教育追求的是提高学生的综合素养，学生的劳动场所具有社会性，学生的成长环境和生活环境都是学生的劳动空间。社会劳动可以提高学生的适应能力、生存能力和工作能力。因此，在设计劳动教育课程时，要坚持在多元、立体的社会环境中寻找开展劳动教育的机会。社会是每个学生未来都要登上的舞台，是学生的劳动素养的体现场所。因此，在学生阶段特别是中学阶段就应设计职业体验课程，让学生积极参与各类志愿劳动，获得服务他人、服务社会的机会，切身体会到在社会这个大熔炉里劳动的重要性。

三、课程设计的结构体系

新时代劳动教育课程体系的构建，不是推翻以往的课程，而是重构与创新，既有规定动作保底，又有自选动作体现特色。因此新时代劳动教育课程设计要遵循大劳动观：大中小学贯通一致，全学段育人，全方位育人。根据《指导纲要》提出的“独立开设劳动教育必修课”“在学科专业中有机渗透劳动教育”“在课外校外活动中安排劳动实践”“在校园文化建设中强化劳动文化”四条全覆盖式劳动教育途径，进行整体、系统设计，可以从基础性课程、特色性课程、融合性课程三大方面构建新时代劳动教育课程设计的结构体系。每个方面再根据《指导纲要》提出的“树立正确的劳动观念”“具有必备的劳动能力”“培育积极的劳动精神”“养成良好的劳动习惯和品质”四个总体目标细化为三大类型的课程。（见下图）

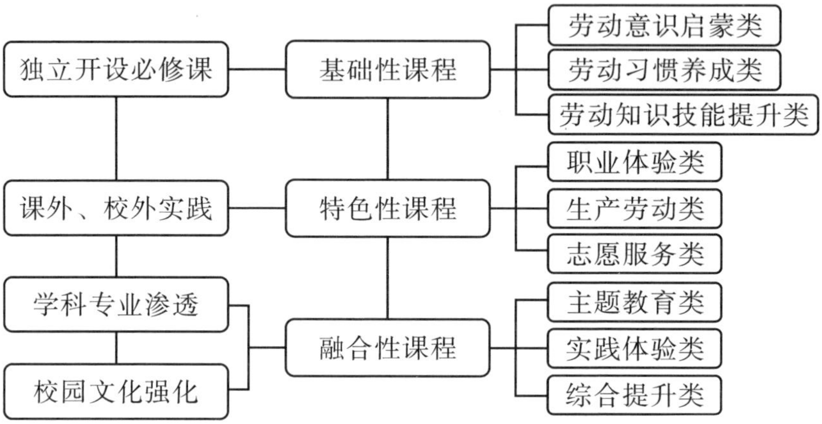

基础性课程，即独立开设的劳动教育必修课程，其主要教育内容为通识性的劳动教育知识与技能等，直接指向的是劳动教育总体目标在课堂上的基本实现。因此，按照《指导纲要》总体目标的要求，我们将基础性课程进一步划分为劳动意识启蒙类、劳动习惯养成类、劳动知识技能提升类三类课程，并根据学段要求有所侧重。

特色性课程，特指课外、校外的特色劳动实践课程，作为校内课程的拓展与补充，是建立在基础性课程基础之上的升级课程，是校内、校外全方位实施劳动教育的有力保障。应充分挖掘地域与学校优势，分别形成地域特色课程和学校特色课程，在实施上可以选修和必修相结合。其直接指向的是劳动教育主要内容的全面落实。因此，按照《指导纲要》的规定，我们将特色性课程进一步划分为职业体验类、生产劳动类、志愿服务类三类课程。

融合性课程，指的是劳动教育和学科有机融合的课程。在分科教学中渗透劳动教育，在校园文化建设中强化劳动文化，是《指导纲要》重点强调的内容，目的是保障劳动教育全覆盖。按照融合形式，可将其划分为主题教育类、实践体验类、综合提升类三类课程。主题教育类课程是围绕一个与某一学科或多个学科相关的劳动教育主题，整体规划设计的系列劳动教育课程。实践体验类课程是为了实现某一个或某一类学科目标，融合于劳动教育实施的课程。综合提升类课程则是围绕着某一核心素养的实现，并涵盖劳动素养的跨学科课程。

新时代劳动教育课程设计的结构体系，从多种途径出发，分级设计课程层次，全方位涵盖总体目标与主要内容，最终实现学段全覆盖，育人全方位，对各级各类教研部门、学校都具有普遍参考意义。在具体的课程设计中，三大方面下设的具体课程分类可以根据地域或学校特色、学段要求进行修正、补充或进一步细化。

四、课程设计的一般流程

（一）准备分析阶段

课程是学校开展教育工作的主要载体，是引领学生发展的重要工具。一套合理的课程体系可以使学生的学习更加系统化、规范化。设计课程的第一要素，就是符合国家和社会对教育的要求，满足当前教育的需要。

1. 政策指导

2020 年 3 月，《意见》出台，提出要“把劳动教育纳入人才培养全过程，贯通大中小学各学段，贯穿家庭、学校、社会各方面”。随之，如何落实好新时代劳动教育的具体要求引起了社会的普遍关注。其中，学校被普遍认为是落实劳动教育的主要阵地，但劳动教育课程出现了断档，已有的综合实践活动课程不符合新时代劳动教育有关文件的要求，不能取代劳动教育课程，必须根据上级有关文件和要求进行劳动教育课程开发。

2. 学校办学理念

劳动教育的内容不能千篇一律，不同地域、不同学校劳动教育的内容不可能相同。劳动教育课程开发要符合学校的办学理念，在统一的思想体系下设计课程，这样才能使劳动教育课程具有特色。

3. 学生特点与需求

“物有本末，事有始终”，学生在不同的成长阶段有不同的特点与需求，例如小学生的认知能力和操作水平还比较低，开发设计电气焊劳动课程显然不合适。同理，如果在中学阶段开发家务劳动课程，教学生怎样叠衣服等，也不符合劳动学习规律。

4. 劳动教育资源

劳动教育与学科课程相比，对资源的依赖性比较大。仅有教材、教参是远远不够的，需要有劳动教育资源，为此，设计课程前必须对学校自身及周边的劳动教育资源有充分的了解。比如，学校有闲置的土地，可以整理成种植园；学校周边有葡萄种植园，可以开发葡萄种植及葡萄酒酿造系列课程；学校周边有博物馆，则可以开发博物馆讲解员课程；等等。反之，如果学校地处一线城市，校园寸土寸金，那么开发农场种植方面的课程，实施起来很困难。如果学校地处偏远农村，却开发社区服务、春运志愿者、导游服务等劳动课程，显然也是不符合实际的。因此，巧妙利用自身和周边的劳动教育资源，是开发具有现实意义的劳动教育课程的重要策略。

（二）设计阶段

1. 确定劳动教育目标

（1）总体劳动教育目标。确定好了课程开发的主要方向之后，接下来需要做的就是细化劳动教育目标。由于劳动覆盖社会生活的方方面面，任何一所学校都不可能使课程涵盖劳动的各个层面，这就需要我们有针对性地进行选择，根据本校的师资条件、地域特点等，选出适合学校进行的劳动教育的方向。以某一教学优势为主要课程开发方向，结合其他课程内容，这样主次搭配，可以达到更好的劳动教育效果。例如，某小学地处农村，大部分学生的家里都有田地，学校的很多教师住在村里，对生产劳动有丰富的经验。从学校环境、学生家庭劳动教育优势、师资条件等方面来看，最适合开展的就是以生产种植劳动为特色的劳动教育。

（2）分层劳动教育目标。根据皮亚杰的认知发展四阶段说，各年龄阶段的学生都有其特征，因此对不同年龄阶段的学生，在确定大方向教学目标的基础上，需要细化年级目标，根据不同年龄段学生的身心发展规律和劳动能力，提出不同的教学目标要求。

某小学农场种植劳动任务及课程目标

组别	劳动任务	劳动教育目标
低年级	除草、授粉、写观察日记、捉虫、清扫落叶	1. 培养劳动意识和安全意识 2. 懂得人人都需要进行劳动的道理 3. 学习简单的劳动技能 4. 感受植物成长的过程，体会劳动乐趣，珍惜劳动成果
中年级	除草、授粉、写观察日记、采摘、套袋、做包装盒、转果、锄地	1. 培养热爱劳动、尊重劳动的态度 2. 学习劳动技能和果树管理知识，学会与他人合作劳动 3. 了解劳动的价值，初步了解农业经济，珍惜劳动成果
高年级	锄地、写观察日记、采摘、套袋、喷洒农药、包装出售、修剪树枝	1. 增强劳动光荣的意识 2. 学习果树管理知识，体会劳动的艰辛及其与知识学习之间的联系，从而对农业种植和农业经济有一定的认识 3. 丰富对我国农业经济的认知
兴趣组	填写气象记录、完成研究学习任务	1. 学习科学的探究方法，尝试解决农业生产中遇到的问题 2. 培养认真的生活态度，提高解决生活问题的能力

2. 制订开发计划

（1）制订课程计划。课程计划是年级教学目标的具体落实，是学校整体教学目标的细化，是完成教学任务的具体方向和标准。但是制订课程计划并不是撰写如何具体完成所有课时教学目标，而是针对本年龄段学生的身心发展特点，结合学校实际教学工作情况、教师个人素养等方面因素，完成课程结构的搭建。针对课程的劳动内容、课时量、评价方式、与现有学科教学的联系和渗透、整合现有教学资源等多方面问题，完成课程编写的框架，为下一步开展课程教材编写工作指明方向。

（2）确定教学策略。劳动创造了人，也创造了丰富的物质世界和精神世界。劳动教育的特殊性、实践性决定了教学策略的多样性。在课程计划完成后，针对课程落实的策略也需要进行适当的研究。不同于常规教学常用的替代性教学策略，很多时候，学生在面对某个劳动课程时，往往是对此没有任何认知基础的，而且劳动课程是一个动态的实践过程，在这个过程中，可能会出现很多预想不到的情况，例如劳动工具的损坏、天气突变、农作物病虫害等不可预测的因素。这就需要我们在编写教材时，加大生成性教学策略的比例，增添一些常规教学中不常用的活动程序及形式。在实际教学中，需要集体的力量来完成一个劳动活动。在劳动课程的开发中，性别差异、团结协作、责任分工、课后自主学习等，都是劳动课程教学形式中不得不考虑的因素。

（3）选择教学方式。班级授课制的推行，虽然极大地促进了劳动教育的发展，却不是劳动教学方式的最佳选择。劳动教育具有的长期性、生活化、不固定性特征，都决定了我们在选择教学方式时要充分考虑课程内容，选择多种教学方式相结合的模式。在开发计划中，对于每一个阶段采用的教学方式，需要提供多种方案，以供教师参考。

（4）落实人员分工。框架构建完成后，对各方面具体内容的编写工作进行详细的任务分工，明确整体的开发思路、劳动教育目的和方向，这时就可以开展下一步的工作了。

（三）开发阶段

1. 开发课程资源

（1）挖掘校内资源。课程开发不一定是完全开发新的课程。课程开发的第一考虑，应该是利用现有的材料，整合现有的资源。每个学校都积累了自身的课程资源。随着课改的不断深入，一些老旧课程已经不适合现在的教学需求，或者某一部分不适合教学。另外，随着教材的更新，尤其是语文、道德与法治、科学等学科课程教材的内容更新，大量的劳动教育元素渗透教材。充分利用学校现有资源，在对现有资源进行利用整合的基础上进行课程开发，不仅能更好地提高现有课程的教学效果，而且可以减轻教师的负担，避免无谓的重复劳动，造成资源浪费。所以课程开发的第一步，应该是进行校内资源挖掘，利用好现有资源。

（2）拓展校外资源。造就全面发展的人，需要人到更广阔的天地中去锻炼，去实践。现在的很多劳动具有很强的专业性、科学性，这就给授课教师提出了很大的挑战。合理利用社会资源，让专业的人做专业的事，不仅能给学生一个正确的认知，而且可以在研学的过程中培养学生良好的个人素养，增加学生对社会的了解，使学生对劳动与社会的关系有直观的感受。对于本地区周边的劳动资源进行调查研究、整合利用，是课程开发的另一个重要环节。

2. 建构活动平台

淬炼操作、项目实践都是劳动教育的重要环节。这就需要在课程开发的过程中，充分考虑学校现有条件，搭建与课程相对应的、为课程服务的操作平台。对于不能提供相应实践平台的课程，需要进行调整或修改，避免出现一些形式上“高大上”、操作上却无法落实的无效课程。

3. 编写课程教材

教材是实现劳动教育目的的重要工具。在梳理以上环节后，就可以组织相关人员编写与劳动教育目的相对应的教材。

（四）实施论证阶段

实践是检验真理的唯一标准。课程的设计是否符合相关要求，是否具有可操作性，需要在实践中检验。尤其是劳动课程，劳动周期的规定是否合理、劳动强度的设定是否符合学生的身心发展规律、劳动主题的确立是否有所偏颇……这些都需要我们在实践中寻找答案。教材的实验一般以一个学年为周期。在实验阶段，需要组织人员对课程设计的可操作性、适用性、教学效果等多方面进行记录分析。实验结束后，根据实际效果，对课程设计进行适当的调整。

（五）评价改进阶段

美国课程论专家比彻姆认为，课程评价包括判断课程系统的效果和所规划的课程的效果。在实验阶段结束后，我们依据一学年的数据记录，对课程设计在实施中的优点、存在的问题进行一个客观、科学的评价；对课程设计中发现的问题进行解决；对在实践过程中出现的生成性劳动教育契机进行补充。在此基础上，对课程设计进行有针对性的修改。根据课程需要，还可以进行二次、三次实验论证并修改，这样才能真正完成符合教学要求的课程体系设计。

第三节　新时代劳动教育课程开发的基本模式

课程开发是指根据某种思想和理论，确定课程目标，选择和组织课程内容，规划课程实施，以及制订课程评价标准等一系列活动。模式是指某种理论的价值取向及相对应的运行操作方式的系统，是结构和功能、形式和内容的具体统一。课程开发有两种主要模式：一是目标模式，二是过程模式。新时代劳动教育课程开发可以借鉴泰勒的目标模式，以《指导纲要》中提出的劳动教育总体目标为课程开发的基础，围绕课程目标的确立、实现和评价进行课程开发。

一、劳动教育课程开发的目标模式

根据《指导纲要》要求，新时代劳动教育课程开发总的目标定位有四个方面。

一是树立正确的劳动观念。新时代的劳动教育，更应强调劳动观念、劳动意识和劳动习惯的培养。劳动教育不仅要让学生学会怎样劳动，而且要通过劳动对学生开展教育，让学生理解《指导纲要》中所说的“劳动创造人、劳动创造价值、创造财富、创造美好生活”的道理，发自内心地尊重劳动，尊重普通劳动者，“牢固树立劳动最光荣、劳动最崇高、劳动最伟大、劳动最美丽的思想观念”。

二是具有必备的劳动能力。例如，现在一些学生分不清钳子和锤子，不会使用螺丝刀。《指导纲要》提出要“掌握基本的劳动知识和技能，正确使用常见劳动工具”。再如，一些独生子女的团队协作意识比较差，劳动教育可以锻炼学生的团队合作能力。因此，劳动教育的目标中包含“具备完成一定劳动任务所需要的设计、操作能力及团队合作能力”。

三是培育积极的劳动精神。党的十八大以来，习近平总书记在多次讲话中提到劳动精神，提出我们要在全社会大力弘扬劳动精神，提倡通过诚实劳动来实现人生的梦想、改变自己的命运。劳动精神是在劳动过程中所秉持的劳动态度、劳动理念及展现出的劳动风貌。我们的课程设计要诠释劳动精神的真正内涵，帮助学生树立勤俭、奋斗、创新、奉献的劳动精神，让学生真正明白“幸福是奋斗出来的”，人人都热爱劳动、勤于劳动，以辛勤劳动为荣，以好逸恶劳为耻。

四是养成良好的劳动习惯和品质。能够自觉自愿、认真负责、安全规范、坚持不懈地参与劳动，形成诚实守信、吃苦耐劳的品质。珍惜劳动成果，养成良好的消费习惯，杜绝浪费。

二、课程开发的内容选择

新时代劳动教育课程开发的内容选择需要依据《意见》和《指导纲要》展开。日常生活劳动、生产劳动、服务性劳动中的知识、技能与价值观是《指导纲要》规定的劳动教育的主要内容。根据不同学段劳动教育的目标，多方面挖掘劳动教育资源，有针对性地选择课程内容，形成综合性、实践性、开放性的劳动课程内容体系，使学生在真实的劳动情境中动手实践、出力流汗，接受劳动锻炼，磨炼吃苦耐劳的意志，形成正确的劳动价值观和良好的劳动品质。同时，注意结合新时代经济社会发展新兴产业、新生职业，创造新的劳动形态。

对于小学低年级的学生，《指导纲要》要求“以个人生活起居为主要内容，开展劳动教育，注重培养劳动意识和劳动安全意识，使学生懂得人人都要劳动，感知劳动乐趣，爱惜劳动成果”。主要包括三类内容：个人物品整理、清洗，班级集体劳动，手工制作。课程方面，可以选择学生日常必备知识和技能方面的课程，如“个人物品排排坐”“多肉植物栽培”“学种芽苗菜”“我给小树穿棉袄”“树叶画”等。对小学中高年级的学生，《指导纲要》规定“以校园劳动和家庭劳动为主要内容开展劳动教育，体会劳动光荣，尊重普通劳动者，初步养成热爱劳动、热爱生活的态度”。主要内容包括家居清洁、收纳整理、家常餐的制作等生活劳动，校园卫生保洁、垃圾分类处理等公益劳动，种植、养殖、手工制作等生产劳动。据此，我们可以选择“班级保洁我尽责”“清扫厨房”“走进敬老院”“学做蛋花汤”“认领校园植物”等课程内容。

关于初中阶段的劳动教育主要内容的选择，《指导纲要》指出，在小学劳动内容的基础上，兼顾家政学习、校内外生产劳动、服务性劳动，安排劳动教育内容，开展职业启蒙教育，体会劳动创造美好生活，养成认真负责、吃苦耐劳的劳动品质和安全意识，增强公共服务意识和担当精神。主要包括“家庭日常清洁、烹饪、家居美化”“校园包干区域保洁和美化，以及助残、敬老、扶弱等服务性劳动”“金工、木工、电工、陶艺、布艺等项目在内的劳动及传统工艺制作过程，尝试家用器具、家具、电器的简单修理，参与种植、养殖等生产活动，学习相关技术”。据此，可选择“可乐鸡翅”“小家电修理”“清蒸鱼”“扎风筝”“农事季节我帮忙”“消防员初体验”“我做场馆志愿者”“整理共享单车”等内容。学生进入中学阶段，开始思考人生规划，因此应适当增加职业体验型劳动教育内容。

高中阶段，《指导纲要》提出要“注重围绕丰富职业体验，开展服务性劳动和生产劳动，理解劳动创造价值，接受锻炼、磨炼意志，具有劳动自立意识和主动服务他人、服务社会的情怀”。主要包括三个方面内容：持续开展日常生活劳动；选择服务性岗位，经历真实的岗位工作过程；统筹劳动教育与通用技术课程相关内容。据此，可选择的内容有“社会中的三百六十行”“模拟政协提案”“汽车模拟驾驶”“做春运志愿者”“志愿宣传　科学防疫”“我是毕业典礼主持人”“我开广告公司”等。在高中阶段，应注重创新型劳动教育课程的开发，如“航模制作”“机器人编程设计”“3D 打印小号”等。

三、课程开发的组织实施

新时代劳动教育课程开发作为一种课程开发活动，涉及中小学各学段各年级劳动教育课程目标的确立、主题内容的选定、主题内容的编写、课程内容的修订等方面。

（一）劳动教育课程目标的确立

劳动教育课程目标的确立，既要明确“培养学生达到什么样的目标”的教育目的，又要了解学生目前的劳动素养水平。劳动教育课程目标必须基于不同年龄段学生的劳动认知、劳动思维、劳动能力水准来确立。这就需要劳动教育课程开发人员进行复杂的调查活动，以了解区域学校学生的劳动素养水平，并根据学生已有的劳动知识技能水平与劳动价值观念，从价值体认、责任担当、问题解决、创意物化四个维度，确立不同学段、不同年级的劳动教育目标，形成螺旋式上升的目标体系。

（二）劳动教育课程主题内容的选定

劳动教育课程主题内容的选定，大致需要经过这样两个阶段：一是根据劳动教育目标，确定劳动教育课程内容框架结构，遴选劳动教育主题内容。根据《意见》要求，新时代劳动教育课程内容需要从日常生活劳动、生产劳动、服务性劳动三种形态中进行遴选，课程开发人员可以根据学生的年龄特点，在某个学段适当偏重某种劳动形态的劳动教育主题内容，如小学低年级着重选择日常生活劳动内容，高中着重选择生产劳动和服务性劳动内容。二是召开课程开发人员会议，邀请专家对各学段各年级课程内容框架及主题内容进行审定，研讨所选的主题内容能否助推学生达成主题或课时劳动教育目标，对于重复的、不恰当的劳动教育主题内容进行增减替换，最终确定各学段各年级的劳动教育主题内容。

（三）劳动教育课程主题内容的编写

劳动教育课程主题内容的编写要由有丰富实践经验的劳动教育专兼职教师和教研员组成的团队来完成。在劳动教育课程主题内容开发的过程中，可以由师生共同设计课程方案，引导学生参与劳动教育主题内容的选择、设计。要结合学生的年龄特点和学校实际，从学生的兴趣爱好出发，选择和设计劳动教育主题内容，一方面让学生在劳动教育主题内容选择与设计中受到劳动教育，另一方面使劳动教育课程主题内容更接地气，更符合新时代劳动教育的需求。

（四）劳动教育课程内容的修订

学段年级劳动教育课程教材编写完成后，要由编写组从整体上进行审阅，主要关注以下几个方面：一是所选主题内容的知识、技能、方法是否存在重复和层级不清的问题，能否做到逻辑严密；二是各主题内容的语言文字是否表达清楚、简洁，无错字、漏字；三是课程教材内容在基本结构、板块设计上是否呈现一致性，是否注意到了美观实用。

四、课程开发的评价反馈

新时代劳动教育课程开发是一个动态的、持续的过程，它最鲜明的特征是根据社会的变迁与学生的需求随时做出调整与改变。因而，相比于依托知识体系建构的学科课程，新时代劳动教育课程更富机动性、多样性与弹性。课程教材编制完成并投入使用后，需要课程开发人员继续做好学生发展需求评估、地域劳动教育课程资源把握、课程实施期望水平评估，根据学生的学习兴趣、教材内容对劳动教育目标的达成水平、地域劳动教育资源利用等对课程进行内容重构、目标调适等，不断提升劳动教育课程开发的实效，以服务区域学校劳动教育的发展，有效提升中小学生的劳动素养，达到“树德”“增智”“强体”“育美”的目的。

第四节　新时代劳动教育课程开发的有效途径

新时代要开展好劳动教育，培养学生的劳动素养，应该致力于劳动教育课程开发。要积极探索劳动教育课程开发的新途径，充分发挥劳动的育人功能，达到以劳育促进德育、以劳育增强智育、以劳育加强体育、以劳育提升美育的目的，促进学生德智体美劳全面发展。随着劳动教育的不断深入和推进，劳动教育课程的开发和利用已成必然趋势。

一、挖掘校内劳动教育资源

校园是开展劳动教育的主阵地，劳动教育的开展需要依赖学校现有的条件和资源。充分利用学校的优秀资源，挖掘校园中的劳动教育资源，整合拓展劳动教育内容，将会更好地助力劳动教育开展。挖掘校内的特色资源，能够丰富劳动教育的形式，让学生的劳动能力得到全面培养，劳动素养得到全力提升，让劳动教育焕发新的生命活力。

（一）挖掘校内日常性劳动资源

学生在校时间比较长，学校可以充分挖掘校内日常性资源，丰富学生校内劳动教育内涵。校内劳动教育内容开发要立足于学生的实际，这样能提高学生的学习积极性，更好地实现劳动的育人价值。因此，学校应根据实际，挖掘校园资源，并对活动进行适当拓展，为学生的创造实践搭建更大的舞台，让他们能自由发挥、尽情创造，如挖掘环保文明、内务整理、卫生值日、劳动技能等校内劳动内容方面的资源。这些校内劳动侧重引导学生积极参加校内各项劳动实践，强调学生亲身参与劳动，增加劳动知识，提高劳动技能，培育劳动情感，提升劳动素养。这些活动有助于加强和规范学生的卫生文明管理，培养学生良好的生活卫生习惯，给学生创造安全、整洁、舒适的学习环境。校内日常性劳动资源的挖掘，能够让学生动手实践、出力流汗，接受锻炼、磨炼意志，更好地培养学生树立正确的劳动观和价值观。

（二）挖掘校内生产性劳动课程资源

生产劳动是人类创造财富和人生价值的手段。让学生适当参加生产劳动，会让他们初步养成吃苦耐劳的良好品质和劳动意识，树立劳动最光荣的观念。挖掘校内生产性劳动课程资源，要根据不同学段、不同年龄学生的特点进行，建议以体力劳动为主，注意手脑并用、安全适度，强化劳动实践体验，让学生亲历劳动过程，提升劳动育人的实效性。一是挖掘校内种植资源。可以将校园空地建成开展劳动教育的基地。园内设置蔬菜种植、果树栽培、花卉种植、中草药种植、农具展览等区域，培养学生爱劳动的观念，提高学生的实践能力。学生近距离接触蔬菜，能够了解蔬菜种植的基本知识，体验种植劳动的过程，体会劳动成果来之不易，同时也体会到农民劳动的艰辛，培养勤俭节约的精神。二是挖掘传统工艺和新技术相结合的资源。实施传统陶艺、剪纸、扎染、版画、烙画等传统工艺项目，还要紧跟科技发展和产业变革，让学生能够了解新时代的劳动工具、劳动技术、劳动形态。实施 3D 打印、航模、智慧物联网等项目，提高学生对新知识、新技术、新工艺、新方法创新应用的能力，增强学生的创新意识，培养学生勤俭、奋斗、创新、奉献的劳动精神。

（三）挖掘校内服务岗位资源

开展校内服务性劳动是为了培养学生的工作技能，让他们熟悉校园各个岗位的工作流程，明确工作职责。为了增加服务劳动体验的深度，提高劳动教育的效果，学生在进行服务劳动体验之后，需要填写服务劳动实践纪实表，记录服务劳动过程，书写服务劳动感悟，颂扬劳动精神，形成正确的世界观、人生观、价值观。因此，可以开展“今日我值日”活动，美化校园；开展“交通文明志愿者”活动，监督学校放学路段学生的交通行为，维护正常的交通秩序；开展“餐厅执勤岗”活动，为同学们分饭菜、扫地、擦桌椅、维持秩序等。要不断探索劳动教育新模式，挖掘多种资源，对学生开展服务性劳动教育，为学生搭建多元化劳动教育平台，培养学生的社会责任感、创新精神和实践能力。

二、充分利用家庭劳动教育资源

劳动教育于日常，习惯养成在坚持。《意见》指出，“家庭要发挥在劳动教育中的基础作用。注重抓住衣食住行等日常生活中的劳动实践机会，鼓励孩子自觉参与、自己动手，随时随地、坚持不懈进行劳动，掌握洗衣做饭等必要的家务劳动技能，每年有针对性地学会 1 至 2 项生活技能”。利用家庭资源开展劳动教育，让学生积极参与家务劳动，在劳动教育的过程中逐步养成自我管理的习惯。家庭劳动教育可以通过打扫卫生、整理房间、采购家庭用品等方式开展。

（一）卫生整洁类

包括卫生防疫、清洁卫生间和厨房、内务整理等方面。卫生防疫方面，让学生掌握卫生清理方法和各项流程，能够灵活使用卫生工具，做到地面、门窗洁净，有序摆放家具，家电安全无隐患。掌握消毒、通风等居家防疫技能，每日自测体温，健康出行。清洁卫生间方面，让学生掌握洁厕技巧，能够安全使用清洁用品，保持卫生间空气清新，无异味。能够清洁厨房里的各种用具，做到墙面和镜面光亮如新，无污渍。在内务整理方面，要求学生依照内务整理规范要求，做到物品整齐有序。床面平整无杂物，床底下干净无灰尘，衣橱洁净，衣物分类整齐。书桌上合理摆放书籍和其他用品，做到桌椅干净，书籍分类摆放整齐，学习用品摆放井然有序。

（二）日常技能类

日常技能包括洗涤缝补、烹调烹饪、垃圾分类、种植养护、购物等方面。通过学习洗涤缝补技巧，做到分类清洗衣物，衣物无污渍。学习缝补方法，熟悉缝补流程。学习各种烹饪方法，掌握制作食物的基本流程，能够辨识食材，安全使用炊具，会做家常菜。学习垃圾的分类常识，能辨别垃圾种类，安全、科学地分类投放垃圾。掌握花草养护的基本技巧，了解花草的习性，做到适时恰当浇水、松土、防治病虫害。了解各类商品的材质，关心食品安全，掌握挑选物品、购买物品的技能，能够有计划、科学地购物。

（三）服务类

能够营造和谐的家庭氛围，分担父母的工作，做到与家人分享快乐、分担烦恼。照顾弟弟妹妹，关心爱护家里长辈。

劳动教育也是生活教育，学生参与家务劳动对其家庭共同体意识的培养是非常有益的，不仅能增进亲子之间的沟通和交流，还能促进家庭成员之间情感的提升。可以将学生参加家务劳动和掌握生活技能的情况，按学期记入每个学生的综合素质档案。鼓励学生利用节假日参加各种社会劳动，并展示其劳动技能。当然，家长要在家庭中树立崇尚劳动的良好家风，通过言传身教，让孩子养成爱劳动的好习惯。

三、开发校外劳动教育资源

《意见》指出，社会要发挥在劳动教育中的支持作用，充分利用社会各方面资源，多渠道拓展实践场所，满足各级各类学校多样化劳动实践需求。综合实践基地、青少年校外活动场所都可以作为开发与利用的劳动教育资源。

学校应该建立健全开放共享机制，整合周边的自然资源、经济资源、人文资源等，选取适合不同年龄、不同学段学生开展劳动教育的资源类型，如智能制造、社区服务、废物利用、维修管理、种植养殖、非遗技艺等。依据不同学生的需求，多措施、多形式地创建特色劳动教育基地，弥补学校缺少专业劳动教育场所的短板。

（一）开发自然资源以开展劳动教育

借助农业种植、动物养殖等特色劳动基地，开发蔬菜及水果种植、烹饪、动物养殖、智慧农业等课程，让学生在合作中体验劳动、学会劳动、尊重劳动者，培养他们爱劳动的品质。开发以海洋资源为主题的劳动教育，让学生学习鱼类品种及其迁徙的主要途径，了解各种海鲜的制作方法等。将劳动课堂搬到田间地头，拓宽学生的视野，让学生学会与自然和谐相处。

（二）开发人文资源以开展劳动教育

区域性的红色教育基地、非遗文化基地、民俗传统文化基地等都是校外劳动教育场所，纪念馆、农耕馆、博物馆凝聚着我们中华民族自强不息的精神。亭台楼榭、碑刻、木刻、砖雕等都是开展劳动教育的资源。将红色文化、非遗文化、民俗传统文化引进课堂，将有效拓展劳动教育的广度和深度，有利于培养学生艰苦奋斗、创新奉献、任劳任怨的劳动精神，提高学生劳动技艺，厚植学生的爱国主义情怀。

（三）开发经济资源以开展劳动教育

利用学校周边的工业经济资源开发劳动教育课程，能够使学生熟练掌握一定的劳动技能，理解劳动创造价值，真正体验劳动者的责任感。通过制造、化工、电子、维修等劳动课程，学生初步掌握新知识、新技术、新工艺、新方法，养成吃苦耐劳的劳动品质，培养其工匠精神和职业意识。培养学生的创新精神、劳动素养、社会责任感、职业道德、实践能力、服务社会的情怀，使他们更好地成为新时代的社会主义建设者和接班人。

（四）开发社区资源以开展劳动教育

每个社区都有许多优秀资源可以利用来引导学生开展公益性劳动实践活动。例如，学生走进敬老院开展义务劳动，帮助老人擦玻璃、洗衣服、扫院子等。

走进社区协助小区物业整理书籍，清理书屋，整理楼道停放的电动车，清理杂物、纸屑并宣讲垃圾分类知识等。利用社区资源给学生搭建更好的服务劳动平台，让学生在参加社区服务、义务捡拾垃圾、保护环境等公益劳动中，体验服务他人、奉献社会的快乐。

新时代应加强劳动资源的开发和利用，充分挖掘校内劳动教育资源，利用好家庭劳动教育资源，开发好社会劳动教育资源，培养学生正确的劳动观、价值观，使学生掌握适应社会发展的各种劳动技能。

第五节　新时代劳动教育课程开发方案与示范案例

一、“三棱锥”形劳动教育课程开发方案

劳动教育与单纯的体验性劳动最大的区别是以课程为支撑，实现劳动育人的目标。本节内容从课程理念、课程设计、组织和实施的角度详细阐述以学校劳动教育课程为主体、家庭和社会劳动教育课程为补充、示范性基地劳动教育课程为提升的“三棱锥”形劳动教育课程开发方案。

（一）课程理念

“三棱锥”形劳动教育课程理念紧扣《指导纲要》要求，通过学校、家庭和社会、基地劳动教育课程，将劳动观念和劳动精神教育贯穿中小学教育全过程。通过课程开发与实施，让学生亲历“三棱锥”不同领域的劳动过程，面对真实的个人生活、生产劳动、服务性劳动，学习和掌握满足未来生活需要的基本劳动知识和技能，学会合作，提高研究性学习能力，从而提高解决问题的能力，培养创新意识，形成正确的劳动价值观。

（二）课程设计

1. 课程开发目标

（1）树立正确的劳动观念。在劳动教育中使学生正确认识到劳动是人类发展和社会进步的根本力量，明白劳动创造人、劳动创造价值、劳动创造财富、劳动创造美好生活的道理，尊重劳动，尊重普通劳动者，牢固树立劳动最光荣、劳动最崇高、劳动最伟大、劳动最美丽的思想观念。

（2）具有必备的劳动能力。在劳动教育中让学生掌握基本的劳动知识和技能，能正确使用常见的劳动工具，以增强体力、智力和创造力，具备完成一

定劳动任务所需要的设计、操作能力及团队合作能力。

（3）培育积极的劳动精神。在亲历劳动过程中让学生领会“幸福是奋斗出来的”的含义，继承中华民族勤俭节约、敬业奉献的优良传统，弘扬开拓创新、砥砺奋进的时代精神。

（4）养成良好的劳动习惯和品质。在亲历劳动过程中使学生能够自觉自愿、认真负责、安全规范、坚持不懈地参与劳动，形成诚实守信、吃苦耐劳的品质，珍惜劳动成果，养成良好的消费习惯，杜绝浪费。

2. 课程开发原则

（1）把握育人导向。坚持党的领导，围绕培养担当民族复兴大任的时代新人的目标，着力提升学生综合素质，促进学生全面发展、健康成长。把准劳动教育价值取向，引导学生树立正确的劳动观，崇尚劳动、尊重劳动，增强对劳动人民的感情，报效国家，奉献社会。

（2）遵循教育规律。课程符合学生年龄特点，以体力劳动为主，注意手脑并用、安全适度，强化实践体验，让学生亲历劳动过程，提升育人实效性。

（3）体现时代特征。适应科技发展和产业变革的趋势，针对劳动新形态，注重新兴技术支撑和社会服务新变化，深化产教融合，改进劳动教育方式，强化诚实合法劳动意识，培养科学精神，提高创造性劳动能力。

（4）强化综合实施。加强政府统筹，拓宽劳动教育途径，整合家庭、学校、社会各方面力量。家庭劳动教育要日常化，学校劳动教育要规范化，社会劳动教育要多样化，形成协同育人格局。

（5）坚持因地制宜。根据各学校实际，结合当地在自然、经济、文化等方面的条件，充分挖掘行业企业的劳动教育资源，宜工则工，宜农则农，采取多种方式开展劳动教育。

3. 课程结构和内容

（1）“三棱锥”形劳动教育课程体系结构

①“三棱锥”的主体（最底端）：校内劳动教育课程——劳动教育课程的主体。主要包括学校劳动教育课程的开发与实施、学校劳动教育项目试点等。

②“三棱锥”的两侧：家庭、社会劳动教育课程——劳动教育课程必要、不可或缺的补充。主要包括家庭劳动及学校和社会大课堂联合开发的社会劳动课程。

③“三棱锥”的最顶端：示范性劳动教育基地课程——劳动教育课程的拓展提升。主要包括学校在现有条件下开设不了或不适宜开设的具有较强育人功能的劳动教育课程。

（2）“三棱锥”形劳动教育课程的内容

劳动教育课程内容要以《指导纲要》为指导，根据不同学段学生的身心发展特点，科学设置劳动教育课程内容。课程内容要体系化、序列化，不同学段的相同课程内容要根据学生的年龄特点，体现出技术要求、操作难度等逐步增加的特点。

（三）组织和实施

1. 建立专兼职教师队伍

学校要根据实际情况，建立满足“三棱锥”形劳动教育不同领域的、专兼职相结合的教师队伍。学校的劳动教育要充分发挥全体教师的育人作用，特别是要突出班主任、辅导员的作用。家庭和社会服务劳动要充分发挥家长和行业专业人士的特长。示范性劳动教育基地要充分发挥基地导师的作用，同时要利用本地人力资源，聘请相关行业专业人士、非物质文化遗产传承人等担任兼职劳动教育指导教师，形成学校、家庭、社会协同育人的合力。采用校、县（区）、市三级培训与评价模式，做好促进专兼职劳动教育教师的专业提升和表彰、奖励工作。

2. 实施策略

（1）固定课时，保障“主体”课程实施

中小学劳动教育课平均每周不少于 1 课时，可以按照学期教学计划，采取课程表固定课时的方式实施，开展多彩实践活动日的学校也可以在实践活动日集中实施。各学校要以《意见》和《指导纲要》为指导，结合学校实际情况，开发好校内劳动教育的课程内容，并与其他课程有机融合，确保“三棱锥”形劳动教育课程的“主体”课程的规范开发与实施。

（2）合理安排课外时间，保障“两翼”课程实施

各学校要合理安排好“三棱锥”形劳动教育课程中“两翼”课程的具体实施计划，做好家庭和社会劳动课程内容的开发工作及实施的计划安排，切实将劳动教育与学生的个人生活、社会生活有机结合，丰富学生的劳动体验，使学生在真实劳动体验中提高劳动能力，从而深化对劳动价值的理解。

（3）弹性课时保障“锥顶”课程实施

各学校要根据教学计划，合理采用弹性课时（或劳动周）。例如，到示范性劳动教育基地以集体劳动为主，确保“三棱锥”形劳动教育课程中“锥顶”课程的实施，并对劳动教育课程进行拓展和提升。

3. 课程评价

“三棱锥”各领域的劳动教育指导教师要以劳动教育目标、内容为依据，将过程性评价和结果性评价结合起来，健全和完善学生劳动素养评价标准、程序和方法，充分发挥评价的育人功能。

二、“三园”劳动教育课程的设计与开发——以山东省烟台市蓬莱区小门家中学为例

（一）劳动教育课程开发理念

劳动教育课程的开发要有理念的指引，开发理念要把握育人导向，把准劳动教育价值取向。山东省烟台市蓬莱区小门家中学是一所普通的农村中学，该校以《意见》《指导纲要》为指导，整合家庭、学校、社会各方力量，推进家庭劳动日常化、学校劳动规范化、社会劳动多样化。立足本校实际，充分考虑中学生的年龄特点、教师的劳动特长，充分挖掘地域自然、经济、文化特色，整合家庭、学校、社会多元资源，形成了极具乡土特色的“三园”劳动课程理念。“三园”指的是家园、校园、田园，既指三个维度的劳动场所，又阐释了该校的劳动教育理念——服务于家园、立足于校园、辐射至田园。

（二）劳动教育课程设计

小门家中学以综合性、实践性、开放性、针对性为主进行劳动教育课程的设计优化。在前期积累的大量劳动教育经验的基础上，构建“三园”劳动教育课程体系，从课程开发的目的、原则、内容入手，经历了从初期课程广度的“一枝独秀”到后期的“春色满园”的历程。

1. 课程开发的目的

引导学生形成马克思主义劳动观，牢固树立劳动最光荣、劳动最崇高、劳动最伟大、劳动最美丽的观念，培养勤俭、奋斗、创新、奉献的劳动精神，同时具有满足生存发展的基本劳动能力，形成良好的劳动习惯。

2. 课程开发的原则

把握育人导向：提升学生综合素养，促进学生全面发展、健康成长，创造出彩人生。遵循教育规律：根据学生的身体发育情况和劳动能力水平，科学设计课内外劳动项目。坚持因地制宜：结合当地的自然、经济与文化条件，立足农村实际情况进行“宜农则农”的课程开发，采取多种形式开展劳动教育，满足学生多元成长的需求。

3. 劳动教育课程开发的内容

依据课程开发的目的与原则，以校园劳动、田园劳动、家园劳动为主要内容，系统学习并掌握必要的劳动技能。

（1）立足于校园的劳动教育

①开发校园师本劳动教育课程。校园在劳动教育中发挥着主导作用。为了让学生动手、流汗、锻炼，小门家中学结合学生身处胶东半岛的农村的实际，发挥老师的优势，开发出“种植技术”和“烹饪技术”两门劳动教育课程，并编写出包含北方常见的农作物种植、以鲁菜菜系制作为主的校编教材《种植技术》《烹饪技术》。随着劳动教育课程的不断开发与完善，又编写出泥塑、陶艺、葫芦电烙画等方面的校本教材。通过校本教材的编写，教师业务能力得到很快提升，形成了一支学科齐全、素质较高、一专多能的兼职教师队伍，加强了师资队伍建设。

②体系化、序列化梳理劳动课程设计。小门家中学根据学生的身体发育情况和劳动能力水平，科学设计课内外劳动项目，将劳动教育课程体系化、序列化、特色化。采用灵活多样的形式，将六到九年级的课程由简到繁、由易到难地逐步推进，逐步深化，相同课程的内容和难度逐级提高，充分与青少年的身心发展相协调。

③创新劳动课程实施模式。小门家中学以“多彩实践　出彩人生”为主题，把星期三下午第三、第四节课定位为“多彩实践日”，集中实施学校劳动教育课程。这种实施模式有效保证了学校劳动教育课程的规范实施。

④深度研发“三园”劳动课程任务群。学校立足于蓬莱深厚的地域文化，探寻民间的非物质文化资源，整合劳动教育的多元维度，开设了“神秘的葫芦”主题劳动课程、“跟着节气去种植”文化劳动课程、“传承传统节日去烹饪”文化劳动课程等劳动教育课程任务群。

（2）辐射至田园的劳动教育

①校内种植基地，保障劳动教育实施。劳动教育是一门注重实践的课程，学生需在具体的实践中掌握相关的劳动技能，而校内种植基地的开发，为劳动教育的实施提供了保障。小门家中学在校内开发了“葫芦种植园”“果蔬农作物种植园”课程，保障了劳动教育必修课程“种植技术”的顺利实施。教师将课堂搬进田园，让学生走进田园，亲历劳动过程。

②校外种植基地，拓宽劳动教育区域。考虑到校内种植基地的规模有限，小门家中学充分利用社会各方资源，建立了“金梦想校外种植基地”。全体学生全程参与作物种类选择、生长习性研究、种植管理与收获的劳动教育活动，并将收获的果实送至敬老院，给老人关怀与爱。学生在一系列活动中经历了完整的探究过程，在掌握了劳动技术的同时，也提高了社会责任感和服务社会的意识，拓宽了视野，形成了正确的劳动价值观念。

（3）服务于家园的劳动教育

基础劳动教育课程的开发增强学生对劳动人民的感情，引导学生报效国家，奉献社会，服务于家园，帮助学生形成正确的世界观、人生观、价值观。

①服务于家庭。小门家中学开设的“烹饪技术”课程让学生掌握了家常菜肴加工、制作的方法，学会了部分传统鲁菜和胶东特色美食的制作方法。在农忙时节，学生能主动为父母做饭。学生主动参与家庭劳动，有效促进了家庭关系的和谐发展，同时也加深了家庭和学校的情感。学校的劳动教育获得了家长及社会各界的广泛好评，营造了浓厚的家园劳动氛围。

②服务于社会。小门家中学“小小志愿者”社会实践课程，利用节假日时间让学生走出校园，以社会人的身份开展劳动志愿服务。同时与高中的社会实践活动进行有效衔接，逐步提升学生的社会责任感。孩子从小就在心中种下志愿的种子，志愿服务成为一种习惯、一种责任，提升了劳动教育的内涵。同时，逐渐把劳动意识渗透进学生的生命中，形成尊重劳动、热爱劳动、珍惜劳动成果、崇尚劳动的社会风尚。

立足于校园、辐射至田园、服务于家园的“三园”劳动教育课程的开发，让学生的劳动技能、劳动观念、探究意识、合作能力、实践能力、创新精神、身体素质等均得到了全面提升与发展，真正实现了劳动教育品牌的打造。

（三）课程评价

小门家中学注重评价对劳动教育发展的作用，在实践中改革创新劳动教育课程评价体系，立足学科核心素养，从单一化的等级评价转向多元化的综合评价，丰富评价形式，优化、细化劳动教育课程评价内容。

“化整为零”，即采取一节一反思、一课一评价的实时评价与学校、教师、学生三维评价体系相结合的评价模式。教师每节课都对学生进行实时评价，并对每节课的实施进行反思与完善。学生进行自我评价与相互评价。学期结束时，学校进行综合评价，为完成学期劳动任务的学生颁发劳动教育结业证书，并存入学生劳动素养评价档案袋中，作为评优、评先的重要参考。由此形成全员参与、以生为本、知行合一的劳动教育课程评价体系。

小门家中学从课程开发理念、课程设计、课程评价三个方面进行劳动教育课程开发与实施。独具特色的“三园”劳动课程，点亮了学生的多彩人生，“让劳动成为最美丽的风景”成为小门家中学一张靓丽的名片。学生在长期的劳动实践中具备了创造未来幸福生活的能力，在亲历劳动的过程中形成了正确的劳动价值观，今后将以积极的劳动态度投身于祖国的建设。

（烟台市蓬莱区小门家中学　魏参文　于波）

三、构建高中“三维联动”劳动教育课程体系——以深圳市南山区南头中学为例

劳动教育是中国特色社会主义教育制度的重要内容，是全面发展教育体系的重要组成部分，是大中小学必须开展的教育活动。目前，我国劳动教育的研究普遍还集中在简单地将劳动等同于生产劳动上，学校劳动教育的实践性不足，学生的创造性劳动开展路径不足，各种劳动教育阵地边界不清晰，彼此的联动性不够。深圳市南头中学结合国情、区情、校情、学情对劳动教育资源进行整合，构建了“基础课程 + 拓展课程 + 创新课程”的高中“三维联动”劳动教育课程体系，走出了有自身特色的劳动教育之路。

（一）“三维联动”劳动教育课程的培养目标

劳动教育要进行优化，首先要赋予其“课程”的地位，即认可其是一种包含了教育目标、教育内容、教学活动乃至评价方式在内的广泛概念。要将劳动教育进行一体化设计，从一体化的顶层设计出发，基于文化传统、基本国情、

时代要求，明确新时代劳动教育的内涵与形态，挖掘新时代劳动教育的目标和内容结构，建设新时代劳动教育的政策环境并营造文化氛围。同时，学校要开发和构建劳动教育课程，就要结合社会实践的需求，以促进学生全面发展和落实立德树人的根本任务为目的，确定中小学劳动教育课程目标，落实新时代社会背景下对优质人才培养的具体要求。劳动教育目标体系应由塑造劳动观念、掌握劳动知识与技能、养成劳动习惯与品质三个方面构成，基于此，南头中学“三维联动”劳动教育课程体系立足于“人的全面发展”设计课程目标。一是塑造正确的劳动观念，感受在劳动中的自我成长，踏实付出，追求卓越，勇于创新；二是掌握知识与技能，对劳动知识的结构，劳动的概念、内涵、价值功能等有一定的了解，具备相应的劳动技能；三是养成良好的劳动习惯与品质，培养吃苦耐劳的精神，体会工匠精神的精髓。

（二）“三维联动”劳动教育课程培养内容

南头中学整合资源，以学生为主体，家校协同，依托国情、区情、校情、学情，开发出“基础课程 + 拓展课程 + 创新课程”的高中“三维联动”劳动教育课程体系。

1. 一维基础课程

基础课程主要是立足于高中学科课堂，发现劳动教育的契机，找准学生的生长点，融合学科特点开展劳动教育。以语文学科的“从诗歌田园到心灵田园”课程为例。田园情结是语文学科与劳动教育融合的契机。人类的田园情结具有普遍性，人们传统的思维方式都具有农耕文明的特性和潜质，而现代都市人依然没有泯灭这种田园情结。人类经历了逃离自然的过程后，希望能够进入一种返璞归真的状态，这是人性的本能。语文老师在诗歌教学中对田园情结进行讲解，课后以布置作业的方式要求学生以“实地调查 + 研究性学习报告 + 成果分享”的方式对现代城市人心中的田园情结的外化现象进行调查研究，以“田园社区”“田园生活模式”“田园企业文化”为抓手开展研究性学习，并形成报告在班级进行展示分享，将田园情结从诗歌内化成孩子的心灵田园。又如，立足语文学科的“制扇至美”团扇意象学习与团扇设计制作课程则是通过学习古典诗词中的团扇意象，让学生感知其审美意蕴，在亲手制作团扇的过程中，感受工匠精神的精髓，培养热爱劳动、珍惜劳动成果的优秀品质。其他学科也相继寻找劳动教育的融合点进行课堂教学，比如生物学科带领高一学生制作果醋，地理学科带领学生到学校附近的公园进行地质土壤分析等。

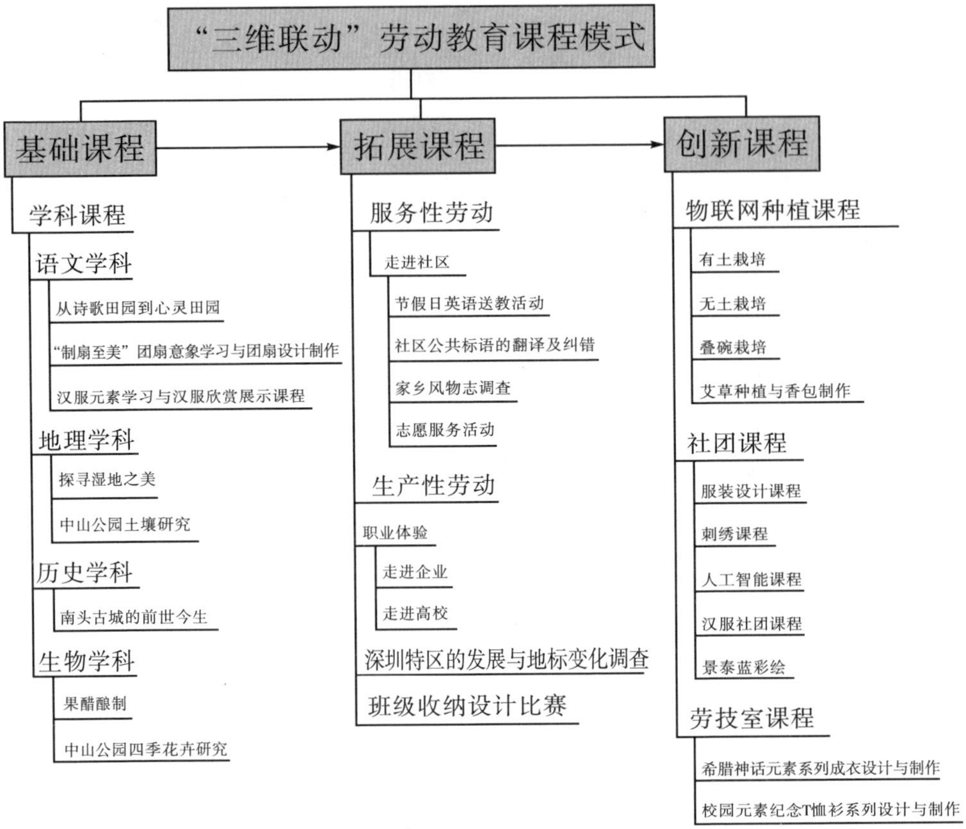

2. 二维拓展课程

拓展课程由服务性劳动和生产性劳动构成。服务性劳动主要包括走进社区部分。比如节假日英语送教活动，根据时间划分为不同的模块，主要服务社区的孩子及有出国需要的老年人。在旅游旺季给老人教授出国常用的英语口语，帮助有出国旅游计划的社区老年人做好语言上的准备。同时，学校服务性劳动依托“志愿深圳”网站，开展多种多样的校内外志愿服务活动。在生产性劳动方面，主要与高中生职业体验相结合，利用深圳南山区高新企业集中的便利条件，组织学生去华为、腾讯、中兴等企业进行职业体验，并要求学生完成“三个一”任务，即一次访谈、一份职业调查报告、一次部门优化方案，让学生在职业体验中做好职业生涯规划。生产性劳动还包括走进高校等模块，让学生在丰富的体验中培养服务、探索意识，“从做中学”，真正感受“教育即生活”，带着兴趣去主动学习，从而得到智力的发展。

3. 三维创新课程

创新课程分为物联网种植课程、社团课程及劳技室课程三大类。

（1）开发“互联网 +”模式下的物联网种植课程。学校对教学楼后的空地进行规划，建设物联网种植园，利用科技开展有土栽培、无土栽培、特色基质种植等劳动课程。学生利用智慧种植系统，通过改变不同的温度和用不同的室内光，用大数据记录实验数据，发现植物生长的规律，化抽象的生长为可量化的数据，通过数据分析感受科学的神奇。

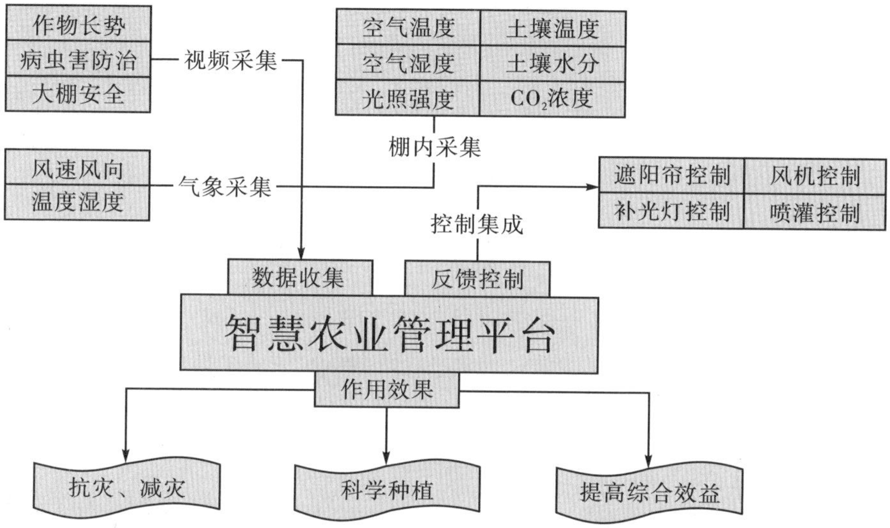

序号	设备名称	监测项目	最大	最小	平均值	采集单位	采集时间
1	智能网关	叶面温度	36.62	16.41	22.7927	℃	2021/2/22
2	智能网关	叶面温度	35.63	15.38	21.4751	℃	2021/2/21
3	智能网关	叶面温度	31.14	14.52	20.5409	℃	2021/2/20
4	智能网关	叶面温度	30.78	14.19	19.5651	℃	2021/2/19
5	智能网关	叶面温度	29.24	16.14	19.8474	℃	2021/2/18
6	智能网关	叶面温度	29.86	17.94	21.1501	℃	2021/2/17
7	智能网关	叶面温度	33.52	17.18	21.8228	℃	2021/2/16

智慧农业数据管理平台流程及实时记录的植物生长状态

（2）开设特色社团课程。深圳市南头中学的特色社团课程有服装设计、刺绣、汉服社团等。刺绣课程旨在教授学生学习刺绣的基本方法，让学生学会制作香包等小手工艺品；汉服社团课程包含汉服设计与制作、饰品制作、妆容设计等。在社团课程的基础上，南头中学还开发了一系列活动，如将刺绣课程与种植园活动有效结合起来，开展“从一粒种子到一个香包”的学习活动。在种植园的特色种植区种植薄荷、艾草等实用、常见的中草药，也种植玫瑰、兰花等具有观赏性的花卉。在端午节来临时，学生将种植园中的薄荷、艾草经过采摘、清理、晾晒等简单处理后，做成一个个带有祝福语的香包，赠送给好友，既加深了学生对端午节这个传统节日的了解，又提升了学生的动手能力，在赠送香包的过程中还促进了班风、学风建设，是对新时代“五育”并举育人目标的一种有效尝试。

（3）结合区情建设劳技室。劳技室以进行服装设计与成衣制作为活动内容，学生把文学经典中的元素融合进设计中，如设计制作具有希腊神话元素的系列成衣。学校将学生的手稿、画册结集成册进行印制，并为学生提供服装秀场让学生展示自己的作品。

（三）“三维联动”劳动教育课程的实施

1. 做好顶层设计，进行统筹安排

劳动教育实践活动是中小学开展劳动教育的主要途径，学校应立足于办学理念、育人目标和学生可持续发展的需要，整体规划设计长短期相结合的主题活动并进行系统安排。[①]南头中学结合学校办学理念和高中生学段特点，明确劳动教育的总体任务与阶段任务，对资源进行整合，制订具体实施方案，根据不同时间点，切实有效推进劳动教育的开展。

2. 家、校、社“三位一体”，协同开展活动

在整合学校资源的同时，南头中学也积极挖掘家庭、社会的潜在资源。比如结合学校周边环境，进行相应的土壤与花卉调查研究；依托“志愿深圳”网站，利用周边医院、图书馆、社区等场所组织开展志愿服务活动；发动家长组织学生进行职业体验、开展家庭日常劳动等。家、校、社“三位一体”协同发展，为“三维联动”劳动教育模式提供保障。

3. 注重多元化评价方式

劳动教育的评价指标应多元化，要注重劳动知识、劳动技能、劳动品质、劳动精神的评价；评价方式应多元化，可结合具体的教育目标、教学内容、评价内容采取不同的评价方式；评价主体应多元化，可采用学生自评、学生互评、教师评、社会评和家长评等评价方法。

---

① 李志辉、王纬虹：《中小学劳动教育实践活动的设计与实施》，《教学与管理》2020 年第 22 期，第 23 页。

综上所述，深圳市南山区南头中学通过科学设计和实施劳动教育构建了“基础课程 + 拓展课程 + 创新课程”的高中“三维联动”劳动教育课程体系。三个维度互为补充，协同发挥作用，既拓展了劳动教育的渠道，又对新时代高中劳动教育的实践方式和劳动育人方式的创新有积极作用。

（深圳市南山区南头中学　阮琼）

四、新时代劳动教育课程实践路径探析——以深圳市蛇口育才教育集团育才一小劳动教育课程为例

（一）准确把握劳动教育的育人导向

挖掘劳动本身的教育意义和价值，对劳动教育课程的实施具有重要的意义。新时代劳动教育应始终坚持以学生为主体，提倡学生动手操作，立足实践，实现劳动启智、劳动立德、劳动健康、劳动审美的和谐教育，从而实现人的全面发展。劳动教育的目的是让学生崇尚劳动、热爱劳动、尊重劳动者，在劳动过程中感受劳动的乐趣。

明确了新时代劳动教育的育人导向，就明确了劳动教育课程实施的总体路径。深圳市蛇口育才教育集团育才一小以学校课程建设为核心，对劳动教育课程进行系统建构。一是开发了“雅志茶场”课程，旨在以茶为载体，使学生获得各种劳动技能与情感体验。二是遵循教育的一般规律，根据学段特点，在强化实践体验中开展劳动教育探究式学习、项目式学习等，为劳动教育的开展提供范式。三是把劳动教育评价纳入学校“学生核心素养评价系统”，使劳动教育发挥育人实效。

（二）强化劳动教育课程综合实施

1. 系统开发劳动教育实践课程

育才一小的“雅志茶场”课程，包括“雅志茶园”“雅志茶坊”“雅志茶社”三个子课程，涵盖茶树种植、养护与管理、茶文化、茶叶制作与加工、茶叶冲泡、科学实验等内容。总体目标是通过跟茶相关的劳动实践，使学生获得各种劳动体验，培养真挚的劳动情感，掌握必备的劳动技能，训练创造性劳动思维，养成良好的劳动习惯和劳动品质。

“雅志茶场”课程关联本校“语文与人文”“科技与创新”“艺术与审美”“品行与生活”四大领域。其中，“雅志茶园”板块主要包含茶树种植、养护，茶

园维护，茶叶采摘、加工、实验、制作等茶园劳动类课程；“雅志茶坊”板块主要涵盖茶文化相关课程；“雅志茶社”板块主要包含茶艺相关课程。体系化的劳动教育课程建设，为培养学生的劳动素养提供了丰富的载体。

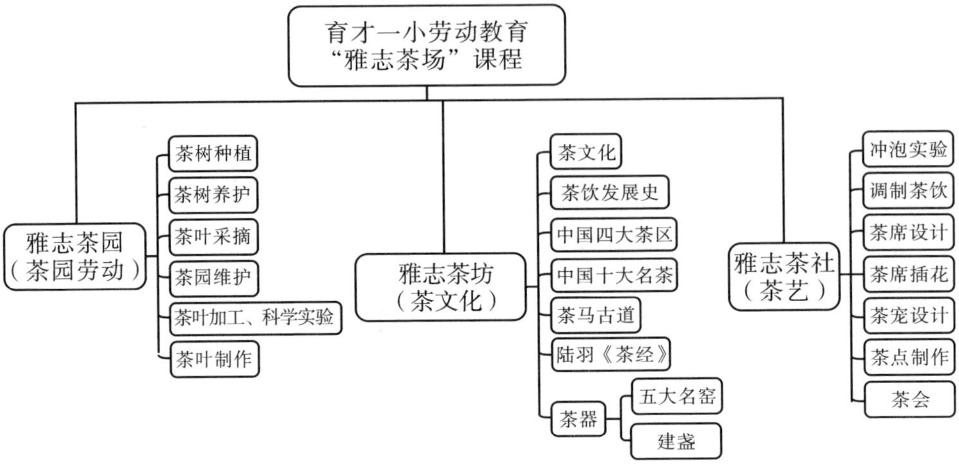

2. 多部门联动，整体推进劳动教育课程实施

《指导纲要》要求，将劳动教育纳入综合实践活动课程中开设，开齐开足规定课时，中小学劳动教育课每周不少于 1 课时，组织学生参加日常生活劳动、生产劳动和服务性劳动。因此，在依托综合实践活动课程完成劳动教育课程的课堂教学的同时，应联动德育处与学生中心完成学生劳动教育的社会实践与服务性劳动任务。

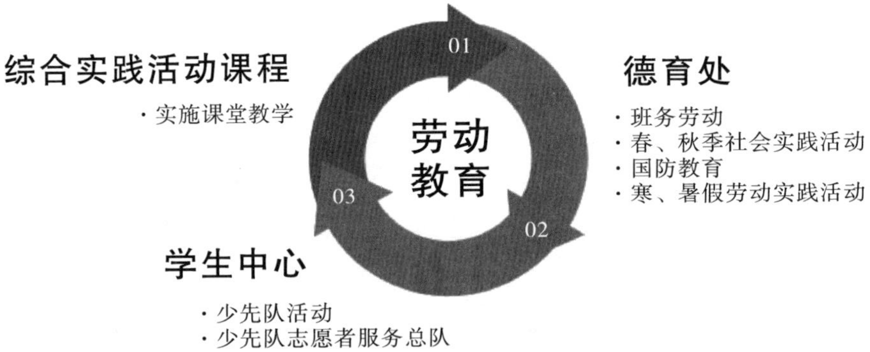

多部门联动，整体推进劳动教育课程实施

劳动教育课程的实施并不局限于传统观念中的课堂或是学校，还可以在以学校为主要教育场地的基础上，打破时间和空间的局限性，走出校门进行社会

实践活动。学校各项劳动教育活动的开展，以培养学生的生活自理能力、团队协作能力、服务他人和服务社会的意识为目的。

（三）创新劳动教育学习方式的综合实施

劳动教育在“五育”中的地位与价值，可以概括为“纲举目张”。因此，核心素养视角下的劳动教育具有实践性、综合性与开放性的特征，采用单一的学习方式无法进行劳动教育。新时代劳动教育学习方式变革的核心应是打破课程界限，以跨学科整合、劳动教育探究性模式、项目式学习等方式推进。

育才一小劳动教育研究团队确定劳动教育主题内容后，整合校内外课程资源，例如将“茶园劳动”“二十四节气”“儿童诗创作”“茶叶科学实验”“茶树叶写生”进行跨学科整合，对学生进行正确的价值引导。学校基于社团活动开展项目式学习，确定不同研究课题，开展系列探究活动，不仅培养了学生热爱劳动的情感，而且培养了学生的探究精神和研究意识。学校开展了与劳动教育相关的“鲁班锁”“综合材料绘本创作”“纸艺（造纸）”“寻找春天”“凉茶制作”等劳动教育探究性模式学习，并制作劳动微课鼓励学生积极投入学习，促进学生综合素养发展。

（四）评价助推劳动教育课程实施

当前，中小学劳动教育评价存在评价内容单一、评价主体单一、评价方法简单、评价结果具有功利性取向等问题。育才一小劳动教育评价坚持综合性、发展性原则，将劳动教育评价纳入学校学生核心素养评价系统。学校实行学分制录入制度，采取多元化的评价方式，保障学校劳动教育有序推进。一是过程性评价与表现性评价要有所侧重。二是采取学生自我评价、师生互评、生生互评、家长评价与社会评价等多元化的评价方式。三是对评价结果进行分析与诊断，强化学生在劳动教育活动中的社会责任感，以保证学校劳动教育目标的实现。

总体而言，正确把握劳动教育的育人导向，科学实施和评价劳动教育，能够引导学生树立正确的劳动价值观，促进中小学劳动教育实践问题的解决，提高劳动教育质量，不断推进劳动教育课程的改革与创新。

（深圳市蛇口育才教育集团育才一小　巴春蕾）

第五章

新时代劳动教育的内容

在构建体现新时代特征的劳动教育体系的过程中，我们必须把握劳动的本质内涵。劳动教育的内容既要着眼于对学生能力、素养的培养，也要着眼于对学生精神或意志的培养。通过劳动教育培养学生的奋斗精神，是教育事业和社会建设的需要。同时，全面建设社会主义现代化强国和实现中华民族伟大复兴，也对教育提出了新的更高要求，因此必须充分发挥劳动教育的育人价值，通过劳动教育育德、育智、育体、育美，培养学生的综合素质，促进学生全面发展。

在新时代大中小学劳动教育一体化的进程中，内容一体化居于重要地位，教育内容是一体化建设的核心要素。在实践中，大中小学劳动教育内容一体化有三方面的要求，即层次性要求、主体性要求及保障性要求。就层次性要求而言，主要强调的是大中小学不同阶段在教育内容上应该各有侧重点，如小学阶段侧重习惯的养成，中学阶段强调精神的培养，大学阶段提倡创新实践。在主体性要求方面，要求家庭、学校和社会在教育内容方面保持方向上的一致性、时空上的一致性及操作上的互补性。从保障性要求来说，主要是指坚持“五育”并举，即在德育中渗透劳动价值，在智育中传递劳动知识，在体育中强化劳动能力，在美育中培养劳动精神。

第一节　新时代劳动教育内容概述

习近平总书记指出："面对日趋激烈的国际竞争，一个国家发展能否抢占先机、赢得主动，越来越取决于国民素质特别是广大劳动者素质。" 回应时代呼唤，顺应国情担当，劳动教育内容既要立足当下，又要着眼未来，要在矫正错位的同时补齐短板，构建全面、系统的劳动教育内容体系。本节内容指出了当前对劳动教育内容的狭隘和片面的理解，在网络和智能时代应加强学生体力劳动与脑力劳动和教育之间的结合，将社会经济发展过程中的劳动教育内容引入劳动教育中，遵循马克思主义劳动观，在实践过程中不断对劳动教育内容进行优化与创新，实现人的全面发展。

设计自我服务劳动—家务劳动—公益服务—劳动技能学习—生产劳动—科技实践劳动等层次化、序列化的劳动与社会实践教育内容，将学军、学工、学农、学商、家务劳动、志愿者活动、社会义工等在内的劳动教育，分年级、分阶段逐一落实到教育教学实践中，培养学生的劳动观念和劳动态度。在各类实践活动中训练学生的动手操作能力和劳动技能，使学生在有组织的劳动活动中养成分工合作、互助和责任意识。在校外实践中延伸劳动教育空间，让学生强化认知和体验，懂得发现、探究和操作。在不同的劳动内容中融入高尚道德情操、实践创新能力、身体素质锻炼和审美能力的培养。劳动教育的内容是多元的，要给予学生充分的选择，尊重学生的个人兴趣。在兴趣的驱动下，学生在课上习得的技艺有可能发展成为其终身事业。

一、新时代劳动教育内容主题确立的背景

任何一种劳动教育内容都具有相应的价值，但这并不表明可以随意用于学生开展劳动教育。由于学校劳动教育受时空的限制，因此劳动教育的内容必定有所选择，劳动教育内容聚焦于劳动教育核心价值追求是选择的根本依据。

（一）新时代对劳动教育内容提出了新要求

中国特色社会主义进入新时代，面临的困难比以往任何时候都多，需要继续发扬伟大的奋斗精神。劳动精神就是一种奋斗精神。精神和意志是做事的根本动力，是极为重要的品质。就人的发展而言，既需要着眼于能力、素养层面的建构，也需要着眼于精神或意志品质层面的建构。通过劳动教育培养学生的

奋斗精神，是教育事业和社会建设的需要。同时，全面建设社会主义现代化强国和实现中华民族伟大复兴，对教育提出了新的更高要求，必须充分发挥劳动教育的育人功能，通过劳动教育育德、育智、育体、育美，培养学生的综合素质，促进人的全面发展。

在中小学开展劳动教育，除了要达成劳动教育的基本目标，还要遵循学生的认知规律，将劳动的趣味性、成就感、美学价值融入劳动教育内容。同时，为应对智能时代，要将未来对劳动者能力的需求教育融入劳动教育内容。现今的劳动教育内容受主客观条件的限制，多停留在传统的层面，为劳动而劳动，劳动教育内容不能满足青少年学生的个性化需求，以及数字化劳动条件下越发凸显的时代发展要求，所以，需要教育工作者优化、创新劳动教育内容。

（二）科技发展、人工智能对劳动教育内容提出了新问题

科技发展特别是人工智能的发展对人的劳动及劳动教育提出了新问题。技术快速发展的时代对我们提出了很多新问题，其中包括技术在改变人类社会发展方式和人的生活方式的同时，对人类劳动本身也有深远影响。它一方面不断塑造新的劳动形态，另一方面又对劳动及人类本身提出了根本性的追问：人工智能时代，人类如何面对传统意义的劳动？如何面对机器人劳动替代后的人与世界交往问题？技术对生活世界有着越来越显著的构造作用，甚至可以说技术不再作为一种工具或中介，而是把世界改造成人与技术的关系构建，即把人对自我、自然、世界的理解演变成人对技术的理解。人因为技术而割断了与自然、与世界的直接接触，并因为缺乏对自然和世界的接触而产生陌生感。因此，在劳动形态日益分化的时代，需要深入考虑将劳动传统形态和新形态的教育内容进行整合。

（三）学校劳动教育需要整体的内容设计

目前，学校劳动教育仅仅是通过专门的或专题性的劳动教育活动实施，未能建立起系统的劳动教育内容。由于缺乏劳动教育内容的整合，哪些劳动教育内容经由学科课程或活动课程渗透教学，哪些劳动教育内容经由专项课程实施教学，尚未明确区分清楚。劳动教育内容缺乏明确的价值指向和充分的论证，存在一定的随意性，未能遵照明确的价值指引筛选相应的内容。与日常生活关系密切的劳动教育与信息时代的科技探究性劳动教育相比，传统的劳动教育，如农作物种植、手工制作类劳动在学校课程体系建设中缺乏足够的重视。劳动

教育内容陈旧、单一，导致学生不感兴趣，有些学校的劳动教育内容还停留在清扫教室和校园上。所以，学校劳动教育需要整体的内容设计。

1. 加强培养学生劳动意识的劳动教育内容

时代的发展日新月异，要求劳动教育内容要符合当下的劳动观念和发展需要，培养学生正确对待劳动的态度。目前，学校学生的劳动教育主要以传统的课程教育内容为主，在合理挖掘劳动本质内容、引入新时代劳动技术等方面存在不足，在增强学生认可劳动、重视劳动、向往劳动的意识等方面缺乏力度，不利于更好地培养学生热爱劳动、尊重劳动的自觉意识。

2. 加强智能时代劳动与传统劳动的深度整合

当人工智能正在重塑各行各业的形态，当我们从体力劳动及一些常规性的脑力劳动中解放出来之后来理解劳动教育，就应当赋予其新的时代内涵。所以，劳动教育并不只是对某种生活技能的单纯机械训练，更重要的是要在劳动实践中唤起人们对自身主体价值的觉知，在劳动中真实感知生活的意义。另外，劳动教育要建立人与真实世界的连接。人工智能与教育的深度融合，虚拟环境与现实环境的相互交融，使劳动蕴含着人的心智和思维方式。今天的劳动教育，应更多地着眼于提高人的思考力、创造力和创新力，这些能力正是人工智能时代的劳动者需要具备的核心素养。

案例

做事情　养习惯　爱劳动　塑品格
——劳动教育养成序列化案例

一、劳动教育养成序列化案例背景

中华民族自古以来就是一个勤劳的民族，热爱劳动是中华民族的传统美德。但是，笔者早前看过一份资料，资料显示中国的小学生平均每天劳动时间为 12 分钟，仅是美国等发达国家的十分之一，这个数据着实让人感到震惊。学生“没时间”“不会劳动”，自理能力缺失，劳动意识淡薄，甚至轻视劳动。

习近平总书记指出：“要在学生中弘扬劳动精神，教育引导学生崇尚劳动、尊重劳动，懂得劳动最光荣、劳动最崇高、劳动最伟大、劳动最美丽的道理，长大后能够辛勤劳动、诚实劳动、创造性劳动。”

二、劳动教育养成序列化案例设计

学校成立了劳动教育养成序列化教育领导小组，学管处以调查问卷的形式向学生、教师、学生家长广泛收集学生应养成的劳动习惯要点。这些要点涵盖了学生学习、生活、行为等方面的内容，经过汇总和筛选，最终确定了12个劳动素养要点，以每一学年为一个周期，使学生在一学年中养成12个好习惯，完成12个目标指向。

月份	习惯主题	目标指向	低年级 每周一事	中年级 每周一事	高年级 每周一事
一月	节俭	讲俭省	节约用水我来做	桌椅橱柜要常擦	爱惜粮食不浪费
			一米一粒要节约	人去室空关灯闸	做事克己有节制
			电灯电扇随手关	笤帚簸箕放整齐	服装穿戴不攀比
			铅笔橡皮要用完	勤劳节俭你我他	劳动光荣是财富
二月	自信	我能行	天生我才必有用	大扫除中我最棒	黑板擦得洁又亮
			班级活动我主动	窗明几净好漂亮	地面扫得无尘土
			值日班长我来做	参与劳动要积极	桌面整洁直发光
			相信自己一定行	热爱劳动最光荣	劳动让我更自信
三月	好学	乐求知	传统文化我来学	学习新知要勤奋	持之以恒精阅读
			大声诵读我最棒	又动手来又动脑	小笔练习常交流
			举手发言我积极	找到不足再努力	劳动探索出真知
			奇思妙想我第一	勤学善思我能行	勇争第一敢当先
四月	尽责	负责任	上课听讲我认真	我帮妈妈把地扫	我做值日把活干
			按时作业我责任	我帮爸爸把桌擦	地面窗台和桌面
			公共秩序我遵守	大家一起来劳动	不怕脏来不怕累
			勇于承担我尽责	一定换来甜蜜笑	尽职尽责多能干
五月	勤劳	爱劳动	早起铺床又叠被	我的房间我打扫	早起铺床又叠被
			打扫教室我不累	我的东西我来收	收拾房间我不累
			妈妈做饭我择菜	我的衣物我来叠	妈妈煮饭我摆桌
			同学值日我也来	我的穿着我自理	洗衣晾被我全会
六月	审美	懂艺术	巧手剪纸我能行	我是小小艺术家	大号小号和京剧
			优美诗歌每日诵	我为劳动唱赞歌	篆刻版画和书法
			美图佳作动手画	我为祖国绘蓝图	劳动付出有成绩
			时尚英语天天唱	我为体育添光彩	陶冶情操美少年

续表

月份	习惯主题	目标指向	低年级 每周一事	中年级 每周一事	高年级 每周一事
七月	健身	敬生命	课间慢跑身体好	在家主动做家务	一根扁担两头挑
			花样体操做得好	在校积极来值日	劳动健身不间断
			跳绳踢毽我最棒	浇花护树爱生命	旅游跋涉冶性情
			足球篮球样样行	热爱劳动身体好	敬畏生命行有止
八月	友善	会交往	帮助同学我快乐	学校生活很丰富	我替同学把饭盛
			关爱老人暖心窝	互助学习进步快	我为妈妈把水送
			文明交通我参与	团结合作大扫除	热爱劳动力能及
			服务社区我能行	文明卫生靠大家	友善品格伴人生
九月	有序	善自制	按时作息有规律	值日生呀来得早	纸屑废品扔进箱
			物品用完放原处	你扫地来我拖地	课桌课椅排整齐
			上下楼梯靠右行	弯弯腰来攥紧手	整队集合不打闹
			排队就餐有秩序	自觉来把环境保	自制有序保平安
十月	感恩	有爱心	父母养育要感恩	回报社会献爱心	公交车上把座让
			关爱老人献爱心	敬老院里扫扫地	同学跌倒我扶起
			心怀感激懂报答	在家我是小帮手	养老院里出把力
			祖国妈妈最伟大	在校环保我能行	传统美德我践行
十一月	创造	能创新	独具匠心有创意	我是创造小巧手	劳动点燃灵感出
			日新月异高科技	既有智慧又能干	科技制作花样多
			时时处处多思考	小小沙包手中缝	创客大赛敢比拼
			追求卓越学新知	科技航模巧制作	手脑并用多智慧
十二月	自省	善反思	每日学习多动脑	洗衣打扫样样熟	自知之明最难得
			作业书写不潦草	劳动积极让人服	持之以恒有目标
			积极主动常自省	学习生活两不误	栽花栽草栽希望
			每日反思我成长	与人对照看不足	更好自己奔明天

三、劳动教育养成序列化案例实施

劳动教育养成序列化的思路概括为“一线”“两翼”“三块”“四全”“五为主”。“一线”：一条主线——好习惯受益终身。“两翼”：劳动教育养成序列化教育和主题活动。“三块”：做人、做事和劳动方面的习惯。“四全”：全面育人、全员育人、全过程育人、全方位育人。“五为主”：以学生素质发展为主旨，以学生为主体，以教师为主导，以“每周一事”为主要内容，以实践活动为主要方式。

第一，主题教育月活动以年级为实施单位，各年级、各班级根据学校劳动教育养成序列化的具体实施方案制订本年级、本班级的计划，以每月一个训练重点（主题教育月）的形式逐月推进。

第二，每周一各班通过晨会、班会等多种形式的活动，进行广泛宣传，让全体学生明确活动的意义、目标和任务，让每个学生都做到“劳动教育养成序列我知道”。

第三，全体学生根据各年级、各班级制订的劳动素养教育计划，严格要求自己，努力做好，从细节入手，培养劳动习惯，让学生认识到“劳动教育养成序列我能行”。

各班级以日查、周结、月评为主要形式，由上到下，层层落实，肯定学生的进步，引导学生自我改进，不断巩固良好的习惯。到了月底，各班拿出一节班会课，对全班同学进行评价。评出五名表现优秀的同学，在教室后的评选专栏中张贴其相片。在全班树立榜样，鼓励全班同学一起争取评选为“劳动素养之星”。在升旗仪式上对评选出来的“劳动素养之星”进行表扬，在全校树立榜样。

四、劳动教育养成序列化案例效果

其一，学生发展层面。学生在劳动中学会了一些劳动知识，掌握了一些必备的劳动技能，最主要的是帮助学生树立正确的劳动观念，养成良好的劳动习惯，深化劳动最光荣、劳动创造美好生活的理念。

其二，学校教育层面。形成了独具特色的劳动教育管理模式，劳育工作有新突破并创立相对平衡、稳定的标杆。

其三，家庭和谐层面。作为劳动教育主体的学生和参与到劳动教育中的家长在长期的教育实践中都养成了良好的劳动素养，并相互影响、共同成长，齐心协力共建和谐家庭。

（潍坊外国语学校　于燕）

二、劳动教育内容的政策依据

2010 年发布的《国家中长期教育改革和发展规划纲要（2010—2020 年）》强调要加强劳动教育，培养学生热爱劳动、热爱劳动人民的情感。2013 年发布的《中共中央关于全面深化改革若干重大问题的决定》中指出要深化教育领域综合改革，完善中华优秀传统文化教育，形成爱学习、爱劳动、爱祖国活动的有效形式和长效机制，增强学生社会责任感、创新精神、实践能力。2015 年发布的《关于加强中小学劳动教育的意见》在具体实施方面对建设劳动教育体系提出了要求，并且呼吁学校形成普遍重视劳动教育的氛围。2016 年 9 月 13 日，中国学生发展核心素养研究成果发布，其中在六大核心素养之一的实践创新内容里对学生劳动意识培养提出了新的要求，要求学生要尊重劳动，积极劳动，主动参加家务劳动，培养动手能力，多参加社会实践活动、公益活动等，鼓励创新劳动方式，提高劳动效率。习近平总书记在 2018 年 9 月召开的全国教育大会上提出德智体美劳全面培养的要求。2020 年 3 月，中共中央、国务院发布了《关于全面加强新时代大中小学劳动教育的意见》，把劳动教育纳入人才培养全过程，贯通大中小学各学段，贯穿家庭、学校、社会各方面，将劳动教育提到了新的高度。2020 年 7 月 16 日，教育部印发的《大中小学劳动教育指导纲要（试行）》指出，劳动教育是中国特色社会主义教育制度的重要内容，直接关系到社会主义建设者和接班人的劳动精神面貌、劳动价值取向和劳动技能水平。

三、新时代劳动教育内容的特点

劳动教育的内容应满足主体的内在需求，建立健全劳动教育课程体系；从真、善、美的统一中，寻找劳动与教育的结合点；在传统与现代之间的张力中，寻求劳动教育的价值传承与形式创新。劳动教育的内容要让学生认识到劳动具有本源性价值，即劳动是创造物质世界和人类历史的根本动力，劳动、劳动者光荣；要让学生认识到劳动具有经济价值，即劳动是一切社会财富的源泉，按劳分配是合乎正义的分配原则，不劳而获、少劳多得是可耻不义的；要让学生认识到劳动具有教育价值，教育与生产劳动相结合体现了社会主义教育的本质，只有热爱劳动、参加劳动才能实现个人的健康成长，不愿劳动、不爱劳动则会阻碍个人的全面发展。新时代劳动教育的内容具有以下七个特点。

（一）针对性

在劳动教育内容确定的过程中，根据学生的年龄特征、地域等客观条件，合理地确定劳动内容，安排劳动负荷。

（二）实践性

没有实践的劳动教育内容是空洞的，劳动教育的实效就会大打折扣。学生只有在实践中才能感悟劳动的真谛。

（三）专业性

劳动教育内容是先进劳动理念、精湛劳动技能的载体，劳动教育内容可以由社会能人、工匠、传统技艺师傅、非遗传承人等提供。

（四）操作性

在劳动中充分发挥学生的生活实践经验和动手操作兴趣，鼓励学生积极思考和研究，激发学生大胆创新。

（五）教育性

在新时代，我们要推动教育与劳动相结合，发挥劳动教育在人才全面发展中的重要作用，为国家人才培养、科技创新、经济发展提供强有力的支撑。正如马克思所言，真正的问题“在于改变世界”，而劳动教育就是新时代最有力的育人方式。

（六）知识性

在知识经济时代，人类劳动的主体形式从体力劳动转向智力劳动，知识成为当代促进经济发展的重要因素，但价值的源泉仍旧是人类劳动。知识性劳动就是人们不断探索的劳动。

（七）技能性

劳动技能本质上是人的劳动能力，这种劳动能力包括人的体力能力、智力能力和心理能力。体力能力是其他能力要素形成与发挥作用的基础，智力能力是劳动技能的核心，心理能力即人的心理特征，对其他技能的形成与发展起到推动或阻碍的作用。

案例

保定第十七中学的劳动教育内容——“水稻秋收”

一、内容选择的背景

世世代代的中华儿女大多数都以水稻为生。北方的水稻每年 5 月初开始插秧，稻苗经历了雨热同期、光照充足的夏季，然后进入灌浆期，到 10 月收割，其生长周期长达5个月。这期间，水稻在大地中吸收了足够的养分，造就了其独有的营养价值。

一年最繁忙的秋收季节，如果水稻收割不及时，进入枯熟期，枝梗和谷粒就会过分失水，造成损失。阴雨天气也会使谷粒反复干湿，导致裂纹米增多，整精米率下降。此外，还要避开雨天收获，否则会使稻谷高湿、高温发热或变色发酵。因此，只有适时收割才能减少损失，保证稻米的品质。

二、内容选择的意义

学生通过了解水稻的一生，学习水稻的收割方法，在水稻田经历收获水稻的劳动过程，学习收获方法，进一步熟悉安全使用镰刀和铁锹的方法，掌握水稻收割、脱粒的技术和制作水稻标本的方法，并用稻草进行艺术创作，在实践中体验劳动的快乐，把中华民族勤劳的精神传承下去。

三、内容实施方案

1. 劳动内容：水稻秋收农忙时

2. 课程类别：学科融入

3. 课程用时：120分钟（3课时）

4. 涉及学科：劳动、生物、艺术、地理、语文等

5. 适合学段：七、八年级

6. 课程目标

（1）了解水稻的一生，学习水稻收割和标本制作。

（2）参与收割水稻和制作秸秆艺术品的劳动。

（3）培养劳动合作意识，强化劳动观念，弘扬劳动精神；强调身心参与，注重手脑并用；继承勤劳的优良传统，彰显时代特色，激发创新创造的兴趣。

7. 课程简介

“水稻秋收农忙时”是学校“融课堂”课程中的一次劳动教育校本课。本节课设计了讲解说明、淬炼操作、项目实践、反思交流和榜样引领五个课上实施环节。

所需物品和经费：

（1）电脑、大屏幕、课件。

（2）收割用的镰刀6把，手套18副。

（3）脱粒用的稻桶（150 厘米 ×150 厘米）1 个，盛稻粒的箱子 2 个，笤帚、簸箕各 2 套。

（4）制作标本用的铁锹 2 把，植物标本夹 3 个。

（5）创可贴若干。

8. 课程实施

环节一：讲解说明（30 分钟）

（1）中国农民丰收节

2020 年 9 月 22 日秋分，中国迎来第三个中国农民丰收节。这个节日是第一个在国家层面专门为农民设立的节日，充分体现了以习近平同志为核心的党中央对“三农”工作的高度重视，对广大农民的深切关怀，是一件具有历史意义的大事，是一件体现人民情怀的好事。

今天我们化作“小稻农”，探索实践一下收获水稻的乐趣，让我们在学习和劳动中体验快乐、体验成长。

首先，我们一起去了解“水稻的一生”。（视频 1）

水稻经过出苗、拔节、孕穗、抽穗等一系列生长过程，成功将稻子孕育成熟。就像视频最后写的，“一粥一饭，当思来之不易，节约粮食，从点滴做起”。

（2）水稻

接下来，让我们一起走近水稻，认识水稻的基本信息。

①基本信息

中文名：水稻。

拉丁学名：*Oryza sativa L.*。

界：植物界。

门：被子植物门。

纲：单子叶植物纲。

目：禾本目。

科：禾本科。

属：稻属。

种：稻。

形态特征：水稻是稻属谷类作物，一年生禾本。水稻又是绿色开花植物，具有完整的根、茎、叶、花、果实、种子。

生长环境：水稻喜欢高温、多湿、短日照的生长环境，相对湿度以50%—90%为宜，尤其在抽穗结实期需要大量水分和矿物营养。所以，此时应坚持“有水抽穗、湿润灌浆、适时断水”的管水原则。

分布范围：水稻原产于中国和印度，在中国，水稻的主产区是长江流域、珠江流域、东北地区。

主要类型：根据不同的分类标准，水稻可分为多种类型。

主要价值：收获的稻粒称为稻谷，稻谷有一层外壳，碾磨时只去掉外壳的稻米叫糙米，富含淀粉。碾去外壳和米糠的大米叫精米或白米。米的食用方法多为煮成饭，也可配以各种汤、菜、茶食用。碾米的副产品均可用作饲料。稻草可用于牲畜垫草、包装材料，还可做成工艺品等。

另外，中国科学家群体对水稻的研究获得了重大成果，下面我们一起来看看袁隆平的杂交水稻的收割情况。（视频2）

②水稻收割技术

我们该如何判断稻子是否成熟了呢？a.观察稻粒，呈深浅不同的橘黄色，用手指甲掐后有轻微的印痕就表示熟了。b.稻株的叶尖、叶片、叶鞘变黄，茎秆从下向上变黄，顶端枝梗易折断。c.站在远处观察，稻株上下皆黄，枝梗干枯，稻粒感觉很重向下垂。如果满足以上状况，则说明稻子已经成熟。接下来我们就可以收割啦！

当然，根据土地面积的大小等因素，我们选择不同的收割方式，下面跟大家分享不同机械收割水稻的方法。首先我们来看大型机械收割视频。一般大中型机械不仅可以收割，还可以完成脱粒的过程，非常高效。（视频3至视频5）

③水稻收获的过程

a.收割。使用镰刀把水稻割倒，然后放在地上，收割的速度要快，避免稻谷脱落。因为割的时候要弯腰弓背，手上、脸上经常会被锋利的禾叶割伤，有时眼睛也会被刺伤。

b.打捆。把割倒的水稻捆扎成便于挑运的大小。

c.脱粒。用打谷机脱粒，或者通过抽打的方式使谷子脱落。

d.晾晒。把脱粒之后的谷子运到平整、干净的地方晒干并保存。

e.捆扎。余下的禾秆再捆扎起来或堆放起来，直接堆成稻草堆。稻草可以用来烧火，或者直接返田做肥料，或者制作成稻草人等工艺品。

f. 舂米脱壳。使用舂米设备或脱壳机脱壳，舂完后吹去脱落的谷壳，余下的白米是我们吃的大米，脱落的谷壳是糠，可以做饲料。

环节二：淬炼操作（10 分钟）

（1）收割

①镰刀的使用

镰刀俗称“割刀”，是农村收割庄稼和割草的农具，呈月牙状，刀口有斜细锯齿，尾端装有木柄，一般用来收割稻麦。

收割时，一手扶秸秆，一手用镰刀从根部向自己方向拉。

安全提示：用力均匀，防止割伤手和腿，收割期间禁止打闹。

②铁锹的使用

铁锹是一种农具，可以用于耕地、铲土。其长柄多由木制，头是铁制，还可军用。常用的铁锹有尖头铁锹、方头铁锹。

我们想要制作水稻标本，需保证植株完整，此时就需要用到铁锹。请大家仔细观察并记住以下要领：按照杠杆原理，握住铁锹中端的手要作为辅助手，给铁锹提供一个支点，握住铁锹后端的手配合好胳膊和腰背部的力量。

观看完毕，组织学生到稻田集合，请工人师傅示范铁锹及镰刀的使用方法。请大家再次仔细观察学习工人师傅使用铁锹及镰刀的方法，特别注意用力的要领。

（2）脱粒

古人是怎样对水稻脱粒的呢？我们通过一个小视频一起认识一下。（视频 6）

随着科技的发展，机械也在不断更新迭代，一般的大中型机械不仅能收割，还能完成脱粒的过程，非常高效。（视频 7）

当然，我们还可以自己动手学做脱粒机。（视频 8）

（3）舂米脱壳

现在收下来的就是稻谷，而我们吃的大米还需要用舂米设备脱掉谷壳，如右图所示。

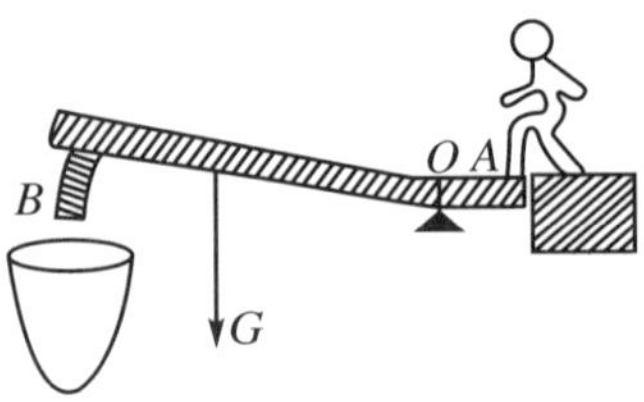

古人使用这个装置时，人在 A 端用力把它踩下后立即松脚，B 端就会立即下落，打在石臼内的谷物上。舂米就是把打下的稻谷去壳的过程，舂出来的壳就是米糠，剩下的米粒就是我们吃的白米。舂米是古代比较繁重的家务劳动之一。

（4）制作标本

了解采集地的自然环境和社会状况，以便周密地安排采集工作。同时准备采集必需的标本夹、标本纸（吸水强的草纸）、采集袋（塑料袋）、剪子、标签、记录纸等。

压制标本（腊叶标本）的主要过程：采集—修整—压制—装作—贴标签—编号（视频 9）—保存。保存即分门别类地把标本放在标本柜或标本箱内。标本之间应放樟脑丸，以防蛀虫。

春天和多雨季节应将标本放在通风、干燥处，以防标本发霉。如有标本室，最好在初春时节关好门窗，将福尔马林溶液在酒精灯上加热，使蒸汽熏杀虫菌 3 天，可防虫蛀、霉烂。

环节三：项目实践

（1）稻田劳动（50 分钟）

①人员分组

所有同学分为收割组、脱粒组和制标本组，每大组分成 2 小组，每小组 3 人。

②劳动场地分配

把稻田从东往西依次分成 3 块，收割组 2 大块，制标本组 1 小块，脱粒组负责脱粒，各组分工合作。

③劳动工具分配

收割组 3 把镰刀，脱粒组 1 个稻桶、1 把铁锹，标本组 1 个标本夹。

④劳动时长

50 分钟。

⑤任务要求

收割组：收割干净，不掉穗、掉粒，谷粒损失小；割茬低而整齐，可减少谷粒损失，且有利于下茬作物的播种和生长；扎捆整齐。

脱粒组：脱粒干净，全部装箱；脱粒结束后打扫卫生。

标本组：挖的水稻植株根、茎、叶、果实结构完整；及时用标本夹妥善保存标本；一周后制作水稻标本，并进行艺术化处理。

现场教师组织学生参与劳动并拍照记录学生的劳动过程，邀请园艺工人师傅进行具体的劳动指导。

（2）艺术创作（30 分钟）

附：稻草人项目实践活动

之前，初二年级一部分同学在室外参加了水稻收割的实践活动，其中一组体验了使用镰刀收割水稻的过程，一组参与水稻脱粒的过程，一组体验使用铁锹挖水稻的过程。同学们通过收割、脱粒等过程，体验了劳动的快乐，收获了丰收的喜悦。

那么，剩下的秸秆还有什么用处呢？

水稻的秸秆可以用来编织草鞋、草帽、花篮、戒指、手环、花环、坐垫……

接下来给同学们分发稻草，每组 3 根，发挥想象，制作一个工艺品，期待大家的精彩作品。

①任务要求

组内分三组：组内分工合作，明确各自任务（3 分钟）。

第一，用秸秆编织稻草人的整体结构——躯干。

第二，在纸上绘出稻草人的头部。

第三，用纸制作稻草人的衣服、鞋子等。

②制作（30 分钟）

③展示交流（5 分钟）

给你的工艺品起名字，并用一句话介绍你的作品，或者谈谈你今天的收获及感受。

这里有一个简易的稻草人制作方法，大家可以参考。

第一步，把稻草理整齐后用牛皮筋（胶带）捆扎住。

第二步，在牛皮筋的下端把稻草分成三份，然后用牛皮筋捆扎住其中一份。

第三步，其余两份也分别用牛皮筋捆扎住。

第四步，把三份稻草分别做成稻草人的手和脚，用剪刀把手剪短一些。

第五步，把稻草人的手弯曲，摆出不同的造型。

当然，同学们可以发散思维，我们希望看到更多有创意的工艺品。各小组之间可以比一比，看看哪组做得又快又好，期待大家的精彩作品。

环节四：反思交流（10 分钟）

劳动结束后，围绕“出汗了吗”“如何安全使用镰刀和铁锹”“在劳动过程中有什么省力高效的技巧”“劳动快乐吗”“学稻农小收获”“我要向

×××同学学习”等话题，组织学生交流、分享劳动的体验和收获，肯定具有积极意义的认识，纠正观念上的偏差。将反思交流与改进结合起来，使学生在劳动中获得成长。

环节五：榜样引领（网络展示）

教师将拍摄的劳动场面和学生表现做成视频，在全校范围内展示，以记录成果，同时通过投票评选“劳动小能手”等，激励先进，做榜样示范。

（1）学习成果呈现方式

按照劳动任务要求完成水稻收割体验；制作稻草人工艺品等。

（2）课程效果评价

评价量规表

序号	项目名称	评价标准	得分
1	态度评价（40分）	1. 按时上课（10分） 2. 笔记完整（10分） 3. 有安全意识，参加劳动（10分） 4. 劳动中主动帮助同学（10分）	
2	成果评价（60分）	1. 笔记字迹工整、美观（10分） 2. 按照任务要求，安全、认真、高效地完成任务（40分） 3. 劳动交流时，积极思考，主动发言，有独特见解（10分）	

本节课评价结合了课堂表现过程性评价和结果性评价，通过及时评价促进学生“五育”目标的达成，劳动反思中学生们纷纷表示“劳动真快乐！”。

9. 反思与启示

（1）安全第一，必须重视劳动过程中的安全问题。比如准备创口贴等医护用品，强调穿戴劳动保护用品，安全使用镰刀、铁锹等生产劳动工具，同时加强安全管理，教育学生不能追逐打闹，避免发生意外。

（2）设计劳动教育内容时，必须要了解学生，要依据学生的基本能力水平和以往经验去设计、整合或选择合适的劳动任务。通过生物课等学科相关知识的引导及经验丰富的园艺师傅的示范，让学生对将要开展的水稻收割劳动有初步的认识。

（3）劳动教育必须注重学生的劳动体验，要引导学生真正地按照安全规范的流程参与劳动，在真实发生的劳动过程中体验收获的乐趣和劳动的价值；

在反思交流和榜样引领中唤醒学生的劳动意识，促进学生形成健全的人格和良好的思想道德品质。这样劳动教育也就达成了“立德树人”的根本目的。

（保定市第十七中学　李梅　陈军浩等）

第二节　新时代劳动教育内容体系的建构

一、新时代大中小学劳动教育内容一体化的层次性要求

学生的学习活动通过各个相互连接的学习阶段表现出来，不同的学习阶段会有不同的教育目标和教育内容。学生学习可以分为小学、中学、大学三个阶段，学生在认知态度及身心发展方面经历一个从感性到理性的螺旋上升过程，因此需要根据不同的学习阶段提供不同的教育内容，并在教育过程中实现不同阶段教育内容的有机承接。《国家中长期教育改革和发展规划纲要（2010—2020年）》明确要求，要树立系统培养观念，推进小学、中学、大学有机衔接。新时代大中小学劳动教育内容一体化，是有层次、有重点的一体化，是教育内容按序列承接的一体化。不同阶段的教育内容要有在横向上的相互渗透的过程，更要有纵向上的有机承接、循序渐进，即在教育过程中要有“瞻前顾后”的特点。也就是说，每个阶段的教育内容都向上一个或下一个阶段的教育内容延伸一点，以促使各个阶段的教育内容能够更好地衔接，从而让教育对象能够有兴趣、有能力去完成教育目标和教育内容的要求。

（一）小学阶段侧重培养劳动习惯的教育内容

在小学阶段培养学生“知事”“懂事”，进而养成良好的劳动习惯。从青少年身心发展规律来看，处于小学阶段的少年儿童思辨思维能力较弱，模仿性思维较强，因此这一阶段的劳动教育内容应围绕着“知事”“懂事”展开。这里的“事”主要指的是和劳动相关的“事”，是小学生日常生活中面对的“故事”“小事”。小学阶段的劳动教育主要包括学校教育和家庭教育。教师和家长应该以身作则，用良好的劳动习惯和劳动教养来教育学生，让学生在教师和家长的劳动实践中不知不觉地接受教育，进而“知事”“懂事”，养成良好的劳动习惯。良好的劳动习惯不仅是新时代劳动教育的基础性内容，也是养成马克思主义劳动价值观的基本前提。试想一下：一个好逸恶劳、游手好闲、不珍惜他人劳动成果的人如何能够形成正确的劳动价值观念？具体来说，劳动习惯

培养在内容上就是要求小学生认识到劳动光荣、懒惰可耻、珍惜他人的劳动成果，积极引导小学生参加学校集体劳动和家庭劳动，初步养成不怕脏、不怕累、不怕苦、不浪费的劳动习惯。

1. 小学低年级阶段

应注意围绕劳动意识的启蒙进行教育，让学生学习日常生活自理，感知劳动乐趣，知道人人都要劳动。比如参加自我服务劳动（洗脸、穿衣、洗刷小件衣物等）、家务劳动（洗碗、扫地、擦桌椅、打水、做简单饭菜、购买日用品等）。

2. 小学中高年级阶段

应注意围绕卫生、劳动习惯养成进行教育，让学生做好个人清洁卫生，主动分担家务，适当参加校内外公益劳动，学会与他人合作劳动，体会到劳动的光荣。比如参加一般公益劳动（清扫公共场所、帮助军烈属和孤寡老人干活、采集草种或树种、绿化学校和街道等）、手工制作（叠纸、剪纸、用橡皮泥或黏土制作玩具、制作航模舰模和简易教具等）和简单的生产劳动（种植小块实验田，饲养小动物，学会使用斧、锯、锤、钳等简易金工、木工工具，到校办工厂或农场参加力所能及的生产劳动）。

（二）中学阶段侧重历练劳动精神的教育内容

在中学阶段引导学生"明理""晓义"，进而历练劳动精神。新时代的劳动教育，不仅要教育学生"知其然"，而且要教育学生"知其所以然"。相比小学阶段重在养成良好的劳动习惯，中学阶段的劳动教育内容应该在帮助学生形成正确的劳动态度和劳动观念方面下功夫。相比直接性的、生活性的劳动习惯，劳动观念则更多地渗透着价值性的要求，具有明显的理论性特征。因此，中学阶段的劳动教育必须在"知事""懂事"的基础上升华，实现从"事"到"理"的转换，重在教育学生"明理""晓义"。"理""义"是"事"的延伸和进一步发展。所谓"明理"，就是明白劳动实现美好生活、劳动创造社会财富的相关道理；所谓"晓义"，就是知晓劳动在实现社会价值以及个人价值等方面的现实意义。

中学阶段，学生的独立性和自我意识开始凸显，他们开始独立判断是非曲直。因此，这一阶段劳动教育的内容要围绕"理"展开，即对劳动价值观进行理论性的表达和传递。中学阶段的劳动教育要通过不同的方式，使得劳动教育内容的显性表达和隐性渗透有机结合，理论观点与学生生活相辅相成，让学生在社会生活的历练中提升对劳动教育的认识水平，并在此基础上教育学生明辨是非、澄清谬误、感悟真理，让学生在劳动教育的理论学习中初步感受马克思主义劳动价值观的理论魅力，使其精神内涵成为自身的显性力量。

1. 初中阶段

应注意增加劳动知识、技能，加强家政学习，开展社区服务，适当参加生产劳动，使学生初步养成认真负责、吃苦耐劳的品质和职业意识。可学习的内容如下：农作物的种植、栽培和管理的基本知识和技能；果树的选种、育苗、嫁接、剪枝和防治病虫害等管理知识和技能；花卉的生长条件设置、病虫害的防治及栽培、管理的一般常识和技能；饲养家禽、家畜及观赏动物、实验动物的一般常识和技能；养殖淡水鱼及海鱼、贝、虾的一般常识和技能；常用木工工具和金工工具的性能、分类、维修的基本知识和使用的技能、技巧；照明电路及电动机的安装和维修，使用电表、电烙铁、电焊机的一般常识和技能，排除家用电器的一般故障的技能，制作教学模型和简易仪器；主要农业机械的工作原理及其操作、保养；烹饪、缝纫、刺绣、编织、美术装潢的基本知识和技能；阅读平面图、二视图、三视图，并按图加工简单机器零件的基本知识和技能；有关测量器械的基本技能。

2. 普通高中阶段

应注意围绕职业体验，开展服务性劳动，参加生产劳动，使学生熟练掌握一定劳动技能，理解劳动创造价值，具有劳动自立意识和主动服务他人、服务社会的情怀。可学习的内容如下：机械化、自动化水平较高的主要工农业等部门的生产基本知识和技能；车床、钻床、刨床的工作原理及其使用、维修的基本知识和技能；操纵电锯、电刨、空气锤、油压机的最基本的技能；描图、绘图的一般技能，使用常用量具（如游标卡尺、千分尺、量角器等）的技能；常用化肥、菌肥、农药生产工艺的基本鉴别，使用化肥、农药的技能；分析、改良土壤，农副产品加工，激光育种、辐射育种、有性杂交的基本知识和技能；家用电器的电路分析及组装、检修的基本技能。

3. 中等职业院校阶段

应注意结合专业人才培养，增强学生职业荣誉感，提高职业技能水平，培养学生精益求精的工匠精神和爱岗敬业的劳动态度。

进行职业体验式的劳动教育。这种职业体验式的劳动教育可以促进学生对职业的实践认知，不仅起到职业生涯教育之作用，而且更重要的是引导学生对世界有更好的认知。随着劳动形态的变化，特别是劳动分工导致的劳动类型多样化以及人工智能时代劳动新形态的出现，劳动教育必须增加多类型的劳动内容，以丰富学生的职业体验。劳动教育在劳动作为生活方式的价值观培养上虽然依托于职业体验式教育，但与职业体验教育内涵有区别。这也是劳动教育的独特价值之一。

（三）大学阶段强调创新劳动的教育内容

在大学阶段要强调学生创新性劳动，进而践行新时代劳动价值。相比在中学阶段初步感受劳动价值观的理论魅力，大学阶段劳动教育的内容应该围绕劳动教育的新时代价值设置。大学阶段是价值观形成的关键时期，这一阶段学生的价值观已初步形成，但是极不稳定。因此，在劳动教育的过程中，一方面要积极引导学生形成正确的劳动价值观，另一方面又要引导学生在实践中践行新时代精神。大学阶段是连接学校学习与社会实践的桥梁和纽带，为了满足社会需求，要在劳动中不断创新创造。

高等院校应注意围绕创新创业，结合学科和专业积极开展实习实训、专业服务、社会实践、勤工助学等，重视新知识、新技术、新工艺、新方法的应用，创造性地解决实际问题，使学生增强诚实劳动意识，积累职业经验，提升就业创业能力，树立正确的择业观，具有到艰苦地区和行业工作的奋斗精神，懂得空谈误国、实干兴邦的深刻道理。注重培育公共服务意识，使学生具有面对重大疫情、灾害等危机时主动作为的奉献精神。

二、新时代大中小学劳动教育内容一体化的主体性要求

《意见》明确要求，加强政府统筹，拓宽劳动教育途径，整合家庭、学校、社会各方面力量。家庭劳动教育要日常化，学校劳动教育要规范化，社会劳动教育要多样化，形成协同育人格局。新时代大中小学劳动教育内容一体化的推进，必然离不开家庭、学校、社会的三方协同、同向合力作用的发挥。具体来说，就是要求家庭、学校、社会在劳动教育内容上保持方向上的一致性、时空上的一致性及操作的互补性。

（一）强化家庭、学校、社会在劳动教育内容上的方向一致性

相比家庭教育和社会教育的自发性，学校教育带有计划性、目的性、理论性的特征。家庭教育、学校教育、社会教育，一方面呈现出相对独立的特性，其教育目标和教育内容各有侧重，但是另一方面，三者又互相贯通、相互联系。家庭教育为学校教育奠定感性的教育基础，学校教育是家庭教育的系统深化和理性提升，而社会教育又为学校教育的成效提供检验的平台和场域，使得学校教育能够在社会中继续深化。无论学生在学校生活学习多长时间，都不可能割断家庭教育和社会教育对学生的影响。同样，如果家庭教育、学校教育、社会教育三者任何一方缺席，教育就会存在内容缺陷，进而可能引发负面连锁反应。以新时代劳动教育中的劳动习惯教育来说，劳动习惯是新时代劳动教育最基础的内容之一，学生良好劳动习惯的养成和家庭教育及社会教育密切相关。调查表明，全家人共同做家务时孩子“非常愿意”干家务活的比例最高；家务劳动规范化管理有利于增强少年儿童的劳动意识；在学校中教师的表扬有利于激发学生的劳动愿望；社会舆论对明星、精英的过度渲染会影响少年儿童勤劳务实精神的培育。由此可见，在劳动教育的过程中必须保持家庭教育、学校教育和社会教育在方向上的一致性，从而强化劳动教育的实践效果。

（二）巩固家庭、学校、社会在劳动教育内容上的时空一致性

从时空定位上看我国劳动教育是中国特色社会主义的劳动教育，是新时代的劳动教育，其目的是使学生牢固树立马克思主义劳动价值观。但在实践中，部分家庭或社会单位在这一点上并不总是能够与学校保持时空上的一致性。就家庭教育而言，受传统“万般皆下品，唯有读书高”“劳心者治人，劳力者治于人”等错误观点的影响和制约，部分家庭在教育子女时要么有意无意地忽视劳动教育，造成劳动教育在家庭教育中的“空场”；要么用不正确的劳动观念教育子女，其目的是教育子女要光宗耀祖、光耀门楣，鄙视体力劳动的现象在家庭教育中屡见不鲜。从社会教育来看，社会上的一些机构和用人单位的劳动教育存在着重劳动轻教育的问题，单方面强调劳动者劳动技能的培养和劳动能力的提高，但是忽视了对劳动者劳动价值观的教育。显然，在推进大中小学劳动教育内容一体化的进程中，如果家庭的劳动教育“空场”或“错位”，那么就会动摇学校劳动教育的前提基础；同样，如果社会层面不能正确处理好劳动和教育之间的关系，那么学校劳动教育的成效就会被社会瓦解和侵蚀。

（三）实现家庭、学校、社会在劳动教育内容上的互补性

劳动教育的内容体系庞杂，不仅有知识性的内容，而且还有技能性、素质性及操作性的内容，在表现形态上不仅有常识性的内容，也有理论性和价值性的内容。从内容上看，家庭的劳动教育往往是一种劳动习惯和劳动意识的教育，教育内容缺乏系统性和导向性，劳动教育内容的理论性和价值性难以得到有效彰显，急需学校劳动教育的内容补充和理论强化。相比较而言，学校劳动教育具有系统性、理论性及价值性的特征，但是这绝不意味着学校的劳动教育能够“包打天下”。相反，学校劳动教育的技能性、素养性及价值性内容是否有效，还需要在社会实践中进行检验。社会劳动教育具有多样性、实用性、及时性及补偿性的特点，它能够针对社会需求及时调整劳动教育的内容和形式。综上所述，在劳动教育过程中，家庭、学校、社会各有所长，有时一个特定的教育内容可能家庭教育或学校教育不能顺利完成，但是社会教育却能顺利完成，反之亦然。只有三者在内容上相互补充、协调一致、取长补短，新时代的劳动教育内容一体化才会真正得以体现，劳动教育的成效也才会事半功倍。

1. 充分利用家、校、社资源

组织中小学生开展劳动教育，走进家庭、社区，走进田间、车间，参与各种志愿服务和劳动体验活动。开设劳动实践社团，设置校内劳动实践基地，开展“净化校园”集体劳动、教室宿舍美化行动，组织学生进田间劳作，参与车间劳动，到社区开展义务劳动，实现学生劳动教育的全面开展。

2. 整体布局劳动实践教育内容

构建教育行政部门或学校与企业、社会（营地、基地）共建劳动教育基地机制，形成学校劳动教育场所、社会劳动教育基地与专门劳动教育基地相互补充的中小学劳动教育内容。

案例

家校携手　合奏劳动乐章

马克思说过：“任何一个民族，如果停止劳动，不用说一年，就是几个星期，也要灭亡。”劳动作为人类生存于世界的一种活动，是每个人必备的基本素质。

当下，大多数孩子过着衣来伸手、饭来张口的日子，父母对孩子的过分关

爱几乎变相剥夺了孩子劳动的权利，导致很多孩子缺乏正确的劳动观。“爷爷奶奶帮我背书包上下学”“饿了，叫外卖”，这些现象在生活中司空见惯。久而久之，孩子们缺乏自理能力，不懂得自强感恩，甚至形成以体力劳动为耻的错误观念。因此，尽快帮孩子树立正确的劳动观，培养劳动的意识，形成劳动的习惯，感受劳动的快乐，是我们每一个教育工作者和每一个家长都会面临的重要问题。

为了更好地推行劳动教育，我们充分挖掘和利用家庭资源，对学生开展劳动教育，具体做法如下：

一、学校制订劳动计划，家长帮忙督促落实

劳动教育首先要让孩子懂得幸福生活建立在辛勤劳动之上，把劳动当作生活的乐趣，才能发自内心地爱上劳动。因此，我们结合我校的品格教育并与家长商定后，制订出明确的劳动教育计划，给不同学段的学生布置与年龄相适应的劳动教育内容。例如，9月份我校的品格教育是“有序”，对此，我们设定中年级每周的劳动内容分别为“我的房间我打扫”“我的东西我来收”“我的衣物我来叠”“我的穿着我自理”。我们把每月的劳动计划发给家长，让家长结合计划，配合学校对学生进行相应的劳动教育。

二、挖掘家长资源，教学劳动技能

学校除了开设丰富多彩的劳动课程，设立与劳动有关的兴趣小组、社团，对学生进行劳动教育之外，还充分挖掘家长资源，利用开展家长课程、制作劳动视频等形式，推动劳动教育教学活动的开展。例如，上学期我们开设了剪纸课程，请了一位妈妈走进课堂给孩子们授课，从剪纸的起源、剪纸的美好喻义的讲解，到手把手地教剪纸操作，整堂课生动、新颖，深得孩子们的喜爱。还有一位奶奶年事已高，不方便走进学校，但剪纸技艺可谓精湛，她便在家教孙女剪，一边剪一边讲解，还录制了剪纸视频。这些都是宝贵的劳动教学资源。有了家长的大力支持，我们的劳动课堂便有了源头活水，更有了生机活力。另外，烹饪课、面食课、种植课……也是一样，只要是孩子们在日常生活中有所接触的，比较适合家庭与学校共同进行的，我们都采用家校合育的形式。在学校，结合课本学习操作知识和操作技巧，回家在父母的具体指导下再进行实践操作，孩子们兴趣盎然，受益颇丰。上学期，我们的家务劳动课程“面面俱到”在潍城区中小学“疫情与教育”劳动育人优秀成果展评中获一等奖；剪纸课程“妙‘剪’生花 叹为观‘止’”获二等奖；还有多个劳动课程获三等奖。

这些都是我们家校携手进行劳动教育的丰硕成果。

三、家校携手，营造劳动氛围

少年儿童的劳动意识和劳动习惯是在外部多重影响和作用下产生的。调查表明，在家庭中，全家人共同做家务时少年儿童“非常愿意”干家务活的比例最高。因此，作为家长，要以身作则，营造劳动氛围，与孩子进行亲子劳动。例如大扫除时，孩子擦桌子妈妈拖地；做饭时，孩子摘菜妈妈洗菜；准备吃饭时，妈妈盛饭孩子拿筷子、摆凳子……让学生帮助家长干活，把每天至少做一件家务活当作一项作业来完成，久而久之形成习惯。这样既培养了孩子的劳动习惯，也增进了一家人的感情，其乐融融。

作为学校，我们可以提供更多展示自我的平台。在学校里，结合主题月教育，师生共同劳动；经常开展各方面“劳动小能手”比赛，对孩子的劳动能力给予肯定，巩固劳动成果。活动中孩子们相互鼓励、相互评价、相互学习，形成了良好的劳动氛围。不管是大家一起投票，还是老师综合孩子的各种表现进行评选，选出“劳动之星”“劳动达人”“劳动小能手”等，都给了孩子们更多动力。

四、家校共赢，塑造劳动达人

在全校师生的共同努力下，在家长的积极配合下，我校劳动教育已初见成效。“孩子越来越懂事了，一有空就帮我干活。”“孩子上学不用我给拿书包了，而且平时生活中总是抢着帮我拿东西。”“通过劳动教育，儿子更知道父母的不易了，更孝顺了。”……家长们的话语里是满满的激动与自豪，好孩子就这样慢慢地培养出来了。

让孩子养成劳动的习惯，在人生之路上走得更好，正是劳动教育的终极目的。家庭与学校携手进行劳动教育，并将家庭作为主阵地，将劳动教育融入孩子的日常生活。身体力行，方知甘苦，孩子体会到了父母的不易，从而也促进了家庭的和谐。

（潍坊外国语学校　马彩荣）

三、新时代大中小学劳动教育内容一体化的保障性要求

新时代的劳动教育，从直接目的上看是帮助学生树立马克思主义劳动价值观，助力时代新人的培养，但根本上却是作用于人的全面发展。2018 年 9 月，习近平总书记在全国教育大会上明确指出：“要努力构建德智体美劳全面培养的教育体系，形成更高水平的人才培养体系。”2019 年 6 月，国务院办公厅印

发的《关于新时代推进普通高中育人方式改革的指导意见》提出，普通高中育人方式改革的目标是到2022年德智体美劳全面培养体系进一步完善，立德树人落实机制进一步健全。显然，德智体美劳“五育”并举已经成为党和国家的教育方针。“五育”并举从本质上讲，是人的自由、全面发展的实现途径，是马克思主义教育思想的理论创新。大中小学劳动教育内容一体化的开展必须坚持“五育”并举的方针，在教育内容上实现德智体美劳的相互渗透和有机结合。

（一）在德育中渗透劳动价值

德育有大小之分，小德育主要指道德教育，大德育还包括思想教育、政治教育、法纪教育及心理教育等方面的内容。但无论是大德育还是小德育，都是人类实践活动的产物，也是人的社会关系的具体体现。德育既指向人性中永恒的德性，也指向人的社会属性。从本质上讲，德育是一种价值性的教育，这种价值性教育在内容上理所应当地包含劳动价值教育的相关因素。在“五育”并举的实践过程中，德育发挥着彰显价值的重要作用。劳动教育并不是一种单纯的职业技术教育和生活技能教育，劳动教育的本质目标是提高劳动素养与培养劳动价值观。也就是说，新时代的劳动教育是一种价值观教育：一方面，劳动教育和德育具有天然的价值契合点。在德育的内容设置及实施过程中，要积极渗透劳动价值观方面的相关内容，让受教育者充分“懂得劳动最光荣、劳动最崇高、劳动最伟大、劳动最美丽的道理”。另一方面，社会主义的德育必须建立在马克思主义劳动价值论基础上，在德育过程中必须渗透和传递劳动价值观的相关因素。这种渗透不仅有助于保证新时代德育的社会主义方向，而且为新时代的劳动教育提供了新的教育载体和教育形式。

（二）在智育中传递劳动知识

人的发展无论表现为哪一方面的内容，都必须以个体健全的心智为前提和基础。健全的心智是其他方面发展的基础性因素。如果个体心智不健全，那么其他方面的教育就会受到影响。就智育和劳动教育的关系而言，前者为后者提供最基础的知识支撑。新时代社会发展面临着知识经济、数据思维、信息社会及智能技术等方面的挑战，这就要求新时代的学生必须具备面向知识经济的劳动能力、面向数据思维的劳动能力、面向信息社会的劳动能力及面向人工智能的劳动能力。习近平总书记在论述人工智能教育时指出，人工智能是引领新一轮科技革命和产业变革的重要驱动力，正深刻改变着人们的生产、生活、学习方式，推动人类社会迎来人机协同、跨界融合、共创分享的智能时代。

把握全球人工智能发展态势，找准突破口和主攻方向，培养大批具有创新能力和合作精神的人工智能高端人才，是教育的重要使命。因此，要充分考虑到社会发展及技术进步对劳动者劳动知识方面的要求，在智育的内容中充分传递与社会发展要求相一致的劳动知识。如此才能提高劳动者的知识素养和能力水平，才能为时代新人的培养提供知识支撑。

案例

巧立劳动话题学语文

“天道酬勤，力耕不欺。”习近平总书记认为要“教育引导学生崇尚劳动、尊重劳动”。小学语文课堂也必须在“立德树人”的指导下，从学科特点出发，为劳动教育提速增温。

如何在语文课堂中深入实施劳动教育活动，在语文教学中践行劳动教育呢？那就要关注学生所熟悉和喜欢的话题。贴近学生生活的教育才会达成教育效果的最大化，我们在选择劳动教育话题时一定要紧扣课文内容，并与学生实际相联系。

如课文《慈母情深》一文，记叙了母亲在极其艰难的生活条件下，省吃俭用，支持和鼓励“我”读课外书的往事。针对课文内容，我在上课时先着重设置了“体会母亲挣钱的艰难和劳动的艰辛”的话题。为达成此目标，我引导学生以三处细节为突破口，了解母亲工作环境的恶劣，以三个镜头为着力点，体会母亲挣钱的艰难和劳动的艰辛，从母亲瘦弱的背影、疲惫的眼神、忙碌的身影、坚定的话语这四个层面，解答“作者为何接过母亲的钱会鼻子一酸”，通过品悟结合，多重朗读，适度拓展的方式，体会慈母深情，深刻理解劳动的伟大。在课内文本感悟的基础上，我又抛出“寻找身边最美劳动者”的话题，通过交流，学生慢慢明白了“我们每个人都是劳动者，劳动是伟大的”的道理。之后通过举办“我们都是劳动者”主题班会，组织学生积极参与家务劳动，并进行“小小劳动者”荣誉奖章的评选，评比中挖掘劳动美德，在学生幼小的心灵里埋下“劳动最光荣”的种子。

在学习《北京的春节》一课时，我用话题引导学生回忆春节里热闹的场面。

学生众说纷纭，有的说年二十三打扫卫生的场面，有的说包饺子的场面，有的说布置房间的场面，有的背诵描写春节习俗“千门万户曈曈日，总把新桃换旧符”的古诗，还有的跃跃欲试编写春联……课下，学生将课堂上的话题延伸到家庭，他们与父母一起学做灯笼、包五色饺、写对联等。这样的课堂活动不仅激发了他们对文本的深入理解，还把践行劳动教育融入生活。

劳动是生命的底色，也是教育不可或缺的社会价值。学生在“坎坎伐檀兮，置之河之干兮”等经典篇章的学习中开始崇尚劳动；在我校“节气·劳作”课程中获得劳动的体验；在文本阅读中深化对“劳动伟大”的认识；在习作训练中领悟劳动的价值……从课内到课外，我一直在多渠道渗透正确的劳动观，内化劳动的育人功能，教育学生任何时候都要做一个热爱劳动的人。

《孟子》云：“后稷教民稼穑，树艺五谷，五谷熟而民人育。”勤劳创业、耕读传家是中国教育的重要内容，热爱劳动是中华民族的优秀传统。“劳”与“学”在历史上从未分离过。劳动是财富的源泉，也是幸福的源泉。语文课堂应时而动，培养勤于劳动、善于创造的人才是时代赋予我们的责任。让我们善思善学，用劳动之手不断谱写新时代的劳动者之歌。

（潍坊外国语学校　李亚娟）

（三）在体育中端正劳动态度

以劳强体、以体助劳，是对体育和劳动教育之间关系的生动诠释。体育的目的主要在于培养健硕的体魄，而劳动教育的开展离不开劳动者体力的使用。在传统错误劳动观念和劳动态度的影响下，体力劳动往往被人看不起，“下人劳力，中人劳智，上人劳人”“劳心者治人，劳力者治于人”等错误观点在青少年群体中仍有存在的空间。基于此，《意见》明确要求新时代的劳动教育要让学生出力流汗，而出力流汗属体力劳动的领域，也是体育的重要内容。习近平总书记强调：“劳动没有高低贵贱之分，任何一份职业都很光荣。广大劳动群众要立足本职岗位诚实劳动。无论从事什么劳动，都要干一行、爱一行、钻一行。”在体育中要渗透劳动教育的相关内容，把体育和劳动教育紧密结合起来，让学生在体育中正确认识到劳动尤其是体力劳动的重要地位和社会意义，端正劳动态度。

（四）在美育中铸就劳动精神

对美的向往和追求，是人类实践活动的动力源泉之一。在一定程度上，人类对客观外部世界的改造就是按照美的规律和要求所进行的创造性活动，劳动的开展也离不开对美的追求。劳动不仅按照美的要求进行，而且还能发现美、创造美、构成美。习近平总书记在同青年代表座谈时强调，让劳动光荣、创造伟大成为铿锵的时代强音，让劳动最光荣、劳动最崇高、劳动最伟大、劳动最美丽蔚然成风。劳动之美，劳动者之美，是美育和劳动教育共同的资源，不仅有助于培养学生美的情操，而且有助于培养学生的劳动意识、劳动情感。在实践中，相比其他教育形式，美育的目的在于"培养我们感性和精神力量的整体达到尽可能和谐"。美育的根本目的在于通过培养健康的审美情趣，展现美的力量，提升美的境界。青少年在美育和劳动教育相结合的过程中，在激发审美情趣和美的想象力的同时也体会到劳动之美及劳动者之美，在潜移默化中铸就劳动精神。无论是以朱光潜为代表的主客观统一的美学，抑或李泽厚的实践美学，都强调美的获得及审美能力的提升，这些都必须以劳动实践为基础和前提。把劳动教育的相关内容融入美育的过程中，让学生在美育中铸就以勤俭、奋斗、创新、奉献为主要内容的劳动精神，既是必要的，也是可行的。

四、新时代大中小学劳动教育内容一体化的整体性要求

根据劳动教育价值体系，对劳动教育课程的内容进行整体的考虑和设计。

（一）传统劳动教育内容与科技探究性劳动教育内容的比例适当

传统的劳动包括农耕劳动、手工业劳动及传统生活劳动等，是增进人与自然交往、更好认识世界的重要途径。不管人工智能发展到何种程度，传统劳动对于促进人的感觉、知觉等身体机能的发展仍然至关重要，甚至可以说超越现在诸多的技术性劳动的作用。而且，有一些传统劳动正逐渐消失，因而传统劳动教育对于我们来说也是一种文化的传承。因此，需要重视传统劳动教育并将其纳入专项劳动教育内容。当然，劳动教育内容的整体安排也要考虑到其课程供给的可行性，并据此寻找替代的课程。

（二）劳动教育内容涵盖社会各领域劳动

《指导纲要》指出，劳动教育的主要内容包括日常生活劳动、生产劳动和服务性劳动中的知识、技能和价值观三个方面。其中，日常生活劳动教育要让

学生立足个人生活事务处理，注重生活能力和良好卫生习惯培养，树立自立自强意识；生产劳动教育要让学生体验工农业生产、创造物质财富的过程，增强产品质量意识，体会平凡劳动中的伟大；服务性劳动教育要注重让学生利用所学知识技能，服务他人和社会，强化社会责任感。

（三）家庭、学校、社会三方面的劳动内容要适当

家庭是劳动教育的起锚地。家庭是孩子接受教育的第一个学校，而家长不仅是孩子的第一任老师，也是孩子劳动启蒙的主导者，家长“足蒸暑土气”“汗滴禾下土”，在潜移默化中让孩子有更多“童稚携壶浆”的劳动实践，使劳动像一颗种子，在家庭教育中落地生根。《朱子家训》中说：“黎明即起，洒扫庭除，要内外整洁。”作为家长要放手让孩子做事，把家庭劳动教育日常化，让孩子掌握洗衣、做饭等必要的家务劳动技能，小到整理书桌房间，大到参加家务劳动，从小培养劳动意识，在长期家务劳动中养成劳动习惯。

学校是劳动教育的操练场。课程和实践是劳动教育实施的重要途径。学校应根据各学段特点，在大中小学设立劳动教育必修课程，系统加强劳动教育。探索劳动教育独立课程，适时适当适度融入专业劳动知识与技能、劳动纪律、劳动法、职业道德等内容，着重引导学生形成马克思主义劳动观，系统学习、掌握必要的劳动技能，开设一些与家政、烹饪、手工、园艺、耕种、饲养、非物质文化遗产、康养服务等相关的劳动实践课程。注重劳动理论与劳动实践相结合，分学段组织学生参与打扫教室、楼道、操场等校园劳动，参与社区服务等集中劳动，参与校外生产劳动锻炼。培养学生形成自觉参加劳动，学会诚实劳动，开展创造性劳动的良好行为习惯，使其以劳树德、以劳增智、以劳强体、以劳育美。除了设立适当的劳动课程，开展必需的劳动实践，还要不断完善学生劳动评价机制。

社会是劳动教育的主战场。劳动教育不是简单地强调体力劳动，而是要让学生在劳动中学会生存、学会合作、学会创造、学会适应。社会作为劳动教育的主战场，一方面要真正发挥在劳动教育中的支持作用，主动承担起为不同学段学生提供劳动教育实践场所、搭建劳动教育平台的社会责任，加强校外社会实践基地建设和岗位开发，为学生参加劳动教育实践创造机会，满足各级各类学校多样化的劳动实践需求，共同支持学生深入城乡社区、福利院和公共场所等参加志愿服务，开展公益劳动，参与社区治理。另一方面要根除“重教轻

劳”“万般皆下品，唯有读书高”“学而优则仕”的思想观念，聚焦德智体美劳全面发展，在全社会营造劳动光荣、劳动最美，关心和支持劳动教育的良好氛围，推进全社会形成劳动教育合力。

（四）形成一个前后衔接、上下贯通的相对独立的内容体系

劳动教育的目的之一，是让学生系统地掌握基础的、多样的生产和技术的理论知识和实践技能。为达此目的，必须将小学一年级到高中三年级的劳动教学内容，形成一个前后衔接、上下贯通的相对独立的体系。小学、初中和高中三个阶段的劳动内容应相对独立，各有侧重；各年级的教学内容及各阶段的教学内容应依次前后衔接，形成一个递进的序列。这主要取决于：

1. 劳动的知识结构和技能结构

任何一种生产和技术理论知识都呈现出由简单到复杂、由初级到高级的循序渐进的过程。比如，现代电子计算机的工艺技术是以集成电路为基础的，而集成电路又依赖于晶体管及其他电工技术。

任何一项生产劳动或技术活动同样呈现出由简单到复杂、由低级到高级的过程。例如，一个机器零件从毛坯到成品，需要经过从粗加工到细加工的多道工序。由此，一种生产和技术的技能也就呈现出由简到繁、由低级到高级的过程。例如木工技术，有粗木工和细木工之分，学会使用手工工具（斧、锯、凿、刨等）才能操作电动工具（电锯、电刨等）。劳动和技术的理论知识、生产（技术）劳动的工序和实践技能的这种循序渐进，客观地要求劳动技术教育的内容系列化、系统化，形成一个前后衔接、上下贯通的体系。

2. 学生身心发展的规律

中小学生的身心是按照由小到大、由弱到强、由简单到复杂的序列持续地向前发展的。劳动教育知识和技能内容的逻辑结构应能恰好与这一发展序列相吻合。因此，选择劳动教育的内容要遵循量力而行和循序渐进的原则。这就需要有一个由简到繁、前后衔接的内容系列。应特别指出的是，时下有些学校对劳动技术教育的内容既没有系统而周密的计划，又缺乏精当而细致的安排，单凭一时的需要随意指派，甚至把学生当廉价劳动力使用，根本不考虑中小学生的体力、心理和道德水平是否符合劳动内容的要求，由此导致的伤害事故时有发生，对此必须高度重视。

（五）建立与其他学科相互配合、左右联结的关系

前文我们从纵向的角度谈到劳动教育的内容应当有一个前后衔接、上下贯通的相对独立的体系。从横向的方面看，劳动教育也要与其他学科相互配合、左右联结。

1. 中小学的劳动课是与其他学科并列开设的一门课

中小学的劳动课是与其他学科并列开设的一门课，处理好二者的关系，是避免它们相互冲突或干扰，使之相互配合、协调一致的重要前提。

2. 劳动教育内容与其他学科的知识和技能的关系

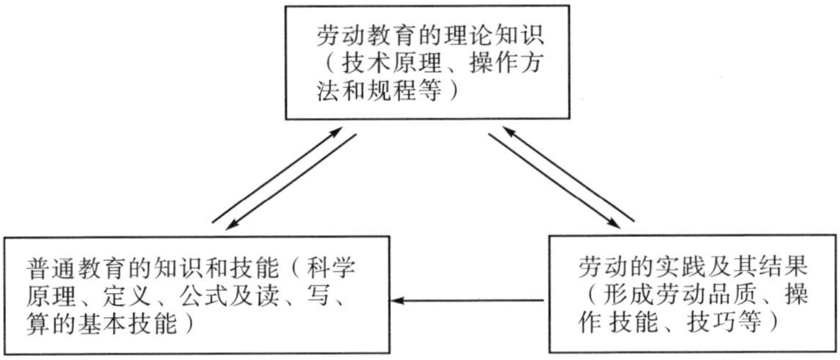

由上图可知，劳动教育的理论知识是以其他学科所授的科学文化知识为基础的。反过来，学生在学习劳动教育的理论知识的过程中，由于灵活运用了上述知识，因而又能对其进行巩固和深化。正是这种内在的相互联系，劳动教育的内容与其他学科左右联结不仅绝对必要，而且完全可能。使劳动教育的内容与其他学科相互配合、左右联结的做法是，依据其他有关学科的内容和进度来确定劳动教育的内容。例如，根据小学科学课的有关内容组织小学生参加种植、饲养等简单农业劳动；初中一、二年级开设生物课，其劳动教育可相应地安排植物种植、动物饲养等内容。

案例

劳动教育在美术教学中的运用

劳动是一切知识的源泉。美术教学从课堂教学到实践活动都渗透着劳动技能的培养，美术教学的效果是看学生是否掌握了发现美、欣赏美和创造美的能力，即是否能把掌握的基本知识和基本技能转化为科技创新能力和审美能力，

而这种创新和审美能力是通过劳动技能体现出来的。

因此，劳动教育渗透在美术教学中的各个环节，让学生多进行劳动技术操作训练，掌握一定的劳动技能，对学生的知识更新和创造力的发展有很重要的作用。而在美术技能训练中，渗透着劳动技能的培养。美术中所谓的美，我们可以理解为审美美感，而术就是技术，其实也是一种劳动技能，需要通过掌握劳动操作技巧才能够表达出来。

美术作品是人们把对事物美的感受，以物质材料为中间的媒介，运用美术的基本技能即劳动技巧手段，进行能动反映的产物。绘画技巧、雕刻技法、工艺美术的制作方法，其实都可以归结为劳动技巧。

我们就以美术课堂“快乐陶吧”为例，看一下如何在课堂中以劳育美。陶艺已伴随人类文明绵延数千年，它是古代人类贡献给世界的宝贵财富。从远古时代起人类就会用泥做器皿来盛装东西，在与泥土打交道过程中他们逐渐发现:泥土与适量水混合后就具有了黏性和可塑性，可以随意把它塑造成各种形状，晒干后变硬泥坯，经火烧后变得更加坚硬，既不怕水又不怕火，陶器从此诞生。到后来，人类开始将陶艺运用到生活中，并不断为生活服务，这些都是美术中的劳动过程。通过对我国陶艺作品的认识、欣赏，加深对陶艺的了解；通过动手制作陶艺作品，丰富学生的想象力，增强学生的创造意识，提高学生的造型表现能力。学生在欣赏陶艺作品和兴高采烈地创造陶艺作品的过程中，无不穿插着劳动教育。本节课中对陶艺的成型方法进行了详细介绍，有泥板拼接、泥条盘卷、手捏成型等，装饰手法有刻画、粘贴、肌理压印等。这里所涉及的每一个方法，无不通过学生的动手实践来完成，从而让学生真正体会到劳动创造美。我们不仅要有一双发现美的眼睛，而且要通过劳动实践不断创造美。

再比如我们小学低年级的学生，想要画好一幅简笔画，需要先用铅笔起好形，再用勾线笔勾边，接着需要用彩笔涂上喜欢的色彩，这对于低年级的学生来说，是一项重大而又艰巨的体力劳动，但是喜欢绘画的学生并不感觉累，因为劳动创造了美，劳动创造出了他的美术作品，他很欣慰。

劳动渗透在我们每一个领域，劳动是光荣的！通过劳动创造出来的美，也显得格外美丽！

（潍坊外国语学校　张文君）

五、新时代大中小学劳动教育内容一体化的构建

学校劳动教育内容设置要统筹考虑现有学校课程体系中的劳动教育内容，在此基础上，根据劳动教育的价值取向及针对现有劳动教育内容的缺失，补充相应的劳动教育内容。

（一）在一体化系统中学校劳动教育内容的合理构建

在整体指向劳动价值实现的前提下，学校要合理构建多种劳动内容的组合，根据劳动教育的价值体系，建立起劳动教育的内容体系。但是，完备的劳动教育内容体系如何通过课程来体现是需要思考的，因为劳动教育的时间是有限的，劳动形态的功能也存在重合性，即一种劳动价值可经由多种劳动形态和形式实现，或一种劳动形态和形式可实现多种劳动价值。因此，构建劳动教育内容整体体系，在整体指向劳动价值实现的前提下，可能存在多种劳动内容的组合。

学校要考虑具体劳动教育内容的可行性，即根据劳动价值要求，在劳动教育课程开发上形成多重组合的可能。此时，要根据学校劳动条件或社会可提供的劳动条件，以及在指向具体的劳动价值上的劳动内容的可替代性或价值的重合度，选择可行的劳动内容。比如培养吃苦耐劳或奋斗精神，必然可以经由多种劳动形式实现，或者说，多种劳动形式都可能在这种劳动精神的培养上形成多重价值，因此，学校应当选择简便可行，同时又最能集中于此种劳动精神培养的劳动形式。

（二）在一体化系统中劳动教育内容与学科教学的整合

劳动教育需要超越单一学科的固有局限，转向资源丰富且有待开发的多学科阵地，根据学科特点和教学需要去创设相关的劳动环境，设计恰当的劳动教育内容。

1. 跨学科开展项目式劳动教育内容

劳动教育内容有些涉及跨学科的综合领域，要以项目式实施模式，由多个学科共同完成。比如保定市第十七中学的“小麦种植与我们的生活”劳动项目，涉及劳动、生物、艺术、地理、语文、英语、数学等学科。各学科将涉及小麦的相关内容，并入“小麦种植与我们的生活”劳动项目，由学校整体统筹衔接，将学科教学与小麦关联的劳动教育内容进行资源重整，在学科教学中开展与小麦种植和加工相关的劳动教育。保定市第十七中学的创客创新实验室是以物联

网概念为创新研究方向装配的实验室，主要功能板块包括模型制作与组装、电路板的焊接及简单的木工操作等基础操作能力训练板块；基于学习 AutoCAD 等计算机辅助设计软件，并利用激光切割机，实现学生及教师的创意作品制作的二维图形设计及创作板块；基于学习并使用 Arduino 电路板和编程技术的物联网创意制作。学校结合该实验室的条件开发了“节能减排废物利用”项目式劳动教育内容，涉及劳动、科学、艺术、数学等学科。项目实施过程中，学生分小组在家庭和社区对移动电源和电池垃圾处理开展调查统计，并在课上设计和制作迷你充电宝；学生在创新过程中，将动手和动脑结合，体会科技劳动的意义，体验创意物化的劳动价值；学生在反复装拆、修改完善过程中，体会工匠精神和坚忍的劳动精神；学生在创意构思的脑力劳动中，实现思想升华和体会创造的乐趣，还能将变废为宝的物质循环利用理念运用到实际劳动中。这样的劳动教育内容可谓一举多得。当一些废物经过同学们的智慧劳动和新技术的应用成为一件可再利用的物件时，学生对劳动的热爱、对劳动的尊重油然而生。以项目式实施模式开展劳动教育，为学生综合运用各学科知识思考问题和解决问题提供了载体；项目的完成需要小组同学互相配合，学生各自发挥自己的学科长项，互相取长补短，共同提高。在项目实施过程中也培养了合作劳动的意识，强化了劳动观念，弘扬了劳动精神，强化了做事需要身心共同投入的意识。项目实施过程中发扬勤劳节俭的优良传统，培养学生节能减排和废物利用意识，彰显时代特征，激发学生创新创造的兴趣。

2. 劳动教育内容融入学科实践

学科实践按照国家课程设置，初中阶段劳动教育相关课程占总课时的10%。实践过程中需要学生亲自动手动脑完成任务，提升学科知识实际应用能力。实践是对学生进行劳动教育的有效途径，要根据学科特点和教学需要去创设相关的劳动环境，设计恰当的劳动教育内容。比如保定市第十七中学“学神农躬耕百草园”的劳动教育内容就整合在生物学科实践中。学校把每年谷雨节气当周的周五定为“神农节”，在“神农节”这天开展与生物学科相关的种植养护实践，将种植劳动融入其中。这项学科实践设计了相关植物习性的讲解说明、植物种植的生物学原理、植物种植劳动的技能、种植劳动的安全自护、植物生长的观察记录方法、植物种植后的培养和采收等六个环节，学生通过在学校“百草园”劳动基地种植玉簪（既是观赏植物又是中草药），了解种植规律，熟悉铁锹的使用方法，掌握玉簪的种植技术。学生在使用铁锹的过程中可以体会到，利用杠杆原理就能用好铁锹，即握住铁锹中端的手作为辅助手，给铁锹提供一个支点，握住铁锹后端的手配合使用胳膊和腰背部的力量。组内同学之间互相配合，记录彼此土坑大小深度、玉簪种植间距、管护处理等。在实践中体验劳动的快乐，通过反思交流增强快乐劳动的意识，把中华民族勤劳的优秀传统继续传承下去。保定市第十七中学的发酵工作坊，既是学生学科实践基地，也是学生非常喜爱的发酵食品制作的劳动场地。老师们基于这间工作坊，开发了“发酵食品的制作”等劳动教育内容。发酵食品的制作有着悠久的历史。自古至今，勤劳智慧的人们一直在利用微生物的发酵作用，进行酿酒、做酱、制奶酪、腌酸菜等家务劳动。学生通过制作发酵食品，从了解微生物在生活中的作用，到体验生物技术在日常生活中的应用，由只会吃发酵食品上升到会运用发酵技术。在沉浸式的劳动学习中，实现了公共知识向个人知识的转化，还能为家人制作发酵美食，与同学分享发酵美食。通过亲自体验发酵食品的制作过程，学生运用物理中气压和液封的知识理解密封的方法和原理，运用化学知识了解到有机物被微生物分解的产物，将微生物的厌氧呼吸作用应用到食品制作中。学生在体验劳动制作美食过程中，更加深刻地认识到了发酵技术亘古留存并不断发展，源于人类的食欲、勤劳、智慧、感恩与传承。

3. 公益劳动教育融入思政课教学

在教室里学习课本内容从而体悟思政课的公民意识、公益意识，对学生来讲是困难的。保定市第十七中学的思政课将学生公民意识、公益意识的培养与公益劳动结合，取得了很好的教学效果。“义卖援建爱心图书室”是学校思政课的教学形式，学生将自己制作的小工艺品、小玩具、节省的文具和用不上的书，在学校每年举办的“学雷锋纪念日校园义卖”活动中出售给需要的同学，然后将义卖所得集中起来捐赠给山区学校创建小图书室。学生围绕校园“义卖援建爱心图书室”活动展开收集图书、统计数量、设计图书室方案、体验营销、购买图书、联系山区学校等多种活动，用书籍搭建爱心桥梁，用阅读打造书香社会，为爱心图书室的援建贡献自己的力量。这样的劳动教育内容使学生切身感受到公益劳动的意义和价值，激发学生参与公益劳动的兴趣和热情，思政课的教学目标在学生的劳动中完美达成。

案例

保定市第十七中学的劳动教育内容体系

保定市第十七中学依托学校拓展的“田园”“家园”“职园”“创园”等场地资源，构建起校内外有效衔接的“融课堂”新时代劳动教育内容体系，充分体现了各年级进阶式劳动教育内容的整体性。

一、劳动教育内容筛选原则

秉承十七中“融文化”教育理念，贯彻规范和创新两个基本原则进行劳动教育校本化设计，突显以劳树德、以劳增智、以劳强体、以劳育美、以劳创新的教育目的。

（一）依照《指导纲要》，规范落实

1. 遵照教育部《指导纲要》进行设计，符合纲要的基本要求。

2. 设置两类课程：必修课程和融合课程。

3. 保证周课时和劳动时长：1 课时 / 周，不少于 3 小时 / 周（含家务劳动）。

4. 师资保证：兼职专业教师和班级教育小组教师。

5. 教育评价：过程性评价和结果性评价。

（二）因地制宜，特色创新

1. 构建劳动安全教育体系：贯彻“安全第一”的原则，在课程设计和实施过程中突出劳动安全教育环节，培养学生的安全意识和安全劳动的能力，提高师生处理突发意外事件的应急能力，建立完善劳动安全教育资源库。

2. 重点建设两个基地：校内田园课程基地和校外家庭劳动教育基地。

3. 着力打造两个课程：“田园”必修课程和“家园”融合课程（“家园”指学生的家庭和班级、十七中校园、社会实践和公益服务的社区，融合教育处感恩教育、班级自主管理值周课程、团委志愿服务和社会实践课程）。

（三）劳动内容的选择有利于培养学生劳动品德和劳动素养

劳动素养是学生在劳动过程中萌发的劳动情感、劳动观念、劳动技能等整体的体现。其在目标上与德、智、体、美融通，以劳动教育为桥，实现以劳树德、以劳增智、以劳强体、以劳育美、以劳创新的目的。

七年级，侧重培养学生正确的劳动观念、良好的劳动态度、主动的劳动习惯。

八年级，侧重培养学生积极的劳动情感、深厚的劳动情怀、丰富的劳动知识、较好的劳动技能。

九年级，侧重培养学生的创新劳动思维。

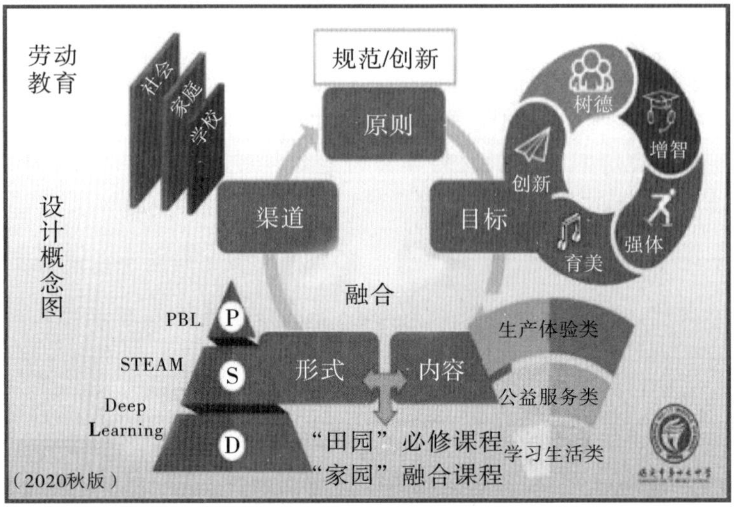

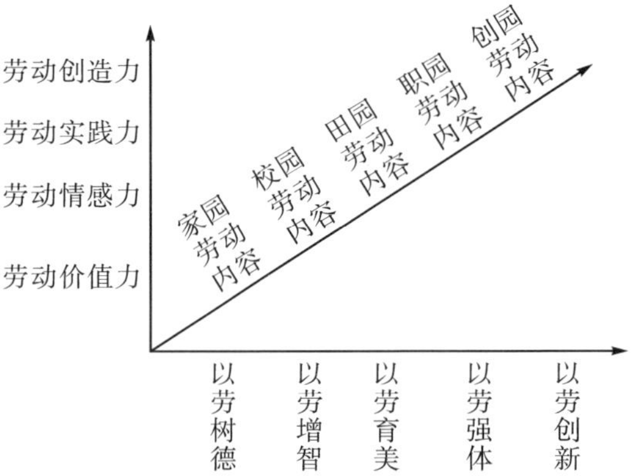

我们把劳动素养归纳为劳动价值力、劳动情感力、劳动实践力和劳动创造力四个维度。

二、各年级劳动教育内容一览表

年级	内容类别	内容	条件保障
七年级	家庭生活类	家务劳动——收纳整理物品	课堂教学资源、培训后的家长、家庭日常生活条件
		家务劳动——洗涤晾晒衣物	
	生产体验类	种植水稻、小麦	课堂教学资源、安全的田园劳动条件、安全设施
		收割水稻、小麦	
		制作水稻／小麦艺术作品	
	校园劳动类	探究水稻／小麦的一生	课堂教学资源、实验操作
	公益服务类	校园义卖，筹建爱心图书室	安全的义卖场地和图书室、安全的卫生劳动条件
		敬老院／福利院卫生劳动教育	
八年级	家庭生活类	家务劳动——面食制作	课堂教学资源、培训后的家长、家庭日常生活条件
		家务劳动——菜肴制作	
	生产体验类	种植中草药	课堂教学资源、安全的田园劳动条件、安全设施
		收割中草药	
		制作中草药艺术作品	
	家庭生活类	品香粽、制香囊	课堂教学资源、培训后的家长、家庭日常生活条件
	校园劳动类	创新劳动，如学用机床制作七巧板	课堂教学资源和安全设施
	公益服务类	校园义卖，筹建爱心图书室	安全的义卖场地和图书室、安全的卫生劳动条件
		敬老院／福利院卫生劳动教育	
九年级	生产体验类	创新劳动，如制作数字化作品，学用光刻机雕刻劳动纪念品等	课堂教学资源和安全设施
	公益服务类	校园义卖，为帮扶学校筹建图书室	安全的义卖场地和图书室、安全的卫生劳动条件
		敬老院／福利院卫生劳动教育	

（保定市第十七中学　李梅　陈军浩等）

第三节　新时代劳动教育内容设置的策略

一、劳动教育内容设置要强调手脑并用

劳动是人类运用工具改造世界的活动，在改造世界的同时促进人类身体、大脑及语言的发展，进而创造了人类本身。现代科学早已证明，劳动可以改善肌体的各项生理机能，促进身体发育，同时也促进人的心理健康发展，包括意志等各种品质的发展。身心统一、身体和谐是心理健康的前提，劳动教育内容要注重手脑并用。

（一）劳动教育内容的体脑结合开发学生的创造性和钻研精神

劳动是靠手和脑一起发展的，一般人认为智力是大脑在掌控，所以大脑比较重要,却忽视了有着同样贡献的“手”。正如一些教育家认为的,热爱劳动的人,思维是敏锐而开阔的，学生通过动手，可以开发其创造性和钻研精神。劳动是一切知识的源泉。

（二）劳动教育内容的体脑结合促进学生的智力发展

智力是指人认识和理解客观事物，并运用知识和经验来解决问题的能力。良好的观察力并不是与生俱来的，而是在实践中训练出来的。因此，我们可以通过劳动教育训练来提升观察力，如对某个劳动训练的过程进行观察，通过直接体验,积累对自然现象的感性认识,这样我们的观察力就会慢慢提升。注意力,是指人的心理活动指向和集中于某一种事物的能力。学生在手和脑同时配合的时候，能大大增加注意力，比如在操作某种机械的时候，人就会特别集中注意力，因为这时候脑不动的话就会出错，手不动的话就不能做。行为记忆特指对某一行为、动作或者技法的回忆，这种记忆涉及具体动作，即通过动作来记忆，这种记忆极难被忘记。

二、劳动教育内容体现劳动创造美

马克思说，“劳动创造了美”“人是按照美的规律来造型的”，在地球上只有人类才有伟大的创造力，只有人的劳动生产活动才有美的规律发生，只有人类才有如此伟大的创造成果，创造了一个无限美丽的对象世界和一个如此神妙的人自身。人的劳动成果都是美的，只有发生美的规律的劳动才是美的，其成果才凝结着美的属性，劳动产品才会具有美的属性，劳动活动自身才会美。

（一）栽培种植类劳动要融入劳动创造美的教育内容

劳动对审美教育、美感培养有重要的作用，爱劳动的人才是最让人尊敬的人，才是最美的人。劳动不仅能创造财富，充实精神生活，还能培养美感、创造美，让自然和人类社会变得更加美好，进而让劳动者心情舒畅、心灵美好。

比如，学生经过松土、施肥、浇水，亲手栽下了一棵葡萄树，在老师的指导下，思想上已被枝繁叶茂的情景所吸引、激励，心里会产生难以名状的甜美情感，这就是劳动对美好心灵的塑造。两年后，当葡萄藤下挂满串串葡萄，发出诱人的香味时，学生就会进入劳动创造美的真实情景，他会为自己付出的辛勤劳动而获得的丰硕成果而歌唱。这就充分体现了劳动创造美、劳动提高审美的情感和劳动培养认识美的能力，也让学生认识到自然的美有赖于人们用双手去加工创造。心灵的美需要通过劳动去充实，情感的美有待用汗水去浇灌。学生通过劳动来认识世界，创造了美，从而奠定了对劳动创造美的深刻认识。劳动创造美是教育中的一个系统工程，劳动与情感和美感教育的统一就是这样达到的。劳动中培养美感的源泉就是创造美，只要是经过学生劳动创造的美，学生就会铭记不忘。

（二）整理环境和房间要融入劳动创造美的教育内容

人的劳动成果是美的，只有产生美的劳动才是美的，其成果才凝结着美的属性。

1. 将欣赏劳动成果的美融入劳动教育内容

劳动教育内容应传递劳动精神的真善美，体现美感培养的重要作用。爱劳动的人才是最让人尊敬的人，最美的人。劳动不但能创造财富，还能充实精神生活。比如，学生利用家中闲置的废旧物品经过创造性劳动，制作成一件新物件时，学生获得的不仅仅是实物，更多的是获得精神愉悦和内心美感。劳动课上，学校组织学生交流自己的旧物改造经验，有学生展示把纸箱子做成储物架、废旧纸袋做成纸巾盒、塑料瓶做成好看的花瓶、废旧鞋盒变书箱、废旧衣物及丝袜做成手工垫子。学生用勤劳的手赋予旧物件新灵魂。学生通过劳动创意制作的作品承载着他们对往昔的记忆，提高了资源的利用效率，培养了节约意识，产生对美的憧憬。这样的劳动教育内容充分体现了劳动创造美，提高了学生审美的情感，也让学生感悟到美是用自己的双手创造出来的，心灵的美需要通过劳动去充实，情感的美有待用汗水去浇灌。

2. 将美化环境的创意融入劳动教育内容

新时代劳动教育强调学生劳动习惯的培养，习惯要从身边的细微之处抓起。整理类的劳动教育内容具有多重教育价值，所以，在劳动教育内容设计时应力求完整。比如，学校进行班级文化布置评比，学生先是通过脑力劳动进行设计，然后动手打扫、擦拭、布置，过程中学生可能会感到劳累，但由于伙伴合作的快乐，争取荣誉的期盼，学生就会坚持下来。当劳动结束，学生再次走进宽敞明亮、整洁美丽的教室就是一种享受，劳动创造美的观念就会在学生心中油然而生。在美的环境中学习是舒心、愉快的。当学生的文化创意受到表扬，学生又会感到劳动还是智慧的结晶。因劳动而美丽的风景，校园天天都有。有的同学，值日时默默地打扫，用勤劳的双手带给大家一片洁净；有的同学，会捡起路上的垃圾轻轻放入垃圾桶；有的同学，将教室的花草照顾得绿意葱茏，黑板擦得干净锃亮……如此种种，都闪耀着劳动美的光辉。劳动教育内容的审美内涵优化，在很多的劳动教育中都可以实现，需要教师深入研究、创新开发，让学生感悟到自己的劳动成果将自然和人类社会装扮得更加美好，油然产生劳动的意识和需求。

三、劳动教育内容具有趣味性和适切性

中小学生身心发展未完全成熟，对周围世界有了自己的一些看法，但往往比较片面；对社会生活中的许多事情都感兴趣，但又缺乏持久性，等等。所以，选择劳动教育内容时应考虑中小学生的身心特点，适应学生发展需要。劳动教育内容不能搞一刀切，不能停留在简单的体力劳动上，要克服以往劳动教育的形式主义倾向，尊重学生的个性化需求。劳动教育内容虽然丰富，但应本着从实际出发、因地制宜、因校制宜的原则，同时还要考虑到学生的年龄特征和个别差异。

比如现在即使在农村，人们也已经从繁重的、长期的体力劳动中解放出来了，但有些学校还是提倡让学生回到农村参加超负荷的体力劳动。如果超过学生的体力和脑力极限，让学生想到劳动就害怕、厌恶，更谈不上热爱劳动了。还有的学校让学生去砖瓦厂进行劳动体验。一个未成年的学生做出砖、装砖、拉砖这些活儿，开始时可能会兴致高涨，但坚持不了多久，体力、兴趣都不行了，不经常干活的成年人也吃不消。如果学生遭受的是劳动带来的打击，这就是劳

动教育内容安排不当造成的。所以，中小学生的劳动教育内容，要根据实际，让学生参与符合其年龄特征的劳动，逐步提高学生劳动的能力，提高学生热爱劳动、渴望劳动的精神追求，从思想上把劳动看成是乐事而不是苦事。

任何一种劳动教育内容都具有相应的价值，但这并不表明可以随意用于开展劳动教育。由于学校劳动教育的时间和空间有限，劳动教育内容必定有所选择，将内容聚焦于劳动教育核心价值追求是选择的基本依据。

四、劳动教育内容应是多元的、有选择的

遵循教育和人才成长规律，尊重学生的个性发展，新时代劳动教育的内容应该是多元的和有选择的。

（一）生活类劳动教育内容要区分必须和选择

生活类劳动教育内容通过劳动课程设置和家庭劳动安排，引导和帮助学生树立正确的劳动价值观，让学生明白日常生活需要独立，养成勤劳自律、自力更生的独立人格和生活能力。像垃圾分类、日常穿戴的整洁、房间的整理、简单饭菜的制作等基本的生活技能劳动是学校和家庭对学生必须开展的劳动教育内容。在生活中还有家用电器的维修、美味烹制、缝纫制作等，每个学生的爱好又存在差异，这类劳动教育内容在课程设置中应体现更多的选择性。

（二）职业性劳动教育内容以选修课的形式设置

职业性劳动教育内容极其丰富，不同的学校应结合学校的办学特色和教育资源，以选修课的形式设置。比如脑力劳动的理论工作者、作家、教师、律师、编辑人员等，他们的工作性质决定了其必须经常性地使用脑力去分析、思考和记忆。脑力劳动者的工作特征是：思维劳动大于体力劳动。体力劳动是指从事以消耗体力为主的劳动，分布在农业、林业、牧业、副业、渔业、工业、建筑、交通运输等为主的行业，还有商业、服务业等。所以，学校劳动教育内容应根据各学段学生的年龄特点在选修课中设置家政、烹饪、手工、园艺、耕种、饲养、木工、电工、机工、康养服务等劳动内容。还可以深入社会的各类劳动基地，比如工业、农业实际场地，参加力所能及的劳动。劳动教育内容的设计要体现劳动理论与劳动实践的结合，培养学生养成自觉参加劳动、学会诚实劳动、开展创造性劳动的良好行为习惯，使其以劳树德、以劳增智、以劳强体、以劳育美。通过与劳动者一起劳动，在全社会营造劳动光荣、劳动最美，关心

和支持劳动教育的良好氛围，推进全社会形成劳动教育合力。学生通过在选修课自主选择喜欢的劳动教育内容，从中感受各行各业劳动的性质和价值，为今后选择大学的专业和职业储备经验。

学校的劳动教育内容要着重体现对学生劳动素养的培养，除了劳动教育的教育内容，教师自身的教育状态、劳动观念也会渗透学生的认知当中，学校里的清洁、美化和饮食、管理等各种劳动的分工，也会影响学生的劳动认识。所以，应对劳动教育内容加以利用，使学生成为校园的清洁员、富有爱心的园丁、教室的设计师，让学生通过劳动建设美丽、和谐的校园，这样学校的劳动教育影响则更加广泛。

（三）创造性劳动教育内容融入艺术和科学类课程

创造性是劳动教育内容不容忽视的内涵，人类社会的发展就是一部劳动创造史，所以，劳动教育内容要突出强调劳动对学生创造力的培养。比如在艺术类课程中融入劳动教育，学生做版画，涉及木工劳作，将一块木料创造成一件艺术品，既需要脑力劳动，也需要体力劳动，最后的劳动成果是一件创意作品。再比如，学生做科学研究，需要反复操作，不断改进，其间的脑力创造和体力劳动付出都是非常艰巨的。所以，劳动教育内容要重视新知识、新技术、新工艺和新方法的运用，将智力运用到创意的开发上，加强创造性脑力劳动。

（四）公益服务性劳动教育是学生体验社会的重要途径

公益服务性劳动教育既包括具有社会公益性质的志愿性活动，又包括团队活动的服务性劳动，让学生通过劳动收获助人为乐的满足感。社会是公益服务性劳动教育的主战场，带领学生深入城乡社区、福利院和公共场所等参加志愿服务，开展公益活动、社区活动等也是劳动教育的重要内容。

五、劳动教育内容体现落实核心素养

劳动教育在学生综合素质培养上具有综合性功效。一项具体的劳动教育内容往往具备德、智、体、美各方面的育人功能。

（一）劳动教育内容能促进学生自主发展

劳动教育内容要促进人的道德发展，一方面通过与自然或世界打交道，促进学生更好地认识自我；另一方面通过合作劳动，培养人的合作精神等道德品质。正因为任何形式的劳动教育内容包含综合育人功能，所以需要凸显劳动教育内容的价值。

（二）劳动教育内容能激发学生的学习兴趣

让学生将所学的知识经验运用到实际生活中，在运用的过程中体会到科学知识的真实作用和价值，进而激发对知识的探索兴趣，让学生觉得学有所用。学习可以体现自身的价值，是激发学生学习兴趣的根本动力。

（三）劳动教育内容能帮助学生融入社会

围绕德、智、体、美等诸方面发展的培养目标，构建指向核心素养的劳动教育内容体系，特别突出学生劳动的社会价值，学生通过劳动获得社会的认可，所以，劳动教育的内容要紧密结合社会需求。

案例

校园义卖援建爱心图书室

【课程简介】

河北省保定市第十七中学一直倡导全校师生热爱阅读，打造书香校园，希望通过全校师生的影响和努力，让贫困地区的孩子也能有书读。2011 年由校团委组织发起“书籍搭建爱心桥梁　阅读打造书香社会”义卖活动，学生通过开展收集、统计、策划、营销、收款、购买、冠名、援建等系列劳动，争做善美十七中人，为爱心图书室的援建贡献自己的力量。截至目前，我校已经为保定周围县区援建了 18 间图书室，购买价值 18 万余元的图书。

【内容实施】

一、讲解说明

本环节围绕校园义卖援建图书室活动，有重点地讲解公益志愿服务活动的意义，让学生懂得公益劳动的意义和价值，激发学生公益劳动的兴趣和热情。

场所资源：教室

课程资源：志愿服务学习资料、课件

人力资源：教师、学生、家长（志愿服务者）

（一）中国青年志愿者日

自 1963 年 3 月 5 日毛泽东等老一辈党和国家领导人号召“向雷锋同志学习”以来，每年的 3 月 5 日成为社会各界特别是广大青年的学雷锋活动日。2000 年，共青团中央、中国青年志愿者协会共同决定把每年的 3 月 5 日作为“中国青年志愿者服务日”，组织青年集中开展内容丰富、形式多样的志愿服务活动。

（二）寻找身边的志愿者

说一说你听过或见过的志愿者。你如何看待志愿者?

借助校外资源，邀请志愿者讲述志愿服务事迹。

亲赴武汉战疫一线的抗疫志愿者讲述志愿服务精神。

（三）我校的公益服务项目

介绍保定市第十七中学“书籍搭建爱心桥梁　阅读打造书香社会”义卖活动。

保定市第十七中学一直倡导全校师生热爱阅读，打造书香校园，更希望通过全校师生的影响和努力，帮助贫困地区的孩子也能有书读。2011 年由校团委组织发起“书籍搭建爱心桥梁　阅读打造书香社会”义卖活动，号召全校师生积极争做善美十七中人，为爱心图书室的援建贡献自己的力量。

你想加入我校志愿者活动吗?

当山区的孩子捧起书来阅读时，也许是你的一个小小善举为他们打开一个精彩的精神世界。小小的奇迹也许正在由你创造!

此时，看到同学们高高举起的小手，感动于你们的热情!

（四）活动流程介绍

1. 义卖物品收集并登记(中队长)——全体队员自愿捐献义卖品: 小工艺品、玩具、文具、手工作品、书籍等，也可以是书画作品、摄影作品等，还可以是 cosplay、才艺义演等。

2. 制订班级营销策略。

3. 招募义卖员——义卖当天负责在本中队摊位推销出售义卖物品。

4. 招募善款清点员——于当日将所得善款清点清楚，交至义卖场地善款捐赠登记处。

二、实操准备

本环节围绕义卖活动，分组示范与练习，让学生掌握一定的职业劳动技能和技巧。

场所资源：教室

课程资源：统计表、课件

人力资源：教师、学生、家长（售货员）、图书馆工作人员

（一）统计与整理义卖物品

列表统计

姓名	捐赠物品	估价	售价

（二）制订营销策略

1. 价格策略：考虑义卖受众者为学生和教师，价格不要定得过高。

2. 产品策略：既可以是学习用品，也可以是生活用品；既可以是实体义卖品，也可以是才艺义卖；既可以是书籍、礼品等商品，也可以是自己的书法、绘画、摄影作品……产品创意无限。

3. 宣传策略：校园广播、网络宣传、张贴义卖海报等。

4. 促销策略：根据义卖时长适当打折、买一赠一、发放优惠券等。

（三）了解义卖员的工作职能

1. 义卖员熟悉本班义卖物品，了解其优点和缺点。

2. 提高服务意识。

3. 不怕拒绝和失败，要有锲而不舍的精神，不断总结经验和教训。

4. 提高沟通能力，从顾客话语中找需求点。

5. 诚信为本。

（四）了解图书管理员的工作职能

1. 选购图书。

2. 对书刊进行分类，编制书目索引。

三、劳动实操

本环节围绕劳动能力的培养，让学生完成真实的综合任务，经历完整的劳动过程；充分发挥学生的主动性、积极性、创造性，综合运用所学知识、技术，不断优化行动方案；强化身体力行，锤炼意志品质，敢于在困难与挑战中完成行动任务。

（一）义卖过程

场所资源：操场

课程资源：义卖活动

人力资源：教师、学生

1. 操场上每个班设固定摊位，摆放义卖物品。

2. 义卖员在摊位售卖物品。

3. 宣传员在摊位附近宣传。

4. 收款员负责将善款交至义卖场地善款捐赠登记处。

5. 义卖结束后各班负责清扫本班摊位附近的垃圾。

6. 年级自主管理委员会维持市场秩序，检查各班卫生情况。

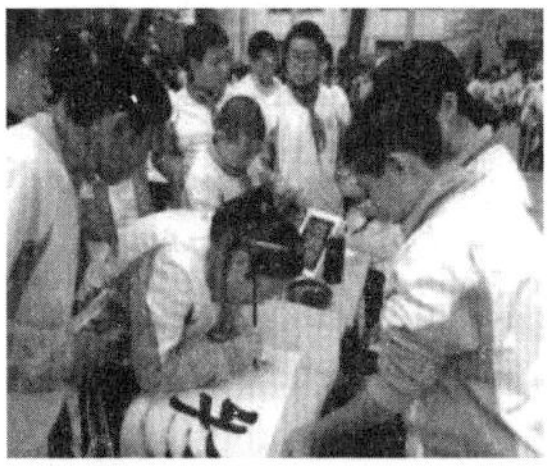

（二）援建图书馆

场所资源：教室、书店、网络、受助学校

课程资源：征集冠名，投标购书，爱心图书室图书上架

人力资源：教师、学生、图书馆工作人员

1. 征集冠名

各班利用集体的智慧为爱心图书室策划起名，说明名称的含义及对援助对象的希冀。所有冠名将在全校范围内参与投票评选，由援建组委会公开唱票，最终获胜的冠名即为爱心图书室的正式名称。在援建前期，胜出班级的全体成员将与图书室牌匾合影留念。

2. 投标购书

书目的确定及购书环节由校团委向全校所有班级招标，各班开始制作自己的投标方案。投标书包括书目、价格、购书途径等。援建组委会反复比较各班的投标书，选出最优的方案，这间图书室的购书环节就全部交给这个班级来完成。

通过精选书目、制订方案、完成投标书，最终竞标胜出的班级会完成图书购买、整理打包，为下一步的援建工作做好充分的准备。

随着网络购书越来越便捷，书目类型更齐全，目前为援建图书室购书改为网购。

3. 爱心图书室图书上架

学生志愿者同学校援建组委会将爱心图书送至贫困学校，打扫爱心图书室，将图书上架。

①按照《中国图书馆分类法》进行图书分类。

②按分类号排序上架。

四、展示交流

活动结束，围绕劳动技能、劳动意义组织学生交流分享劳动的体验和收获，“如何能更多地推销出商品？”“海报怎么设计能更吸引人？”“什么样的商品最好出售？”“图书选购的技巧和方法有哪些？”“图书如何分类更迅速？”“劳动快乐吗？”“在活动中你收获了什么？”“如何理解自己的劳动和社会的发展之间的关系？”等等，从做中学，从服务中学，在反思交流中分享智慧，促进学生形成反思交流的习惯。指导学生思考劳动过程和结果与社会进步、个体成长的联系，使学生在劳动中获得成长。

五、榜样引领

校级层面：各班义卖善款公示；冠名胜出班级的全体成员将与图书室牌匾合影留念；投标购书方案被采纳的班级承担图书室的购书环节；将校园义卖和爱心援建过程中学生的优秀表现记录并汇总，在微信公众号公开发布，鼓励学生的劳动行为，激发他们的劳动热情。

班级层面：评选义卖小达人，指导学生从榜样的具体事迹中领悟他们的高尚精神和优良品质，明确要求学生在日常劳动实践中努力向榜样看齐。

【课程效果评价】

一间间爱心图书室的援建，凝聚了全体十七中人的心血。整个劳动过程，不仅仅是劳动内容的学习，更是爱心的凝聚，是十七中学子在劳动和服务中体验心灵成长的节奏、拓展生命宽度、感悟生命价值的过程。

评价量规表

序号	项目名称	评价标准	得分
1	态度评价（50 分）	1. 按时上课（10 分） 2. 认真听课（10 分） 3. 积极回答问题（10 分） 4. 有安全意识，参加劳动任务（10 分） 5. 劳动中主动帮助同学（10 分）	
2	成果评价（50 分）	1. 掌握一定的职业技能（10 分） 2. 积极参与活动，安全认真高效地完成（30 分） 3. 劳动交流时，积极思考，主动发言，有独特见解（10 分）	

【反思与启示】

1. 安全第一，必须重视劳动过程中的安全问题。义卖活动要注意避免拥挤，同时加强安全管理，教育学生不能追逐打闹，避免发生意外。

2. 要注意融合校内外劳动资源，将校园内的义卖活动和校园外的援建活动紧密联系在一起，既可以锻炼学生的劳动技能，又可以在劳动中发扬志愿服务精神。

3. 初中阶段的劳动技能不再局限于清扫校园卫生等简单的生活技能的学习和体验，职业技能的渗透与体验对学生来说非常重要，这些相关劳动会使学生获得初步的职业体验，形成初步的生涯规划意识。

4. 采用社会实践活动体验并记录学生参与社会实践的成长历程，并以此作为志愿服务评价依据。2018 年，保定市第十七中学荣获“全国中学生志愿服务示范学校”创建单位。每个年度以班级为单位申报保定市第十七中学“志愿服务优秀集体”和“志愿服务优秀个人”，并予以表彰。

5. 从价值观和能力角度出发，义卖和购置图书涉及如何培养学生的理财能力，学生创造财富及应用财富的能力有所提升。

（保定市第十七中学　李梅　陈军浩等）

第四节　在学科教学中融入劳动教育内容

劳动无处不在，学生劳动习惯的养成远不是特设的劳动课程和劳动活动所能达成的，更应该重视将劳动教育融入学生的日常学习和生活中。将劳动教育内容合理地融入常态化的学科学习中，是对学生进行劳动教育的有效途径。同时，劳动教育本是德智体美劳全面培养的教育体系的有机构成，各门学科都须以此作为教学目标加以落实，所以，劳动教育需要超越单一学科的固有局限，转向资源丰富且有待开发的多学科阵地，并根据学科特点和教学需要去创设相关的劳动环境，合理地设计劳动教育内容。

一、依据学科特点合理设置劳动教育内容

中小学学科内容是按科学知识体系编定的，所以学科教学与劳动教育内容需要研究何时结合、怎样结合、结合多少等问题。既不能破坏学科内容的完整性和系统性，又使学生得到相应的劳动知识和技能实践。

在学科教学中，要合理设计课内外劳动教育内容。根据不同学科的特点，有所侧重地达成不同的劳动教育目标，采取灵活多样的形式，激发学生劳动的内在需求和动力。比如，道德与法治、语文、历史、艺术等学科重点引入劳动创造人本身、劳动创造历史、劳动创造世界、劳动不分贵贱等马克思主义劳动观，引入歌颂劳模、歌颂普通劳动者的选文选材，引入阐释勤劳、节俭、艰苦奋斗等中华民族优良传统的内容，加强对学生尊重劳动、辛勤劳动、诚实劳动、合法劳动等方面的教育。数学、物理、化学、生物、地理、信息技术、体育等学科注重培养学生对待劳动的科学态度、规范意识、效率观念、坚忍执着、精益求精的工匠精神、创新精神。学科作业设计注重增加劳动实践、动手操作、锤炼劳动技能等学科知识应用于生活的劳动教育内容，加强家政学习，开展社区服务，适当参加生产劳动，在学科学习任务完成过程中潜移默化地培养学生勤于劳动、热爱劳动的习惯。

二、挖掘学科教材的隐性劳动教育内容

现行的各类版本的学科教材中，都有可供劳动教育渗透的内容资源，有的是显性的，有的是隐性的，各个年级段都有涉及培养劳动意识、端正劳动态度、

养成劳动习惯、训练劳动技能的文本内容。虽然劳动教育可能不是该章节授课要重点表达的内容，但却提供了极好的劳动教育的契机。教师在备课时，要善于深挖这类文本资源，进行劳动教育渗透设计，以引起学生对劳动的兴趣，激起劳动的热情，培养自觉主动的劳动意识。

教材中显性的和隐性的劳动教育素材对劳动教育目标的指向侧重点不同，教师在教学设计中要善于把握，不求面面俱到，要因势利导。

三、整合相关的学科资源

（一）用思维导图筛选出适合中小学生的劳动教育内容

内容包括信息资讯、知识背景、硬件设施、环境条件，做出资源信息图表，罗列出劳动教育内容场地的所有相关问题，包括资源、环境、软硬件设施。

（二）将故事的趣味性和科学性带入劳动教育

比如，简单地给学生一把锹，并下令“去种树吧”，效果就不太好，而应讲明树木对空气中的有害物质的拦截、过滤、吸附、滞留作用（如每公顷森林每年可滤尘土 70 吨左右），空气中的负离子对促进人的新陈代谢、增强免疫力、改善各器官功能有良好作用（如在绿树成荫的公园，空气中的负离子可达每立方厘米 400—1000 个，森林中可达万个以上，比室内要高出十倍乃至百倍）。学生明白了这些道理，会更深切地体会到“前人栽树后人乘凉”的真正含义，从而重新评价自己种树的劳动价值。他们种下去的不仅是一棵树，而是一片希望、一颗真诚的心。如果紧接着能开展“我与小树一齐长”的小竞赛，学生们对自己亲手栽种的树木会更精心管理、倍加爱护。如果他们能享受到在绿树成荫的校园里学习、游戏的快乐，亲眼看到自己所种植的树木给集体带来了效益，他们会对自己辛勤劳动的价值进行再认识。“劳动最光荣”“做一个诚实劳动者的自豪感”“爱护公共财物”等思想品质，正是在人与自然、人与人的长期“交往”中形成、发展和不断升华的。

（三）将学科原理研发成劳动教育内容

在学科教学中，单纯地讲原理，学生往往不能深入理解，更不会应用。但如果将其编写为劳动教育内容，促使学生在劳动中感悟，学科教学会收到事半功倍的效果。比如一种农作物从种到收要经过耕地、播种、合理种植、施肥、浇水、除草、防治病虫害等多项管理。其中每一项管理工作都有关于数量、质量和时机等属于辩证法范畴的问题。如果教师能不失时机地讲清楚若干个“为什么”，学生劳动完之后就能受到生动的唯物辩证法的教育。劳动过程中也特别强调带有更多科学性劳动的教育性。比如技术性劳动需要付出艰苦的劳动，这种劳动的艰苦程度甚至不亚于手工劳动和体力劳动。技术性劳动同样是对学生进行“吃苦耐劳”“勇于和困难作斗争”等思想品德教育的重要途径。技术性劳动有着比手工劳动和体力劳动更为严密的工序和操作规程，违犯操作规程则有可能造成更多的资财浪费，甚至发生伤害事故。因此，更有益于对学生进行严格遵守纪律的教育，能养成有条不紊的工作习惯和严肃认真、一丝不苟的劳动态度等优秀品质。此外，在技术已广泛地渗透到军事、通信和日常生活之中的今天，先进的技术能改变人们的生活方式和思维方式，是形成人们世界观的一个重要因素。总之，技术性劳动有着巨大的思想品德教育潜力，对这一点，学科教学必须重视。

案例

劳动教育内容融入学科教学的方案

学生将来要成为一名社会劳动者，那么应该按照社会发展的需要塑造自己，并了解社会的需求变化和用人准则。培养新型劳动者成为现代教育的责任。新型劳动者是善于学习新知识、掌握新技术、创新能力强的劳动者。在科学技术飞速发展、知识信息快速增长的21世纪，各行各业的劳动者只有掌握了现代科学文化知识和新技术新工艺，才能为社会创造更多的财富。

工业4.0时代，劳动者的职责将从简单的执行层面转为更加复杂而重要的控制、操作和规划等多个层面，每个人都将参与解决问题的流程中。新时代劳动教育的核心内涵是创新，要高度重视劳动成就幸福人生的个体价值。

21世纪的学生应具备这样的技能：好奇心和想象力、批判性思维和问题解决能力、跨界合作和领导力、灵活性和适应性、主动进取和开创能力、沟通能力、评估和分析信息的能力。因此，学科劳动教育内容课程目标要定位在培养创新能力上，使学生成为新型劳动者。

一、融入原则

劳动教育内容与学科教学结合应遵循将劳动观念和劳动精神教育贯穿人才

培养全过程的原则，注重让学生在学习和掌握学科知识的过程中，领悟劳动的意义价值；善于观察思考，注重运用所学知识解决实际问题；准确把握新时代劳动工具、劳动技术、劳动形态的新变化，创新劳动教育内容、途径、方式，增强劳动教育的时代性；鼓励学生在学习和借鉴他人丰富经验、技艺的基础上，尝试新方法、探索新技术，打破僵化思维方式，推陈出新。

二、融入方式

（一）在学科专业中有机渗透

科学设计课内外劳动项目，采取灵活多样的形式，激发学生劳动的内在需求和动力。道德与法治、语文、历史、艺术等学科要有重点地纳入劳动创造人本身、劳动创造历史、劳动创造世界、劳动不分贵贱等马克思主义劳动观，纳入歌颂劳模、歌颂普通劳动者的选文选材，纳入阐释勤劳、节俭、艰苦奋斗等中华民族优良传统的内容，加强对学生辛勤劳动、诚实劳动、合法劳动等方面的教育。数学、科学、地理、信息技术、体育与健康等学科要注重培养学生对待劳动的科学态度、规范意识、效率观念和创新精神。

教学过程以激活学生思维为核心，指导学生学习、合作交流，通过导入展示平台、导入多元评价，突出学生在参与课堂中的表现性评价，在体验学习的同时，渗透劳动教育。

（二）在社团活动中体验感悟

河北省保定市第十七中学历来注重继承、弘扬祖国传统文化精髓，注重民族情怀、国家情怀的浸润和培养。为此，该校立足于教师特长，依托加德纳的多元智能理论，开设了灯谜、桥牌、课本剧、影视赏析等86门活动课程，充分激发学生的学习热情，提高学生动脑、动手、动耳、动嘴等能力，培养学生的必备技能，为学生的终身发展打下坚实的基础。同时，凸显审美情趣、勇于探究、技术运用、社会责任等学生核心素养。

体验中华传统文化中的手工刺绣、编织中国结、剪纸、刻印章、制作陶艺、包粽子、包饺子、设计月饼图案等。

校园“大实验室”是按照教育生态学的原理，建立培养学生的全面科技素养的多元环境场所。为此，该校以科技社团、科技节、科技之旅、课题研究、创新大赛等课程建设为载体，以科技为支柱，开辟学生全面创新素养发展的培养途径。

“名家大师进校园”活动是该校系列校本课程之一，更是该校每年都会为学生举办的“文化盛宴”。印象初、欧阳自远、陈贺能、曹文轩等20余位科学家、作家先后走进校园，带来了一场场精彩的报告。此项活动的目的在于开阔学生的视野，激发学生的创新力，使学生切身感受科学家、作家严谨的治学态度和丰富的人生经历，进而反观自我成长，树立自己的崇高理想。

（三）在作业探究中提升实践

作业设计中注重增加劳动知识、技能，加强家政学习，开展社区服务，适当参加生产劳动，使学生初步养成认真负责、吃苦耐劳的品质和职业意识。

节假日作业设计要凸显学科魅力，全面培养学生自主学习能力；德智体美劳并举，全力推进体验式学习；设计项目学习，团队合作凸显深度探究；设计特色作业，引导学生面向未来；设计多元评价，逐步推进学生学习品质形成。

三、各学科融入的劳动教育内容

学科教学主要围绕劳动精神、劳模精神、工匠精神、劳动组织、劳动安全和劳动法规等方面设计，把劳动观念和劳动精神教育贯穿人才培养全过程，贯穿家庭、学校、社会各方面，注重让学生在学习和掌握基本劳动知识技能的过程中，领悟劳动的意义、价值，形成勤俭、奋斗、创新、奉献的劳动精神，为中华民族的伟大复兴培养合格的社会主义建设者和接班人。

（一）数学学科

年级	课题		具体内容
七年级上	第一章	丰富的图形世界	生活中“几何体”的观察、研究、操作，积累处理图形的经验，发展空间观念
	第四章	基本平面图形	认识基本平面图形，感受数学与现实生活的紧密联系
	第五章	一元一次方程	感受方程是刻画生活中等量关系的有效模型
	第	数据的收集与整理	经历调查的全过程
	综合实践	探寻神奇的幻方，关注人口老龄化，尽可能大的无盖长方体盒子的制作	感受人文内涵，培养探索的精神

续表

年级	课题		具体内容
七年级下	第二章	相交线与平行线	探索两条直线平行的条件，利用工具创作简单的图案
	第三章	三角形	三角形的基本性质，探索三角形全等的条件，解决实际问题
	第四章	变量之间的关系	研究变化的量，更好地了解自己、认识世界和预测未来
	第五章	生活中的轴对称	探索轴对称的奥妙，解决问题。感受自然界的美与和谐，创造对称的作品
	第六章	概率初步	感受生活中的随机现象及其概率，更好地做出决策
	综合实践	设计自己的运算程序、七巧板	培养应用意识和创新的精神
八年级上	第一章	勾股定理	感受勾股定理的悠久历史和多样的证法，解决问题
	第三章	位置与坐标	确定位置的一些基本方法
	第四章	一次函数	发现生活中的一次函数，解决实际问题
	第五章	二元一次方程组	利用二元一次方程组解决实际问题，感受解方程的“消元”思想
	第六章	数据的分析	能根据实际需要，选择恰当的方法分析数据、解决问题
	综合实践	计算器运用与功能探索，哪一款手机资费套餐更合适，哪个城市夏天更热	探究的欲望和方法，解决问题的意识和能力

续表

年级	课题		具体内容
八年级下	第二章	一元一次不等式与一元一次不等式组	生活中不等关系的发现和探索，体会模型思想，感受知识间的关系，解决实际问题
	第三章	图形的平移与旋转	探索平移和旋转的性质，认识并欣赏平移、中心对称在自然界和实际生活中的应用
	第五章	分式与分式方程	分式的概念、性质和运算，分式方程的解法，运用分式方程解决一些简单实际问题
	第六章	平行四边形	经历操作、实验等几何发现之旅，感受几何证明之美
	综合实践	生活中的“一次模型”、平面图形的镶嵌	应用意识和创新能力
九年级上	第一章	特殊的平行四边形	对菱形、矩形、正方形的深入认识，丰富认识图形的经验
	第二章	二元一次方程	积累从现实问题中抽象出数量关系并加以表示的经验，会用二元一次方程解决实际问题
	第三章	概率的进一步认识	探索用列表、画树状图的方法计算随机事件的概率，用试验的方法估计一些随机事件发生的概率
	第四章	图形的相似	了解相似的性质，探究相似的条件，利用图形的相似解决一些简单的实际问题
	第五章	投影与视图	探究影子的特点，会画一个物体的视图，在设计、制造、建筑等领域，视图有着广泛应用
	第六章	反比例函数	积累从现实问题中抽象出变量之间的依赖关系并加以表示的经验，体会用函数解决实际问题的方法和思想

续表

年级	课题		具体内容
九年级上	综合实践	制作视力表，猜想证明与拓广，池塘有多少条鱼	应用意识和创新能力
九年级下	第一章	直角三角形的边角关系	利用锐角三角函数解决实际生活中的问题
	第二章	二次函数	能用二次函数的相关知识解决现实生活中的问题，发展应用意识
	第三章	圆	探究圆的性质，并利用这些知识解决一些实际问题
	综合实践	视力的变化，哪种方式更合算，设计遮阳棚	应用意识和创新能力

（二）历史学科

年级	课题		具体内容
七年级上	第一课	中国境内早期人类的代表——北京人	制造打制石器，使用火，磨制钻孔技术等
	第二课	原始农耕生活	磨制石器，制作陶器，水稻与粟的种植等
	第三课	远古的传说	纺织业，骨笛，陶壶等
	第五课	青铜器与甲骨文	商周时期青铜器
	第六课	动荡的春秋时期	铁制农具的出现
	第十五课	两汉的科技和文化	造纸术的发明
	第十八课	东晋南朝时期江南地区的开发	江南地区的开发农业生产技术和手工业发展
	第二十课	魏晋南北朝的科技与文化	贾思勰《齐民要术》，祖冲之，机械制造等
七年级下	第一课	隋朝的统一与灭亡	隋朝大运河

（三）地理学科

年级	课题		具体内容
七年级上	第一章	让我们走进地理	地理与生产建设，地理与风土人情，确定地平面的方向
	第二章	地球的面貌	制作地球仪，在北半球测量当地纬度，大洲大洋拼图制作，制作山地等高线模型
	第四章	世界的气候	气温的测定：探究太阳直射和斜射下的温度差异，探究海陆温度变化的差异，人类活动与气候
七年级下	第七章	了解地区	东南亚水稻生产，西南季风对南亚农业生产的影响，西亚旱环境下的农牧业，欧洲西部乳畜业
	第八章	走进国家	法国农业机械化，美国高度发达的经济，巴西亚马孙热带雨林，澳大利亚后起的发达国家
八年级上	第一章	中国的疆域与人口	独特的民族风情，中国位置的优越性
	第二章	中国的自然环境	地形地势的影响，不同气候条件下的农业生产，长江的开发和黄河的治理
	第三章	中国的自然资源	土地资源，水资源
	第四章	中国的主要产业	超级杂交水稻，主要农作物的分布，畜牧业分布，蓬勃发展的高新技术产业，交通运输业的发展
八年级下	第五章	中国的地域差异	西北山地牧场，青藏铁路
	第六章	认识区域：位置与分布	东北地区的产业分布
	第七章	认识区域：联系与差异	珠江三角洲的外向型经济，长江三角洲区域的内外联系
	第八章	认识区域：环境与发展	新疆坎儿井，黄土高原的区域发展和居民生活

（四）生物学科

年级	课题		具体内容
八年级上	第一章	种子萌发的过程	泡豆芽，观察种子的结构
		种子萌发的条件	种子发芽率的测定
		芽的发育	给家里的花卉整枝打杈
	第二章	根对水分的吸收	腌咸菜，观察植物的吸水与失水
		无机盐与植物的生长	运用所学知识，给家里的花卉施肥
	第三章	发酵食品的制作	做发酵食品，如馒头、酸奶、泡菜
		食品保存技术	食品保鲜
		食用真菌	观察蘑菇的形态结构和制作孢子印
八年级下	第一章	有性生殖	人工辅助授粉
		无性生殖	扦插、嫁接、压条
		昆虫的生殖和发育	饲养家蚕
		两栖动物、鸟类的生殖和发育	青蛙的生殖与发育 观察鸡卵的结构
		保护生态环境	保护生态环境

（保定市第十七中学　李梅　陈军浩等）

第五节　新时代劳动教育内容的类别

劳动教育内容分为技术能力类、公益服务类、家务生活类、生产实践类、科学实践类、校园劳动类。其中，技术能力包括手工技术、数字技术、设计制作、非遗传承等；公益服务类包括志愿服务、公益劳动、义工等；家庭生活类包括家务劳动、自我管理、照顾老幼等；生产实践类包括农业劳动、工业劳动、海上劳作、传统手工等；科学实践类包括勘察、实验操作、数据统计等。不同类别的劳动教育内容，育人目标、育人价值、劳动方式有所不同，实施时需要采用不同的方式开展。但不论哪种劳动教育的内容都含有劳动知识、劳动意识、劳动技能、劳动情感、劳动习惯、劳动精神等多元的教育因素。

一、生产类劳动

生产类劳动是指人们利用生产工具改变劳动对象并创造产品的活动，是人类生存和发展的基础，是社会再生产过程的一个决定性环节，是物质资料生产与生产关系生产的统一。

生产类劳动不是简单地强调体力劳动，而是要让学生在劳动中学会生存、学会合作、学会创造、学会适应社会发展。生产类劳动的内容可以是深入工业、农业等实际场地，参加力所能及的劳动。通过与劳动者一起劳动，聚焦德智体美劳全面发展，在全社会营造劳动光荣、劳动最美，关心和支持劳动教育的良好氛围，推进全社会形成劳动教育合力。

（一）工业生产劳动

新时代虽然信息化高度发达，但依旧不能彻底摆脱传统生产工艺和手工劳动。让学生掌握工业和手工艺生产的一些基础知识和基本技能，既可贯彻教育与生产劳动相结合的方针，又能使学生在将来的工作劳动和专业学习中具有较广泛的适应能力。学校可充分利用相关企业单位的条件，让学生了解生产工艺流程和生产原理，并根据实际情况，组织学生到工厂或实习基地从事辅助劳动和实际操作。

1. 传统制造业

可开设诸如木工（锯、刨、凿等基本技术）、金工（车、钳工等）、电工（简单照明线路安装）、制图、无线电技术和电器维修等专业，使学生初步熟悉各种工具和材料的性能，获得初步的生产知识和劳动技能，初步学会使用一定的劳动工具，养成手脑并用的好习惯。

2. 传统手工业

组织学生有计划、分阶段地参加各种工艺劳动、工艺制作，以及非遗制作，可就地取材制作各种教具、模型、文具、玩具、编结、刺绣、雕刻等产品。

3. 现代工业产业

过去，一把锤子、一个钻子，做一件成品；现在，一台仪器、一组数据即可做出产品。区别在于由手工到机械或半机械的变化。而人也随之而变，从传统到现代，升级的不仅仅是机械更是技术，但工人的工匠精神一直都在，代代传承。

操练数控机床操作、编程、机床加工工艺（盖管薄壁零件的加工工艺）、磨床的精准、数控车削的高度细化。

4. 特殊军工产业

随着我国在国防科技方面的深化改革，某些军工研发的设计方法、制造工艺、试验测试、仿真验证等也可纳入学生劳动教育的内容。

5. 海上劳作

海上劳作是指海上打捞、船务、航海、海洋建设等。

（二）农业生产劳动

农业生产劳动的内容很多，广大农村中学可根据当地实际情况对学生进行农业生产劳动教育。农业劳动是农业生产过程中劳动力的使用和消费，它是人们直接、间接从事农、林、牧、副、渔业生产，创造使用价值的具体劳动。农业劳动过程是人类按照一定的经济目的，以自身的活动来引起、调节和控制生物有机体（植物、动物、微生物）生长、发育、繁殖的过程。同时，农业劳动过程也是人类对农业的社会再生产进行组织、控制和调节的过程。在农业劳动过程中，既有直接从事农副产品生产的劳动，又有紧密围绕生产需要，改善农业生产条件和进行农业社会化服务的劳动；既有直接从事各项生产活动的体力劳动，又有与直接生产活动有密切关系的科技、管理方面的脑力劳动。农业生产成果，正是各种不同劳动的综合成果。

1. 生态农业

生态农业是按照生态学原理和经济学原理，运用现代科学技术成果、现代管理手段，以及传统农业的有效经验建立起来的，能获得较高的经济效益、生态效益和社会效益的现代化农业。

2. 立体农业

立体农业指根据各种动物、植物、微生物的特性及其对外界生长环境要求各异的特点，在同一单位面积的土地或水域等空间，最大限度地实行种植、栽培、养殖等多层次、多级利用的一种综合农业生产方式。

如水田、旱地、水体、基塘、菜园、花园、庭院的立体种养等；林地的株间、行间混交，带状、块状混交等；水体的混养、层养、套养、兼养等。

以中国珠江三角洲的桑基、果基、蔗基鱼塘等为典型，具有多层次、多级利用的特点。

3. 有机农业

有机农业是遵照一定的有机农业生产标准，在生产中不采用基因工程获得的生物及其产物，不使用化学合成的农药、化肥、生长调节剂、饲料添加剂等物质，遵循自然规律和生态学原理，协调种植业和养殖业的平衡，采用一系列可持续发展的农业技术以维持持续稳定的农业生产体系的一种农业生产方式。有机农业的特点可归纳为四个方面：建立循环再生的农业生产体系，保持土壤的长期生产力；把系统内的土壤（富含微生物）、植物、动物和人类看成是相互关联的有机整体，应得到人们的同等关心和尊重；采用土地与生态环境可以承受的方法进行耕作，按照自然规律从事农业生产，完全不使用人工合成的肥料、农药、生长调节剂等，充分体现农业生产的天然性；有机农业生产体系产品是完全按照规定的程序和标准加工成的有机食品。

二、家务生活劳动

家庭劳动教育内容让学生在家庭环境中学会日常生活自理，做好个人清洁卫生，主动分担家务，加强家政学习，主要涉及衣、食、住、行、管五方面。“衣”主要指清洗个人及家庭成员衣物，熨烫收纳衣物，为个人及家庭成员规划出席不同场合搭配服装等；“食”主要指中式烹饪中的冷菜和热菜，能够为自己和他人做几道营养、搭配合理的菜；“住”主要指家用物品的使用与日常维护，家庭生活环境布置与美化，以及家庭劳动过程中的安全保护等，如常用家具、电器的使用与维护，水、电、煤气、灯具、网络的检测与维护，急救与安全保护等；“行”主要指家庭交通工具维护，家庭出行规划制订，家庭出行安全保护等，如自行车、汽车的维护，每日工作学习出行规划，短期出游规划，以及出行的安全保护等；“管”主要指个人卫生清洁与管理、照顾家庭成员、家庭理财等。

家长在家务劳动中，应带领孩子一起合理分工完成。如卫生值日、植树、种花、整修院落、洗晒衣被、扫地抹桌、煮饭烧菜、整理床铺、烹饪调制、室内装饰、家电使用等。通过这方面的教育，培养学生日常生活所必需的劳动技能和独立生活的能力，养成整洁勤劳的好习惯。

（一）家长给孩子选择权

不要强硬地直接和孩子说“今天你帮妈妈扫地、擦桌子、洗碗”，而应该尊重孩子，给他更多选择的权力，轻声问他：“今天我们全家一起打扫房间，你想扫地、收拾书架还是叠衣服？”不给孩子拒绝的选项，他就会自然而然地参与到家务劳动中来。如果担心孩子做家务无聊，可以在家里放上欢乐的音乐，全家人边跟唱边劳动，过程自然而然就快乐了。如果是遇到大扫除那样的大型清扫，建议在大扫除前开一场简短的家庭会议，制订家务分工清单，让孩子优先选择 1—2 项，做完一项就打钩，无形之中也能调动孩子的积极性。

（二）家长布置任务要具体

家长在平日里给孩子下达家务指令时，不应该含糊笼统地说“把这里收拾干净”，孩子会不知如何下手，最终有可能以闹剧收场。家长应将家务指令具体化：先将书柜的书本全部拿出来，按类别分类好，再拿抹布将书柜擦一遍，等书柜自然干以后，将书本按顺序放进去。尤其是对于第一次接触家务的孩子来说，详细的家务指令，能让他们更有条理、更有逻辑地行动，也能充分理解家长的要求。

（三）家长要放手让孩子敢于尝试

每天重复做某件事，孩子会感到乏味，积极性也会降低，因此需要不定时地给他全新的、富有挑战的家务来做，这样不仅能激起他的动力，而且能锻炼他的技能。尤其是一些生活类的技能，例如换灯泡、安装小型家电，甚至是包饺子、烤面包等，都可以邀请孩子共同参与。这类新颖的家务活，不仅丰富孩子的生活技能，还能将这些与众不同的家务体验写进作文和日记中，成为孩子美好的童年回忆。

（四）家务劳动要有清单、有计划、有分工

家长学会放手要做的第一件事，就是不要为孩子事事包办，让他参与进家庭的劳作中来。独立、温暖、责任心、耐心、效率、热爱生活，这些能够使人受益终身的巨大财富，其实都藏在做家务这件小事里。如果真正爱孩子，就要放手让孩子做家务。比如，简单的垃圾分类，自己的衣裤自己折，用扫把扫地、拖把拖地，饭前盛饭、摆碗筷；坚持饭后收拾碗筷、擦桌子，并学习洗刷碗筷；用洗衣机洗衣服，洗自己的鞋子，帮家人擦皮鞋；坚持每次用完卫生间后及时打扫；坚持每天自己背书包上下学，自己清洗简单的小物品，叠被子，及时整理换季衣服；坚持每天自己整理床铺，会自己换床单和被套；整理自己的书包，整理自己的书柜、书架，整理自己的衣橱衣物；坚持每周至少洗一次碗，清理冰箱，洗完碗后及时擦干灶台和厨房地面；坚持每天自己洗漱，坚持每周至少清洗自己的衣物一次；用电饭煲煮出软硬适中的米饭，学会烧一个蔬菜，周末为家人准备一次早餐，每周能为家人准备三菜一汤的午餐一次；能够独立当家一天，照顾小弟弟、小妹妹；坚持每天帮助养护家里的花草；学习家庭办公设备的使用，当代数码技术已经进入家庭，居家线上学习和办公已经成为常态，在劳动教育中增加这方面的内容，无疑对学生接受职业化的专门教育和踏上工作岗位的职业再培训，都有很好的作用，其中包括电脑学习软件的使用、复印机的使用等。

三、学校劳动教育内容

学校劳动教育内容应根据各学段特点，在劳动课程中系统化，适时适当适度融入专业劳动知识与技能、劳动纪律、劳动法、职业道德等内容，着重引导学生形成马克思主义劳动观，系统学习并掌握必要的劳动技能，设置一些家政、烹饪、手工、园艺、耕种、饲养、木工、电工、机工、康养服务等劳动内容，并注重将劳动理论与劳动实践相结合，分学段组织学生参与打扫教室、楼道、操场等校园劳动，培养学生形成自觉参加劳动、学会诚实劳动、开展创造性劳动的良好行为习惯，使其以劳树德、以劳增智、以劳强体、以劳育美。

学校的劳动教育内容意在着重体现对学生劳动素养的培养，除了显见的劳动教育内容，教师自身的教育状态、劳动观念也会渗透到学生的认知当中，而学校里的清洁、美化和饮食、管理等各种劳动的分工，也会影响学生的劳动认知，

应加以利用，使学生成为校园的清洁员，成为富有爱心的园丁，成为教室的设计师等，让学生通过劳动的智慧建设美丽、和谐的校园，那么学校的劳动教育内容影响则更加广泛而深刻。

案例

依托校园的种植劳动

在校内开辟出一块土地，用以开展种植活动，开展七年级劳技课程教学，培养学生的种植技能，让学生通过参与种植，了解植物种植、培土、施肥等完整过程，提高学生在生活中悉心观察、发现问题、探究和解决问题的能力，形成良好的劳动观和爱劳动的品质。

一、制订详细、完整的种植活动计划及方案

要开展有效的种植活动，教师就要结合学生的学习需求，精心设计种植活动方案、计划及教学培养目标（包括种植活动目标），确定所要种的植物，并掌握相关知识。学生要依据自己的种植经验和爱好确定要种植的植物，做好种植记录，深入研究植物的特性，正确使用并修理劳动工具，逐步形成关爱自然、保护环境的思想意识和能力。教师要鼓励学生运用所学到的种植经验，将学习拓展到课外及其他劳动教育内容上，以丰富其种植体验，激发其探究积极性。

二、课内外结合开展种植劳作

（一）按照方案推进种植实践活动，积累经验

第一，为了丰富学生的种植体验，教师可要求学生参与种植前的各项准备工作，包括在校内确定种植地，学习种植流程，准备相关的劳动工具，清理、平整土地，制作栅栏，施肥等，让他们在种植的过程中增长知识。第二，教师应按计划有序开展种植活动，加深学生的种植、观察体验。第三，教师要组织学生利用所学知识对植物进行有效观察，坚持写观察日记，每天记录观察结果，提高学生的观察能力。教师要引导学生充分调动感官，认真观察植物的特征，增长学生的种植经验。第四，教师应引导学生总结种植经验，做好劳动成果的展示，并进行评比，通过表彰活动让学生感受到学习、劳动、收获、分享及成长的快乐，以此营造浓厚的种植氛围。

为加深学生对植物种植相关专业知识的了解，教师可与种植公司联系，请专业技术人员到现场指导学生科学种植，或邀请专家到校内就植物种植举行讲座，提供丰富的种植经验，拓宽师生的专业视野。种植活动需要学生合作完成。教师可将学生分成几个小组，以轮植的方式管理植物，做好松土、除草等维护工作，并鼓励学生就维护过程中发现的问题展开交流、探讨，通过查找资料，尝试自主解决问题。

（二）用种植实践活动拓展劳动教育活动

初中学生具有很强的探究意识，学校要充分调动学生的积极性，拓展多项劳动教育活动。在种植活动的基础上，根据实际情况及优势，丰富校园劳动教育活动。一是学校以班级为单位，组织全校卫生环境维护活动，成立卫生维护、检查、监督小组，全部由学生组成。在教师的指导下，学生自主制订了校园卫生维护制度、校园卫生清洁标准及奖罚规定，以推进小组有效行使管理监督职权。将全校划分为不同的卫生片区，各班负责维护所属片区的卫生。在教师指导下，小组牵头，每周举行一次全校卫生片区大检查，由学生检查、记录检查结果，并形成文字公布，以维护校园卫生。这种劳动教育活动强化了学生维护校园卫生人人有责的意识，提高了学生的劳动教育及管理能力。二是学校成立校园环境美化小组。小组仍由学生在教师指导下实行日常自主管理，校园内树木及花草的浇水、施肥、剪枝，秋季清理干枯枝叶，相关工作均可由学生自主管理。他们自觉参与劳动，在劳动的过程中了解树木及花草的生长特性、原理及种植、维护的相关知识，形成良好的劳动意识、劳动习惯和劳动技能。同时，学生在参与劳动教育的过程中，能认识到自己在校园环境维护方面负有的职责，强化责任意识与管理能力。

三、种植及劳动教育活动中需注意的问题

一是学校要在校园内部广为宣传，增进学生及家长对种植等劳动教育活动的了解，让学生认识到有益的劳动教育对提高其综合素养的积极影响和作用，促使家长认识到开展种植活动的价值，从而支持孩子参与种植活动。班主任也可安排学生写观察日记，提升学生的写作能力。

二是结合七年级学生学习及能力提升的需求，教师要有意识地针对种植活动，开发适当的校本教材，以充分推广植物种植及其他劳动教育活动的经验，发挥知识普及的作用，促进学生相关专业知识、技能及实践能力的提高，优化

校本课程。

校园种植及劳动实践活动可使学生接受以往比较欠缺的劳动技能教育，拓宽知识面，培养其爱劳动、学技能的情感，为学生提供宝贵的实践场所和机会。同时，在种植、环境维护与管理的过程中，学生能通过观察提高自身发现问题、解决问题的能力，形成探究意识和创新精神，提升综合素养。

（保定市第十七中学　李梅　陈军浩等）

四、创新人工智能时代的劳动教育内容

人工智能的发展将产生超级智能、融合智能，深刻改变物理世界、虚拟信息世界的生产力和生产关系，引发社会对智能机器与人的劳动关系的全新思考。在人工智能时代，劳动与生产的关系将越来越弱化，在不久的将来，当我们走进工厂，看到的不是匆忙、紧张而又疲惫不堪的劳动力大军，而是只有寥寥无几的“监工”在偌大的工厂中徘徊，那些大规模自动化的机器在有条不紊地运转。随着人工智能技术的发展，可以让我们共享的将是具有创造性和艺术性的手工劳动、智识劳动以及发自真心的情感劳动。在人工智能时代，这些不能被人工智能取代的创造性活动将会创造出更大的财富。劳动教育内容更多地体现探索性劳动、艺术性劳动、科学技能劳动，劳动教育中的师生关系也将发生深刻变化，进而推动劳动教育内容的创新发展。

（一）将计算机编程技能融入劳动教育内容

人工智能时代，计算机编程技能将成为永恒的、普遍必要的劳动能力。计算机编程既是一种科学技能，也是一种劳动技能，编程是未来最基本的劳动技能之一。

未来，编程将成为社会劳动基本能力，机器人将成为人类最基本的劳动工具。所以中小学劳动教育内容一定要有“我是小程序员”的体验劳动。其内容包括程序开发、程序维护等简单的程序员劳动。中小学生接触编程和机器人，有利于促进学生与计算机的沟通交流，启迪青少年的创新精神，从而建立一种全新的思维方式和对新型劳动内容的认识，想象未来的社会，一定会非常有趣。小到控制各式各样的科技设备来为自己服务，大到创造出新的科技来彰显自我，这些可能都需要学生熟悉并掌握编程和人工智能。将人工智能运用于劳动教育，将劳动场景虚拟化，使劳动实践与知识学习无缝衔接，改变过去的劳动实践模

式，给劳动教育内容以新的实践思路。

（二）人工智能引发劳动教育内容智能化提升

人工智能给劳动教育内容提出更多要求，需要中小学校及时适应人工智能时代的劳动教育内容，主动进行劳动教育内容创新。其一，学生作为未来劳动者的角色需要重新定位。人工智能时代，劳动者角色呈现多样化和专业性相融合的特点。其二，学校要适应劳动教育内容的变化。人工智能时代，劳动教育的教育内容、教育实践、教育者等发生的变化，必然要求学校的劳动教育内容适应新时代劳动教育的新方式。劳动教育内容要建立人工智能与教育的深度融合、虚拟环境与现实环境的相互交融，劳动蕴含着人的心智和思维方式，劳动教育内容要更多地着眼于提高人的思考力、创造力和创新力，这些能力正是人工智能时代劳动教育内容应该深入研究和开发的。

学校应尽快将劳动教育内容与人工智能时代的需求纳入中小学劳动教育体系之中，尽快研发未来化、数字化的中小学劳动教育内容，推动劳动教育设置符合新时代教育的新内容，让学生在劳动实践活动中感知未来，幸福成长。

案例

走进创客世界——移动电源的制作

涉及学科：劳动、科学、艺术、技术、数学等

实施方式：家、校、社协同开展

适合学段：七、八年级

内容简介：

学生分小组，在家庭和社区对移动电源和电池垃圾处理进行调查研究，课上制作和设计迷你充电宝；学生动手动脑结合，体会创客创新的意义；了解什么是创客以及创客精神的内涵；合作劳动，体验创意物化的过程。对完成的成果进行分享，反思成功和失败的经验，实现思想升华和视野拓展。学生交流认识，开阔视野；创意构思，动手实践；交流评价，修改完善；总结交流，发现新生成。学生在反复装、拆的过程中体会工匠精神和劳动精神。

具体如下：

序号	劳动教育内容	相应学科	劳动方式	劳动成果
1	剥离导线的塑料胶皮	劳技	电工操作	铜线拧成一股
2	制作电路板	物理	电学实验	自制的电路板
3	制作电池盒	物理	电学实验	自制的电池盒
4	组装充电宝	劳技	结构操作	自制的充电宝
5	电脑设计图案	信息	设计操作	自设图片
6	美化充电宝	美术	设计、劳动制作	成品充电宝

应该引领学生将变废为宝的物质循环利用的理念运用到实际劳动中，这样的劳动教育内容可谓一举多得。当一些废弃物经过同学们的智慧劳动和新技术的融入成为一件可再利用的物件时，学生对劳动的热爱、对劳动的尊重油然而生。

河北省保定市第十七中学的发酵工作坊，除了满足理科教学实验的需要外，也是学生科技小组开展学科实践的场所。教师们基于这间工作坊，设置了相应的劳动教育内容。

（保定市第十七中学　李梅　陈军浩等）

科技发展特别是人工智能的发展对人的劳动及劳动教育内容提出了新问题。一方面不断塑造新的劳动形态，另一方面又对劳动教育内容及人类本身提出了追问：人工智能时代，人类如何反思传统或数字时代的劳动？如何面对机器人替代人的部分劳动后，人的劳动的转型？这些都促使学科教师深入考虑、不断研究，将劳动教育的传统内容和新形态的劳动教育内容整合，围绕劳动教育的基本价值体系在学科教学中设置必要的劳动教育内容。在当今物质基础与精神文明建设双重快速发展的新时代背景下，为回应时代呼唤、顺应国情需要，对劳动教育内容进行优化与创新。劳动教育内容应加强劳动创造美的研发，同时要具有趣味性、适切性、多元性和选择性，要融入数字化劳动变革内容，加强学生体力劳动、脑力劳动与教育之间的结合，实现其全面发展。

从新时代基础教育改革发展的要求来看，我们要加强研究，将人工智能时代的劳动教育内容需求纳入中小学劳动教育体系，从而研发适应时代发展的中小学劳动教育内容，全面推动劳动教育融入新时代教育内容中，让学生在劳动中憧憬未来、幸福成长。

第六章 新时代劳动教育模式与策略

劳动教育模式、方法和策略是在教学实践的基础上建立起来的一套组织、设计和实施劳动教育的方案或方法论体系。当前劳动教育浅表化、零碎化，亟须对劳动教育的模式与策略进行深化研究，使劳动教育扎根教学实践，结出丰硕果实。

第一节　新时代劳动教育模式与策略概述

《意见》指出，“把劳动教育纳入人才培养全过程，贯通大中小学各学段，贯穿家庭、学校、社会各方面”，要“积极探索具有中国特色的劳动教育模式，创新体制机制”。教育部发布的《指导纲要》明确指出，各地和学校要注重围绕劳动教育的目标和内容要求，从提高劳动教育的效果出发，把握劳动教育任务的特点，抓住关键环节，选择适宜的劳动教育方式。

《意见》和《指导纲要》中明确提出了劳动教育所具有的特点。一是劳动教育具有社会性，必须加强学校教育与社会生活、生产实践的直接联系，发挥劳动在个人与社会之间的纽带作用，引导学生认识社会，增强社会责任感；同时注重让学生学会分工合作，体会社会主义社会平等、和谐的新型劳动关系。二是劳动教育具有显著的实践性，必须面向真实的生活世界和职业世界，引导学生以动手实践为主要方式，在认识世界的基础上，获得有积极意义的价值体验，学会建设世界，塑造自己，实现树德、增智、强体、育美的目的。

由此，启发我们在开展劳动教育时，教学方式必须具有自身的特点。我们提出了适合劳动教育的体验式、项目式、契约式、探究式等教育方式。实践证明，这些方式不仅有效地、准确地实现了劳动教育目标，更对教师实现新时代劳动教育起到了积极的引领作用。

第一，体验式教学。体验式教学是通过劳动体验用全部的心智去感受、关注、欣赏、评价某一事件、人物、事实、思想的教育方式。让学生在教育性劳动过程中，通过知识、技能和方法等方面的体验，从而获得态度、形体、情感、知识上的体验。例如学会组织的劳动教育研讨会上展示的六年级“种植课程”一课，以教育性目标引领，学生通过种植西红柿，懂得劳动的艰辛，珍惜劳动成果，养成勤俭节约的好习惯。他们亲历实践、出力流汗，更能体悟劳动最光荣、劳动最伟大的劳动精神。

第二，项目式教学。项目式教学是在教师的指导下，将一个相对独立的项目交由学生自己处理，包括信息的搜集、方案的设计、项目实施及最终评价。学生通过完成该项目，了解并把握整个过程及每一个环节中的基本要求。如我们组织的劳动教育研讨会上展示的“胶带分割器设计与制作”研究展示课，在教师的指导下，将一个相对独立的项目，交由学生自己处理，包括信息的搜集、方案的设计、项目实施及最终评价。由此，学生得以了解并把握整个劳动项目过程及每一个环节中的基本要求。现场专家与教师普遍表示，项目式教学中劳动教育活动目标统分得当，教育周期短，见效快，可控性好；项目式教学是师生共同完成项目、共同取得进步的教学方法。

第三，契约式教学。从诊断学情确定目标、制订计划到实施学习、完成学习契约、评估学习成果，最终完成劳动教育任务。例如山东潍坊实验中学组织的“校内洗手间保洁项目”劳动教育课，为了调动学生完成班级对年级的契约的积极性，从个人到小组再到班级通过智慧碰撞一起生成了“契约”并承诺共同执行劳动任务，完成教育目标。在契约形成的过程中，学生展示对洗手间劳动教育课程的认知，让学生自觉内化形成正确的劳动观念，认识到劳动创造价值，学会尊重劳动和普通劳动者，体会到劳动最光荣、劳动最崇高、劳动最伟大、劳动最美丽的道理，并领会“幸福是奋斗出来的”劳动精神。

第四，探究式教学。即从科学或现实生活中选择或确定研究专题，在这样的学习中，教师巧妙地引导学生不断地提出问题，尤其是提出科学假设，“如果要获得 ×× 结果，就应该通过何种方式、路径或条件”“如果具备了什么条件，必定会产生相应的结果”等。使学习过程变成学生不断地提出问题、大胆预设、选择或创新方法技术、解决问题的探索过程。例如“精美笔筒设计制作”一课，通过对笔筒的创新创意设计、模型获取、3D 打印，学生体验了从无到有的制作过程，感悟科技劳动背后的技术创新、运用多学科知识解决问题的方法，并学会应用 3D 打印技术来解决现实生活中遇到的问题，发展了良好的逻辑思维品质和劳动价值观念。

第二节　新时代劳动教育模式构建

进入新时代，社会生活发生了很大的变化，劳动教育的内容相应地也发生了很大的变化，原来意义上以农业生产劳动和工业生产劳动为主的劳动教育已不能囊括新时代劳动教育的全部内涵。另外，随着教育的发展，新的教育理念和教育形式也开始出现，如 STEAM 教育、PBL 教学法等。根据社会劳动样态的变化和教育自身的发展变化，我们将新时代劳动教育的模式种类分为参与体验模式、项目运作模式、师徒协约模式、契约式模式、主题贯通模式和探究性模式。

一、参与体验劳动教育模式

参与体验模式是在体验式学习理论的基础上发展起来的一种教育模式。体验式学习理论源自美国二十世纪二三十年代的“经验学习”。后来，著名教育家约翰·杜威针对学校过于注重间接经验和接受学习的弊端，系统阐述了体验式学习的本质，并提出了“做中学”的教育原则。这些理论经验对新时代劳动教育的实施富有启发意义。

（一）概念界定

参与体验劳动教育模式指的是在劳动教学过程中为了达到既定的教学目的，从教学需要出发，为学习者提供真实或模拟的与教学内容相适应的具体劳动环境或场景，学习者通过充分参与劳动的过程来获得个人的经验、感受、感悟并进行交流和分享，然后通过反思、总结提升为劳动理论或成果，最后将这些劳动理论和成果投入实践中去的一种教育模式。参与体验劳动教育模式主要适用于职业体验类的服务性劳动，也适用于生产劳动和日常生活劳动。

（二）性质与特点

参与体验劳动教育模式是一种以人的生命体验与发展为依归的教学模式，它以尊重生命、提升生命价值为目的，蕴含着一定的价值与意义。它所关心的不仅是人可以从劳动教育中获得多少知识、提升多少技能，更在于人的生命意义在这个过程中获得的彰显和扩展。

1. 强调主动参与

参与体验式劳动教育模式要求学生根据劳动教育的目标要求，充分利用相应的劳动场景或情境，以饱满的学习状态积极主动地参与到具体的劳动过程中，只有这样，才有可能获得相应的劳动体验。

2. 倡导全情投入

学生要想获得更真实、更深刻的劳动体验，就必须全身心投入到劳动实践中去。要在劳动过程中用心观察、积极实践、及时反思、深入思考，只有这样，才能获得真切的劳动体验和经历。

3. 注重总结和运用

参与体验劳动教育模式的重点是引导学生获得劳动体验，目标是学以致用。因此，在学生深入进行劳动体验的基础上，教师应引导学生结合自己的体验和经历，总结并提炼出相应的劳动感悟或理论，并能在今后的劳动实践中灵活运用。

（三）实施流程

1. 确定情境

具体的情境是实施参与体验劳动教育模式的基本条件。在具体教学过程中，教师可以针对不同年龄段学生的特点，根据教学的实际需要，给学生提供各种类型的劳动情境，如摆摊卖菜、医院病患看护、餐厅卫生清洁服务、公益劳动志愿服务等。

2. 具体体验

学生根据劳动教学的目标，积极参与到相关情境的劳动实践活动中，在调动所有感官认真观察、积极实践、深入思考的过程中，获得真实的劳动体验，增长知识，开阔视野，提升技能。

3. 总结与反思

教师要根据学生参与劳动体验的具体情况，适时组织学生进行互动与分享，让他们在表达个人感悟、分享经验的过程中深入反思，及时总结，达成促使相应的劳动体验取得更好效果的结论性劳动共识。

4. 经验运用

参与体验劳动教育模式是指向学生未来职业规划的劳动模式，因此，在具体实施此模式的过程中，一定不能只注重引导学生获得劳动体验，更关键的是要引导学生把真实劳动体验过程中获得的感悟或经验运用到今后的劳动实践中，为未来的职业规划奠定基础。

案例

义务帮厨指导手册

一、课程理念

以学校餐厅综合服务劳动项目为载体，综合运用各学科知识，认识、分析和解决现实问题，提升学生的综合素质，发展社会责任感、创新精神和实践能力，培养就餐文明习惯和餐饮服务劳动能力，以适应快速变化的社会生活、职业需要和个人自主发展的需要，迎接信息时代和知识社会的挑战。

二、课程目标

义务帮厨课程总目标：

1. 个人方面：通过体验餐厅综合服务课程的各项工作，提高餐饮劳动实践能力。

2. 学校层面：调研学生需求，设计菜谱并全程参与美食制作，让同学们认识到正确搭配食物的重要性，明白自己现阶段均衡摄取食物营养的重要性；教会同学们正确选择健康食品，远离垃圾食品，保护学生生命成长。

3. 国家层面：让每一个孩子学习饮食文化，学会多种餐桌礼仪，变成文明的公民；让更多的老师和同学了解到中华民族饮食文化的精彩绚丽，增强民族文化自信。

课程目标：

1. 体验餐厅食品加工的过程，了解食物的转化方式和方法，用心体会劳动的辛苦，认识自身与食品之间的联系。

2. 亲历实践，参与切菜、和面、蒸煮、炖炒等过程，培养服务他人的精神，增强自身的责任担当意识。

3. 传承礼仪、文化，懂得爱惜粮食，学习科学饮食，继承和发扬传统饮食文化。

年级目标：

1. 通过义务帮厨课程打造有责任心、有执行力、有毅力的班级文化，从活动中加强班级内部团队协作的凝聚力与班级之间的良性竞争关系。

2. 充分准备，提升年级活动的组织力，深化年级建设，打造年级文化。

3. 通过本次活动提高导师团教师的活动组织能力，发扬优秀的年级榜样导师团的做法，提高全体教师的生活素养。

我的目标：

三、课程团队

（一）项目团队

组长：韩相福

副组长：石玉刚　赵冠华　刘洋　秦培培

各年级责任人：于慧　李晓辉　刘洋　张贵强　姚晓玲　王占宾

（二）项目会商与调研

义务帮厨课程中各年级的负责团队每两周进行一次会商，每次完成一项主题，会商时间为30分钟，会商主题围绕年级开展义务帮厨课程中存在的问题及其建议，以及优秀做法等进行。

义务帮厨负责人每两周进行一次义务帮厨课程调研，完成课程评价量表，年级负责团队每周完成一次调研，将发现的问题、建议措施与优秀做法汇总反馈。

内容	时间	标准、措施	责任人
课程会商	每两周会商一次	学生成长中心主任每两周参与一次课程团队的培训，对学生在过程环节的参与表现进行评价指导	学校中心主任
		每两周学校负责人制订相关的会商主题，准备好每周的调研报告，将问题及时反馈	学校课程负责人
		将每周发现的问题以文字稿的形式进行反馈	各年级负责人
课程调研	每两周调研一次	每周收集问题汇总表，根据问题不定期调研	学校中心主任
		每两周带领团队的责任人去调研家政课、帮厨课的开展情况，记录问题	学校课程负责人
		每两周调研一次，每次两个年级负责人参与	各年级负责人

（三）课程分工

义务帮厨	教学内容	负责人
切配组	学习切配流程与标准	导师团负责人
面点组	学习面点制作流程与标准	导师团负责人
糕点组	学习糕点制作流程与标准	导师团负责人
保洁组	就餐大厅卫生清理	导师团负责人
洗刷组	餐具的洗刷与消毒	导师团负责人

四、课程实施

（一）课程培训

1. 年级培训

各年级提前一周由本年级项目负责人召开“年级义务帮厨课”开课会商会，对本年级义务帮厨开课进行培训：（1）义务帮厨理论课。（2）帮厨实践课的内容和分工安排。（3）义务帮厨开课时间及安全注意事项。保证每个老师明确帮厨课中学习的食品营养与价值以及课程开展的流程；规范上课，确定各班开课时间与顺序，强调过程中的注意事项。

2. 首席导师培训

（1）首席导师在开课前一天晚上教授义务帮厨理论课，让学生充分了解义务帮厨的意义、内容、流程等，提高老师和学生对义务帮厨的认知水平。

（2）由首席导师在义务帮厨课开课前一天晚上举行班级内的“义务帮厨课开课仪式”，明确学生在义务帮厨课中的分工、学生自评人员名单，以及上课的注意事项。

（3）开课前导师团会商各个课程的人员分工（音体美老师也参与其中）。明确课程内容和责任；熟悉各个模块的课程内容，能够对学生进行具体的指导。

3. 餐厅老师培训

在义务帮厨课程中，各个区域负责导师在餐厅进行切配、面点、糕点、保洁、洗刷培训，明确各自岗位的加工流程及工作标准，强调好注意事项与安全问题。

（二）实施内容

开课前一周导师团到餐厅学习，明确责任和课程内容；熟悉各个模块的课程内容，上课过程中要对学生进行具体的指导和帮助。

1. 开课前一周，首席导师带领学生学习义务帮厨课相关知识；学生利用周末时间进行文本的深入学习和资料的查阅，为义务帮厨课做准备。

2. 各年级确定上课时间，提前与餐厅老师对接。

3. 上课前一天晚自习由首席导师上义务帮厨理论课并让学生了解义务帮厨课的注意事项：

（1）学生进行集中讨论，明确各小组的任务以及工作流程与工作标准。

（2）介绍餐厅，并按照岗位需求分成切配、面点、糕点、保洁、洗刷等课程小组，确定小组长、明确责任。

（3）餐厅内应遵守的纪律：安全（用电安全、厨具和电器使用安全等）、规范、爱护公物、保持卫生清洁等。

（4）告知学生每个课程的负责导师。

（5）上课前洗手，互相帮助穿衣、戴帽、戴套袖。

（6）在上课期间带好笔和评价表，每一门课程都要做好评价。

（7）课程结束后要做好交流、总结、自评，每人完成一篇义务帮厨课的感悟，最终交于年级统一保存，作为对班级以及对学生个人评价的一部分。

（8）学生回家之后，利用家政课程所学帮助爸妈做家务、为父母做一道美食，并将成果拍照展示。

每个班制作一个视频，包含学生上课实施过程、课后交流分享感悟、回家后完成美食的照片。

五、课程评价

（一）学校对年级的评价

学校随机调研各个班级关于义务帮厨课程的开展情况。调研结束后，学校对4—6年级的开课情况进行总体评价。

调研团队：石玉刚　赵冠华　刘洋　各个年级负责人

评价内容	开课准备	开课氛围	学生参与	课程完成情况
评价标准	1. 年级会商会召开，负责人进行培训 2. 导师团各项目负责人安排明确	1. 开课过程中学生秩序井然 2. 每个学生都能全身心投入 3. 学生分工明确、有目标	1. 学生积极性高 2. 课程实施过程中能完成自己的目标	1. 课程结束后每个学生都交流分享，写下感悟 2. 每个班级都制作了视频，内容充实，意义深刻
评价结果（5—10）				

注：评价结果直接纳入优秀导师团评价。

（二）年级对班级的评价

年级的食育课程结束后，课程评价团队对班级的食育课程实施情况进行评价。

评价内容	首席导师培训	教师备课	学生参与	课程效果
评价标准	1. 首席导师培训思路清晰，分工明确，按时完成每周课程 2. 培训时间充分，内容全面 3. 培训有效果	1. 导师团教师定期会商 2. 教师分工明确，认真负责 3. 活动设计有效果 4. 教师评价学生合理、客观	1. 学生课前准备充分 2. 学生积极参与 3. 课后感悟分享全面、深刻	1. 通过课程学到基本技能，达成学习目标 2. 回家动手实践，制作视频 3. 班级完成学分认定
评价结果（5—10）				

（三）教师对各小组合作和个人操作情况逐一进行评价

对学生给予相应等级评价：优秀、良好、中等、合格。

评价内容	评价标准	评价结果		
		自评	组评	师评
课前学习	1. 认真参与义务帮厨课程内容学习 2. 小组合作，合理分配体验任务 3. 制订体验计划			
课前准备	1. 安静有序进入餐厅指定区域 2. 更换帮厨工装、整理个人卫生 3. 按照分工，及时到指定楼层、工位集合 4. 认真聆听餐厅老师的现场指导			
课中活动	1. 严格按照帮厨、工位及食品制作流程标准操作器具，制作食物 2. 小组合作，完成餐厅老师布置的任务 3. 确保卫生，不浪费 4. 安静有序，严格遵守帮厨纪律，确保安全 5. 及时与餐厅老师交流，解决问题，展示成品			
课后总结	1. 完成并交流分享义务帮厨感悟 2. 评选“义务帮厨优秀个人”“义务帮厨优秀小组”			

六、课程保障

（一）组织领导机构

组长：执行校长

副组长：成长中心领导、年级领导

组员：各班首席导师

（二）各保障小组职责

1. 物资组（责任人）

（1）提前准备义务帮厨相关的食品和工具等。

（2）开课前一周，餐厅提前采购好相关的物资，确保上课时能够使用。

（3）与餐厅中心做好对接，有需要协调的及时反馈。

2. 后勤组（责任人）

（1）由后勤服务中心统一调配义务帮厨所使用的工具和衣物等。

（2）餐厅将课程需要的工具清单上交给后勤服务中心，提前两周购买。

3. 安全组（责任人）

（1）在餐厅帮厨时由首席导师和餐厅负责人对学生介绍安全注意事项，提醒餐厅内存在的安全隐患，配备相应的安全防护设施。

（2）配备相应的急救药箱，由专门的教师负责按时整理，以防紧急情况发生。

4. 评价组（责任人）

由项目负责人设立评价方案，组建评价团队，每两周调研评价一次。

二、项目运作劳动教育模式

项目运作模式是在项目教学法的基础上发展起来的一种人才培养模式。项目教学法萌芽于欧洲的劳动教育思想，最早的雏形是18世纪欧洲的工读教育和19世纪美国的合作教育，20世纪中后期日趋完善并逐渐发展成为项目教育模式，旨在为社会培养实用型人才。后来又被运用到企业管理与运营、课堂教学等领域。

（一）概念界定

项目运作劳动教育模式指的是学生根据自己在平日学习生活中发现的问题或者自己的兴趣爱好，选择相应的劳动项目，在教师的指导下独自或以小组合作的方式开展相关内容的劳动，项目实施方案的设计、具体实施策略以及最终的成果展示，原则上都由学生分组完成，教会学生综合运用知识来解决实际劳动问题的一种教育模式。项目运作劳动教育模式主要适用于生产劳动，也适用于日常生活劳动和服务性劳动。

（二）性质与特点

项目运作劳动教育模式起源于劳动教育思想，成形于企业管理运营，发展于国内外的高校及基础教育研究，是被实践检验过的、能够提升学生综合素养的一种模式。

1. 具有现实意义

项目运作劳动教育模式一般是学生基于平日学习和生活中的发现和思考确定的项目。通过项目的运作，参与劳动实践，增加劳动体验，树立探究意识，解决具有现实意义的真实问题。项目运作劳动模式能够有效激发学生参与劳动的兴趣，使劳动变得更有趣味。

2. 凸显学生主体地位

项目运作劳动教育模式强调以学生为主体，学生在教师的指导下，全程参与项目的确定、可行性分析、具体实施以及相关项目成果的展示，用心去观察、体验、探究，在全身心参与劳动实践的过程中感受“劳动创造美好生活”，从而树立起劳动最光荣、劳动最崇高、劳动最伟大、劳动最美丽的劳动观念。

3. 注重过程参与

项目运作劳动教育模式以项目推进的方式引导学生积极参与相关内容的劳动实践，重在引导学生参与项目实施和运作的具体过程，而不是只关注最终的项目实施成果。因此，在项目运作过程中，教师一定要放手，给学生提供锻炼、成长的平台，让他们在具体参与的过程中掌握劳动知识，提升劳动技能，养成劳动品质。

（三）实施流程

1. 初步确定项目主题

项目主题的确定可以从两个方面着手：一方面是学生通过自己平日在学习和生活中的观察和思考发现有价值的问题，将其发展成项目主题；另一方面是学生选择自己感兴趣的劳动领域和内容，从中梳理、提炼，初步确定项目主题。

2. 开展项目可行性分析

学生在教师的指导下，对初步确定的项目主题进行运作可行性分析，从主题确定的现实意义、主题内容的延展性、主题具体实施过程中可能遇到的问题、影响主题运作的各种主客观因素等方面进行风险预测和运作顺畅性研究，最终确定项目主题的可行性指数，为接下来的项目运作奠定基础。

3. 制订项目运作方案

学生根据最终确定的项目主题，在教师的指导下，集思广益，共同研讨，确定劳动项目的主题目标、活动内容、活动形式、人员分工、评价方式以及最终的成果展示方式等，对整个项目的运作做出周密的计划与安排，确保将来项目能够顺利运作。

4. 项目实施过程

学生根据制订的项目运作方案，分阶段、有步骤地实施项目。在实施过程中，根据项目运作进程安排，分组或者集体开展相应的劳动实践活动。项目运作组长负责对学生参与劳动与探究的活动进行人员分配与过程管理，加强劳动项目运作过程中学生间的合作交流、协作探究、反思共进，共同促进劳动项目正常运作。

5. 项目成果展示

项目运作劳动模式一般持续时间较长，短则一个月，长则一年甚至两年，因此，项目实施的成果也是比较丰富的。进行成果展示的时候，学生可以分阶段进行项目小主题的成果展示，有利于具体展示项目运作情况。具体展示的时候可以采取幻灯片、微视频、劳动作品成果展示等多种方式，尽量做到全方位展示自己在劳动项目运作过程中的收获与发现。

案例1

2018 年 9 月，山东省烟台市牟平区宁海街道中心小学四年级一班的学生开展了一项主题为“餐桌上的奥秘”的项目劳动实践活动。项目产生于古灏羽同学在餐桌上向妈妈提出的问题：“为什么小麦是黄色的，馒头却是白色的呢？”于是，同学们在班级家委会和老师的指导下，初步确定以“餐桌上的奥秘”为主题开展项目劳动实践，并根据北方人的饮食习惯将探究小麦和花生的生命历程作为项目劳动主要的内容，在进行可行性分析之后，最终确定了“麦粒公主的旅行”“花生王子的旅行”“美丽的遇见”三个子项目。

在学校专门为项目组开辟的劳动实践基地里，学生们经历了小麦和花生从播种、管理到收获的全过程，目睹了面粉和花生油的真实加工过程，并分别体验了传统农耕和现代机械化的小麦播种、收获过程。在拉犁耕地、浇水施肥、松土管理、挥镰收麦、刨地收花生、脱粒扬场等劳动过程中，学生们真正体验到了劳动的艰辛与收获的快乐；在逐片摸排清除小麦黑穗病，用辣椒水、大蒜水、烟丝水等自制的杀虫剂喷杀蚜虫的过程中，学生们感受到了探究的快乐和生命成长的艰难；在面粉厂和油坊里，学生们学到了关于面粉和花生油加工工艺的丰富知识；在利用面粉和花生油自制创意面点的过程中，学生们体验到了创新创造的快乐和幸福。在项目成果展示会上，学生们图文并茂的项目实践日记、"小麦黑穗病防治"研究报告、"小麦蚜虫防治"研究报告、形象逼真的麦秆和花生壳手工艺品、造型奇特的各式面点和感受深刻的体验习作等成果琳琅满目，述说着学生们参加项目劳动实践过程中的酸甜苦辣。

"餐桌上的奥秘"项目劳动实践，不仅让学生弄明白了面粉和花生油里的秘密，掌握了很多农耕知识，提升了劳动技能，培养了创造能力，更让他们懂得了"一分耕耘，一分收获"，明白了"一粥一饭，当思来之不易；半丝半缕，恒念物力维艰"的深刻内涵。这将促使他们在感恩自然、珍惜粮食的同时，养成良好的劳动习惯与品质，逐步成长为爱劳动、善劳动、会劳动的未来建设者。

案例2

潍坊实验中学维修课程案例

【学习目标】

1. 通过参与维修课程的劳动实践，让学生深入了解学校的维修工作，树立正确的劳动观念，尊重劳动、崇尚劳动，积极参与力所能及的劳动。

2. 学生对班级内维修项目进行竞标，竞标成功的学生负责项目的维护。在维护过程中，体会劳动的艰辛，从而学会珍惜他人劳动成果，主动爱护环境。

3. 在维修课程实践中习得劳动能力，养成良好的劳动品质和劳动习惯，提高社会服务意识，感悟生活，获得成长。

【学习活动】

一、课前准备

（一）竞标准备工作

班级内各小组准备各自的竞标方案，教师公平、公正、公开地组织维修项目竞标，竞标成功的小组获得劳动机会。

（二）学生培训

1. 根据班级情况，提前准备小组竞标方案。

2. 搜集有关维修课程的资料，对维修工具和维修课程有初步的认知。

3. 创新维修课程的技术手段，总结自己团队的竞标优势。

4. 提供有关维修课程的资源，让学生明白行业相关要求，明确劳动课程的基本目标。

二、课堂活动

（一）目标解读

课程目标是整个课程完成之后需要达到的目标，基于这一节课，可以让学生树立正确的劳动观念，引导他们尊重劳动、崇尚劳动，积极参与力所能及的劳动；学会珍惜他人劳动成果，懂得爱护公物，拥有劳动精神；提高社会服务意识，感悟生活，获得成长。

（二）启动仪式

1. 班长简述小组竞标流程，展示小组竞标书、项目管理责任书、承包资格证、公物维修管理标准。

2. 班长展示小组竞标的规则和竞标讲评措施。

（1）竞标规则：

①各个小组根据公物维修管理标准，分析本小组竞标的优势，会商竞标方案，公平、公正、公开竞标。

②竞标成功的 3 个小组可以获得班级内公物的维修管理项目。

③竞标时要谈本小组对维修课程的理解、对维修工具的认识和对维修技能的掌握程度。

（2）竞标成功小组奖励：

①晋级评价量化各加 30 分。

②获得班级内“最美工匠小组”荣誉称号。

③公物维修专项费用 100 元。

（三）竞标方案会商

1. 小组分头会商本小组的竞标方案：

会商指导：

（1）理解。对维修课程的整体认识是什么，表达自己的想法。

（2）标准。团队对班级内部公物维修管理有自己的标准，用简单的几个字、几组词概述。

（3）优势。自己团队最大的优势是什么，技术水平如何，过去有什么荣誉，展示自己的亮点。

（4）做法。如果竞标成功，承诺如何去做。

2. 学生会商方案过程中，教师参与每一个小组的会商，提出指导意见，引导学生形成正确的劳动观念，养成良好的劳动习惯和品质。

（四）竞标展示

1. 每个小组展示本小组的竞标方案。

可以多种方式展示：幻灯片、创新工具、文化拓展、拉票活动等。

2. 现场实物模拟操作。

（1）展示自己所认识的维修工具以及使用方法

幻灯片展示图片：

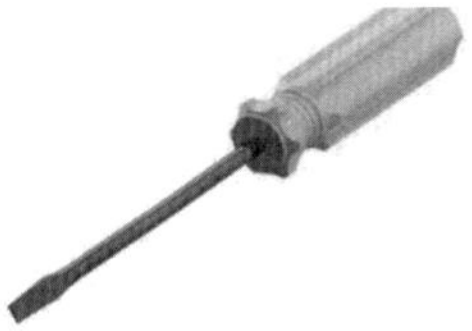

竞标小组展示维修工具的形状结构、工作原理、使用方法等，利用身边的工具进行现场演示。

（2）解决教室门面的几个问题，指出出现这些问题的原因，现场操作维修。

①门拖地。解决措施：如果是活页松动，则加固活页；如果是地面变形，则可以在活页处添加垫片将门升高，或修整地面，或轻微切割门面。

②门上的插销脱落。主要原因是插销处于关闭状态时开门过于用力，或者风太大撞击门。因此，当出现大风天气的时候，除了扣紧插销，再用木棍等物品将门顶住。

（五）投票

1. 投票，民主推选，全员参与。

2. 从投票结果公示到契约签订仪式举行还有段时间，可以利用这段时间准备竞标成功后的发言或者是失败后的感悟分享。

（六）交接仪式

1. 竞标完成，举行交接仪式，表态发言，形成契约。

2. 分享和交流感悟，成功的谈经验，失败的谈感受、谈收获……

（七）达标自评

结合目标，利用评价量规，对自己所学进行自我评价。

评价内容	等级
劳动观念：正确理解劳动是人类发展和社会进步的根本力量，认识劳动创造人、创造价值、创造财富、创造美好生活的道理，尊重劳动，尊重普通劳动者，牢固树立劳动最光荣、劳动最崇高、劳动最伟大、劳动最美丽的思想观念	
劳动技能：掌握基本的劳动知识和技能，学会使用常见的劳动工具，增强体力、智力和创造力，具备完成一定劳动任务所需要的设计能力、操作能力及团队合作能力	
劳动精神：领会“幸福是奋斗出来的”内涵与意义，继承中华民族勤俭节约、敬业奉献的优良传统，弘扬开拓创新、砥砺奋进的时代精神	
劳动习惯和品质：能够自觉自愿、认真负责、安全规范、坚持不懈地参与劳动，形成诚实守信、吃苦耐劳的品质。珍惜劳动成果，养成良好的消费习惯，杜绝浪费	

教师总结：劳动是人类改造自然、创造美好生活的最基本的实践活动。习近平总书记在2018年全国教育大会上指出，“培养德智体美劳全面发展的社会主义建设者和接班人”，“要在学生中弘扬劳动精神，教育引导学生崇尚劳动、尊重劳动，懂得劳动最光荣、劳动最崇高、劳动最伟大、劳动最美丽的道理，长大后能够辛勤劳动、诚实劳动、创造性劳动”。这些重要论述，高扬劳动教育的旗帜，具有重大的时代价值和鲜明的现实意义。

生活即课程，课程即生活。天地间万事万物，一切与孩子生命成长有关的知识和活动都是孩子生命成长的课程。深刻的教育来自深刻的体验，维修劳动是非常重要的课程内容，不但可以培养学生的劳动意识和劳动技能，还可以培养兴趣、发挥特长、张扬个性、陶冶情操，提高他们的组织能力、领导能力、团队意识和服务精神。

反思改进：

1. 教师、学生语言不规范，太啰唆，应更加细致地准备，规范语言，抓住重点。

2. 形式大于内容，内涵挖掘不到位，教师应该设计好过渡语言并穿插进行提升引领，发挥劳动教育在观念、技能、精神、品质习惯上的提升。

3. 竞标展示环节创新不足，应采取不同的展示方式，展现学生天真、可爱、积极、阳光的一面。

4. 投票环节、签约仪式环节应加入背景音乐，渲染气氛，充分调动学生的积极性，快乐参与，积极体验。

5. 竞标过程中主持人要有激情，调动大家的热情，营造一个欢快、轻松、积极、上进的氛围。

三、师徒协约劳动教育模式

师徒制是中国传统工商业培养年轻人的一种行之有效的模式。这种模式产生于自给自足的小农经济时代，从手工作坊开始，在20世纪50年代至80年代计划经济时期发展到顶峰，今天仍在一些岗位上延续，是培养技能人才的有效途径之一。师徒制模式在运行过程中被不同行业和领域借鉴，并根据该领域的特点变式运用。如学校教师专业发展中运用的师徒结对模式。师徒结对模式是学校在专业层次不同的教师之间，以指定的方式让优秀教师以任务形式帮扶青年教师，形成文化建构、文化生成与异质生长的过程。这种师徒制模式在新时代劳动教育中被有效借鉴，形成了师徒协约的劳动教育模式。

（一）概念界定

师徒协约劳动教育模式是在劳动中由“师傅”教会“学生”劳动技能的过程。这里的“师傅”指某项劳动技能熟练的高年级学生，“徒弟”指的是不具备某项劳动技能或某项劳动技能不熟练的小学生。在共同劳动中，由高年级学生教会小学生，并带领其进行练习以达到熟练的程度。在这个过程中，体现了师徒之间“传、帮、带”的作用。这种模式首先在私立学校中以“家庭式”的形式出现，即组成“家庭”的成员来自不同的年级。随着劳动教育的深入实施，公立学校中也出现了师徒协约的劳动教育模式。

师徒协约的劳动教育模式适用于一定门类的社团组织形式的手工劳动和一定形式的校内劳动基地中进行的劳动。

（二）性质与特点

师徒协约劳动教育模式是对传统手工业及工厂工艺学习方式的传承，有成熟的流程、稳固的方法、有效的策略可以借鉴，是经过时间检验的，同时是劳动教育中比较有效的一种模式。

1. 异质成组

师徒协约劳动教育模式在学校中呈现出学生之间互为师徒的样式，是不同年龄及水平学生之间的组合，是学生教授和指导学生进行劳动的一种方式。这是由学生之间的差异形成的教学资源，扁平式的组织结构也使教与学随时可以展开。

2. 现场教学

师徒协约劳动教育模式表现出的是一种“在场”教育的方式。具体是在劳动现场，用劳动话语，以劳动形式展开合作学习。它在使学生学会劳动的同时，也体现出人际交往的形式，也联结成一种学生之间相处的方式，让学生在角色认同中发展。

3. 互助成长

师徒协约劳动教育模式是在共同的劳动过程中，“师傅”以年龄优势和技能水平优势指导“徒弟”，有利于学生之间亲密关系的建立和稳固，由“同学”到“同事”，在互相的“教”与“学”中平等对话、和谐共处，共同提升劳动水平。

（三）实施过程

1. 选择劳动种类

师徒协约劳动教育模式具有在劳动过程中大带小、老带新、能力强的带能力弱的特质，但由于是未成年的学生，因此在学校劳动教育中需要慎重选择适用的劳动种类。像手工制作、科学创意等类型的社团活动，以校园种植为主的实践基地劳动等，在这些种类的劳动中运用师徒协约模式，可以获得更好的劳动效果。

2. 确定组织结构

社团是学生自主选择、自愿报名参加的，在运行过程中以不同年级学生自愿组合或教师根据学生的实际手工制作能力帮助学生组合成异质小组，实现师徒协约式劳动的组织基础。比如劳动实践基地是学校根据学生所处的年级分配的，在分配种植地块时安排不同年级的学生共同经营，形成高年级教低年级的协作模式。

3. 强化师徒协作

师徒协约劳动教育模式要顺利运行、取得成效，需要做好前期的准备工作。负责社团劳动和基地劳动课程的教师在进行全体学生手工制作培训和种植培训的同时，首先要重点做好作为“师傅”的学生的培训工作，在“师傅”基本掌握了劳动的流程、技巧后，才能够进行师徒组合。师徒协约劳动过程是“师傅”与“徒弟”共同劳动的过程，“师傅”边劳动边指导，“徒弟”边学习边劳动。劳动老师负责指导每一组“师”“徒”的学习劳动过程。

4. 注重劳动体验

师徒协约劳动教育模式评价也有自己的特殊之处，因为一项劳动涉及两类人员，即“师”“徒”双方，所以评价时要考虑到学生个人的劳动表现，同时要考虑到师徒组合中的群体表现，需要采用捆绑评价的方式，激励师徒组合共同努力，以达到最好的劳动效果。

案例

山东省烟台市芝罘区潇翔小学“中医药百草园”校内劳动实践基地的劳动采用了师徒协约模式。

“中医药百草园”是潇翔小学在“中医药”课程开设过程中开辟的劳动实践基地。2020 年，在“自然生长”学校文化影响下，以“读做行”为方式，以做人为主线，以时间为经线，以万物为纬线，以生活为基线，设计形成了以“文本课程 + 实践 + 研学”为模式的中医药课程。

低年级“识”百草，中、高年级“种”百草、“收”百草、“制”百草、“送”百草，并请中医院专家全程指导学生在百草园的劳动。“识”百草是认识百草，是一种观看、了解的过程；“种”百草包含了种植、浇灌、拔草、间苗的植物生长管理的全过程；“收”百草是收获百草，是指按中药采集的标准采摘果实、收集叶片、切割枝条、挖掘根系等各种复杂劳动；“制”百草则包含了晒干中草药植株、制作中草药标本和制作简单的中药等专业劳动；“送”百草是把自己制作的相关成品送给老师、家长、敬老院等。

其中“种、收、制”百草的过程是具有一定技术难度的劳动，需要专业的人员进行专门指导。学校聘请中医院的中医专家进行中草药种植的指导，请中医药种植专家进行种植过程的跟进指导，特聘懂得种植管理的家长做日常的劳动指导，学校劳动专业老师和班主任则对学生劳动进行全程指导。

在劳动过程中，学校有意把高年级学生培养成中年级学生在中医药百草园劳动实践中的“小老师”，以高、中年级结对劳动的方式，让掌握技能速度快的高年级学生担任中年级学生的劳动“导师”，形成师徒协约的劳动教育模式。

我们看到了两个年级段学生结对劳动的情景：高年级学生俨然成为小师傅，手把手地带着中年级学生一起翻地、种植、拔草、浇灌，一点点地教中年级学生如何采摘、晾晒。“师傅”爱“徒弟”，“徒弟”敬“师傅”，大家收获的是劳动能力的共同提升、中药常识的增加、素养的提升。

四、契约式劳动教育模式

（一）概念界定

学习契约：诺尔斯（Knowles）认为通过学习契约可以有效帮助学习者建构及学习。学习契约并非法律上的契约，而与“学习计划”或“学习协议”意义相似，但文献中常用“学习契约”（learning contract）一词。

（二）性质与特点

学习契约的有效制订，有赖于学习者、管理者及培训者三方面（有时由管理者担任培训者的角色）的合作，但是主要目的仍是要使学习者参与设计，管理者或培训者只能从旁协助，否则如果管理层主导了学习契约的内容，那么将丧失自我学习的最主要精神——尽可能给予学习者规划学习的自主权。

契约式劳动教育模式的特点包括：

1. 契约式劳动教育模式由学生与指导老师共同拟订书面协议，形成一份以促进学生学习为目的的契约。

2. 契约式劳动教育模式与其他教育模式相比，它更加强调学生学习的过程，对学生学习动机的增强和学习自觉性、主动性与积极性的调动有着极大的推动作用。

3. 契约式劳动教育模式符合我国当前活动类教学的实际。

（三）实施过程

第一阶段：学习者先确认学习需求。

第二阶段：培训者评估学习者的自我学习能力，指导学习者填写自我导向学习倾向性量表（SDLRS），以了解个别学习者的自我学习倾向，确定学习者需要哪些学习上的协助。

第三阶段：教师向学习者说明自我导向学习的方法及好处，并鼓励学习者积极参与。

具体做法是学校通过会议方式向学习者阐述自我学习的哲理与概念，并向学习者强调“用你自己决定的时间、自己决定的方式，来进行学习及生活”的原则。

第四阶段：学习者确认学习目标、制订学习计划及完成学习契约。

第五阶段：教师为学习者提供必要的学习资源。教师协助学习者从已建立的资源中心取得所需课程项目及学习工具等软硬件设施。

第六阶段：学习者依计划学习。

第七阶段：学习成果评估。

劳动教育的全过程：教师结合学生基础与特点，引导学生立足自身教育条件、设计任务导向、促使学习动机形成、确定朝向目标、维系智慧动力、选用创新方法、同步调控程序、总结与评价结果等。

案例

洗手间劳动课程——班级内洗手间竞标

一、课程理念

教师在实施劳动教育时有四种具体操作模式：体验式、项目式、探究式、契约式。本节课的类型是契约式。诺尔斯认为通过学习契约可以有效帮助学习者建构及学习。学习契约并非法律上的契约，而与“学习计划”或“学习协议”意义相似，但文献中常用“学习契约”一词。

二、设计背景

山东省潍坊实验中学初中部有八个洗手间，是初中部学生开展洗手间劳动教育课程的课程资源。洗手间的文化建设和清理等工作都承包给学生完成。潍坊实验中学洗手间劳动教育课程包括：竞标、洗手间文化建设、洗手间劳动体验、洗手间工作效果评价、洗手间课程感悟五部分内容。

学期伊始，年级学生会组织各班级进行竞标和投标。竞标成功的班级再组织班级内各小组的竞标仪式。

三、学情分析

1. 本次组织班级内竞标的是八年级。八年级的学生之前经历过一年的洗手间劳动课程实践，具备了一定的劳动技能和经验。

2. 之前竞标都是只到班级，然后各小组分配任务进行劳动。这种分配工作的方式没有很好地激发学生的学习动机，只是单纯地体验，学生契约意识差，责任感不强。

3. 学生在之前的实践过程中，感受到了劳动的不易，也初步形成了珍惜劳动成果、尊重卫生老师的基本意识，但没有进行系统的提炼升华。

四、学习目标

1. 通过进行洗手间劳动实践，让学生深入了解学校的保洁工作，树立正确的劳动观念，引导他们尊重劳动、崇尚劳动，积极参与力所能及的劳动。

2. 学生体验保洁员的辛苦，体验出力流汗，学会珍惜他人劳动成果，懂得主动维护环境整洁。

3. 在洗手间劳动实践中习得劳动能力，养成良好的劳动品质和劳动习惯，提高社会服务意识，感悟生活，获得成长。

五、课前准备

（一）竞标准备

竞标由年级学生会依据公平、公正、公开的原则展开，各班公开竞标。各班级卫生部代表班级竞标，竞标成功则获得参与洗手间课程的机会。

（二）学生培训

1. 根据男女比例，平均分成五个大组，提前准备小组竞标方案。

2. 搜集有关洗手间课程的资料，对洗手间文化和洗手间劳动要有初步的认知。

3. 创新洗手间劳动的方式，展示自己团队的竞标优势。

（三）课程简介

设计课程，给学生提供有关劳动课程的资源，学生课下自己阅读，了解国家对劳动教育课程的要求，明确劳动课程的基本目标。

资源：

①《潍坊实验中学洗手间劳动教育课程》

②《关于全面加强新时代大中小学劳动教育的意见》

③《大中小学劳动教育指导纲要（试行）》

④《1—9 年级新劳动教育清单》（2021 版）

六、课堂探究

（一）目标解读（1分钟）

课程目标是整个课程完成之后需要达到的目标，基于这一节课，重点是体验竞标过程，形成契约意识，培养学生的责任感。同时，通过竞标，树立学生正确的劳动观念，引导他们尊重劳动、崇尚劳动，积极参与力所能及的劳动；使学生学会珍惜他人劳动成果，懂得维护环境整洁；提高学生社会服务意识，让他们感悟生活，获得成长。

（二）启动仪式（3分钟）

1. 卫生部长简述班级竞标流程，展示班级竞标书、项目管理责任书、承包资格证、洗手间清理标准。

2. 卫生部长展示班级竞标的规则和竞标讲评措施。

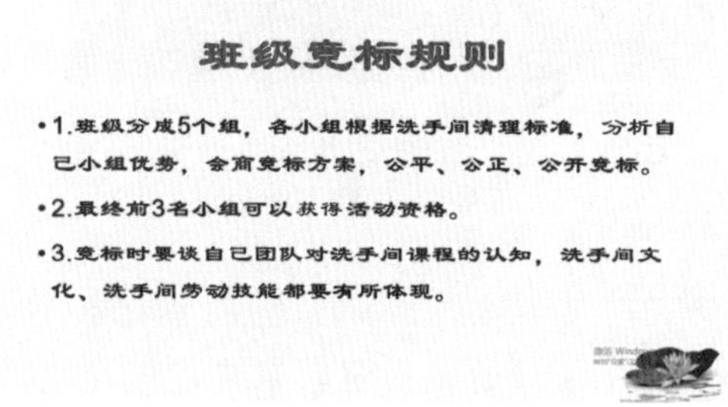

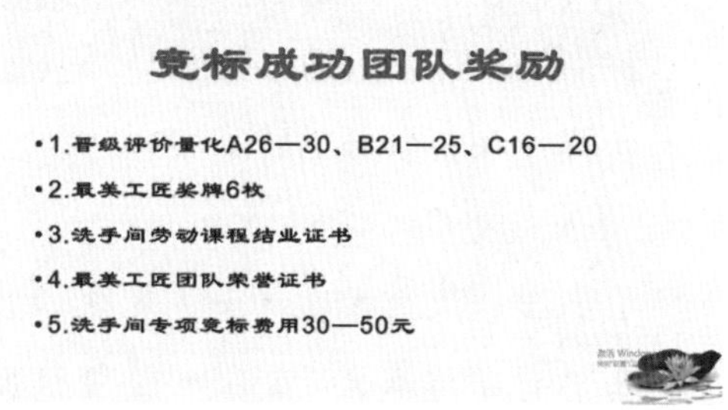

注意：①首席导师要调动学生参加洗手间劳动课程的积极性，激发学生的内在动机。②学生明确竞标的规则和对应的激励措施。

（三）竞标方案会商（8分钟）

1. 小组分头会商本小组的竞标方案。

会商指导：

①理解。对洗手间劳动课程的整体认识是什么，表达自己的想法。

②标准。团队对于洗手间整理和文化建设要有自己的标准，用简单的几个字或几组词概括。

③优势。自己团队最大的优势是什么，技术水平如何，过去有什么荣誉，展示自己的亮点。

④做法。如果竞标成功，承诺如何去做。

2. 学生会商方案过程中，首席导师参与每一个小组的会商，提出指导意见，引导学生形成正确的劳动观念，养成良好的劳动习惯和品质。

3. 注意洗手间文化建设工作，可以拓展出对保持卫生和爱护公共卫生的良好生活习惯，不能简单地理解为打扫洗手间，应有文化建设的思考。

（四）竞标展示（18 分钟）

1. 每个小组展示自己小组的竞标方案。

可以使用多种方式展示：幻灯片、创新工具、现场实物模拟操作、文化拓展、拉票活动等。

2. 要展示出同学们阳光积极的一面，比如活泼、有好奇心。

（五）投票（3 分钟）

1. 投票，民主推选，全员参与。

2. 从投票结果公示到契约签订仪式举行还有段时间，可以利用这段时间准备竞标成功后的发言或失败后的感悟分享。

3. 对比不同团队的竞标方案，全员参与投票，培养学生的主人翁意识，体现公平、公正的理念。

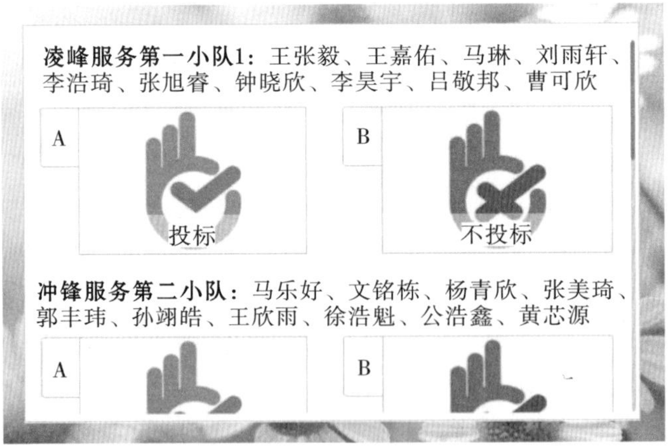

（六）交接仪式（10分钟）

1. 竞标完成，举行交接仪式，表态发言，形成契约。

2. 分享和交流感悟，成功的谈经验，失败的谈感受、谈收获……

注意：①隆重的交接仪式，让同学们感受到责任是严肃的、重要的。②交接结束后的表态发言，是一个提升和拔高点。既要体现出契约的重要性，又要让学生学会珍惜来之不易的劳动机会，提升学生的劳动认知。

（七）点拨提升（2分钟）

劳动观念：正确理解劳动是人类发展和社会进步的根本力量，认识劳动创造人、创造价值、创造财富、创造美好生活的道理，引导学生尊重劳动，尊重普通劳动者，牢固树立劳动最光荣、劳动最崇高、劳动最伟大、劳动最美丽的思想观念。

劳动技能：掌握基本的劳动知识和技能，学会使用常见的劳动工具，提高体力、智力和创造力，具备完成一定劳动任务所需要的设计能力、操作能力及团队合作能力。

劳动精神：领会“幸福是奋斗出来的”内涵与意义，继承中华民族勤俭节约、敬业奉献的优良传统，弘扬开拓创新、砥砺奋进的时代精神。

劳动习惯和品质：能够自觉自愿、认真负责、安全规范、坚持不懈地参与劳动，形成诚实守信、吃苦耐劳的品质。珍惜劳动成果，养成良好的消费习惯，杜绝浪费。

从这四个维度对学生进行引领，帮助学生树立正确的劳动观念，为后面的劳动体验做好准备。

备注：此处课堂原设计是达标自评，经会商改为了点拨提升，给学生一个高位引领，进一步提升认识。

七、课后反思

1. 教师、学生语言不规范，太啰唆，应更加细致地准备，规范语言，抓住重点。

2. 形式大于内容，内涵挖掘不到位，教师应该设计好过渡语言并穿插进行提升引领，让学生能在与劳动教育相关的观念、技能、精神、品质习惯上有提升。

3. 竞标展示环节创新不足，应采取不同的展示方式，应该展示学生天真、可爱、积极、阳光的一面。

4. 投票环节、签约仪式环节应加入背景音乐，渲染气氛，充分调动学生的积极性，快乐参与，积极体验。

5. 竞标过程中主持人要有激情，调动大家的热情，营造一个欢快、轻松、积极、上进的氛围。

6. 达标自评环节改为教师点拨提升，对学生有个认知上的拔高过程。

7. 其他思考点：

①竞标不光要有方案，还要有实景操作，比如工具创新、技术提升，甚至现场演示（实物或者模型）、实际操作的成果。

②要养成良好的劳动习惯，珍惜劳动成果，尊重劳动者。

③竞标准备过程的反思。

④衍生出一个督察组，对竞标结果进行后期的达标反馈。

（山东二七一教育集团　刘武顺）

五、主题贯通劳动教育模式

主题教育是学校德育活动中常用的方式，即围绕一个主题设计活动内容，创设活动环境，引导学生在体验中感受，并受到启发，产生预期的正向行为，得到不同层次的发展。这种模式随着教育的发展，由德育实践拓展到各个学科的教学中，表现为以学科知识或价值等为主题，实施活动，进行多向度、多层次学习，实现对主题的理解和深化。现在主题贯通模式已被运用于劳动教育中，成为开展劳动教育的一种重要方式。

主题贯通模式适用的范围较广，主要运用在学科渗透式的和聚焦专题的劳动教育中。

（一）概念界定

主题贯通劳动教育模式围绕一个劳动主题，整合多个层面的劳动教育资源，设计覆盖面较广的劳动意识教育和劳动实践过程。这里的“贯通”指的是联结、连通，指对学术、思想等全面、深刻的了解。根据确定的主题，围绕预设目标，设计多项劳动活动。这些活动可以在空间广度上延伸，还可以在时间维度上拓展，表现为长时段的、多点式的围绕一个主题的连续性劳动活动。在这样的过程中使学生认识劳动、学会劳动，养成劳动习惯，并提升劳动能力。

（二）性质与特点

主题贯通模式是被实践和时间检验过的教育模式，也是十分有效的劳动教育模式。采取这种劳动教育模式时要注意确定好劳动主题，设计好劳动活动，管理好劳动过程。

1. 系统性，贯通性

针对一个劳动主题设计系列劳动活动，需要系统架构劳动内容，达到劳动教育主题在时间、空间上的贯通和一致，在不同层面内容上实现贯通和一致。

2. 广泛性，深入性

贯通式主题需要在一段较长时间内进行一个主题劳动，所以呈现出劳动的活动分布范围比较广泛、实施程度比较深入的特点，能够更好地通过一个劳动主题培养学生的劳动意识、劳动能力、劳动习惯。

3. 连续性，持久性

主题贯通劳动教育模式要达到预期效果，要求围绕劳动主题设计的活动具有持续性，活动之间要有连贯性、递进性，时间上可以有间断，但内容间要能够衔接。这样连续的劳动实践，通过持久地围绕一个劳动主题用力，最终实现对一个劳动主题的深入学习。

（三）实施过程

1. 确定劳动主题

主题贯通模式实施的关键，在于劳动主题的设计要以学校总体劳动课程的时段和要求为根据。因为是主题贯通式，所以需要设计覆盖面较广，能够较深入地探究、实践的主题。

2. 设计劳动活动

确定主题之后，就需要对活动进行设计了。活动的设计要考虑横向的覆盖面，或是学科整合的活动设计，或是面向学校整体蕴含于德育范畴的活动设计；要考虑纵向的时间跨度，因为它不是一次性的活动，而是串联在一个时间链上的活动串；还要考虑学生的参与面，参与的学生是一个年级，还是几个年级，其面向的人群应该广泛。

3. 实施劳动过程

有了主题贯通劳动教育模式的顶层设计，活动实施过程中应该遵循严密性、参与性、主动性的原则，充分发挥学习者的能动性。从大主题下融合成一体的大活动，到串联在主题下的小活动，都要依照设计—实施—评价—总结的流程，达到实施的预期效果。

4. 评价劳动成果

主题贯通模式下设计的每一个时间节点上的活动都应该进行跟进性评价，以对每一个阶段的劳动实践进行总结和反思，使其成为下一个阶段活动的起点。因为是贯通主题，多阶段、多层次活动，所以最终的评价形式应该丰富多样，以劳动成果展示为主。

（四）呈现方式

一种方式是呈现在学科渗透式的劳动教育中。这是在某个学科教育大主题下，把劳动教育作为整个主题中的一个方面呈现的方式。比如语文学科中“热爱劳动”的主题，以一个单元的内容进行连续两周的主题学习。将语文课程中有关劳动内容的文本阅读、劳动模范的故事宣讲、劳动方式的知识讲解后，开展相关形式的劳动技能培训。在这种模式中，虽然劳动是主题，但其蕴藏于某个学科学习之内，是将两种学科整合的学习样式。这种模式，还可以呈现出多学科整合一体的学习样态。比如在以“家乡的美”为主题的全学科学习中，有了解家乡（道德与法治）、阅读家乡（语文）、统计家乡（数学）、介绍家乡（英语）、设计家乡（科学）。劳动方面是以“家乡的田野”为题展开。这样的主题设计贯通各学科，持续较长时间，把劳动教育嵌入其中，有助于学生各学科素养的综合提升。再比如围绕垃圾分类这一主题，山东省潍坊市坊子区罗都屯小学开展了“垃圾分类我先行”主题劳动教育。通过垃圾分类板报宣传、创编科普剧《垃圾分类动起来》、“小手拉大手”垃圾分类倡议、垃圾分类家庭行动、“变废为宝时装秀”等系列活动，深化主题，达到教育效果。主题贯通模式的劳动教育可以在一所学校范围内实施，也可以在一个学区范围内实施。比如北京市房山区燕山教育委员会在区域劳动教育中形成的燕山模式，其建设的课程体系包括自然、社会、生活三大领域，细分为劳动技术、科技创新、农事劳动、传统文化、生命拓展和主题教育六个模块，涵盖金工、木工、烹饪、缝纫、养殖、种植、采摘、农作物加工等课程，实现了劳动课程的跨学段、跨学科搭建，促进学生多种劳动能力的提升。

另一种方式是呈现在聚焦专题的劳动教育中。这种样式的主题贯通模式，把某一劳动教育方向作为主题进行劳动活动的整体设计，时间跨度大，涉及空间广，引导学生体会、了解、掌握这一劳动能力，提升劳动意识、养成劳动习惯。比如山东省潍坊市坊子区九龙街道穆村小学要求学生参与家务劳动，进行系列家庭劳动教育，采用的就是主题贯通的模式。主题活动分为三个阶段：第一个阶段是“家务劳动我能行”，通过主题班会，引导学生明白家务劳动的重要性，提出学生参与家务劳动的要求，帮助学生树立正确的劳动观；第二个阶段是“家务劳动我参与”，分成“自己的事情自己做”“不会的事情学着做”“家务劳动主动做”三部分，使学生学习、练习、巩固家务劳动技能，形成主动劳动意识；第三个阶段是“劳动成果我展示”，引导学生现场展示家务劳动成果，以家务劳动比赛的方式带动学生主动参与家务劳动。这样的主题贯通式的劳动，让学生经历了一个从认识到参与再到主动劳动的过程，为学生播下一颗热爱劳动的种子，使学生从“会劳动”到“擅劳动”再到“爱劳动”。

案例

多学科渗透，多渠道实施
——山东烟台万华小学新时代劳动教育课堂

山东烟台万华小学开设的系列新时代劳动教育课堂活动，一是与少先队活动融合，学校定期举行不同主题的劳动教育班会，将劳动教育与综合实践活动、科学课等相互融合，做到知行合一。二是学校依托社团活动丰富学生的劳动体验，分年级开设多项劳动技能特色课，邀请专业人员和家长进课堂……为不同潜质、不同年龄段的学生提供更多个性化选择，促进学生掌握多种劳动技能，形成正确的劳动价值观。三是融合多种课程，形成系列课程，主要有劳动教育养成课程，包括“固定理念”和“弯腰行动”主题课程，每学期学校开展“弯弯腰，校园更美丽”主题活动月，培养学生的劳动习惯；劳动教育节日课程，包括学校利用植树节、劳动节、儿童节开展各种劳动主题教育活动，丰富学生的课余生活，培养劳动品质，利用读书节、科技节、实践节等进行各种劳动技能大比拼，在实践中引领学生感悟劳动魅力；劳动教育种植课程，包括学校每年在“楝树下成长”开学典礼上为一年级新生赠送苦楝树种子，鼓励学生努力上进，像树一样成长；“我种植，我快乐”种植课程让学生在种植过程中积累劳动经验，锻炼劳动能力，以袖珍菜园为依托开发的“跟着节气学种植”田间劳动课程，让学生感受劳动的魅力。

六、探究性劳动教育模式

（一）概念界定

探究性劳动教育模式通过营造支持学生劳动的积极氛围，指导学生收集和利用劳动资源，帮助学生设计恰当的活动，并能针对不同的劳动内容，辅助以不同的劳动方式，如接受、探索、模仿、体验等，使学生的劳动变得丰富而有个性，帮助学生对劳动过程和结果进行评价。

探究性劳动教育模式从学科或现实生活中选择、确定研究专题，通过教师引导，启发学生独立、自主地发现问题、明确问题、提出假设，并综合运用实验、操作、调查、信息收集与处理、表达与交流等方法探索活动，最终解决问题，培养学生的创新精神与实践能力。在这样的学习中，教师应当引导学生不断地提出问题，尤其是提出科学假设，例如“如果要获得××结果，就应该通过何种方式、路径或条件”“如果具备了什么条件，必定会产生相应的结果”等等。这样的引导使学习过程变成学生不断提出问题、大胆预设、选择或创新方法技术、解决问题的探索过程。

（二）特点

探究性劳动教育模式有以下特点：

1. 开放性。探究性劳动教育模式必须把学生置于主动的地位和多元的学习环境中。

2. 探究性。探究性的假设对学生而言，须具备两个特征：接受性，学生愿意解决这种问题，并且具备一定的知识基础和能力基础；障碍性，学生必须经过思考、探索和验证来寻找答案。

3. 创新性。对学生来说，创新更多的是指在学习过程中所表现出来的探索精神、求异思维和非常规想象等。

4. 交互性。探究性劳动教育模式的交互性表现为一种动态性，比如师生、生生之间的交互。

5. 实践性。探究性劳动教育模式是一个实践性很强的过程，需要学生观察、动脑和实际操作。

6. 过程性。探究性劳动教育模式的教育价值注重探究的过程，认为学生的体验和表现比结果更重要。但需要强调的是，不能让探究的过程模式化、固定化。

7. 任务驱动性。任务驱动性提倡应以任务驱动的方式组织教学，即以科学假设及其验证为中心来组织教育活动，它让学生通过完成课题任务的过程获得知识，发展自己的能力，使自己的情感、态度、价值观得到培养和提高。

（三）实施过程

1. 创设问题情境。

2. 帮助学生认识情境中的问题。

3. 引导学生分析问题并做出假设。

4. 验证假设：引导学生设计实验并进行验证，得出结论。

5. 思考与反思：对实验结果、证据以及所形成的解释、探究过程与方法进行认真的反思和评价。

6. 表达与交流。

（四）呈现方式

实际上，探究性劳动教育模式有多种多样的设计类型。从自主获取信息的渠道进行划分，可将探究性劳动教育模式分为两大类：接受式探究与发现式探究。

在接受式的探究学习中，信息由学生主动从现有资料或现有资源（如从图书馆、互联网、科技场馆等）中收集或向有关人士询问，所收集到的信息是现成的，只需略加整理即可。如教师在地理课讲完世界地理后，可以给学生布置这样一个探究作业：

如果你打算利用假期去新马泰旅游，旅游前应准备哪些物资（如准备届时穿的衣物、购买机票、准备资金)？你需要获取哪些信息(这些国家的气候特点及近期天气预报、中国去往这些国家的交通方式及路线、人民币与这些国家货币之间的汇率等)？如果打算给家人和朋友带回一些特产或小礼品，你需要了解哪些有关信息(这些国家的经济文化特色等)？你打算从哪些渠道(地理杂志、旅游手册、旅游公司、电视、报纸、互联网、广告等)了解这些信息？写一篇短文，汇报你获得的信息，别忘了注明这些信息的确切来源。

由于这个作业是让学生从现有资源中主动收集现成信息，因此是接受式的探究学习。

在发现式的探究学习中，没有现成信息可以直接收集到，必须由探究者经过观察、实验、调查、解读、研讨等活动过程，整理分析来获得或发现。如：

观察蜗牛。(观察)

设计一个一秒钟摆动一次的摆。(问题解决)

探究摆的频率与什么因素有关。(变量定性分析)

探究圆的周长与什么变量有关，其数量关系如何。(变量定量分析)

研讨：具有什么特征的事物才是有生命的？(概念澄清)

第三节　新时代劳动教育策略

新时代劳动教育是国民教育体系的重要内容之一，是促进学生成长的必要途径，具有树德、增智、强体、育美的综合育人价值，对社会主义建设者和接班人的精神面貌、价值取向和技能水平有重要的影响。劳动教育要把握“身体力行”的特点，秉承“德育为先、面向全体、全面发展”的原则，坚持“知行合一”的育人思路，注重劳动观念、劳动经验、劳动技能的整合与建构，真正发挥劳动教育综合育人的功能，使学生形成正确的世界观、人生观和价值观。

在新时代劳动教育的方法与策略层面上，要以学校作为劳动教育的主阵地，从劳动教育的设计、实施和评价等各个环节着眼，关注不同场域、不同类型、不同时限劳动教育的有效性和真实性，在时间、空间、精神、技能多个维度上综合统筹，形成富有针对性和指导性的劳动教育方法、方式和方案。

一、认知引导策略

认知引导策略是指在多元化场域的劳动教育过程中，引导学生树立正确的劳动观念、自觉的劳动意识，并养成健康的劳动习惯，帮助学生形成系统的、科学的、富有指导意义的劳动认知体系方法、方式和方案。

劳动教育课程肩负着形塑价值观与传授知识技能的双重任务，不仅要关心劳动教育活动本身的技术性和实操性，而且要关注主体在活动中的心灵涵养与价值体认。本策略旨在从劳动创造观、劳动伦理观和劳动发展观三个方面，探求劳动教育的内容和价值指向。因此，认知引导策略要在不同时空、不同类型的劳动教育中贯通全流程、覆盖全要素，着力解决好思想层面的问题，让学生深刻体会劳动的价值和作用，树立热爱劳动、尊重劳动的思想观念。

（一）价值体认法

马克思“整个所谓世界历史不外是人通过人的劳动而诞生的过程”的论断告诉我们，劳动创造了人类，劳动创造了人类生活，劳动创造了人类历史。习近平总书记阐释了新时代劳动的价值内涵，“劳动是推动人类社会进步的根本力量”。因此，帮助学生树立正确的劳动观，需要从意识和习惯两个层面入手。

1. 形成劳动意识

在劳动教育过程中，要根据不同类型、不同场域和不同时限的劳动活动，在设计、实施和评价各个环节上通过课堂讲授、现场解说、参观访问等方式，让学生深入理解“劳动创造文明，劳动创造幸福”的内涵，树立劳动最光荣、劳动最崇高、劳动最伟大、劳动最美丽的思想意识，培养学生崇尚劳动、尊重劳动的观念。

2. 养成劳动习惯

在劳动教育过程中，要注重具体劳动实践活动对学生良好劳动习惯的养成教育，帮助学生树立“劳动创造一切”的观念，促进劳动创造观的形成和内化。让学生真正认识到唯有劳动才是实现个人成长、进步的阶梯，做到“以辛勤劳动为荣，以好逸恶劳为耻”，养成良好的劳动习惯和积极的劳动态度，自觉参加各种劳动实践活动。

（二）伦理辨析法

随着社会的转型、科学技术的快速发展和劳动方式的转变，社会对劳动价值的体认纷繁复杂、良莠不齐，这深刻影响着学生评判是非善恶的价值取向，影响着学生人生观和世界观的形成。新时代的劳动者不仅可以自由劳动，而且可以通过劳动追逐人生梦想，实现人生价值，创造更加美好的生活。因此，学校劳动教育要着力培养学生辩证的劳动伦理观。

1. 形成正确的价值取向

在生产劳动、生活劳动、服务性劳动等各种类型的劳动教育中，巧妙设计“价值两难”问题，通过具体的实施方案批判投机取巧、不劳而获的错误思想，纠正公平与效率的伦理失偏问题，摆正公与私、群与己、理与欲的位置，辨析志愿服务与享有劳动报酬的合法权益问题，提升劳动与收入对等有序的认知，引导学生坚持道德底线，深入思考劳动伦理问题，培养学生把社会价值与个人价值有机融合起来的自觉性和行动力，让学生能够就某一个劳动事件做出正确的价值判断和选择，提升自身的劳动素养。

2. 形成正向的劳动审美

习近平总书记指出：“劳动最光荣、劳动最崇高、劳动最伟大、劳动最美丽。”一方面，“劳动最美丽”不仅在于劳动行为的美丽，更在于心灵的美丽和道德的高尚；另一方面，劳动没有高低贵贱之分，不能歧视体力劳动和差别对待体力劳动者，要通过价值塑造、劳动实践、制度建设等引导学生树立正确的劳动观。

（三）时空拓展法

着眼于工具演进和劳动形成两个层面，从时间和空间的角度拓展劳动认知格局，建立大劳动观，帮助学生学会用发展的眼光看待劳动的昨天、今天和明天。

1. 认识劳动工具

劳动工具的演化史就是人类文明的发展史，从石器、青铜器、铁器再到机器的发明和使用，工具的变革不断提升着劳动效率，促进生产力和生产关系的发展，推动社会形态的变革，深刻而广泛地影响着人类的生活。

对劳动工具的认识影响学生正确劳动观念的形成。在实际操作过程中，可以把劳动工具演化的相关内容与历史、思想政治等学科进行专题整合，通过课堂讲授、现场参观、使用体验等方式，帮助学生认识劳动工具，让学生在劳动实践活动中认识劳动工具与人类社会发展的关系，学会正确使用工具，创新性地制造工具，从而加深对劳动的理解。

2. 认知劳动形式

劳动形式是随着时代的发展不断变化的，要正确认识各类劳动之间的联系，用发展的眼光看待未来劳动形式的发展与变化。第一，我们要坚持生活劳动、生产劳动与服务性劳动相统一。在劳动教育内容设计上拓展劳动的广度与深度，帮助学生树立大劳动观，重塑人与自我、人与自然和人与社会的关系，让学生从更多元的层面上认识劳动的价值。第二，我们要力求体力劳动和脑力劳动相统一。在劳动教育的各个环节中，帮助学生认识“劳动是体力与智力相结合的综合性活动”，让学生认识到“体力劳动和脑力劳动没有高低贵贱之分”，学会用大劳动观的眼光去看待文化课学习、音体美活动、劳动课等各类教育教学活动，这有利于学生消除厌学等不良情绪，形成正确的生活观。第三，我们要做到立足当下与面向未来相统一。新时代劳动教育要顺应信息化和智能化的发展方向，在劳动教育中设计更多的与智能化社会接轨的劳动形式，提高学生面向未来社会的劳动认知水平和劳动素养。

二、课程融合策略

课程融合策略是指在中小学生核心素养框架下，基于学校的育人目标，将劳动教育与其他国家课程进行双向统整和融合，从课程目标、课程设计、课程内容以及课程实施等环节，构建起以劳动教育为中心的新型课程育人体系。

劳动教育作为一种全属性教育，具有很强的开放性和融通性。单一形态的劳动教育是难以全面实现新时代劳动教育功能的，必须将人文学科、自然科学与劳动实践教育有机结合起来，促使劳动教育多元创新并反哺学科教学，形成劳动教育与学科教学融通的育人格局。

（一）学科渗透法

劳动教育教师要把握好国家课程中有关劳动教育的观念，找到劳动教育和学科教学的契合点，在学科教学中渗透劳动的观念，尤其在包含更多劳动观念层面知识的人文学科中，例如中小学道德与法治、语文、历史、艺术和体育等学科中包含着劳动创造历史、劳动不分贵贱等马克思主义劳动观，有许多歌颂劳模和普通劳动者的选文选材，也不乏劳动创造发明、科技创新等凝结文明成果的典型案例，蕴含着勤劳节俭和艰苦奋斗等中华民族优良传统的精神内核。在教育教学过程中，提取并融合学科中的劳动教育因子，建立起立体、全面的劳动教育思想观念体系，加强对学生辛勤劳动、诚实劳动、合法劳动等方面的教育，不仅有利于形成体系化的知识结构，而且有利于把正确的劳动观念内化为学生的核心素养。

（二）劳动统筹法

新时代劳动教育要全方位地达成学校教育目标，就要坚持劳动教育与学校教育有机统一，沿着融合推进的实践路径，用劳动对学校的育人活动加以统筹，构建全面系统的学校课程体系。一方面，要找准诸如“研学旅行”“升旗仪式”“开学典礼”“毕业典礼”等具有劳动性质的学校教育活动，创设适合不同年龄段学生的劳动环境，引导学生自主参与、自主筹划、自主实施，实现学校教育活动全流程、全要素地与劳动教育有效对接，培养学生的创新思维能力和解决问题的能力。另一方面，学校要更多地开展以劳动为主题的育人活动。通过诸如举行劳动班（团、队）会、学生劳模报告会、劳动技能展示会和劳动安全警示教育系列活动，提高学生劳动参与和劳动安全意识；开发校内劳动实验田、养殖园和微菜园等，让学生有更多的机会参与劳动；组织和引导学生积极参加各种劳动实践活动小组，促进学校劳动教育常态化。

（三）双向促进法

《意见》明确指出，新时代“实施劳动教育重点是在系统的文化知识学习之外，有目的、有计划地组织学生参加日常生活劳动、生产劳动和服务性劳动，让学生动手实践、出力流汗，接受锻炼、磨炼意志，培养学生正确的劳动价值观和良好劳动品质”。因此，劳动教育与其他学科课程的融合实施不仅要着眼于知识的内在结构，还要搭建直接经验与间接经验融通的桥梁，实现知识与实践的双向促进。

1. 增强学科教学的实践性

要从劳动的视角深入挖掘学科的知识内涵、科技内涵和创新价值，用课内指导课外，以课外促进课内，让学生从学校走向社会，从被动接受转向主动参与，激发学生的探究欲望，让学生在动手动脑中获得学科知识，掌握劳动技能。

学科课堂教学改革要大力倡导和强化动手参与的学习方式，在学科教学过程中，根据学生的年龄特点和接受能力以劳动视角统筹课堂教学设计，充分开展动手参与式的学习活动。自然科学学科中蕴含着很多与生产生活相关的基本常识和基本技能，学生可以通过动手操作和劳动实践获得更为真切的学习体验，掌握学科知识，形成基本的学科素养。因此，将课本知识的教学内容融入生活劳动、生产劳动或者服务性劳动场景中，有利于创设具有劳动意义的学科教学环境，将学科知识教学转化为劳动学习过程，增强学科教学的劳动性和实践性。

2. 提高劳动实践塑造力

以教育为目的的生产劳动、生活劳动和服务性劳动，一定要以解决问题为出发点，培养学生的思辨能力、创造能力。一方面，真实问题情境是学科知识与实践探究之间的桥梁，能够拓展劳动教育价值体认的深度，让学生摆脱简单劳动的浅层化思维，进行体力劳动与脑力劳动的双重体验；另一方面，劳动实践能够磨炼意志、陶冶情操、启迪心智，培育学生的积极情感。这些品质迁移应用到学科学习中，可以促进学生学习能力的提升，实现学科教学与劳动教育的双向发展，以及身体与心智的共同成长，实现直接经验与间接经验的整合，体现劳动教育课程的核心价值。

三、内外联动策略

内外联动策略是指以学校为主导，整合家庭、学校和社会三方面的劳动资源，联手联动，为学生亲历劳动、实践体验提供更多平台，共同推动形成劳动育人机制。

（一）家校联动法

家庭在劳动教育中发挥着重要的基础性作用。社会发展使劳动概念不断增加新的内涵，受多元价值观的影响，家长重智轻德、重成绩轻素质的现象比较普遍。因此，学校要通过讲座、沙龙等形式，改变家长的育人观念和劳动观念，共同加强家庭劳动教育与学校劳动教育。

第一，要树立“劳动成人”的育人观念。家长要做好对子女的陪伴式劳动教育，身体力行，以身作则，让孩子承担起作为家庭成员的劳动责任。第二，要通过劳动教育培养孩子基本的生活和生存技能。家长要抓住洗碗做饭、拖地洗衣等一些家务劳动的机会，鼓励孩子自觉参与、自主完成，随时随地、坚持不懈地进行家务劳动，掌握衣食住行等日常生活必备的技能。第三，进行家庭大扫除、采摘果蔬、体验田园劳作、参与公益活动等不仅可以改变父母与孩子相处的方式，还可以培养孩子正确的生活劳动观。日常生活劳动强调生活与劳动之间的整体生存属性，美好生活的点滴都与劳动密不可分。因此，要用适时、适量的家庭劳动帮助学生形成“无劳动不生活”的整体观念。

（二）校际联动法

1. 加强学校与基地校的联动。加强县（市）级统筹，小学、初中、高中每个学段都要充分利用当地综合实践学校基地资源，与专业的基地校形成良性互动，有目的、有计划地进行劳动教育规划。

2. 加强学校与特色校的联动。不同的学校因地域不同会拥有不同的劳动教育资源，各级各类学校可以根据自身实际情况，尽可能开发校内劳动教育养殖园、实验田等，为学生创造更多参与劳动的机会，形成一校一特色。劳动特色学校之间可广泛联动，加强区域内的劳动教育特色校间的交流，实现校际的资源共享。

3. 加强学校与职业学校的联动。职业学校设置的专业很多，拥有设施完备的专业教学实训基地，是实施劳动教育的良好场所，并且拥有专业实习实训实践教学经验丰富的“双师型”教师。因此，充分利用职业学校的教育资源，可直接服务于小学、初中、高中学生的劳动教育。

4. 加强学校与高校的联动。高校校史馆、图书馆、研究基地、实训实验室、科创中心等特色资源均可充分利用，打造不同的劳动主题教育。要充分利用高校的劳动教育资源，如农林类高校的植物园、中医类高校的中草药基地、建筑类高校的建筑博物馆、航空类高校的航模飞行基地等，开阔学生的视野、拓展学生的思维，并将科技元素注入劳动教育，提升劳动的附加值。

（三）校企联动法

为了保证中小学劳动教育有相对稳定的教育内容，中小学校要因地制宜，与区域内工农企事业单位合作，共建劳动教育场地，满足学校劳动教育需要。农村地区的学校要积极争取当地政府和有关部门的支持，安排相应的土地、山林、草场或水面等作为学生学农实践的基地；城市地区的学校要统筹建立劳动教育实践基地，或充分利用现有青少年校外活动场所、青少年宫和示范性综合实践基地开展劳动教育。要积极争取社会支持，建立工业生产、农业生产、财经贸易、商业服务等行业劳动教育实践基地，打造集劳动生产和劳动教育于一体的产教共同体。在学校制订的劳动教育总体框架的基础上，按照劳动课程要求，整合当地企业丰富、有效的劳动教育资源，安排一定时间的劳动实践，通过产教融合、协同育人的方式，让社会化劳动教育实实在在地发生在学生身上。

第一，要从劳动时限的角度用好校外劳动基地。根据基地的不同类型，从学段出发，设计相应的劳动教育活动方案，安排好劳动体验课，让学生获得更多元的职业体验，为学生的社会化成长奠定基础。第二，要从劳动教育项目实施角度出发，用好校外劳动基地。学校要根据劳动教育的实际需求和企业特点，设计和确定项目化的劳动教育活动方案，安排足够的劳动时间，与企业进行深度联动，实现产教融合，让企业成为学校劳动教育项目的孵化器。第三，要积极宣传，引起全社会重视。教育主管部门、共青团、妇联、关工委等应当为学校开展劳动教育搭好平台，提供实践场所和相关保障。

四、精神激励策略

精神激励策略是指通过多元劳动评价，从精神层面对学生形成持续有力的教育引导，培养学生的劳动精神，激发学生劳动的积极性、主动性和创造性。

（一）技能竞赛法

技能竞赛指向劳动特长生，重在评价学生劳动技艺的精确性、劳动作品的创新性和劳动审美的指向性。给学生提供了展示自身专长的平台，有利于学生更好地了解自己适合的职业领域。通过技能竞赛的方式达到以赛促学、以赛促评的教育目标，帮助学生形成争创一流的意识，培养扎实的劳动技能，养成较高的劳动素养。

（二）成果展评法

劳动成果展评是教师根据学生开展活动的情况对其劳动成果和价值意义进行的评价。因此要大胆创新展评形式，激发学生的参与热情；拓宽评选指标维度，引领学生多层面发现自己的特长与优势；设置类型多样的评选奖项，奖励创新，点亮学生的思维火花，鼓励他们敢想敢做。最后要给予学生充分展示的舞台，让他们体会劳动带来的成就感、愉悦感，同时也能让学生在实践中养成做事细心、耐心和持之以恒的好习惯，在劳动中收获快乐，在付出中体验成功。

（三）榜样引领法

首先，要基于学生的生活环境树立多种类型的榜样，引导学生向身边的先进人物学习，进而辐射到当地的行业精英、工匠艺人、非遗传承人等，激励学生从榜样的具体事迹中领悟他们的高尚情操和优良品质；其次，要充分利用网络资源举办“劳模大讲堂”“我与大国工匠面对面”等形式多样的活动，通过微视频、微图说等方式增强劳动教育的互动性，激励学生追求卓越的精神。

（四）价值转换法

1. 义卖

面对社会上或者家庭中突发的疾病、灾害等情况，学校可以组织开展线上线下义卖募捐活动，组织学生把自己的劳动成果拿来义卖，这样不仅把劳动成果的使用价值转化为商品价值，而且把商品价值转化为公益价值，实现从劳动技能到精神层面的转化。

2. 捐赠

学校可以组织学生把劳动成果如蔬菜、水果等捐赠给当地的敬老院或者其他公益性机构，这样有利于培养学生正确的劳动伦理观，还能培养学生的感恩之心和担当情怀。

3. 交换

学校设计精美的“校园币”，学生可以把自己的劳动成果换成“校园币”，积累一定数量的“校园币”后，学校给学生颁发相关的劳动荣誉证书，对学生形成有效的精神激励。

劳动习惯、劳动品质的养成教育还可以融入学校文化建设之中，利用校园建筑、标志性物品、宣传栏和黑板报等校园文化建设的宣传载体，宣传榜样人物、劳模精神，展示劳动成果，张贴倡导劳动价值观的标语。另外，还要注重发挥新媒体平台的作用，在利用好橱窗、海报、报纸等传统媒体的基础上，灵活运用新媒体，通过互联网宣传劳动教育成果，以多元的方式加大劳动教育宣传的引导力、感染力。

新时代劳动教育方法与策略在具体实施过程中，并非孤立施行或是简单集成的，而是需要在“五育”并举的前提下，根据劳动教育的类型、模式等因素综合施策才能取得实效。

第七章

劳动教育与信息技术

在人工智能时代，信息技术给劳动教育赋予了新的内涵和意义。因此，要准确认识劳动教育的新特征，科学定位信息技术的劳动教育功能，实现信息技术与劳动教育的有效融合，为推动劳动教育变革、提升学生劳动素养、实现学生全面健康发展提供动力。

第一节　劳动教育与信息技术概述

随着现代信息和数字技术的高速发展，必将在社会上迎来全面的技术转变，随之形成的是一种崭新的劳务形态。以现代智能化和信息技术为主要特征的第四次工业革命彻底改变了我国传统的制造和生产方式，催生了新一代的大数据、人工智能、云计算等现代高新技术，也在其中孕育着新型劳动形式的生成、劳动内涵的拓展和劳动职能的叠加。所以学校的劳动教育课程的内容亟须做出积极回应，将数字化与信息化两个时代特点纳入教育领域中。

一、信息技术的历史演变

信息技术（Information Technology，IT），主要是指用于管理和处理信息的各种技术的总称。它主要是运用计算机科学和通信技术来设计、开发、安装和应用信息系统及软件。它也常被称为信息和通信技术（Information and Communications Technology，ICT），主要包括电子传感网络技术、计算机与移动智能技术、通信网络技术和自动控制系统技术。

历史上信息技术经历了五次变革：一是语言的使用，二是文字的出现和使用，三是印刷术的发明和使用，四是电话、广播、电视的发明和使用，五是计算机与互连网的使用。当今时代，信息技术创新日新月异，数字化、网络化、智能化深入发展，人类进入信息时代。

“信息技术教育”中的“信息技术”，从广义上说，泛指对各种信息进行采集、传输、存储、加工的各种信息技术之和，强调的是人们对现代信息处理技术基本功能和使用过程的一般化理解。从狭义上讲，是指人们利用计算机、网络、广播电视等电子硬件设备及软件操作工具，对数字、图文、影音、声像等各种重要信息形式进行采集、传输、存储、加工与表达所使用的各种技术之和，强调的是现代信息处理技术的现代化与技术含量。

信息技术具有技术的一般特征，即技术性。具体表现为方法的科学性、工具及使用处理设备的专业应用先进性、技能的熟练性、经验的丰富性、作用处理过程的准确性与快捷性及各种工具使用功能的灵活性和高效性等。信息技术具有区别于其他技术的特征，即信息性。具体表现为信息技术的服务主体是信息，核心功能是提高信息处理与利用的效率、效益。

二、信息技术的特征

习近平总书记在2018年两院院士大会上的重要讲话指出：“世界正在进入以信息产业为主导的经济发展时期。我们要把握数字化、网络化、智能化融合发展的契机，以信息化、智能化为杠杆培育新动能。”信息技术的发展日新月异，以数字化、网络化、智能化为特征的信息化浪潮蓬勃兴起，正在深刻改变着人们的生产生活方式。

（一）数字化

数字化的概念分为狭义的数字化和广义的数字化。狭义的数字化，是指利用信息通信技术，将物理世界中复杂多变的数据、信息、知识，转变为计算机可识别、存储、计算的数据，并进行处理、分析和应用；广义的数字化，是指利用互联网、大数据、人工智能、区块链等新一代信息技术对数据进行收集、聚合、分析与应用，强化数据的生产要素与生产力功能。当前，大数据深刻影响着人类的思维方式和生产生活方式，给管理创新、产业发展、科学发现等多个领域带来前所未有的机遇。

（二）网络化

互联网已经成为人们获取信息、交换信息、消费信息的主要方式，但是传统的互联网关注的只是人与人之间的互联互通。当今社会，物联网通过射频识别、传感器、红外感应器、视频监控、全球定位系统、无线传感等技术将各种物体与网络连接起来，帮助人们获取所需物体的相关信息，实现了人、物、服务之间的交叉互联。物联网拓展了物理设备功能，并推动工业产品和技术升级换代，极大地提高了汽车、航空航天、国防、工业自动化、健康医疗设备、重大基础设施等主要工业领域的竞争力。

（三）智能化

智能化是指事物在网络、大数据、物联网和人工智能等技术的支持下，具有的可以能动地满足人的各种需求的属性。实现智能化的主要途径是发展人工智能技术，该技术被认为是二十一世纪三大尖端技术之一。随着信息技术的不断发展，智能化的技术含量及复杂程度也越来越高。智能化的概念逐渐渗透各行各业以及我们生活中的方方面面，如语言图像识别、机器翻译、无人驾驶、机器人、智能家居、智慧医疗等，为各行各业提供了更加高效的服务。

三、信息技术与劳动教育

进入新时代，随着信息技术的引入及普及，劳动教育具有强烈的时代性和现实性。《意见》充分强调了劳动教育的时代特征，提出要“适应科技发展和产业变革，针对劳动新形态，注重新兴技术支撑和社会服务新变化”。

当前社会，以技术更新和知识创造为核心，对脑力劳动、创造性劳动的要求越来越高。新兴的科学信息技术，如人工智能、3D 智造、无人驾驶等科学信息技术的发展与进步，都需要通过大量的脑力劳动和创造性劳动来完成。这些创造性劳动，促使着劳动教育与时代发展相接轨，由单纯的体力劳动教育向培养劳动教育能力转化。

劳动教育的内容在不断更新和扩展，劳动教育的方式也在不断刷新，变得更加灵活多样。数字化时代的劳动教育借助大数据巨大的信息量、迅捷的数据输入、多种多样的信息类型与资料来源，更加贴近和反映了真实的社会生活现实。例如新时代的智慧劳动教育，可以借助大数据进行量化分析，通过图像、音频、视频等信息，促进直观视觉的发展。这种利用走向数字化的教育环境模式来组织开展职业劳动素质教育的形式，打破了传统劳动素质教育在开展时间和信息空间方面的巨大局限，使得全体学生充分学习丰富多彩的劳动课程和自学教材，掌握了适应时代发展的学习工具，提高了劳动效率。

案例

数码图片处理

“数码图片处理”一课的教学体现了新时代劳动教育的特点。数码图片是当前人们很常用的一种在工作和生活中留存影像的方式。人们利用相关图片处理软件对数码图片进行修整、美化和拼合等，使其最终成为人们需要的图片作品。因其具有广泛的适用性以及实践操作性，所以在课堂教学中深受学生的喜爱和欢迎。

学生根据需要，利用软件工具和指令，对作品进行技巧性的劳动任务设计和实践创作。学生给挑选好的图片添加文字、更换背景、美化拼合、配上音乐等。通过这些技术和创作实践，学生能独立制作一个题为“多彩的校园”的电子相册，并以此来为自己的毕业献礼。

第二节　信息技术的劳动教育功能

目前，信息技术日益普及并广泛地应用到社会生产、居民日常生活的各个方面。信息产品和其他相关信息服务对国家、地区、企事业单位、个人来说都是不可或缺的。现代信息技术正在快速发展，逐步成为支撑整个社会经济、政治、文化发展的重要基石。我们必须重新科学定位信息技术，认识到信息技术在劳动教育中的作用；正确处理劳动教育与信息技术的关系，使劳动教育在新时代真正发挥其作用。

一、科学认识信息技术的劳动教育功能

（一）提供创造性劳动体验，拓宽学生的劳动认知范围

在科学技术迅猛发展的今天，劳动的构成更加复杂多元，具有现代化、信息化、智能化的劳动不断增加。一些具有既定操作程序的工作被机器取代，随之也涌现出一批新兴的劳动形态，出现了很多需要用复杂的认知去判断、执行的工作。为此，劳动技术教育要充分考虑社会对未来人才的需求，秉持一种创造性的劳动观，与时俱进地开展劳动教育，让创造性劳动成为今后的教育重点。

人工智能技术已成为21世纪国家核心技术的竞争力，信息技术素养成为每个人必须具备的基本素养。所以，我们必须不断更新劳动观念，深刻认识信息技术的劳动教育功能。在开设劳动课程的时候，以信息技术为手段，以项目式学习为主要方式，融入多学科知识，培养学生的想象力、创造力以及解决问题的能力，实现创新能力的提升。面对日益复杂的劳动教育，要确保教育内容的完整性，根据现实中不断变化的劳动形态扩充教育内容，高度重视信息和知识生产，将与信息技术相关的劳动内容纳入劳动教育范畴中。

（二）延伸劳动的体能和智能，培养学生正确的劳动观

信息技术深深影响着教育，使教育呈现新的面貌，如何利用新技术促进劳动教育的发展是新时代劳动教育的重大命题。

善用信息技术，可以为学校劳动技术教育的发展提供种种便利，如促进了对教育公平的美好追求、为教师教学提供便利、促进学生的个性化发展等。对教学模式而言，互联网彻底打破了时空限制，微课、慕课等开放式的教学模式使得学生可以自主学习想要学习的内容，控制学习的进度；对教学资源而言，虚拟现实技术的应用可以精细、翔实地复现复杂的劳动技术，借助虚拟现实技术创设逼真的教学情境，可以把教学内容化静为动、化繁为简，有利于提高劳动技术教育的教学效率、节省教学成本、规避教学风险；对教学管理而言，互联网终端能够实时记录学习者的学习进度、学习表现和学习态度，教师完全可以根据数据进行立体的、多维的动态评价，便于管理；对互动方式而言，基于人工智能构建的自由放松、自主开放的人人、人机交流环境，能够促进学生勇于发问、积极探索。

时代在改变，技术在发展，劳动教育要以实现学生全面而有个性的发展为目的，最终服务于生活，服务于社会。

二、合理利用信息技术的劳动教育功能

学习信息技术本身即劳动教育，学生应用和操作信息技术时，他们的动手操作与动脑思维创作都是劳动教育行为，也是劳动教育的过程。教师在指导学生利用信息技术时，要有劳动教育课程意识，促进学生全面发展。

（一）树立课程意识，对信息技术劳动课程进行全局设计

师生要有一种课程意识，把信息技术当作劳动教育的课程来设计并实施。学生参与信息技术课程即是劳动教育的过程。

1. 信息技术教育体现出了劳动教育课程的理念

首先，信息技术课程在劳动教育中发挥着重要的教育功能。学生进行技术学习、操作和训练也是劳动教育的行为。对广大学生而言，他们在上机实践中的探究、寻找合作同伴，或者参与各种集体劳动实践时，能够不断提高自己独立思考、解决实际问题的能力，同时也培养了团队协作、共同奋斗的精神。

其次，我们不要把信息技术只停留在技术功能上，而要把它当作一个劳动过程来看待。学生在学习和运用信息技术的过程中，将整个信息技术劳动教育的实践过程、方法运用等都详细地做好记录、总结，并进行结果评价。例如学生在完成智能机器人的开发时，要按照劳动教育的课程来设计。从材料准备、程序设置到测试调整、成品性能评价等操作环节，学生都要认真做好课程的编排和设置，对动手操作的方法、每一个环节的成效，以及整个劳动过程也要认真做好记录，最后再对整个劳动实践课程做一个完整的活动总结。

2. 信息技术课程的教育目标通过劳动教育来实现

对教学内容进行合理的组织规划与教学安排，并通过加强劳动教育来不断深化、实现信息技术教学的最终目标。例如在学生对自动模拟器和机器人的焊接加工制作及其行走互动课程的学习中，教师可以精心设计各种任务驱动式的教学内容，为学生提供自动模拟焊接与加工制作、机器人行走编程的实际教学情境。学生在老师的耐心指导和帮助下，围绕学习任务，主动开展学习，积极利用不同的课程学习资源来完成自己的学习任务。在这样一种任务驱动式的学习中，师生之间互动、生生之间协作等多种学习形式，充分体现了劳动教育的理念，激发了学生自主参与的学习兴趣，培养了学生的创造精神。

案例

制作DV短片

“制作DV短片”一课的教学，主要通过视频制作软件引导学生尝试并掌握拍摄视频、编辑视频、添加文字、添加效果和作品生成等视频制作的系列技能。对于这些掌握纯专业技术的教学目标，学生若是仅仅依靠理论知识的学习和理解，极有可能是纸上谈兵，达不到良好的效果。

对于这种专业技术的学习，只有依赖真实的劳动实践操作，学生才能达到熟练掌握并灵活运用的程度。学生只有实实在在地设计脚本，拍摄好视频素材，并运用编辑软件反复实践练习，才能将各种视频制作技术运用得炉火纯青，才有可能成功完成一部精彩的作品。

另外，师生在努力学习和不断接受相关专业知识的同时，需要不断努力探索和学习各种新的知识，更新和完善自己的知识体系结构，提升现代信息化管理水平。师生不断学习信息技术知识和完善知识结构的过程，也是劳动教育的过程。

（二）用技术功能推动信息技术劳动课程的贯彻实施

学生借助现代信息技术手段解决学习和生活中遇到的各类复杂问题，其综合能力得到不断提高。

信息技术课程和劳动教育是一个有机的统一体，不包括信息技术的劳动教育必然与社会发展脱轨，不能充分满足社会对劳动教育专业人才的培养要求；不包含信息技术的劳动教育课程同样也是一个空壳子，学生只有基础理论知识，但缺少实践经验，导致他们很难进行实践判断。

学校充分运用数字化的方式进行劳动教育，打破了时间和空间的局限。学生在实践中获得了丰富的劳动技术课程知识，掌握了适应时代发展的劳动学习工具，把现代信息技术作为劳动教育的一门基础性课程去落实，提升了在实践中运用现代信息技术手段来优化劳动方式、提高劳动效率的能力。

（三）利用智能化功能发挥信息技术劳动课程的育人功能

在智能化的信息技术课程中，看到信息技术给国家和社会带来的日新月异的变化，学生的爱国情感油然而生。在学习和掌握有难度的信息技术知识时，学生会经历不畏困难、迎难而上的科学精神的洗礼。在网络远程学习的过程中，学生感受到了团队的力量和协作精神的重要性。

信息技术的智能化功能为培养学生的劳动精神提供了一条有效的途径，使学生敢于正视劳动、喜欢劳动，在信息技术劳动课程的学习及实践中，不断提高自身的劳动素养。

（四）对信息技术的认知也是对劳动观点的再认识

师生对信息技术劳动课程属性的定位和劳动教育课程的实施有一个思想认同及再认识的过程。这个过程由最初的不理解甚至是怀疑、不认同，到借助外在资源强化学习与思考，是一个不断变化的过程。这种思维方式和看法的变化，也经历了一次反思、交流、再认识劳动观点的过程。这一过程本身就是对劳动观点的认同，也是劳动课程的延伸。

三、信息技术在劳动教育中的应用

信息技术有先进的劳动教育功能，因此要发挥其自身优势，在劳动教育课程的整体构建之下，使信息技术的劳动教育功能更加凸显。信息技术是通过项目化的方式来开展劳动教育的。

（一）用信息技术优化劳动教学环境

信息技术为劳动教育课程提供了全新的教学环境，这样的教学环境包含了软、硬件教学设备。学校借助各种数字化设备，采用恰当的信息技术教学手段为师生创设各种时时可学、处处可学的劳动学习情境。这种情境教育打破了劳动教育在学习时间和知识空间上的限制，激发了广大学生对劳动教育的学习兴趣。学生在这种情境中拥有更加真实的劳动体验和全新的学习感知，可以根据相应的学习进度与内容，积极思考、动手实践，强化劳动体验，设计制作劳动创意作品，分享劳动成果，在劳动中收获劳动的喜悦。

（二）用信息技术锤炼劳动思维品质

信息技术具有高科技的性质，有利于学生锤炼更加优秀的劳动思维。而且，人工智能背景下的劳动教育能够给学生提供一个劳动性思维认知的基础，使学生在简易劳动与复杂劳动之间的交叉转换中提升自己对劳动的认知。同时，学生利用信息技术手段解决学习和生活中遇到的实际问题，其能力也得到训练和强化。

信息技术使劳动教育智能化。学生在这种更加先进、精密的智能化劳动实践中，其深层次、个性化、科学性探究思维，创新性思考与创作的能力，顽强的意志，强烈的责任心，以及诚实劳作、相互协作的品质等，都得到进一步锤炼。

（三）用信息技术培养学生的劳动创新能力和实践能力

信息技术给劳动教育注入了新鲜活力，并加大了劳动教育科技方面的难度。在这种新的劳动教育方式下，学生的劳动实践及创新能力得到进一步培养。

在运用信息网络技术的劳动实践教学中，学生获得了更多自主探究、多样化自主实践的活动机会。他们充分利用现代信息技术手段，积极开展信息收集、情境体验、手工制作、模型安装、作品设计、技能试验、艺术鉴赏等一系列课程实践活动。这样，学生的创新能力和解决问题的能力不断得到提升。

案例

自制冰糖葫芦

在“自制冰糖葫芦”这一课，教师在课前布置学习任务，要求学生利用网络自主收集制作冰糖葫芦的方法，了解制作冰糖葫芦的相关知识。学生通过前期的网络资料搜集和自主学习，将制作冰糖葫芦所需的材料准备得很齐全，并且对冰糖葫芦的制作方法也颇为了解。

于是，在课堂上，学生利用丰富的水果在冰糖葫芦的造型设计上大展身手。他们有的按照水果的颜色进行搭配，有的依据水果的形状进行组合，还有的根据水果的口感进行有趣的尝试。总之，学生自制的冰糖葫芦各有创意，与众不同。

学生在前期利用制作冰糖葫芦的网络资料进行自主学习，为后面课堂上的动手操作奠定了知识基础。学生的思维得到了启发，对冰糖葫芦的制作过程进行了大胆创新。

（四）发挥信息技术的功能积累劳动教学素材

教师可利用电教媒体等信息技术手段，为教学积累丰富的素材。比如讲授作物栽培、作物育种、作物保护时，可以根据作物的生长周期，从育种、栽培、管理等各个环节，分期摄录，并编制成生动的教学录像资料供学生观看学习。这样既克服了时空的限制，弥补了实践的不足，又可以提高教学效率。同时，教学中所使用的电教素材也可保存起来，既方便以后使用，又能解决学校设备、基地等教学条件不足的问题。

第三节　劳动教育与信息技术的有效融合

劳动教育与信息技术的融合，开启了劳动教育实施的新路径。因此，我们要结合学生的发展特点和需求，改变传统的教学模式，精准设置教育目标，科学设计教学内容，合理开展教学实践，促进学生全面发展。

一、精准设置教育目标

（一）育人价值

《意见》指出，“劳动教育是国民教育体系的重要内容，是学生成长的必要途径，具有树德、增智、强体、育美的综合育人价值”。

在劳动教育和信息技术有效融合的时代，首先必须精准把握劳动教育的价值基础，即以立德树人为教育核心，坚持促进人的全面健康成长。在“互联网+”的大环境中，劳动教育的内容不断更新和扩展，劳动教育的方式也在不断刷新。《意见》强调，要充分发挥劳动综合育人功能，以劳树德、以劳增智、以劳强体、以劳育美、以劳创新，促进学生德智体美劳全面发展。学生在更加多元化、丰富的劳动实践中，亲身经历、直接体验，感知道德规范和责任担当的力量，深刻体会劳动的价值，树立正确的劳动观念，形成良好的劳动习惯，磨砺坚韧的劳动品质。其次要注意把握劳动教育的价值取向，即劳动教育是身心、手脑的交融互动。劳动是一种具有创造性的活动，它是一切知识的来源。人在劳动中既可以动手也可以动脑，既锻炼了实际操作的技能，又促进了智力不断发展。

另外，根据劳动教育特点，还要重点关注学生劳动精神的培养。一是培养学生的反思精神。要通过劳动教育和信息技术的结合，引导广大学生掌握复杂的劳动、经济、科技等领域的知识，培养他们批判和反思的意识；引导学生做好充分的准备并深入反思劳动过程的优缺点，培养学生反思和探究的精神，让学生主动抵制好逸恶劳的享乐思想，主动地维护信息社会道德和伦理规范的基本原则，强化对信息安全的防范和控制能力，主动追求一种更高层次、更高境界的幸福人生。二是培养学生的创新精神。劳动教育要与时代的发展相适应，注重培养广大学生的科研精神，引导广大学生在实践中学习，在实践中理解，善于寻找问题，不断探索新知，提高广大学生的创造性劳动能力，实现智慧型劳动、创造性劳动。三是充分培养学生的团队合作精神。随着经济全球化的发展，培养具有开放、合作共赢素质的社会主义接班人显得更加重要。因此，我们要引导学生通过劳动认识社会，适应社会，学会与人交往合作，增强公民意识和社会责任感。

（二）劳动素养

劳动素养是人们在劳作中所具有的各种劳动理念、劳动心态、劳动技巧等因素的综合表现。数字化的劳动技术全方位改变着人们的日常生活和工作。因此，要引导广大学生主动面对数字化劳动的技术要求，不断提高自身综合劳动能力，形成端正的劳动态度，树立远大的劳动理想，提高进行数字化劳动的能力，养成健康的劳动习惯。

1. 健康的劳动精神与丰富的劳动智慧

在这个数字化的时代，学生要以更加努力、勤奋的学习精神和顽强的学习态度认真学习，掌握丰富的劳动知识，合理运用信息技术，灵活地配合使用各种智能化的劳动软件，抵御各种不利信息的干扰，使信息技术能够为我们发展劳动精神、劳动智慧而服务。

2. 良好的劳动态度及劳动习惯

数字化时代提供了大量的信息和选项，学生的注意力可能会受到各种信息的干扰。为了更好地适应新的数字化时代，学生需要形成一种新的劳动态度并养成良好的劳动习惯，对数字化的劳动要求具有正确的认识，并且能全面、客观、科学地看待和正确合理地开展数字化的日常劳动；严格遵守相关法律和劳动行为规范，杜绝任何违法犯罪行为。学生要在积极主动的劳动态度和情感的推动下，实现自我管理，并参与到日常劳动实践中，锤炼劳动意志。

3. 积极的劳动意识与劳动品质

智能化劳动在极大地减轻学生各项劳动强度的同时，也将影响学生的思想观念。如果对劳动持一种片面的认识，可能会直接影响学生对智能化劳动的认知，容易忽视开展智能化劳动要求的辛苦付出、诚实做事和改革创新的劳动素质，忽视合作分享、协同创新的意识。因此，劳动教育要培养学生的合作意识，勤俭、奋斗、创新、奉献的劳动精神，勇于担当的责任感，诚实、合法劳动的意识，端正的劳动态度。

4. 全新的劳动技能和劳动思维

数字化劳动促进了劳动者思维和技术的提升。劳动分工形式的复杂化及其协调合作方式的多元化，对劳动者知识、技术和其自身的智力都提出了更高的要求。因此，劳动教育要努力培养广大学生全面且富有个性的发展，提高广大学生的智力、审美能力等，把劳动教育同信息化、数字化的教学紧密地结合起来，运用新的劳动思维，掌握与新形势下的劳动生产和实践有关的基本原理，学会使用基本的数字劳动和生产工具，提高创新实践能力。

二、科学设计课程融合内容

信息技术和数字技术改变了传统的生产方式。机器互联技术、物联网技术和软件技术等新数字劳动形态，给传统的劳动课程带来了新一轮冲击。因此，劳动教育与信息技术相融合的课程内容设置，要与社会需求相契合，这就要重视和提升学生参与信息化社会生活的劳动能力。

（一）学科融合

课程设计可将以劳动、科技为核心的新兴数字和智能劳动纳入课程的基本任务之中，创新实践课程内容，全方位提升学生的综合素养。

学校教育可协调发展全新的校本学科基础课程与传统校本学科课程，打破学科课堂、课程、学校内的局限，有效地创新和整合校本学科基础课程、校本学科课程、社会实践和社团活动等教育内容，形成现代劳动素质教育与现代信息技术相互融合的一个全新的多学科校本课程教育集群。

（二）课程联合

信息技术与劳动教育融合的课程，在设计时除了关注学科融合，还要注意课程之间的联合。智能时代为学生个性化学习提供了便利的条件，信息技术为学生的劳动教育提供了更多元、便捷的学习环境。学校可充分利用信息技术，在课前、课中及课后等环节，实现线上与线下劳动教育课程的联合。

首先，利用信息技术平台为学生设计课前个性化的自主学习课程，引导学生利用各种智能设备自主进行线上的劳动课程预习。其次，教师可根据学生的劳动课程内容，利用互联网信息技术为学生设计相应的微课、慕课等教学内容，增强在该项课程中与学生的互动性。再次，学校要关注学生线下劳动教育实践的方式，设计出学生线下劳动实践课程，加强学生对具体劳动的体验与认知。最后，学校要利用信息技术设计出线上的复习课程和学生劳动评价课程。学校和教师可利用这些课程对学生的学习状况进行持续的强化巩固、综合分析与评估，并以此来调整相应的劳动教育课程与实施计划，促进学生更好地发展。

案例

营养早餐“蛋”生记

在指导学生学习“营养早餐‘蛋’生记”这一课时，教师根据学生对鸡蛋非常熟悉，但对鸡蛋的多种烹饪方法并不熟悉的实际，课前引导学生利用网络搜集鸡蛋的各种做法，指导学生课前自主学习。课堂上，教师利用制作好的微课，协助学生了解烹饪鸡蛋的具体操作步骤，并分组进行不同烹饪方法的实践操作，以达到熟练掌握制作鸡蛋营养早餐的目的。课后，教师可引导学生在家里继续进行多种鸡蛋烹饪方法的实战操练，将实战成果——烹饪的鸡蛋美食图片，发送到班级群，并组织学生，同时也邀请家长一起点评、评选和表彰。

本课教学中，教师组织学生课前、课中和课后进行线上与线下劳动教育课程联合实践学习，为学生绘就一张掌握美食烹饪方法的线路图，这也是学生利用信息技术与劳动教育课程融合的知识学习线路图。

（三）资源整合

新时代劳动教育课程的资源主要来自数据库。劳动教育中的每个人通过全新技术实现智能化劳动。这种智能化的劳动突破传统劳动教育的时空限制，打破劳动教育和其他“四育”的界限。

学校可通过信息技术平台，充分发动教师、学生和家长，甚至是社区、社会志愿者等主体的力量，为创建劳动教育数据资源库提供素材。这些素材涉及劳动教育的所有内容，例如教师的劳动教育微课、主题讲座，学生的劳动实践成果，社会人士的劳动事迹等。这些丰富的课程资源为学生的智能化学习提供了便利，这也是数字劳动的课程教育形式。

三、合理开展教学实践

（一）了解劳动教育的基本要求

1.体现时代的特征

在深入开展劳动教育研究和教学时，要紧紧围绕劳动的基本特征，将劳动教育同新技术、新行业、新经济产业等融合起来，挖掘劳动教育的新内涵，创新劳动教育的形式，帮助学生掌握多学科的知识，使劳动教育更好地适应现代科技发展和产业变革的要求。

新时代的劳动教育凸显了当前信息化、人工智能化时代的劳动价值。要教育学生正确认识到新时代劳动的数字化、网络化只是使人类的劳动生活方式、劳动范围以及劳动岗位发生了改变，但是劳动者的精神和劳动技能仍然是智慧型劳动的重要依托。人机合作意识、数字化知识与处理大规模数据的能力、互联网思维和经济全球化的理念、创新劳动及终身学习的观念，都将成为新时代劳动教育人才培养的主要着力点。这样更加彰显劳动教育的历史性和时代特点，使劳动教育更加与时俱进。

2.强化综合实施

劳动教育教学是一种综合性的育人活动。因此，具体实施时要注重学科融合，全方位、多层次地开展实践活动。首先，要在多学科常规教学中渗透劳动教育元素。例如在语文、道德与法治等学科教育中加强培养学生正确的劳动观和良好的劳动态度，在综合实践、科学、美术等学科教育中凸显对学生劳动技能与实际操作技巧的培养，还可以通过科技社团等具体的专业课程进行项目式学习，推动各种通用科技课程的落地和实施。

案例

干点家务活

道德与法治学科教师在执教“干点家务活”一课时，应充分发挥学科特性，从丰富的文本中挖掘劳动素材，渗透劳动教育观念。课堂上，教师利用幻灯片和学生做家务的视频，展示学生开展家务劳动的成果。通过劳动真实场景的展示，让学生在小组和全班分享和交流，增强学生的劳动自信。在随后的几个案例分析中，教师组织学生分析讨论，辨析明理，引导学生明白自己的事自己做的道理，重视对学生正确的劳动观和价值观的教育及引导。

好习惯的养成非一日之功，劳动习惯的培养也需要长期坚持。为了培养学生坚持劳动的习惯，教师利用班级群小程序设计了劳动记录打卡表，将这一学习延伸到课后，延伸到家庭，并邀请家长参与其中，做孩子的家务劳动督导员。劳动记录打卡每日一小结，每周一表彰。这对学生来说既是一种总结，又是一种精神上的激励，使其自律、自觉、主动地参与到家务劳动中。

其次，可以根据各个年龄段学生的性格、心理特征，整合学校、家庭及社会的力量，构建一个数字化劳动教育的社会实践课堂，带领学生去参观、拜访、实践、创造等，形成一种多维度、综合的劳动实践模式。

（二）掌握劳动教育的基本技能

1. 提升信息意识

劳动教育已从单纯的体力劳动教育演变为综合性强的能力教育。因此，要提高学生对信息的敏感度和判断力，能够利用信息技术手段快速找到解决问题的途径和方法。新时代劳动具有的社会性和复杂性特征，促使学生养成自觉有效地获取、筛选、加工、发布信息的习惯，从而具备"互联网+"劳动背景下的生存能力。

2. 发展计算思维

当今的劳动教育更加能够凸显学生的问题解决能力。在数字化劳动教育中，学生可结合自己在劳动中积累的各种知识与实践经验，利用各种数据进行统计分析并提出问题，然后依据具体情境选择或者制订合理的解决方案，选择适当的信息技术手段付诸实践。这是劳动教育对学生的基本要求。

3. 学会数字化学习与创新

数字化学习与创新是学生在劳动教育中获得的全新体验。利用数字化的学习模式进行现代劳动知识教育，打破了学习时间和知识空间上的局限，是一种全新的现代劳动知识学习、教育模式。

在数字化学习过程中，学生获得了丰富的课程资源，并充分运用这些资源与技术工具，有效地管理学习过程，创造性地解决问题，提升了运用信息技术手段优化劳动方式、提高劳动效率的能力。学生也可以主动参与特定的教育网络学习，通过平台与其他任何人进行知识交流和学习互动，构建一个移动学习的知识共同体；可以利用这种移动终端技术，参与远程学习和翻转课堂，实现自主互动学习、沟通、分享，提升实践创新的思维能力；可以运用移动思考导航地图技术来实时分析各类实践性创新项目的研究结果，提升发散性创新思维。

4. 信息社会责任意识

新时代的劳动教育更加强调学生的具体信息安全意识、职业道德等，注意维护个人合法权益以及公众的信息安全等，这是劳动教育重要的职能。学生可以从劳动中获得更多物质和精神上的满足，认识道德规范和责任担当，深刻体会到劳动的意义和价值，进而在实践中树立正确的劳动观，形成良好的劳动习惯，培养积极的劳动精神，抵制好逸恶劳的享乐思想，信守现代化信息社会的职业道德和伦理原则，提高信息安全防范能力。

案例1

“创客智慧课程”开启劳动教育新篇章

——湖北省襄阳市方圆学校人工智能时代劳动教育课程案例

人工智能改变了劳动教育的很多形态。劳动不再局限于让学生出出汗式的种植、做家务等，还包括创意设计、科技创新等新型的创造性劳动形态。湖北省襄阳市方圆学校立足学校实际，在全校实施“创客智慧课程”新劳动教育。科学普及、科技创新是该校开展“创客智慧课程”的思路，并成为该校发展的一大特色。

一、背景与概况

湖北省襄阳市方圆学校是一所集幼儿园、小学于一体的学校，校园环境优美，人文底蕴深厚。学校位于襄阳市老工业区，原属企业划转学校，其生源大多来自下岗职工和进城务工人员家庭。这些孩子乖巧懂事，生活自理能力较强，也有一定的传统劳动基础。但由于家庭条件的限制，很多学生不懂何为编程，也没有接触过机器人、无人机等。

为了给所有学生提供一个公平接受教育的机会，2007年学校将科技特色教育纳入学校发展规划，积极开发“创客智慧课程”。十多年来，学校始终将科技创新作为学校全面实施劳动教育的有效抓手，将创客智慧课程渗透学校劳动教育的全过程。建立创客活动室，并配备丰富的劳动工具。学校通过举办校园创客劳动节，开展科技制作、植物种养等创客课程劳动实践，进一步拓宽学生的知识面，增强学生的劳动实践能力，培养学生的劳动习惯与创新精神。全校逐渐形成了爱科学、学科学、讲科学、用科学的良好氛围。

学校“创客智慧课程”坚持“为所有的学生提供接受新劳动科普教育的公平机会，为部分学生提供更多的新劳动实践的平台，让有兴趣的学生提前探索新劳动科学的奥秘”的宗旨，为学生的发展开展了以下几项活动。

1. 在全校 18 个班 1000 多名学生中推广普及“七巧科技”创客智慧劳动课程，让学生参与“七巧板”劳动课程，激发学生的想象力，启迪学生的劳动智慧。

2. 学生通过自主申报，自主选择机器人、无线电、小制作、科幻画、百变魔方等课程，培养劳动兴趣与特长，提升科学劳动素养。

3. 每年 11 月开展“校园创客劳动节”活动，在日常劳动探究活动中培养学生的劳动创新精神。组织学生积极参加国家、省、市各级创客比赛，为学生搭建展示创客劳动成果的平台。近 3 年来，学校共获得国家、省、市、区各项科技奖励 400 多个，劳动创新智慧的火花在校园闪耀。

二、特色与创新

创客智慧课程作为方圆学校的特色之一，在襄阳市已经形成一定的品牌影响力。从 2007 年至今，学校每学期都坚持将创客劳动教育工作纳入学校工作计划，校长定期在行政会上研究部署推进工作。学校创客劳动普及教育管理规范，以创客工作室为载体定期开展活动，使学校的创客工作面向全体学生，给学生普及劳动知识，培养学生的劳动思维，提高学生的劳动探究能力和劳动实践能力。

创客工作室由 1 名副校长分管，1 名创客室主任和 5 名兼职教师组成，分别负责七巧板、无线电、机器人、科幻画、科技创新等工作。创客工作室的各项制度齐全，保证各项工作落实到位。

1. 学校创客劳动智慧课程普及活动贯穿全年。所有的创客培训、创客社团、科学劳动调查体验、科普日活动，面向全校学生开放，不收取学生的任何费用。每年的 11 月是学校的创客劳动节，劳动节活动丰富、精彩，学生全员参与，享受公平的创客劳动教育。

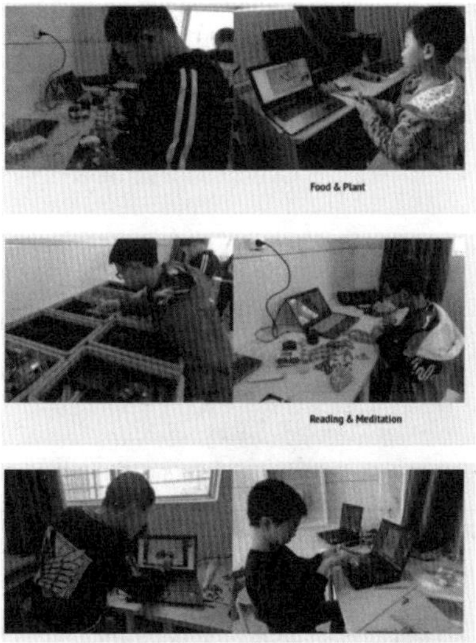

2. 免费创客社团课程。每周五下午，全校 1000 多名学生参与七巧板、无线电、机器人等社团课程。这些劳动社团课程不向学生收取任何费用，辅导老师全部由学校教师担任。学生参与到自己喜爱的科幻画、小制作、无线电、机器人、七巧板等劳动社团课程中去。这些课程不仅可以让学生增长创客劳动的知识与技能，培养学生对科学的兴趣，而且可以陶冶学生的情操，提高学生的劳动综合素质，促进学生全面发展。

3.“人人都是创客教师。”创客师资紧缺是各个学校普遍面临的问题，为了解决这一难题，学校提出“人人都是创客教师”的理念。学校鼓励一部分对创客劳动感兴趣、有特长的教师加入学校创客辅导员团队中，并制订行之有效的计划，全方位、多角度地开展活动，使学校创客劳动课程有组织、有领导、有计划、有落实，每年都能顺利开展。

4.校园创客劳动节。每年11月举办校园创客劳动节，全校师生积极参与，提交创意方案和作品。学校还邀请家长参与创客劳动节，和师生一起感受科技创新劳动的力量。此项活动至今已连续举行了十四届。如第十四届校园创客劳动节活动内容丰富多彩，既有科幻画、小制作、创意设计等非现场类竞赛，又有手掷飞机直线距离赛、“虎蛾”式橡皮筋动力飞机飞行时间赛、空气动力快艇竞速赛等现场类竞赛。创客劳动节，促进了学生的个性发展，使其劳动创造潜能得到发挥。校园创客劳动节上评选出的“十佳校园创客劳动之星”实至名归，充分激发了学生对创客劳动的兴趣，培养了学生的劳动创新意识和实践能力。

5. 开发“七巧”劳动校本课程。为了提升学生的劳动创新思维能力和动手实践能力，培养学生精益求精、力求完美的劳动工匠品质，提高学生的科学素养，学校积极开发了现代智力七巧板新劳动教育校本课程，让七巧科技劳动的种子播撒到全校 1000 多名学生心里。对于此类课程，全校各班每周开设一节相关课程。学期末的时候，学校从日常课堂完成情况、团队巡查记录结果、学生喜爱度调查三个方面对教师进行考核，评选出校级“优秀七巧劳动智慧教师”。

6. 开辟科普种植园。为了引导学生更好地认识自然科学，感受植物生长的全过程，提高学生的劳动实践能力，学校把教学楼后面的空地开辟成科普种植园。学生在科普种植园中分配各自的责任田，种植从襄阳市科技馆领取的太空种子：手捻小葫芦、亚腰中葫芦、巨型大葫芦、杭椒 7 号、航豇 1 号等。学生参与培苗、种植、管理、采摘、收获等植物收种的全过程。在实践中，学生既增长了知识，又提高了动手能力。

7. 科学调查体验课程。学校积极响应国家提倡青少年参加科学调查体验活动的号召，开展青少年科学调查体验劳动实践。每年的5月至10月开展青少年创客劳动学习课程，开展体验活动、调查活动、拓展活动和征集活动，激发学生的创客劳动兴趣和创新热情，让学生体验创客劳动智慧，提高劳动创新能力和科学文化素质，进一步增强科学探究的劳动实践能力。

8. 假期创客劳动作品。每学期结束前，教师给学生布置适当的假期创客劳动实践任务，如参观科技馆，看科普读物或者通过其他媒介学习和了解最新科学劳动动态，增长学生的科学劳动知识；利用废旧物品，如布片、糖纸、卡纸等做一张贴画，做一个手工艺品，变废为宝，培养学生的环保意识；观察生活，发现问题，制作科学DV等，让学生从小树立科技强国意识，学好科学文化知识，成为合格的社会主义建设者和接班人。

9. 评选创客智慧之星。每个月学校都要利用创客劳动橱窗、“方圆之声”广播站、宣传栏等向全校师生征集“校园创客劳动难题”和“校园创客劳动难题解决方案”，评选创客劳动“观察明星”和“发明之星”，激励师生实践陶行知先生“处处是创造之地、天天是创造之时、人人是创造之人”的名言。

10. 用好 QQ 群。为方便师生、家校沟通与交流，学校利用 QQ 群发布校务通知和学习信息，进行信息沟通和学习交流，密切师生、家校联系，方便学校管理和创客劳动教育教学工作。

11. 开发微信公众平台。学校以方便校际交流、家校沟通为主旨，创办了“襄阳市方圆学校”微信公众号。公众号每天发布学校最新消息，每周推送一次学校创客劳动实况，为师生提供更便捷的学习互通渠道。

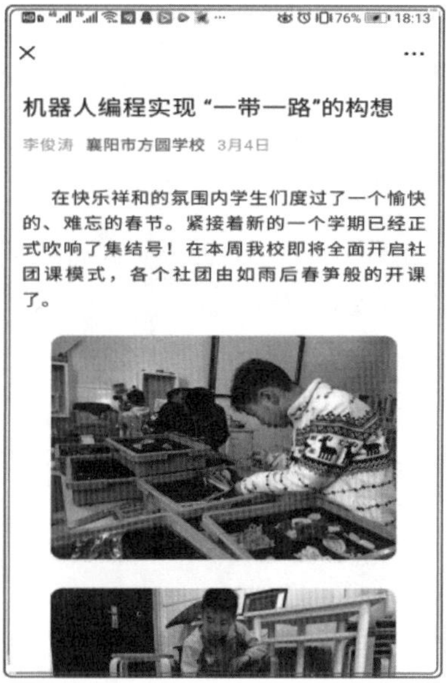

三、成效与影响

近年来，学校积极组织学生参加国家、省、市、区各项创客培训及竞赛活动，获得省、市级奖项 400 多个。仅 2017 年，获得省科技创新大赛一、二、三等奖共计 31 个。其中，李好的创意作品《智能小木屋》荣获全国“优秀创意奖”。在 2018 年襄阳市青少年科技创新奖申报活动中，方圆学校师生全员参与。创客工作室通过精心组织，严格选拔优秀选手和优秀项目参与各项评比。最终，在 4 个奖项中全部获奖，学校还获得了“优秀组织奖”。学校创客劳动教育活动多次被《襄阳晚报》、襄阳电视台等媒体报道。

方圆学校先后荣获“全国科普校园e站服务示范点”“全国青少年人工智能活动特色单位”“襄阳市科普创新示范学校”“襄阳市青少年科技创新组织奖”“襄阳市青少年科技节优秀组织奖”。2014年至今，学校连续7年成功举办樊城区“方圆杯”中小学生科技创新大赛，总分排名第一，荣获“优秀组织奖”。

教师学生获奖情况：在湖北省第32届、33届青少年科技创新大赛中的七巧板、机器人、无线电、科幻画、科学DV、科技创新成果等项目中获得省一等奖2个、二等奖16个、三等奖48个。其中，6个科学DV作品入围湖北省科学影像节，5个作品荣获全国影像节三等奖。田晓桃、焦江丽等老师被授予“湖北省优秀科技教师”“湖北省科学体验调查优秀老师”荣誉称号。

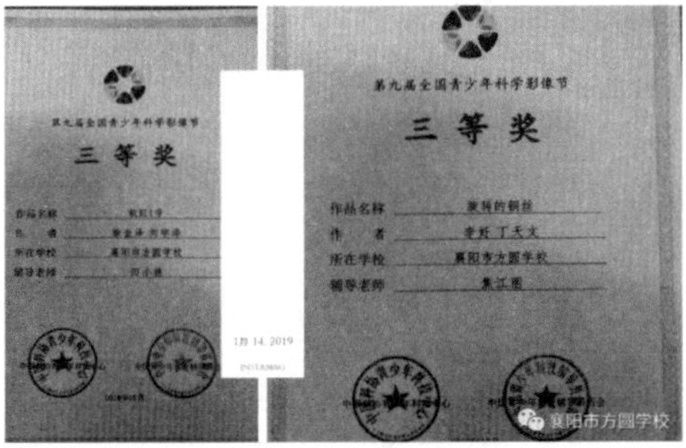

学校继2017年襄阳市课题“城市老工业区小学生科普公平教育的实践研究”成功结题后，2021年又成功申报市级课题“实施科普教育，提升小学生劳动素养的研究”。这项工作提升了学校创客教师的科研水平，促进学校后一阶段创客劳动教育更加细致、深入、持续地发展。

四、经验与启示

1. 积极开展创客教育师资培训。学校通过开展多渠道、多形式、多层次的培训，以及外出考察等形式，不断加强创客团队建设，帮助创客教师提升理论认识与实践技能，积极搭建多个平台，为创客教师提供展示与交流的机会，使教师切实承担起创客教育相关工作。学校采用“走出去、请进来”的策略培养综合素质高、信息技术水平高、能开设创客课程、指导学生开展创客活动的专业教师。

2. 深入推进创客教育智慧劳动校本课程。学校继续普及智力七巧板校本课程，另外，根据学校实际，适当拓展科普种植园、无线电等劳动课程，并通过引进改造技术开发个性生成的方式形成特色鲜明的创客劳动校本课程。

3. 继续扩大创客交流平台。学校进一步管理好现有的创客交流平台，让师生在网络创客空间实现资源共建、资源共享，并进行在线交流、在线评价，为创客教育实现翻转课堂创造条件。

4. 加强考核激励。学校加大对创客劳动课程的考核督查力度，制订创客劳动课程考核标准，完善教师激励机制，将教师参与创客教育活动计入教学工作量，把创客教育工作纳入教师绩效考核范围。

5. 加强经费保障。学校加大经费投入，用于创客课程开发、耗材添置、师生教学实践和应用研究等，给师生提供良好的创客劳动教育环境。

（襄阳市方圆学校　张正菊）

案例 2

居家防疫，“疫”起劳动

——广东省深圳市光明区凤凰学校三（1）班疫情期间劳动教育活动纪实

一、活动背景

在疫情防控的特殊时期，学生居家学习已持续了一段时间。有不少家长反映，孩子在家作息不规律，比较懒散，自己的房间乱了也不收拾。吃饭也很挑剔，根本不体谅父母的辛劳。

居家期间，绝不仅仅是让学生开展好学科知识学习，还要注意培养他们的综合能力，尤其是劳动能力和生存能力。学生长期居家，但由于年龄小，自控能力差，容易形成懒散的不良习惯。学校针对班级学生出现的问题，从劳动教育入手，在班级中开展“居家防疫，‘疫’起劳动”线上家庭劳动教育活动，培养学生的劳动意识，指导学生的行为，促进学生良好习惯的养成。

二、活动目标

活动以居家期间要加强自律，养成讲文明、讲卫生、讲科学的健康生活方式为主要内容，让学生与父母或者身边经常照顾自己的家人互换身份去体验劳动，让学生理解热爱劳动是中华民族的传统美德的同时，体会到家长以及身边劳动者的辛苦，做到尊重劳动，充分认识疫情里“居家也是战斗”，为抗击疫情传递信心、鼓舞士气，以实现劳动育人的目标。

三、活动内容

（一）“自主成长”巧规划

自律赢未来，疫情延长了假期，但是自律却能拉开人与人的距离。学生根据学校的自主成长记录表，结合自己的实际情况，制订一份自律契约。虽然这是一张小小的契约，但它却让孩子们延期开学的每一天都变得充实而有意义。

（二）“宝贝当家”乐成长

每个学生都是家人的宝贝，得到长辈的百般呵护，有些学生渐渐养成衣来伸手、饭来张口的不良习惯，独立意识弱，动手能力差。可是，他们不可能永远生活在长辈的羽翼之下，一定要从小学习基本的生活技能，培养独立生活的能力，为今后更好地适应社会生活奠定基础。

在真实情境中开展丰富多样的劳动教育，首先在家做好卫生清洁，因为科学防疫关乎每一个人的生命安全。在本次活动中，学生拿起工具，擦窗拖地、刷洗碗筷、整理被子……个个干得不亦乐乎。最重要的是要让这些良好的生活方式变成习惯。

（三）“种植培育”爱自然

恰逢植树节，开展主题为“播种绿色，抗击疫情”的线上班会。上完课后，学生更加懂得要敬畏自然，热爱自然，保护自然。学生还因地制宜，积极行动起来，有的同学在室内种植绿色盆景，有的则自己种下一棵小花、一株蒜苗……在网上查阅种植方法，定期为植物浇水、施肥，写下观察日记并拍照，感受生命茁壮成长的喜悦。

四、活动收获

在学校的倡议下，在老师和家长的指导下，学生参与到劳动实践体验活动中，体验父母的辛苦，懂得劳动的意义。他们学到了各种劳动技能，体验到劳动带来的成就感。

在全民抗疫这个特殊时期开展劳动主题教育和实践活动，以劳树德，不仅可以培养学生自立自强的品质，培养他们用自己的双手创造生活、创造幸福的劳动精神，还可以增长学生的见识，让他们在劳动中提升生活技能、增强社会责任担当，在劳动中健康成长，让学生真正树立起“劳动最光荣、劳动最崇高、劳动最伟大、劳动最美丽”的理念。

（深圳市光明区凤凰学校　丘玉婷）

第八章

劳动教育管理

教育与生产劳动相结合是培养全面发展的人的重要途径。加强劳动教育对于全面贯彻我国的教育方针，提高教育教学质量有着重要的意义。要真正使中小学劳动教育落到实处并逐步得到发展和提高，就必须对学校工作加强管理和指导。劳动教育既有教学过程又有生产过程，因此学校管理学和经济管理学的许多原理对它都有一定适用性。

第一节　劳动教育管理概述

一、劳动教育管理的意义

劳动教育管理，是指管理者为达到劳动教育目的对有关活动的计划、组织、指挥、协调和监督。学校管理，就其内容而言，不外乎处事、管人、理财和用物。谈到管理，大都要讲条例、规章制度和计划、实行、检查、总结等，劳动教育的管理也概莫能外。

（一）由劳动教育活动的性质决定

劳动教育的管理绝不是人为的、外加的，归根结底是其活动的性质——人类劳动的社会性及其自身的复杂性决定的。劳动教育是许多人共同参加的社会劳动，若没有管理，劳动者就会随心所欲、各行其是，整个劳动教育必定会乱套，自然就难以完成其任务，无法达到其目的。劳动教育既是教学过程，又是生产过程，其实施的内容、空间和时间又比任何单一的教学活动或生产活动更为复杂，这就更需要对其加强管理。

（二）处理好诸多关系的需要

劳动教育是许多人共同参加的社会劳动，它不可能孤立地进行。作为全面发展教育的一个组成部分，它又必然与学校内部的其他工作相联系；作为有生产和技术过程的一种教育活动，它还要与校外的许多部门和事物发生关系。所有这些联系和关系，与中专和职业技术学校以及生产部门相比，都更为复杂，概括起来有如下关系：

1. 校内的关系。思想政治品德教育与生产和技术活动的关系，各科教学与劳动教学的关系，学校的基本建设与劳动教育的经济收入的关系，学校领导、共青团、少先队、学生会、班主任、劳动教（技）师、工人师傅和学生之间的关系，班级与班级之间的关系，劳动教育与全面贯彻党的教育方针、政策和法规之间的关系，等等。

2. 校外的关系。劳动教育与党的政治、经济政策的关系，劳动教育与当地经济发展的现状和需要的关系，劳动教育与校外教育机构（少年之家、科技推广站等）、工厂、农场之间的关系，劳动教育与周围群众的关系，劳动教育与学生家庭的关系，校际关系，等等。

劳动教育要对上述诸多错综复杂的关系进行恰当处理，而符合规律的条例、规章、制度、计划等管理措施恰恰是处理这些联系和关系必不可少的准则。

（三）当前我国劳动教育的迫切要求

我国实施劳动教育70多年，有许多成功的管理经验，但也出现过一些偏差，存在某些问题。由于目前对劳动教育尚缺乏统一、明确的认识，因此迫切需要从思想上加强管理。而且，由于目前没有全国统一的劳动教育大纲和教材，各地的劳动教学途径不一、方法各异，评定教学效果的标准也不尽相同，因此很有必要加强教学管理。实践证明，凡是劳动教育搞得好的学校，都有一整套行之有效的管理措施。劳动教育的管理直接影响着劳动教育的进程和质量，加强劳动教育管理的重要性不言而喻。

二、劳动教育管理要注意的问题

（一）静态管理与动态管理相结合

要想卓有成效地管理劳动教育，必须制订相应的条例、规章和制度。例如从管理人的角度看，必须有思想教育以及检查、评比、考核的条例或制度；从理财和用物的角度看，必须建立、健全财会制度和保管制度；从管理生产的角度看，必须有技术操作规程和岗位责任制等规定。所有这些条例、规章、制度和规程等，都包括若干固定的条文，不妨将它们称为静态管理。静态管理的重要性在于：它一经建立，就是师生员工必须遵循的准则，具有类似于法律的约束力，有一定的强制性。动态管理是指对劳动教育过程的管理。劳动教育有一个发展变化的过程，这个过程有其自身的发展程序，可分为若干阶段，由此构成劳动教育的全过程。对这个全过程或某一具体部分的动态管理就是要从调查研究入手做决策和计划，组织实施这个计划并不断对其进行监督、检查、指导、调整，最后进行总结，这是动态管理的基本程序，也是管理工作内部运动的一条基本规律。

（二）尽可能地采用现代化的管理技术

所谓现代化的管理技术，是管理过程中应用各种现代的数学方法、管理方法和先进技术手段的统称。现代化的管理技术具有及时、准确、适用和节约的特点，能大大提高劳动教育管理的效率。现代管理技术是在经验型管理的基础上发展起来的。现代化的管理与经验型的管理是彼此连接的。作为一个科学体系，现代管理理论能反映管理工作的客观规律，它的基本原理对经验型的管理具有指导意义。

第二节　劳动教育管理基本原则

一、劳动教育管理组织

不同的劳动形态，尽管其组织管理表现出相当大的差异性，但都需要统筹安排和组织管理。因此，学校开展劳动教育，需要有相应的管理机构和管理者。劳动教育的组织体系旨在保证学校能够根据劳动形态的不同特征，对劳动教育进行计划与安排。目前，中小学劳动教育的组织与管理，在义务教育学段通常是由教务处来负责，在普通高中则由德育处来负责。但不管是由哪个部门来管理，劳动教育活动的开展若有很大的随意性，就是劳动教育组织体系不够健全的表现。此外，学校的劳动教育组织与管理，必须明确任务分工和职责，要有符合学生年龄特征的劳动教育规划和计划，要建立起能为劳动教育提供动力的激励与评价考核机制。

二、劳动教育管理原则

（一）实践性原则

劳动实践原则要求组织学生参加劳动实践，培养学生的劳动习惯和热爱劳动人民的思想感情，初步学习并掌握一些生产劳动的基础知识和基本技能。劳动教育和职业教育要求以劳动实践为主。学生只有参加劳动，才能学会劳动。这就决定了实践性原则应该成为劳动课教学管理的基本原则。贯彻劳动实践原则的要求是：1. 严格按照教学计划的要求，吸引学生参加各种各样的劳动。2. 激发学生的劳动兴趣，在发挥学生积极性和独立性的基础上安排劳动。3. 劳动要尽可能和教学结合起来，用理论知识指导劳动实践，通过劳动实践拓展理论知识。4. 劳动实践和思想教育相结合，必须把劳动变成一种有力的教育手段，把思想教育贯穿于整个劳动生产过程。把劳动生产单纯看作是改造思想的手段是片面的，忽视劳动的思想教育作用也是片面的。5. 加强学校与工农业生产组织和个体劳动者的联系，让他们对学生进行生产方面的指导。6. 在学生的劳动教育工作中，班级、少先队、共青团以及家庭必须互相配合，统一步调。

（二）操作性原则

操作性原则要求在教学中让学生动手操作，手脑并用，以掌握劳动技术知识和技能，发展操作能力。实际操作是以思考与操作相联系为特征的，它能巩固技术知识，培养操作技能技巧，对认识能力和创造能力的发展、情感的陶冶、意志的锻炼都有重要作用。实际操作的发展，是学生全面发展的重要因素。培养全面发展的人的教育目的和实际操作本身的特点，决定了实际操作也是劳动教育和职业技术教育管理的一个基本原则。贯彻实际操作原则的要求是：1. 明确实际操作的目的、意义，使学生明白操作任务，形成克服困难的心理定式，产生责任感和义务感，从而更好地完成任务；2. 要有理论指导，阐明实际操作和有关劳动技术知识的联系，以保证操作的自觉性、科学性、正确性，并加深对知识的掌握；3. 对操作过程进行指导，帮助学生掌握比较合理的操作方法，并对操作进行检查，掌握安全技术，爱护工具；4. 引导学生将思维与操作结合起来，并发展他们的操作能力；5. 实际操作结束时要进行总结。

（三）综合性原则

综合性原则要求教学中使学生在理论和实践相结合的基础上掌握基本的生产知识和简单的技能，以达到综合技术教育要求。贯彻综合技术教育的要求是：1. 在指导学生劳动和学习劳动时，要使其认识生产的多种共同因素，掌握基本的生产知识和技能；2. 使学生了解在劳动中得到广泛应用的物理、化学、数学、制图、生物方面的知识，学生用普通学科中学到的基本知识指导实践活动，是贯彻综合技术教育原则的核心；3. 发展学生的创造性技术才能；4. 要注意与有关学科知识的教学及生产劳动的紧密联系。

（四）安全性原则

安全性原则要求劳动教育有利于学生身心健康发展，防止工伤事故的发生。贯彻这条原则的依据有两个：一是我国学校的教育目的要求促使青少年、儿童在品德、智力、体质等方面全面发展；二是劳动教育要适合学生的年龄特点，适合青少年体力和智力发展的特点，选择他们能够完成的劳动项目，才能收到预期的效果。贯彻安全性原则的要求是：1. 学生参加的劳动项目，一定要是力所能及的、无毒无害的、无危险的。2. 要经常进行安全保健教育，不断改善劳动条件，保证安全生产。3. 一定要严格控制劳动时间和劳动强度。要有必要的劳动保护和预防措施，严格防止工伤事故；体弱多病的学生和月经期间的学生可以不参加劳动或只参加强度较小的劳动；不要让学生上夜班或参加有碍身体健康的劳动。4. 不要在劳动中组织竞赛，不使学生感到过分紧张、劳累和负担过重。

（五）效益性原则

效益性原则是指在实施劳动技术教育和职业技术教育时，要以尽量少的人力、物力、财力的投入，获得尽可能高的经济效益和社会效益。

劳动技术教育的目的是提高劳动者的素质。学生受教育后，获得的劳动技术知识和技能越多，毕业后在劳动岗位上做出的贡献也越大，获得的社会效益就高。另外，学校实施劳动教育，还要创造一定的经济效益，以改善办学条件。如果没有效益，劳动教育就没有生命力，并且难以维持和发展。贯彻效益性原则的要求是：1. 提高劳动成果的社会可接受性。学生毕业后走上劳动岗位，如果掌握一定的劳动技能，富有创造精神，就会为社会所欢迎。为此，进行劳动教育，要按照各地经济状况和社会发展的需要，因地制宜，因校制宜。2. 减少人力、财力、物力、时间等的耗费。3. 尽可能把在学校掌握的新科学技术知识向社会推广，为促进地方经济发展服务。

案例

南科大实验一小“劳动+”教育

广东省深圳市南科大实验一小自2015年建校伊始，就用“课程统整”的理念，提出了“劳动+学校”“劳动+家庭”“劳动+社区”三位一体的学校劳动课程体系设想。通过涵盖学生学习生活的各种场景的劳动实践活动来培养学生热爱劳动、学会生活的情感，形成尊重劳动和劳动者、珍惜劳动成果的正确态度。

一、劳动+学校：学校劳动育人途径

学生在校期间的“综合劳动课程”建设做到“四确保”——确保学校劳动课有劳动基地、确保劳动课有课时保障、确保劳动课有教师、确保劳动课有教学内容。

1. 什么时候上劳动课——按照全校课表上劳动课，保障学校劳动课的课时。教务部门统筹全校课表，合理安排各班每周一节劳动课，并做到课表上墙。

2. 什么老师上劳动课——各班班主任上劳动课。

3. 劳动课上什么——劳动课教研安排：学生成长中心牵头的劳动课教研很有成效，各年级劳动老师在集体备课过程中，认真研读纲领性文件，学习各种劳动教育的新理论和实践知识，并进行头脑风暴。劳动课的教学设计有体系：这是劳动教育的重头，包括劳动与自我教育、劳动与家庭生活、劳动与创意制作、劳动与文化传承、劳动与生产活动、劳动与社会服务。各年级还有劳动周主题设计：一年级“劳动技能大闯关”，二年级“校园邮局寄托梦想”，三年级“跟着蔬菜去旅行”，四年级“共筑社区有爱大家庭”，五年级“我们去摆地摊”，六年级“向母校致敬”。

4. 在哪里上劳动课——劳动基地。学校后勤部门积极督办两个劳动基地的硬件建设，联系基地的日常维护人员配置各种劳动工具，确保劳动教育场地得以有效使用。

每周都有一节“综合劳动课”，专门在校园里开辟了两个学生劳动基地：一、二、三年级上劳动课的“弘毅庄园”在教学楼顶楼，四、五、六年级上劳动课的“日新车间”在教学楼负一楼。这两个劳动基地的课程结合每个年级的统整主题特色开展，专时、专地、专人（师生）进行劳动课的教学。

弘毅庄园：经申报后获批建设为南山区教育局第三批劳技室项目，所用经费是南山区教育局专款专用。经过学校后勤部门前期的规划和建设，成为一、二、三年级开展种植课程的劳动基地。一、二、三年级每个班级分配有专属种植的区域，让学生体验生产劳动里跟生命教育紧密相连的种植活动。

日新车间：四、五、六年级学生的劳动基地进行了精心的设计，安装有劳动器材与设备，是用来进行“智能劳动”教育的场所。

5. 校园劳动还有什么内容——班级劳动、校园劳动常规的班级日常值日、公共空间的打扫和整理等，都是劳动教育的内容。社团指的是在学校的四点半课程体系里加强创造性劳动教育，提高学生的科技创造能力。结合学校的科学课和科技节活动，让更多的学生体验创造性劳动带来的成功感。

6. 学校劳动怎么评价——班级文化建设专设评价栏。在开展新劳动教育的过程中，教师的成长是迅速的，因为上劳动课的都是班主任，劳动教育的理念和操作可以直接渗透班主任的工作中。每个班级明确相应的劳动评价标准，并设置劳动角、值日安排表、班级小岗位，还有专门的评优栏“劳动之星”。文化建设能突出“劳动最光荣”的育人目标。

二、劳动 + 家庭：家庭劳动育人途径

各年级老师和家长根据学生的身心发展规律，制订出每月有梯度的生活自理技能养成内容：安全 + 健康运动、自我服务 + 健康运动、整理清洁 + 健康运动、健康生活方式 + 健康运动。每月月初公布当月劳动技能学习训练内容，每月的最后一个周五下午进行劳动技能评比，家长是评委。各班文化建设评比栏开辟每月“劳动之星、生活技能小能手”表扬专栏。家长使用过程性的学生《每日劳动手册》，落实每项生活技能的培养成长记录，这个活动成为家校共建的内容之一。

三、劳动 + 社区：学校和社区的协同育人途径

学生开展服务社区、街道的各种公益劳动，通过“劳动 + 社区”的教育模式开展，改变了之前学校跟社区沟通不畅的局面。如劳动教师主动走进桃源街道福光社区工作站，与青少部办公室建立了积极有效的协同育人关系，并针对劳动教育主题，引进了“点亮花季”系列公益劳动的项目，保障了“劳动 + 社区”教育的顺利开展。

第三节　劳动教育过程管理

学校劳动教育过程管理以劳动目的为中心，包括制订劳动教育工作计划、组织实施劳动教育及对劳动教育进行考核和评价等。在这一管理过程中，学校管理者不仅要熟悉每一个管理过程，而且自始至终要起着领导作用，以确保劳动教育管理目标顺利实现。

一、制订学校劳动教育工作计划

（一）制订学校劳动教育工作计划的依据

1. 政策依据。党和国家的教育方针、政策、法规，特别是有关劳动教育方

面的文件、政策、规定，是劳动教育工作计划管理的重要政策依据。如《意见》《指导纲要》等文件，都要认真学习、研究，并加以贯彻。

2. 理论依据。育人是学校管理的根本特点，学校劳动教育工作和管理工作必须以马列主义理论及教育学、心理学、学校管理学等所揭示的客观规律、原理、原则、方法作为计划管理的依据，在科学理论的指导下进行。

3. 实践依据。一是学校劳动教育管理已有的基础，即劳动教育工作的先前情况和最终事实；二是学校当前的物质条件，如师资、地方教材、经费、设备、基地及其工作对象的主客观情况；三是学校的总体目标、发展规划，对劳动教育提出的总体要求；四是当地经济建设和社会发展的现状及其趋势，各行各业对实用技术和人才的需求；五是学校与工厂、农场、企业的联系，以及社会对学校劳动教育的支持。

（二）制订学校劳动教育工作计划的过程及要求

学校劳动教育工作计划是学校教育工作计划的组成部分。制订劳动教育工作计划，应事先确定劳动教育目标及实现这一目标所采取的方法和手段。中小学劳动教育目标，包括思想教育目标、技术结构目标和能力基础目标三个方面。

一些办学经验比较丰富的学校为使劳动教育能够有效开展，能够合理地安排学校劳动教育和开展有目的的活动，自身有一套明确而周密的计划。有了计划，就有利于劳动教育管理工作有条不紊地进行，有利于协调学校内外各方面劳动教育工作的步调，也有利于加强劳动教育工作的系统性和连贯性。这些学校的领导在制订计划时，能够充分发动和依靠群众，广泛听取教师、家长和社会有关方面的意见，以达成共识并形成教育合力。内容一般是切实可行的，做到分工合理、任务具体，使各项工作都有人负责。在计划实施过程中，领导进行有效的指导、监督、检查和考核。

二、劳动教育的组织实施及管理

（一）加强劳动教育工作的组织领导

劳动教育比较复杂，它既有生产劳动问题，又有教育问题。因而，要有一个劳动教育管理机构。学校应成立领导小组，由校长（或副校长）统一安排和指挥学校的劳动教育。同时，应建立劳动教育教研组，聘请有一定实践经验和专长的教师，或者有一定文化水平和教育能力的技术工人担任劳动教育课教师，还可以从当地的工厂、农场、机关中聘请兼任教师。劳动教育的具体工作应由劳动教育教研组负责，对各年级劳动教育内容的安排，包括加强教育的措施，以及师资、教材、劳动基地的建设等问题，每学期都应有一个计划。领导小组应定期开会，研究劳动教育中的各种问题，不断改进工作。

（二）加强劳动中的思想教育

劳动并不等于教育，只有在劳动中加强思想教育工作才能使劳动成为强有力的教育手段，达到劳动教育的目的。为此，在开设劳动技术课或组织劳动教育活动之前要根据学生中存在的思想认识问题进行动员教育，使学生明确劳动的目的、意义以及具体要求和组织纪律，这样学生才能自觉、积极地参加劳动。在劳动过程中，要深入了解学生的思想动态、劳动态度、掌握劳动技术的状况和完成劳动产品的质量情况，并及时进行耐心细致的思想教育工作，教育学生树立质量观念，增强劳动责任感，并帮助他们解决实际困难，关心他们的进步。劳动技术课结束后要进行总结，交流心得，表扬好人好事，巩固劳动过程中的教育成果。思想教育工作要贯穿劳动教育的全过程，渗透到各个方面，落实到每一个人。劳动中的思想教育，不仅要靠学校领导，而且要靠学校其他方面的力量，以保证劳动教育顺利完成。

（三）抓好劳动技术教育

学校要按《意见》要求，选用统编教材和由任课教师根据当地经济建设、自然资源状况和社会发展的需要，自编地方教材作为补充。编写地方教材的一般要求是：1. 以“课程标准”为准则，既保持教学内容的系统性，又因地制宜，并具有地方特色；2. 教材内容适应当地经济和社会发展的需要，学生对这些内容看得见、摸得着、记得牢、学得好、用得上；3. 教材应适合学生的年龄特点和发展水平，如编写的地方教材要尽可能做到文字材料与声像材料相结合。

（四）完善劳动教育基地的建设

劳动教育具有实践性、教育性和技术性，其效果与学生参加实践活动的过程以及与所创设的劳动教育基地的完善程度密切相关。因此，学校要从本校实际出发，采用多种途径建设劳动教育基地。1. 有条件的学校可以建设校内教学基地和校内劳动课专用教室；2. 利用校办工厂、农场，创造条件安排学生进厂劳动学习，这一点农村中学更为突出；3. 实行校企挂钩、一企带一校、军民共建等形式，借助社会力量开辟校外基地；4. 利用自然优势建立林园、果园、茶园、饲养场等立体式劳动基地，实现育人、创收双赢；5. 利用家庭庭院，开辟家庭劳动基地，把劳动教育延伸到家庭。

（五）勤工俭学活动的管理

勤工俭学是学校进行劳动教育的一种较好的组织形式。根据《全国中小学勤工俭学暂行工作条例》规定，各级教育行政部门要建立健全勤工俭学的管理机构，指派专人负责，加强对中小学勤工俭学的管理，保证勤工俭学活动顺利进行。学校的勤工俭学活动要因地制宜，从本校实际出发，宜工则工，宜农则农。项目选择要因地制宜，如对工业多且具有优势的城市或城镇地区，可以工业为主，独办或联办工厂，利用当地有利条件，生产有原料来源、适销对路的工业品。一些农村学校根据当地的自然资源优势，开展以“挖、采、编、绣”为内容的勤工俭学活动，既简单易行，又具有教育意义和经济意义，也一定能取得应有的效果。

（六）加强劳动卫生和注意安全保健工作

增进身心健康和促进身体发育，是中小学生劳动教育的重要目的和任务之一。中小学生参加生产劳动要注意卫生保健问题，如劳动工种的选择、负荷、劳动制度、劳动姿势、劳动场所与设备等要符合要求。中小学生劳动项目的选择应根据学生的年龄、性别和健康状况区别对待。学校在组织学生参加劳动时，应注意以下几点：体弱多病的学生不宜组织他们参加过重的体力劳动；女生在月经期间应适当安排休息；不得让学生接触有毒、有害物质，不得让学生高温作业，或参加特种作业等；组织城市的学生到农村参加劳动时，要认真选择劳动地点；创设和选择合适的劳动设备，学会使用正确的劳动姿势，预防骨骼变形，防止疲劳和外伤，保证学生身体健康。

三、劳动教育的考核与评价

（一）做好学生劳动教育的考核工作

做好学生劳动教育的考核工作是学校劳动教育管理的重要一环，是劳动教育质量评价的基础。因此，在开展劳动教育的过程中，要对学生严格要求，经常检查学生的劳动态度和效率。每学期或每个阶段的劳动结束时，要认真进行总结，表扬先进，每个学生都要写劳动小结。学年末要根据学生的劳动态度、劳动纪律、掌握知识和技能的情况，以及成品的制作情况评定成绩，并记入学生成绩册。学生的劳动态度和表现应作为操行评定的重要内容。

（二）做好劳动教育的评价工作

劳动教育评价工作是劳动教育工作管理的一个重要环节。做好劳动教育工作的评价，是落实《指导纲要》的重要保证。它有利于进一步激发学生学习和劳动的积极性，使学生自觉改正存在的不足；有利于肯定教师的成绩，激励先进，并为进一步改进工作提供客观依据；有利于学校改善管理工作。劳动教育的评价一般包括四个方面，即劳动课教学评价、劳动基地管理与勤工俭学评价、家庭劳动教育评价、学生劳动教育质量评价。在以上各项评价中，学生劳动教育质量评价是学校劳动教育工作评价的主要方面。

案例1

长沙发布“普通中小学校劳动教育状况评价指标”

长沙市教育局依据《意见》及相关文件要求，结合长沙教育实际和已有研究，构建了长沙市中小学校劳动教育评价指标体系。该指标包括劳动教育课程设置、教学实施、保障机制、学生劳动素养 4 项一级指标，必修课开设、研学活动专题、劳动周设立、学科融合等 16 项二级指标及相关评价要点。

长沙市教育局相关负责人表示，劳动教育是国民教育体系的重要内容，是学生成长的必要途径，具有树德、增智、强体、育美的综合育人价值。此次发布的评价体系也将切实发挥“指挥棒”作用，指导长沙的学校在劳动教育实践中取得新发展。

案例2

湖南省首个劳动教育实施办法出炉

2020 年 5 月 27 日，为庆祝第 70 个国际儿童节，落实《意见》以及长沙市教育局发布的“普通中小学校劳动教育状况评价指标”，芙蓉区教育局组织召开了区中小学劳动教育工作推进暨全区“六一”表彰大会。在“六一”表彰环节完成之后，芙蓉区教育局副局长详细解读了即将颁布的《关于进一步加强新时代中小学劳动教育的实施办法（试行）》。芙蓉区将通过家政参与、手工制作、田园劳作、午餐协作、职业体验、社区服务等6项劳动教育内容，采取一系列硬核措施：创建一批区级及以上劳动教育实践基地；把劳动教育纳入教师培训内容，开展全员培训；把劳动教育纳入学校教育教学全过程；各学校每学年要设立劳动周，每学期小学中高年级和初中以研学旅行方式，利用1—2天时间到校外劳动实践基地开展劳动实践活动，每月以大队、中队、小队活动的方式开展1—2次劳动教育主题队会，每周开设不少于1课时的劳动教育课，纳入综合实践活动课时。这些措施紧紧围绕培养担当民族复兴大任的时代新人的目标，着力提升学生综合素质，促进学生全面发展、健康成长。芙蓉区鼓励孩子们进行田园劳作，不仅大力推动了一大批劳动实践基地的建设，而且积极拓展校外劳动实践场所。

第四节　劳动教育管理机制

管理机制是指管理系统的结构及其运行机理，其本质上是管理系统的内在联系、功能及运行原理，是决定管理功效的核心问题。通过科学管理理念和管理方式的实施和应用，进一步调动各方面的教育资源，科学实现教育资源的优化重组，调动和激发学生学习的积极性，提升教育的质量，进而推动劳动教育实现更好更快发展。基于劳动教育的特点，管理过程着重强化协同机制、指导机制和激励机制的运用。

一、协同机制

劳动教育是一个长期的、系统的工程。在横向上，劳动教育的开展涉及政、家、校、社多方因素，需建立政府专责、学校主责、家庭首责、社会重责的多方协同运行机制。在纵向上，劳动教育又是由小学、中学、大学等处于不同层次的子系统有序排列而形成的有机整体，需要以劳动教育为核心，构建大中小学劳动教育目的、劳动教育课程、劳动教育实施路径和劳动教育保障等各个环节的一体化实施机制，才能有效激发劳动教育活力，确保劳动教育取得实质性成效。

（一）横向合作：政、家、校、社协同育人

学校是开展劳动教育的主要阵地，政、家、校、社的协同运行应以学校为

中心，打通不同利益主体之间的沟通渠道，在明确主体责任和义务的前提下，正确处理好政校、家校、社校之间的关系，充分利用各方的优势资源开展新时代劳动教育[①]。

1. 政校协同

劳动教育的改革是自上而下的全方位改革，《意见》对新时代的劳动教育提出了明确要求，为劳动教育工作的开展提供了依据和方向。政府层面，应当在国家相关文件的指导下，进一步制订和发布劳动教育的实施细则和指导手册，并对劳动教育的师资队伍建设、资源统合、组织保障等方面进行详细规划。学校层面，则应当以学习和落实为重点，认真学习、领会政府出台的各项劳动教育文件精神，因地制宜地探索劳动教育校本实践模式，营造校园文化，进行课程研发，培养劳育教师，不断提高劳动教育教学质量。

2. 家校协同

“家庭是人生的第一所学校”，没有家庭的配合，劳动教育的链条是不完整的。因此，要充分发挥家庭在劳动教育中的示范引领作用，完善家校协同机制。家庭层面，家长应树立科学的劳动价值观，注重利用日常生活的契机开展劳动教育，并积极配合学校的各项活动和要求。学校层面，教师应充分利用家委会、家长学校等渠道，为家长提供必要的培训、指导和支持，详细了解、跟踪并反馈家庭劳动教育的落实情况。

我国很多地区已逐步对居家劳动教育进行了创新性探索。例如，天津市于2020年3月首次出台《中小学生居家劳动指南》，根据学生年级差异安排了不同的居家劳动内容：小学低年级学生应自己穿衣、洗漱，会自己清洗小件衣物，主动整理个人物品等；小学中高年级学生能主动帮助家长扫地、拖地，在家长的指导下，掌握各类厨具、家用电器的安全使用方法，学会1—2道简单家常菜的制作方法等；初中生应主动照顾家中需要照顾的人，主动协助家人做饭等。在新冠疫情防控期间，多所学校还开展了居家劳动实践活动。以山东省科信小学为例，该校推出“3+N”居家劳动教育模式，其中“3”指低中高年级三段联动，“N”则是根据各年级特点推荐劳动清单，通过形式多样的实践活动来达成各年级段的课程目标。

---

① 曾天山、顾建军主编：《劳动教育论》，北京：教育科学出版社，2020年，第362—380页。

3. 社校协同

社会即学校，劳动教育更是如此，脱离生产劳动和社会实践的劳动教育是没有根基的劳动教育。社会层面，应积极支持大中小学劳动教育的开展，为学生劳动综合素质的提高提供多样的资源，从而为学生未来成为社会主义建设者奠定基础。学校层面应积极拓展劳动教育资源，充分利用校外各类综合实践基地、职业院校和普通高校的实习实践基地，或与企业联合，深化产教融合，在学生学习的各个阶段做好职业启蒙教育，为职业准备教育和职业发展教育。

（二）纵向互联：大中小学一体化实施

不同阶段的学校劳动教育对学生的全面发展具有一致性与连贯性的影响。因此，大中小学必须根据各学段学生身心发展特点和地方与学校实际，进行分工与协作，使各学段的劳动教育平稳、有序、良性地衔接，保证劳动教育的完整性和连续性。

1. 设置一体化的劳动教育目标。在劳动教育总目标的指引下，各学段、各年级的教育目标应保持衔接，既体现阶段性，又保有连贯性，使劳动教育的实施遵循教育发展规律。除了注意不同阶段劳动教育目标的相互联系，还应考虑“劳动教育目标与教育目标、人才培养目标、课程教学目标之间的纵向衔接、横向贯通。分层递进、螺旋上升的劳动教育目标设置，将使大中小学各学段劳动教育的具体目标更具操作性”①。

2. 推进一体化劳动教育课程建设。课程是落实劳动教育的核心，应在教育目标的指引下，建立完整、科学的课程体系，使小学、中学、职业学校、高等院校的劳动教育课程形成由浅入深、由低到高、螺旋上升、有机统一的课程。在一个大中小学相互衔接的劳动教育课程框架下，根据不同学段学生的发展特点与实际需求，有侧重地开展劳动教育，避免出现不同层级之间课程的断层性差异。

3. 构建一体化的劳动教育实施路径。新时代劳动教育的实施必然是一个动态的、延伸的、持续的一体化过程。实施过程中应注意各学段劳动教育运行机制的协同化，形成一体化链条，使各层级课程在运行过程中有序地开展。同时，还应加大劳动教育资源的整合，建立资源共建共享机制，在政府的统筹规划下，

---

① 廖辉、魏文锋:《大中小学劳动教育怎样实现一体化》,《中国教育报》2020 年 11 月 26 日，第 7 版。

深度挖掘各层面的劳育资源，为大中小学劳动教育的开展提供支持。

4. 完善一体化劳动教育保障体系。劳动教育的实施离不开顶层设计下的各级教育行政管理部门的保障与统筹。一方面，各级政府应形成上下衔接的支持保障体系；另一方面，教育行政管理部门还应当与其他部门相互配合，调动多方力量，形成教育合力。

二、指导机制

为落实《意见》中的各项精神与要求，教育部印发了《指导纲要》，面向学校回答了劳动教育是什么、教什么、怎么教等问题，细化有关要求，加强专业指导。由此可见，指导机制在劳动教育的具体开展过程中具有重要作用，而指导机制的运行需统合指导、监督与评价工作。

（一）优化师资队伍，进行有效指导

教师队伍的素质直接决定教育教学质量，新时代劳动教育需要多渠道打造高水平的劳动教育师资队伍。

1. 着力培养专业的师资队伍。劳动教育作为学校教育的重要组成部分，需配备专门从事劳动教育的教师，从理论体系到实践技能系统地进行培育。例如，在高等院校现有的劳动经济学、劳动法学、劳动管理学等学科背景下，拓展、丰富、深化中小学劳动教育教师培养的学科体系，为劳动教育专业化奠定基础，从而有效地开展指导。①

2. 构建一支复合型的师资队伍。劳动教育具有较强的综合性，除专职教师外，学校还可将劳动教育与道德法制教育、心理健康教育、综合实践活动等联系起来，将劳动的元素融入德智体美的各个环节当中，将劳动的精髓融入各级各类的教育活动当中。培养复合型教师，不仅可以有效缓解学校当前缺乏专职教师的状况，而且能够激发学校的劳动活力，营造劳动教育的浓厚氛围，进而全方位地指导学生。

3. 将现有的资源转换为劳动教育师资。劳动教育具有典型的实践性，除学校教师外，社会上的劳模和先进工作者也是丰富的教育资源。例如，上海市高校开展“学劳模、做工匠”师从劳模活动，让劳模与在校大学生和优秀毕业生“双

---

① 刘向兵编著:《新时代高校劳动教育论纲》，北京：社会科学文献出版社，2019 年，第 170—174 页。

结对”，聘任劳模（工匠）担任学生的人生导师、实习导师和职业导师。

（二）强化评价督导，保障教育质量

教育教学的质量取决于教师执教的质量以及为教师提供的督导的质量。为提升指导品质，循环的评价与督导必不可少。《意见》中指出，应把劳动教育纳入教育督导体系，完善督导办法。对各级政府和有关部门保障劳动教育以及学校组织实施劳动教育进行督导。对优秀成果和先进做法进行肯定与宣传，对不当的做法和产生的问题及时进行纠正。

除评价体系外，问题解决机制的建立至关重要。相关部门应从多方渠道发现问题并及时反馈给相关责任部门，对常规性问题提出解决建议，对重大问题进行精准反馈并推动落实，在不断发现问题、解决问题的过程中确保劳动教育各项目标的实现。

同时，科学系统的评价体系也可转化为细化实施的具体指南，各级实践部门应将评价视作发展的动力，将督导视作支持，以积极的态度进行自我评价，主动寻求督导，在评督的过程中提升劳动教育质量。

三、激励机制

激励是通过对人们行为动机的深入了解和准确把握，采取有针对性的措施和行为，进而有效激发人们的积极性和创造性，以实现某种组织目标的过程。激励机制可更大程度激发个体的劳动潜能，有效增强各级各类组织的向心力，并提升工作效能。激励机制的落实可从以下几方面进行。

（一）奖教奖学，提高师生的工作和学习效率

学校要正确看待和运用物质激励机制，提高教师工作和学习的积极性。教师层面，可在各级教学成果奖励中，将劳动教育教学成果纳入评奖范围，对优秀成果予以奖励。依托有关事业单位、教科研机构等开展劳动教育经验交流或成果交流活动，激发广大教师实践创新的潜能。鼓励教师开展与劳动教育有关的实践研究，并在各类科研课题申请中予以侧重和倾斜。积极协调新闻媒体报道劳动教育先进学校、先进个人。学生层面，将劳动素养纳入学生综合素质评价体系，将劳动素养评价结果作为评奖评优、入党入团重要参考。还可设立专项奖学金，鼓励劳动精神佳、劳动能力强的学生个人。

（二）过程评价，激发个体的劳动内生力

在理论测试、劳动成果评估等结果性评价的基础上，劳动教育还应当注重过程性评价，在评价中激励个体，让劳动变得更有吸引力。例如，河南某学校创新评价模式，在学校开办“德育银行”，为每个学生印发“德育存折”，学校将劳动教育纳入“德育银行”考核机制。学生在学校打扫卫生、整理桌凳，以及参与翻地、浇水、拔草等劳动，包括劳动课堂上的表现，学校都会根据评价标准给予一定的积分奖励，每学期根据积分多少评选出“道德小富翁”并进行表彰，充分激发学生内在动机，让学生在良性竞争中提升对劳动的兴趣。学校和班级还可开展集体劳动，例如整理花坛、绘制黑板报等，并对每个环节进行评价，在集体中培养个体的自豪感和荣誉感，同时也通过集体来约束和激励个体。

（三）树立榜样，发挥榜样的精神引领力

榜样的力量是无穷的，对大中小学生具有示范、激励、导向、调整等多种功能。2010年，在《教育部办公厅关于组织开展劳模进校园活动的通知》中，要求高校广泛开展劳模进校园的活动，建立劳模精神引领机制，让大学生有机会近距离地接触劳动模范、聆听劳动故事、观摩精湛匠艺，感受劳模精神。[①]据此，我国多所高校积极开展“劳动模范进校园”“大国工匠进校园”等活动，邀请全国劳模、大国工匠走进思想政治理论课堂，与本校教师共同授课，或开设“大国工匠面对面”公选课，创新授课方式。以上海为例，复旦大学、上海交通大学等10所高校聘请了包起帆、李斌等10位知名劳模为“劳模（工匠）精神进校园”特聘教授，让劳模走进学校、走进课堂，用真情、真事、真话来感染、感动、感化学生。同时建设劳模（工匠）育人实践基地，鼓励劳模（工匠）创新工作室吸纳一定数量专业对口的高校师生作为工作室成员，参与工作室创新实践活动；建立劳模文化育人示范基地，作为上海学生课外参观学习的指定场所，充分发挥了榜样的带头作用和激励作用。

当然，除了大国工匠和劳动模范，还可注重树立身边劳动表现优异的普通人民。根据班杜拉的社会学习理论，个体对近距离的、相似度高的榜样，学习效果可能更佳，通过培养、遴选、宣传日常生活中的普通劳动者，为大中小学生树立典型榜样，鼓励学生在日常劳动实践中向榜样看齐。

---

① 李珂：《嬗变与审视：劳动教育的历史逻辑与现实重构》，北京：社会科学文献出版社，2019年，第212页。

第九章

劳动教育评价

《意见》指出了全面构建新时代特征的劳动教育体系，包括把握劳动教育基本内涵、明确劳动教育总体目标、设置劳动教育课程、确定劳动教育内容要求、健全劳动素养评价制度。显然，“健全劳动素养评价制度”是全面构建新时代特征的劳动教育体系的重要组成部分。《指导纲要》明确指出将劳动素养纳入学生综合素质评价体系。值得特别关注的是，学校劳动教育评价要“以劳动教育目标、内容要求为依据”，要重视“将过程性评价和结果性评价结合起来”。劳动教育评价要通过建立评价标准，借力现代信息技术手段支持，充分发挥劳动教育课程评价的反馈、导向和激励功能，不断提升劳动教育课程建设质量和水平。

对劳动教育评价的研究不但有利于劳动教育体系的完善，而且还可以通过评价反馈和导向功能，不断发现问题、解决问题，不断完善劳动教育体系及其实施水平，切实发挥劳动育人价值。

无论是学校管理者还是教师，都要深入理解劳动教育的国家政策导向，深入理解把劳动教育作为促进学生全面发展的重要内容纳入党的教育方针的意义和价值，有效地展开学校劳动教育体系建构和实施创新，努力构建和完善新时代劳动教育课程评价体系。

第一节　新时代劳动教育的评价取向

新时代劳动教育实质上是一种立足于人的全面而自由发展的教育形态，是对传统劳动教育的主动继承和积极扬弃。劳动素养的全面提升成为新时代劳动教育的必然选择，学校应积极探索新的评价策略，发挥其对学生劳动素养的培养、促进、引导和激励作用。

一、面向全体，发展劳动观念和劳动习惯

劳动兴趣是养成劳动素养的前提和基础。在劳动教育评价过程中，教师应面向全体学生进行积极评价，而不能只惠及优秀学生。关注每一个学生，才能有效地激发学生的劳动兴趣和主动性。教师要从多个角度评价不同学生在劳动实践中取得的进步，使每一名学生都能体会到进步的快乐，实现以评促学的效果。为此，教师需时刻关注学生在劳动中的态度、劳动成效以便及时发现其进步和闪光点，做出评价，让学生感到劳动光荣、劳动有趣、劳动快乐，从而产生劳动的兴趣。例如，在值日劳动中，教师可以表扬学生打扫得干净，也可以从学生的分工合作、打扫方法、打扫态度等方面进行激励，让学生在获得肯定后更加乐意做值日，对自己的值日工作更有信心。

二、关注过程，促进劳动体验，发展劳动能力

劳动素养的形成与发展离不开实践体验，学生的劳动感悟与情感都从体验中来。经过劳动实践体验，学生才能体会到劳动人民的艰辛，懂得尊重劳动者，珍惜劳动成果。因此，劳动教育评价应关注劳动教育的全过程，促进学生产生更深层的劳动体验。例如，学生在土豆种植课程学习中，会经历认识土豆、种植土豆、创意绘画、土豆食品制作、土豆义卖等过程，在种植中获得成功、在绘画中发挥创意、在烹饪中学会技术、在义卖中学会交际……学生的种种劳动体验都能得到肯定，感受到教师的关注和鼓励，这将引导学生更主动地参与劳动，逐渐实现劳动素养的提升。

三、关注目标达成，发展劳动精神，促使学生发展核心素养

学校要倡导劳动教育评价重在激发学生潜能，鼓励其在实践中逐渐养成良

好的劳动习惯，树立正确的劳动价值观和劳动态度，从而不断养成与提升动手实践能力和创新发展能力等。如此，才能帮助学生逐渐提升劳动素养，主动为将来的劳动做好准备。

学校可借助表现性评价等多元评价方式，考查学生对待劳动的态度和观念，促进学生逐渐树立正确的劳动观念。例如，在生活整理课程学习中，教师要根据学生的年龄段特点，设计不同的生活整理技能学习要求，让每个学生都收获看得见的成长。学生的家庭劳动实践是该课程的重要部分，我们可邀请家长对孩子的劳动状况做记录，以此作为表现依据，对孩子的态度、成果、进步做出评价，引导学生体验劳动的乐趣，端正劳动态度，树立正确的劳动价值观。

相应地，劳动教育评价应有教师、家长和同伴等多主体共同参与，借助学生自评、家长评价、同伴互评等形式，客观准确地评价学生的劳动。

其中，教师是劳动实践过程中的组织引导者，其评价应注重学生情感的触动，以激励为主，同时应帮助学生发现自己的优点与不足，用评价促进反思，发挥诊断调节作用。唯有把握育人导向，遵循教育规律，创新体制机制，注重教育实效，实现知行合一，我们才能通过劳动教育评价促进学生形成正确的世界观、人生观、价值观。

第二节　新时代劳动教育评价方式面临的主要问题

多年来，学校劳动教育取得了一定成果，但是在评价方式上仍存在一些问题。

一、关注结果而忽略过程

劳动总是有一定成果的，因其“可视”而直观，实践中，一些学校直接根据劳动成果来评价学生的劳动教育成效。这导致劳动教育评价过于关注结果而忽视了劳动的过程。例如，在评价学生“生活整理”劳动时，许多教师往往依据学生整理抽屉和书包的结果做出评判。整理得又快又整齐的学生会得到“优秀”，整理得不够整齐的则被给予较差的评价。简单地以结果来评价，并不能准确地考查学生在劳动教育中的收获与成长。如此评价忽视了学生在劳动过程中的学习状况，不能全面体现学生参与劳动的状况，更难以激发学生的劳动热情。

二、关注技能而非素养

传统的劳动教育将劳动技能作为重要目标，因此，许多学校习惯将习得劳动技能作为评价依据，而很少关注学习过程中学生劳动价值观的形成和劳动素养的提升。实际上，劳动技能并不能等同于劳动素养。例如有学校在开展“农耕”课程学习评价时，着重考核学生是否学会种植某一种蔬菜，了解种植的技术等，而忽略了学生在参与种植过程中对蔬菜的研究、对种植的探究、对自然规律的发现……学生是否形成正确的劳动价值观，是否提升了劳动综合素养，并在劳动中形成健全的人格与良好的道德品质，才是新时代劳动教育的价值追求以及评价的重点。

三、关注形式而忽视体验

当前，新时代劳动教育日益受到学校的重视，并通过统筹规划区域劳动教育，实现劳动教育的区域落地。然而，在实践中，由于学科教学的压力，劳动教育走过场的现象并不少见。一些学校开展的劳动教育“点到为止”，学生仅是浅层的参与而缺乏深层的体验。以农场活动为例，学校或是将学生带到菜地拔一个萝卜，或是带到果园摘果子，学生轻松劳动，尝尝水果，以各种姿势摆拍表达采摘的乐趣。这样的劳动教育自然以“拍照留念”作为评价，只关注走完了劳动形式，学生的劳动体验却无从谈起。

学生养成良好的劳动习惯、提升劳动素养是一个长期的过程，需要教师、家长的不断鼓励。学校要通过引导性评价，进一步加强和改进劳动教育工作。

四、存在“四化”现象

第一是“窄化”，将劳动教育等同于劳动技术教育、通用技术教育、综合实践活动等，对劳动教育的专门属性认识不足，导致学校劳动教育内容不明晰、师资培养跟不上、教育统筹力度不够；第二是“弱化”，劳动教育沦为智育的附庸，课时很难保证，很难做到“五育”并举，导致学校劳动教育的时间不足，劳动教育课程、活动系统、经费投入有限；第三是“异化”，认为智育课程学习本身就是一种“脑力劳动”教育，参加一些动手操作、社会实践或学校卫生清扫等“体力劳动”就算是劳动教育，这直接影响专门的场地改造、资源配置配套、运行机制的建设；第四是“物化”，过于强调通过劳动去获取“物化”的东西，缺乏珍惜劳动成果、体悟劳动价值等精神层面的分享、引领乃至内化，影响学生对劳动的正确认识，未来职业生涯的可持续发展以及学校评价系统的形成。[①]

第三节　劳动教育评价体系的建构

教育评价对于教育活动有很强的导向作用，而劳动教育被窄化、弱化、异化的重要原因之一在于劳动教育评价体系不健全，缺乏标准化的、可操作性强的考核评价机制，对劳动教育实施过程起不到指导和反馈作用。从对劳动教育的督导上看，教育督导部门要将劳动课程开展情况及活动实践情况纳入各类学校课程实施监测；为学生建立劳动教育档案袋，制订劳动教育课程评价标准；提高通用技术课、综合实践活动课在学生综合素质评价中的比例；建立劳动教育教师评价机制。从劳动教育的评价维度上看，应包括劳动知识和技能的习得、劳动意识和情感的形成、劳动习惯和行为的持续以及劳动价值和素养的内化。从劳动教育的评价方式上看，应开展定量与定性相结合的综合性评价。从劳动教育的评价主体上看，应当推进学校、家庭、社会的多元有机结合。[②]

基于实践导引的中小学劳动教育评价指标体系的形成，以及在将其运用到中小学劳动教育实践的操作过程中，都要把握好导引的策略，形成比较科学的劳动教育评价机制。科学的劳动教育评价机制，是提高劳动教育地位的有效举措之一。无论是对中小学生劳动素养评价指标要点的思考以及中小学劳动教育评价指标系统的设计，还是对中小学劳动教育实践的具体评价，在评价工具的选择、评价方法的运用、评价人员的培训过程中，都应当把握中小学劳动教育评价“导引学校全面落实布局与劳动教育特色创建相结合”“导引专门劳动教育开发与学科劳动教育渗透相结合”“导引教师劳动教育培训与劳动教育能力提升相结合”“导引劳动教育的实训基地与社会资源开发相结合”“导引基于文化创生的综合劳动与实践育人相结合”五方面实践导引策略。[③]

---

① 刘茂祥：《打开劳动教育的新天地》，《光明日报》2019 年 1 月 29 日，第 14 版。

② 胡斌武、沈紫晴：《劳动教育研究 70 年：回顾与展望》，《浙江工业大学学报（社会科学版）》2019 年第 4 期，第 445 页。

③ 刘茂祥：《基于实践导引的中小学劳动教育评价研究》，《教育科学研究》2020 年第 2 期，第 18 页。

一、劳动教育评价维度的选择

衡量和评价劳动教育成效的根本依据是劳动教育目标的完成程度。由此，可以把学生劳动教育成效的评价分解为以下四个具体维度。

（一）对基本劳动常识的知晓度

当代学生成长于科技高速发展的人工智能时代，物质生活水平相对较高，再加上大多数学生是独生子女，从小劳动实践的机会比较少，导致他们对劳动缺乏感性和理性的认识。因此，劳动教育首先要让学生对劳动常识有基本的认知，这是正向劳动观和良好劳动习惯形成的基础，也是劳动教育的基本目标。知晓度反映的是学生获得劳动基本常识信息的程度。知晓和理解是行动的前提，因此测试学生对劳动常识的知晓度是评价劳动教育成效的一个必要指标。我们需要了解学生是否能够自觉体认劳动的重要意义与价值，如对于劳动的本质和历史地位、体力劳动和脑力劳动、劳动与幸福的关系等方面的认识。

（二）劳动情感的认同度

学生对劳动教育如果仅仅停留在认知层面是不够的，促进他们形成良好的劳动习惯，让他们勤于劳动、自觉劳动、勇于进行劳动创造，为他们的终身发展和人生幸福奠基，是劳动教育的终极目标。而由认知到行动，离不开情感认同这个中介。劳动教育的目的不只是要让学生知道、理解什么是劳动，还是一个以劳动事实、知识为载体，传播劳动观念、情感、态度、价值的过程，主要目标是要引导学生对教育者所主张和传授的劳动思想予以赞同、信服，并内化为自身的信念和态度。为此，评价劳动教育的成效还要衡量学生对劳动的情感认同度。

（三）劳动意志和信念的内化度

这是指学生将劳动教育的要求转化为内在信念、态度、品质的程度。它是以对正向的劳动观念知晓和认同为前提的，是对教育者所传递的劳动观念、情感、态度、价值的进一步认同和接受，是学生对教育信息最高程度的同化反应。有成效的劳动教育活动应该能够促进学生劳动思想观念的内化。当然，也要认识到这种最高程度的同化反应不是靠一两次教育活动就能够实现的。但内化度必须要作为劳动教育成效评价的一个指标提出来，这是劳动教育取得成效的一个关键性环节，也是学生劳动品质和行为形成的起点。内化度的测试可以通过劳动认知、情感、态度表现出来，还表现为能够克服劳动困难、努力磨炼劳动意志，以及坚定对劳动的信念和信仰。对内化度的测试一方面可以依据学生的自我评价和自我陈述，另外一方面还要靠对学生劳动态度和劳动行为选择倾向的观察。

（四）劳动行为的稳定性和一贯性

上文所阐述的三个维度都是内化层面的，而劳动行为是外显的，也是教育成效的外化阶段，更多地依赖于对劳动行为的观察与分析。教师和家长可以通过观察学生在学校活动、家庭生活、社会公益活动中的态度和行为表现进行评价。一个养成良好劳动习惯的学生，不仅能在学校和家里积极劳动、勤勉学习，还能热心参与社会公益劳动，这样的行为表现一般能反映教育的成效，说明学生具有良好的劳动行为的稳定性和一贯性。

二、劳动教育评价指标的选择

评价标准集中体现了评价活动所依据的价值准则。依据学生劳动教育的目标，劳动教育成效最基本的标准应该是看其是否能自觉自愿、尽心尽力地做心力相符的劳动之事。这个行为不是偶然的、被迫的、出于应付的目的，而应当是自觉并尽力为之。不同年龄阶段的学生，劳动的频率、行为水平和成果会有个体差异，即便是同一年龄阶段也可能存在差异，因此不能简单地依据参加劳动次数的多少、劳动行为水平的高低、劳动成果的多少来评价劳动教育的成效，还要看个体是否愿意参与适当的劳动活动中。不能对学生提出超出他们年龄水平的劳动要求，否则就违背了教育目标，不利于学生的健康成长。所谓的自觉自愿、尽心尽力，可视为劳动热情的激发、劳动自觉程度的提升和劳动行为稳定一贯的体现。具体可从如下三方面进行评价。

（一）是否形成系统、自觉、自洽的劳动观念

《指导纲要》对树立正确的劳动观念的阐释是：正确理解劳动是人类发展和社会进步的根本力量，认识劳动创造人、劳动创造价值、创造财富、创造美好生活的道理，尊重劳动，尊重普通劳动者，牢固树立劳动最光荣、劳动最崇高、劳动最伟大、劳动最美丽的思想观念。劳动教育不仅可使中小学生养成良好的劳动习惯，更重要的是形成正确的劳动观，在对劳动认知上能够达到理性的高度，从而更理解教师和家长要求自己从小培养劳动习惯的价值所在。简而言之，有了这样理性的认知，学生对待劳动的态度和观念就会变得系统、自觉而自洽，这也是评价劳动教育成效的重要标准之一。

（二）是否能让学生获得积极、愉悦的劳动情感体验

学生劳动教育的成效不仅要关注他们外在的行为表现、参加劳动的频率、劳动成果等看得见的方面，还要关注学生内在的情感体验。这关乎他们对待劳动和劳动人民的态度，以及自身的劳动热情、主动性和自觉性是否提升。学生良好劳动习惯和品格的形成，需要经历他律到自律的过程，有了自律才有日后的习惯成自然，这其中积极、愉悦的劳动情感体验是行为可持续发展的关键因素。

（三）是否突出适应学生终身发展和社会发展需要的必备品格和关键能力的培养

促进学生发展核心素养，突出学生终身发展和社会发展需要的必备品格和关键能力的培养，是新时代中小学建设高质量育人体系的目标追求。适应劳动教育的终极目标是为学生的终身发展和人生幸福奠定基础，为社会发展需求和培养社会主义建设者和接班人奠基。因此，劳动教育不能停留在劳动体验和劳动技能训练上，而应关注劳动育人，培养学生适应未来社会发展需要的劳动观念、劳动能力、劳动精神、劳动习惯和品格等可持续发展能力。例如，可通过生产劳动发展学生团队协作、共建共享能力，发现问题和解决问题的能力，自力更生和创新创建能力，以及挑战困难的顽强意志和毅力，等等。

三、劳动教育评价的基本评价形式与要求

《指导纲要》指出：将劳动素养纳入学生综合素质评价体系。以劳动教育目标、内容要求为依据，将过程性评价和结果性评价结合起来，健全和完善学生劳动素养评价标准、程序和方法，鼓励、支持各地利用大数据、云平台、物联网等现代信息技术手段，开展劳动教育过程监测与纪实评价，发挥评价的育人导向和反馈改进功能。《指导纲要》提出了劳动教育的三种评价形式：

（一）平时表现评价

要在平时劳动教育实践活动中及时进行评价，以评价促进学生发展。要覆盖各种类型的劳动教育活动，明确学年劳动实践类型、次数、时间等考核要求。关注学生在劳动教育活动中的实际表现，注重从行为表现中分析把握劳动观念形成情况。以自我评价为主，辅以教师、同伴、家长、服务对象、用人单位等他评方式，指导学生进行反思改进。要指导学生如实记录劳动教育活动情况，收集整理相关制品、作品等，选择代表性的写实记录，纳入综合素质档案，作

为学生学年评优评先的重要参考。

例如，山东省莱州汇泉学校，在种植劳动中创新工分表、劳动存折、劳动账本、劳动勋章等劳动评价活动工具，在微信群、钉钉群、QQ 群、短视频号、微信公众号等线上平台，开展“比开工，晒进度”“比服务，晒质量”“比反思，晒心得”“比技能，晒荣誉”评价活动，评价与目标的一致性始终贯穿于课程实施全过程。

（二）学段综合评价

学段结束时，要依据学段目标和内容，结合综合素质档案分析，兼顾必修课学习和课外劳动实践，对劳动观念、劳动能力、劳动精神、劳动习惯和品质等劳动素养发展状况进行综合评定。建立诚信机制，实行写实记录抽查制度，对弄虚作假者在评优评先方面一票否决，性质严重的应依法依规严肃处理。在高中和大学开展志愿者星级认证。高中学校和高等学校要将考核结果作为毕业依据之一，推动将学段综合评价结果作为学生升学、就业的重要参考。

（三）劳动素养监测

将学生劳动素养监测纳入基础教育质量监测、职业院校教学质量评估和普通高等学校本科教学质量评估。可委托有关专业机构，定期组织开展关于学生劳动素养状况的调查，注重学生劳动观念、劳动能力、劳动精神、劳动习惯和品质等的监测，发挥监测结果的示范引导、反馈改进等功能。

四、劳动教育课程评价

苏霍姆林斯基说：“人在劳动中创造自己并理解劳动的美。”劳动教育可以引导学生树立正确的审美观、价值观。因此，在劳动教育课程中建立劳动教学制度、制订评价标准、拓展劳动实践领域，显得尤为重要。

（一）明确劳动教育评价的内涵

课程评价是通过系统收集课程设计、课程组织实施的信息，依据一定的标准和方法进行价值判断的活动。课程评价的目标是对课程设计和实施的科学程度进行诊断，确定课程目标的达成度。劳动教育课程评价是建构中小学劳动教育课程体系的一个重要环节，评价的目的在于更好地引导学生树立正确的价值观、审美观，使劳动教育课程更好地达成劳动育人的目标。

（二）建立劳动教育课程评价的基本原则

1. 科学性原则。劳动教育评价要遵循教育评价规律，运用科学的评价方法，提高评价的效度和信度。

2. 发展性原则。劳动教育评价要着眼于学生的素质发展，特别关注学生的创新精神和实践能力。

3. 参与性原则。学生对课程的参与度，应成为对该课程评价的重要依据，实现自评与他评相结合。

4. 整体性原则。要重视劳动教育评价目标、内容、实施和评价等要素的一体化指标设计，反映课程诸要素的整合状态和建设水平。

5. 可操作性原则。课程评价指标明确、流程清晰、方法可行，具有较强的可操作性。

（三）明确劳动教育课程评价目标

劳动教育课程评价目标应指向劳动教育课程目标是否有效地达成，因此必须明确劳动教育目标。学校劳动教育课程目标的确立，往往有赖于劳动教育场域、实践基地和内容载体，因而需要在明确我国新时代劳动教育课程总体目标基础上，针对学校实际明确学校课程内容体系及其各部分内容承载的育人目标，设置课程总体目标、各模块内容目标、各模块下不同主题目标等上下贯通一致的课程评价体系。明确学校课程总体目标是把握课程评价导向、确立课程评价体系的关键。

学校课程体系中各模块指标要指向总体目标。同样地，在各模块内容下设置的主题目标要指向各模块目标。各层级目标的确立都应力求做到明确、具体、可测、关联、可达成等目标设计原则要求。比如山东潍坊二七一教育集团将劳动与德智体美教育有机融合，通过“任务驱动、情境体验”的方式，强化学生的操作和认知，最后确立了二七一教育劳动教育课程总体目标：一是让每位二七一教育学子在劳动教育课程学习与实践中，树立劳动最光荣的正确观念；二是让每位二七一教育学子积极参与力所能及的劳动，习得劳动技能，养成良好劳动品质和劳动习惯；三是让每位二七一教育学子认知劳动价值，传承劳动文明，拥有劳动精神；四是让每位二七一教育学子在劳动中出力流汗，体验过程，走向劳动创造，实现生命成长。显然，该校劳动教育总体目标没有停留在实践经历、体验和技能操作层面，而是向《指导纲要》提出的总体目标要求靠拢。

近年来该校还针对《意见》《指导纲要》要求，建构起了较为完善的学校劳动教育课程体系，其结构框架如下：

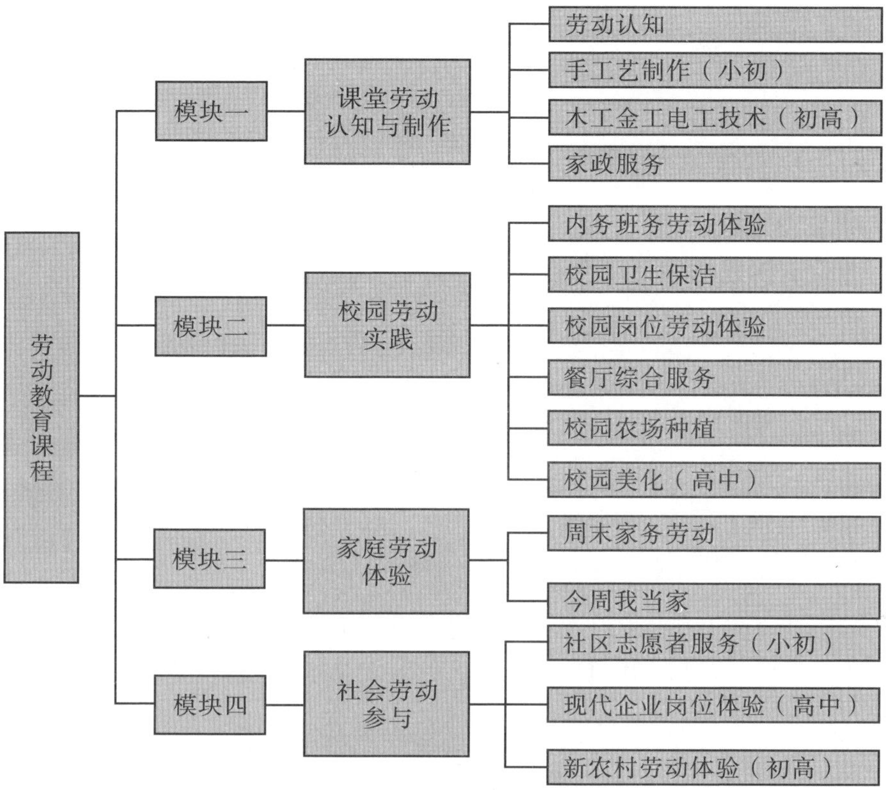

二七一教育劳动教育课程体系

其四大模块内容涵盖了《指导纲要》提出的日常生活劳动、生产劳动、服务性劳动三大领域内容，每一模块的内容又分成了若干主题课程，由此构建起的学校课程结构体系，就比较容易建立起总体目标——模块目标——专题目标间的上下贯通一致的劳动教育整体育人课程目标体系，从而使劳动教育课程评价较好地达成劳动教育总体目标要求。

（四）重视劳动教育“教—学—评”的一致性

学校劳动教育教学评价要以劳动教育目标、内容要求为依据，创新与之相适应的评价方式，达成“教—学—评”的一致性。以潍坊实验中学的“精美笔筒设计制作”教学设计为例，教学目标为：一是观看“神奇的3D打印”视频片段，感受3D打印对制造业和科技创新的巨大推动作用，总结3D打印的工作过程；二是综合运用数学、美术、科学、人文等多学科知识，小组合作设计笔筒模型，并用3D打印机打印，提高自身的探究能力、创新思维能力、立体空间思维能力及艺术审美水平，养成善于思考的习惯；三是展示笔筒设计制作成果，交流在观察、探究、设计、创造、解决真实问题过程中的感悟，用3D打印技术实现自己的创意，解决生活中的问题。上述主题教学目标，不仅明确、具体、可测，而且三个层次的逻辑关系清晰，小组合作学习要求也较为清晰，因而在此基础上对应每个评价指标就容易写出具体的评价，进而达成"教—学—评"一致，提升课程整体育人价值。

（五）构建学校劳动教育课程评价指标体系

劳动教育课程评价方式比较多元，既可以按照劳动教育课程要素进行评价，如可从课程目标、课程内容、课程实施、课程评价、教师队伍等方面进行评价，也可以按课程内容呈现阶段和组织方式进行评价，包括学段评价、年级评价、学期评价、单元评价、课时评价等。

课程评价过程通常需要做好评价信息的收集和整理，确定具体的评价组织方式等。评价信息收集与整理工作要重视做好写实记录工作，建立档案袋。

1. 做好写实记录。教师要指导学生客观记录参与活动的具体情况，包括活动主题、持续时间、所承担的角色、任务分工及完成情况等，及时填写活动记录单，并收集相关事实材料，如活动现场照片、作品、研究报告、实践单位证明等。活动记录、事实材料要真实且有据可查，为综合实践活动评价提供必要基础。

2. 建立档案袋。在劳动过程中，教师要指导学生分类整理、遴选具有代表性的重要活动记录、典型事实材料以及其他有关资料，编排、汇总、归档，形成每一个学生的劳动教育档案袋，并纳入学生综合素质档案。劳动教育档案袋是学生自我评价、同伴互评、教师评价学生的重要依据，也是招生录取中综合评价的重要参考。

教师日常评价采用协商研讨评定方式，以自评为主，结合学生评价、教研组评价与学校评价等多种方式进行综合评价，提高评价的可信度和客观度。

1. 常规检查。是否认真备课、撰写教案，做好指导工作的记录。通过教师自主申报方式，落实每学期一次的公开教学活动，由此了解教师的教学设计能力、课堂教学组织能力、课堂师生关系的处理及有效教学的情况。

2. 问卷调查。分教师自我评价和学生评价，通过对学生进行问卷调查，了解学生对该教师指导劳动的满意度。这项工作一般可由学校教务部门在学期结束时进行。

3. 作品评价。通过对学生研究成果、作品的检查和评价，也可以相应地看出指导教师的态度、水平等情况。

在劳动教育课程实施过程性评价中，应重视正面引领、正向强化，本着过程性、即时性和自主性原则，设计劳动实践记录手册、劳动实践星级评价单、劳动实践护照等，让学生实时记录和分享参与劳动实践的过程和感悟。

一是劳动实践记录手册。劳动实践记录手册属于劳动教育实践活动档案。以小组为单位，每个小组一本记录手册，记录与保存本小组实践活动中的主要资料、图片、成果、感悟、奖状等。在每一次劳动实践中，学生都认真参与、用心感悟，用照片记录、用文字记录、用声音记录一个个精彩的瞬间。每个小组的纪念手册都是沉甸甸的，它既是过程，也是结果；它既是实践过程记录的小档案，又可以成为星级评定的主要依据。

二是劳动实践星级评价单。为体现阶段性评价，学校在劳动教育课程中设计了一个星级评价单。评价单的内容包括劳动实践项目、劳动实践时间，从积极参与、实践操作、服务意识三方面分别进行自评、组评和他评，最后还需要对劳动实践进行活动总评，包括优秀、良好和有待努力三个等级。优秀是三颗星，良好是两颗星，有待努力是一颗星。星级评价单时刻激发学生参与劳动实践的积极性和主动性，不断促进学生养成爱劳动、爱生活的意识。

三是劳动实践“护照”。在前面两个评价的基础上，学校给记录完善、资料相对丰富、星级评价情况良好以上的学生颁发相应的劳动实践“护照”。“护照”里面结合学校劳动实践课程的五大板块和六个学年的不同主题内容，把每个板块设计为一朵盛开的“太阳花”，中间花蕊为板块主题内容，旁边有六个花瓣。每一学年劳动实践系列活动结束后，结合过程性评价情况进行奖励，“护照”达到一定数量的学生还可以优先获得其他实践活动的机会并成为学校“阳光少年”的候选人。

总之，学校劳动教育课程评价要重视整合校内外资源，围绕日常生活劳动、生产劳动、服务性劳动，根据学校课程资源优势和地域资源特色，开发学校劳动教育课程，组织学生开展有序列、成体系的劳动教育，促进学生初步形成自理、自立、自律的能力，促进学生形成劳动观念、劳动能力、劳动精神、劳动习惯与态度。通过考察探究、社会服务、设计制作、职业体验等不同的劳动实践活动方式，让学生在劳动教育课程体验中真正懂得“劳动创造美好”的含义，让朴实的劳动教育展现出别样的魅力！[①]

（六）劳动教育评价应重视几个方面的问题

1. 明确新时代劳动教育定位

习近平总书记在全国教育大会讲话中指出，要深化教育体制改革，健全立德树人落实机制，扭转不科学的教育评价导向，坚决克服唯分数、唯升学、唯文凭、唯论文、唯帽子的顽瘴痼疾，从根本上解决教育评价指挥棒问题。

劳动教育在学校教育中处于边缘化地位，很大程度上是因为学校各种考试以及中考、高考中不考劳动教育，学生的直观直觉是不考就不重要、不用学。要改变这种固有的观念，构建德智体美劳全面培养的教育体系，就必须建立一套客观、完善的评价体系。

学校劳动教育评价体系包括劳动教育课程评价、劳动教育教师评价、劳动教育学生评价、劳动教育资源评价等。学校劳动教育课程评价要“以劳动教育目标、内容要求为依据”，要重视“将过程性评价和结果性评价结合起来”，重视劳动观念、劳动能力、劳动精神、劳动习惯和品格等劳动素养的评价。对教师的评价要重视教师劳动教育的主题选择、定位与目标、内容体系结构、教学方法与手段、课堂教学、教学组织管理、资源建设等，全面考察教师的教育教学质量、过程表现、创新程度以及学生学习表现等，不以学习成果或考试成绩等来判断教师的教学水平，激励教师投身课程开发与创新实施过程中来，建设高水平劳动教育课程。学生评价要将对学生劳动课程的评价纳入学生综合素质评价，要把学生作为课堂学习的主体，秉承学生是发展的人的理念，用发展性评价发现学生在劳动过程中的变化和发展；关注学生劳动的过程，从学生参加劳动的态度、进行劳动的情况和劳动的成果等方面评价，建立学生个人的劳动教育档案，记录学生的劳动次数、劳动态度以及学生的劳动状况。此记录放在学生的个人档案里，作为学生在评先树优、升学以及就业时的参考依据。最后，教师和学生之间相互评价，让教师不断反思自己的课堂教学，及时调整教学方法和教学策略；同时也可以改善师生关系，让教师理解学生、信任学生，增强教与学的互动性。

---

① 翁飞霞、张亚伟：《综合实践视域下的劳动教育课程化构建》，《中国德育》2019 年第 15 期，第 59—61 页。

2. 创新学校劳动教育课程多样化评价方式

《意见》指出，将劳动素养纳入学生综合素质评价体系，制定评价标准，建立激励机制，组织开展劳动技能和劳动成果展示、劳动竞赛等活动，全面客观地记录课内外劳动过程和结果，加强实际劳动技能和价值体认情况的考核。建立公示、审核制度，确保记录真实可靠。把劳动素养评价结果作为衡量学生全面发展情况的重要内容，作为评优评先的重要参考和毕业依据，作为高一级学校录取的重要参考或依据。

多元评价方式的选择：一是重视综合评价。不拘泥某个环节的评价，而是要重视劳动教育全过程的综合评价，包括对课程目标、内容、实施评价，也包括课程整体建设水平、课程资源挖掘与利用、教师队伍建设、实践基地建设等，还包括不同场域、不同主体参与的评价和评价方式科学性、合理性等。二是重视多主体结合评价。针对劳动教育课程实施场域不同，除学生自主评价、同伴评价、执教教师评价外，还要重视家长评价、社区相关参与者评价及学校总体评价等。三是重视评价的多样性。可采用积点式、进阶式、档案袋式、增值式等方式，还可以采用更具创新意义的个性化创意评价。四是重视定性评价与定量评价相结合。定性评价简单易行但难以关注局部及其差异性，主观性较强；定量评价直观、可操作强，但常因指标确定不准确或难以量化等，导致评价偏离目标。五是静态评价与动态评价相结合。用动态的、发展的眼光看待劳动教育评价，比静态的评价更有利于唤起不同学生参与劳动的热情和积极性，发挥评价的导向性和激励性功能。

3. 重视劳动教育评价目标的设置

根据《指导纲要》要求，将劳动素养纳入学生综合素质评价体系。以劳动教育目标、内容要求为依据，对课程设计和实施的科学程度进行诊断，确定课程目标是否有效地达成。

劳动教育课程总目标要突出劳动观念、劳动能力、劳动素养、劳动习惯与品格等，具体目标有知识方面的目标，有技能方面的目标，也有德育教育方面的目标，情感态度目标等。劳动教育评价要力求科学合理，要充分考虑学生的劳动经验基础、劳动目标达成的难易程度，结合学生实际确立适切的目标，切忌拔高要求，增加难度，出现“拔苗助长”的做法，要面向全体，关注差异，重视增值性评价，不要求全体学生统一达到一个标准。同时评价的语言要有分寸，做到保护学生的积极性，发展学生的个性，激励学生的创造性。

如《绳带系结》一课的教学，主要有四个教学目标：第一，初步认识生活中的绳带系结，了解绳带系结的应用价值；第二，初步懂得绳带系结的六种方法，掌握基本技能；第三，练习用六种方法系结，明确不同方法系结的差异及其基本应用领域；第四，养成热爱劳动，勤于动手、动脑、动口的习惯和思维品格。这四个教学目标中第一、第四个属于情感态度目标，第二个属于认知目标，第三个属于技能目标。对这三个方面的目标素质的评价，应本着由浅入深，由易到难的程序，分层提出和检测。在“看和说”这一教学环节中，教师要充分利用插图和生活中的实际例子，通过看图设问、质疑引问、观察导问的方式，落实这一目标。在“学与练”中，教师要大胆地让学生通过读文看图，自行探究，自学知识，并依法自练技能。这一目标的落实，就是从认识过渡到了理论，再提高到实践，让学生把学到的知识能理解、会运用，从而将知识转化为技能。同时，这一目标必须面对全体学生，不论是优等生还是后进生，都要各有所学，各有所获。比如优等生学会了六种系结方法，后进生可暂时只学三种或四种系结方法。也就是说评价的目标可因人而异，在课外劳动实践中再去学和练，再去发挥，让拥有不同经验基础、不同认知能力的学生都能得到发展，都能获得劳动能力和素养的提升。

第四节　劳动教育评价的实施策略

如何克服评价的主观性，使劳动教育成效评价做到尽量客观、准确是需要进一步探讨的问题，这要求我们对评价的维度和标准进行审核和思考。劳动教育成效的评价标准是相对于特定主体、目的、内容、方法、环境而言的，是在一定的参照和对比中进行衡量，没有绝对客观、准确的评价标准。在承认劳动教育成效评价的相对性的基础上，还是要尽可能注重其客观性与准确性，以便真正对劳动教育的实施有所助益。具体而言，需要做到以下六个“坚持”。

一、坚持重视综合评价

综合评价不仅包括学习情况、技能形成情况评价，还包括劳动态度、劳动习惯、思想品德素质、身体素质以及学生意志的评价。对学生素质的评价要站在发展的高度，采取“动”“静”结合的办法生动活泼地进行，多用激励的语言促其向高层次目标发展。在综合评价中，教师要善于找出学生的闪光点，鼓励学生扬长避短，从而把握评价的准确度，提高评价的信誉度。让学生在动态评价中明是非、辨美丑、知优劣，修正不足，逐步完善自己的劳动作品，促进学生在知识、技能、思想品德等方面全面发展。

劳动课中评价学生劳动素质的方法要灵活，形式要活泼，效果要显著。随着教学手段的现代化、教学模式的复合化，评价的方法也应朝着有利于素质教育的方向发展，逐步做到科学、有序。评价可采用口头评价、问卷抽查、抽样测试、即兴创作等方式。只有这样，才能确保素质评价在教学中的应有地位，才能有效地调动学生的主动性、创造性。

二、坚持重视多主体结合评价

劳动教育的主体不仅仅是教师，家长和同伴对学生的影响同样不能忽略。要想对学生劳动教育成效有相对客观准确的评价，应将相关的评价主体都考虑在内，评价的形式包括教师评价、家长评价、同伴之间互评以及学生的自我评价。考虑到学生还未成年，心智并不是特别成熟，准确、理性地评价他人以及自我评价的能力有待进一步增强，相比之下，作为成人的教师和家长在评价中更容易对其客观性有良好的把握，所以虽然要坚持多主体结合的评价方式，但在中小学，特别是低年级阶段，还应以教师和家长的评价为主。

三、坚持重视评价形式多样化

要将外在行为与内在体验相结合。现有的评价方式忽略了学生自身的主观能动性。学生正向劳动观的形成和劳动习惯的养成，需要学校、家长、社会的教育引导，而学生发挥主观能动性，将劳动教育内化才是关键环节。从他律到自律的转换过程中，学生主体的能动性、自主性、创造性等内在动力的发挥起到了决定作用。

因此，评价学生劳动教育的效果，不能仅仅看外在劳动成果的多少，更重要的是关注学生在劳动中是否有积极的情感体验，是否能负责任地进行劳动，劳动热情是否被激发，是否具备劳动的自觉性，等等。

四、坚持重视定性评价与定量评价相结合

在劳动教育成效的评价中，如果简单地用量化的方式来呈现，并不能准确地表现出学生在劳动教育中的收获与成长，但是这不影响将量化评价作为对定性评价的必要补充，因为定性评价具有一定的笼统性和模糊性，容易得出千篇一律的结论。坚持将定性评价作为基础，定量评价作为补充，二者结合起来进行劳动教育成效的评价，则能够使评价具有更高的参考价值。学校应该建立学生劳动评价制度，评价内容包括参加劳动次数、劳动态度、实际操作、劳动成果等方面，具体劳动情况和相关事实材料记入学生综合素质档案，并作为升学、评优的重要参考。也就是说，学校开展的劳动实践活动，可以采用“劳动记录”的方式，并通过这种方式让教师、家长和学生自身都能够清楚地看到学生不断进步的过程。自学生一进入小学就可以开始对其劳动教育的情况进行记录，并一直延续到初中甚至高中，为学生建立一体化的劳动情况档案。这种记录有助于学生对自身劳动教育情况的把握，同时也有助于开展劳动评价。

劳动教育记录可以根据学生在不同阶段的发展特点，有所侧重地使用不同的方式进行。比如在小学的低年级阶段，可以把学生分组，每个小组安排一位教师或者家长帮助记录劳动教育开展情况。记录的内容分为个体和集体，既可以记录小组中每一个学生的劳动表现，同时还可以记录整个班级的劳动表现。从高年级阶段开始，可以增加记录主体，安排学生自行记录或同伴之间相互记录，再对自己和所在的小组在劳动活动中的表现进行分析，总结取得的进步并找到存在的问题，明确进一步努力的方向。

五、坚持重视静态评价与动态评价相结合

静态是在一定时间、空间、情境里对学生劳动观变化过程的评价，动态是在一定时间、空间、情境序列上对学生劳动观变化过程的评价。静态评价是对暂时稳定状态的评价，动态评价要以静态评价为基础和依据。对教育成效的把握既要有即时的静态评价，也不能缺少动态评价。要把当下学生的劳动观、劳动行为的现状放在学生思想发展变化的过程中去考查，了解其前后变化以及未来发展的趋势，这样相对来说更能对教育成效作出客观、准确的评价。①

---

① 戴家芳、朱平：《论对劳动教育成效的评价》，《中国德育》2017 年第 9 期，第 34—37 页。

六、坚持重视过程评价

劳动课的教学过程，不仅是教师引导学生探究知识、进行劳动教育的过程，也是学生自行获知，自练技能，自我发展的过程。教师要让学生以良好的心态主动参与，主动调控，各有所学，各有所得，就必须重视过程评价，最大限度地激发学生自主、能动地学习知识，掌握科学有效的学习方法，并指导学生自做结论，正确地评价自己。在劳动过程的评价中，培养学生听课的专注性、思考的敏捷性、表达的准确性、操作的灵敏性，也能有效地落实确定的评价目标。

例如“扎小洗把”一课教学。小洗把的扎制有五个主要环节，针对这五个环节的学练情况，教师要及时提出目标、跟踪目标、检测目标。从“木棍锯口”，到“撕布条、捆布条”，再到“绑铁丝、整理”，都要有具体的操作要领和要求。教师在具体实施评价的过程中，要以此为学生素质评价的标准逐一测评。比如，对扎制过程的正误，可采取形成性测评。即对学生知识技能的形成是否合乎要求，以及技能形成过程中的方式、方法是否确有实效，进行积极的、激励性的判定。例如“你木棍锯口做得好，两边的锯口对称、大小一致”，“你的布条捆得真紧”等。对于学生操作中的不足、失误，则应采取诊断性评价，以帮助学生克服困难，改进方法，重新把洗把扎好，并获取学生不断发展的新情况的反馈信息，为重新达到目标奠定基础。洗把扎完后，可进行总结性评价，即对优秀作品给予充分肯定，鼓励学生进一步创新。也可总结成绩，找出差距，让学生在课外实践中进一步提高。

再如，“种一株植物”教学。其活动过程的评价可通过列表的方式，列出重要评价指标，根据其完成情况进行评价，如下表：

小组名称：________　　学生姓名：________　　填表日期：________

评价项目	完成情况	评价标记（√）
种植技能	栽种的绿色植物能顺利成活，长势良好	
	栽种的绿色植物成活，但长势一般	
	栽种的绿色植物没有成活	
实验记录	能认真填写种植日志，测量和记录植物成长数据	
	能记录一点植物的生长情况和数据	
	对植物的生长情况没有记录	

续表

评价项目	完成情况	评价标记(√)
研究过程	能用摄影、文字、绘画等各种方式，把种植的过程记录下来	
	用文字对种植过程进行了记录	
	没有对种植过程进行记录	
克服困难	能主动解决栽种过程中出现的各种问题	
	在他人的帮助下，克服了出现的困难	
	遇到了很多困难，没有完成种植任务	

重视教学评价的同时，也要重视结果性评价，通常可将过程性评价和结果性评价相结合。比如：

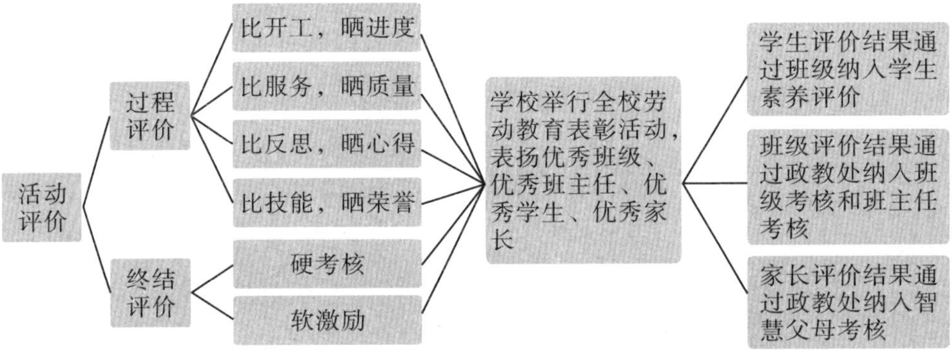

莱州汇泉学校假日劳动教育评价流程

（烟台莱州市汇泉学校　杨国强）

总之，在对学生劳动教育成效的评价中，若要克服评价的主观性、随意性，使评价结果相对客观、准确，首先是要用辩证的、合理的方式去看待劳动教育的成效；其次，在评价中要坚持多主体评价结合、多样化的评价形式、定性评价与定量评价相结合、静态评价与动态评价相结合，这是保证评价结果更加客观、公正、准确的必要路径。

案 例

融合并举，为新时代劳动教育评价赋能

威海市文登区高村中学是一所寄宿制乡村中学，现有学生162名。由于单亲家庭儿童和留守儿童占比高达78.7%、优质生源流失等原因，学校办学质量低，社会满意度不高，这是困扰学校的最大问题。在对乡情、校情、学情充分调研后发现：高村镇是一个充满传统农耕文化的古镇，到处是麦香扑鼻、蛙鸣蝉唱、绿色农业，有着不可多得的自然劳动场域。在数次头脑风暴后，学校以“田园农耕”为主线开展劳动教育，基于劳动教育溯源于田园农耕——食物从何而来；聚焦于生存——食物如何到餐桌；延展至生活——食物代表勤劳创造美好；浸润于成长——学生围绕田园农耕拔节向上。在田园农耕中培养“能生存、会生活、乐探究、勤创新”的和雅少年，激发学生的“原动力”。

2016年基于校内“开心农场”开展了系列劳动活动，2017年开设了“农耕校本课程”。两年的实践探索发现，学生由最初的兴致勃勃逐渐变得毫无动力。经过调查分析，发现原因是劳动教育评价体系不够完善，失去了评价的检测、诊断、导向和激励的功能。

基于此，学校开始挖掘新时代劳动教育内涵和时代价值，以学校、家庭和服务性劳动三张清单评价表为基点，以改进结果评价，强化过程评价，探索增值评价，健全综合评价为切入点，细化评价内容，创新评价方式，构建了智慧立体的劳动教育素养评价体系。

一、强化过程性评价，夯实基础性情境测评

“劳动小能手”“劳育之星”等是当前学校通常采用的劳动教育结果性评价方式，但是它不能反映劳动过程的全貌，无法起到完整有效的激励作用。而过程性评价拓宽了劳动教育评价的领域，对劳动过程中劳动认知、劳动技能、劳动意志、劳动态度、劳动习惯和劳动价值观等过程性的表现性要素进行的综合评价。

学校结合实际，本着落地、落细、落小的原则，以学校、家庭和服务性劳动三张劳动清单评价为引领，细化劳动清单过程性分项等次评定。例如“家庭劳动清单评价表”包括整理系列、日常技能等4个板块，其中涵盖洗衣服、学会用电饭煲等共36个评价项目，通过螺旋上升式的项目评价维度设置，循序渐进地促成孩子养成做家务的劳动习惯，培育良好家风。同时制作“我爱我家”

手册，围绕“家之责”“家之味”“家之礼”为家长提供家庭劳动评价指导。2021年2月，寒假期间发布“高村中学学生家庭劳动清单评价表”，引起了家长、社会热议。

立足学生劳动素养发展，在“高村中学劳动素养评价表”的“发展性评价”一栏中位列第一的是“5D（dimension）素养培育”，“5D”包括涵德劳动、启智劳动、康体劳动、逸美劳动和科创劳动五个维度，已实现六至九年级情境化劳动素养测评全覆盖，让基础劳动过程性评价有章可循。情境测评不仅指向劳动成果的结果性评价，更指向劳动教育核心素养发展的结果性评价。以六年级的“传承非遗——石磨豆腐”项目探究为例：点豆植豆，体验小豆农；割豆收豆，颗粒归仓；煮豆磨豆，品味豆香；“豆你开新”，理化同行，在蛋白质的沉凝中探究不同盐卤制作的豆腐；七彩豆腐，与绿同行，探索多素材制作绿色健康七彩豆腐……通过环环相扣的项目化学习实践和体验，在种、收、煮、磨、品一系列的情境中，学生既发展了多学科融合的劳动素养，又潜移默化地走近并传承了非遗文化。

在评价过程中，力求体现“素养习惯相互评、区域设的齐步评、学校定的精准评、学生选的自述评”，以过程性评价优化劳动清单设置与实施。

二、探索增值性评价，深化四个维度“卡证章”评定

每年9月份学校对每个学生进行劳动素养摸底综合测评，利用增值性评价勾画出学生个人、班级和年级成长曲线图，开发出个人、班级和年级发展量表，提升学生个体纵向成长的高度，拓宽学生横向发展的空间。我们在尊重差异、重视起点、关注过程和强调发展的基础上，从基线测评、过程监控、终结测评和增值分析四个维度建构劳动素养增值评价体系。

例如设计“卡证章”一体化评价机制，即：小农夫形象卡、农耕履历证、田园博士勋章。“雅形卡、好学卡、乐玩卡、善交卡”四色学子形象卡与高村学子的培养目标高度契合，期末累积总分评选出学期“和雅学子”，并奖励田园博士勋章。农耕履历证细分为“个人专长证”“种植履历证”“项目研究荣誉证”“科创成就证”，由各劳动教育实施教师进行认定。“卡证章”的兑换以“十”为进率，如每十张小农夫形象卡兑换一张农耕履历证。校内设和雅兑换超市，“卡证章”对应不同的学习、生活用品，每月10号进行兑换。在校园丰收节、美食节等活动中，学生可以持“卡证章”购买农产品、食品等。“卡

证章”学年末没有兑换完的同学，可以持田园博士勋章免费观看喜欢的电影等。

三、健全智慧综合评价，融合并举促内化

劳动行为是有一定成果的，因其可视而直观。评价不止于给学生劳动“成果”打个等次，“可视成果”考察不出来情感意志、习惯态度、指向劳动素养等，需要学校、家庭、社会和同伴等多主体参与，依托不同的劳动课程或项目，实现从量化评定和质性评价的整合评价。

学校开展“校园微耕”活动，打造了包含线上劳动课程、劳动课程直播、劳动数据记录等在内的劳动教育网络在线平台，基于线上和线下劳动教育实践开展过程监测与纪实评价，通过开展“校园吉尼斯”劳动技能竞赛，分年段、分项目进行比赛；每年举办“田园农耕丰收节”成果展示，将特色项目现场展示与优秀劳动成果展示相结合，多途径评价学生校内外的劳动情况，加强劳动素养和价值体认的评价，发挥评价的育人导向和反馈改进功能。

同时通过在线“问卷星”的问卷访谈、测评等方式对学生的劳动观念、劳动能力、劳动习惯、劳动精神等劳动素养进行线上测评；线下对学生的劳动过程开展监测与纪实测评，并动态生成劳动素养监测报告。

四、改革评价反馈方式，提高劳动教育温度

建构“家校社”联动劳动素养评价反馈范式。在反馈内容上，通过劳动过程呈现、劳动核心素养形成问题分析、劳动习惯养成措施跟进等方式精准研判每位学生存在的问题及成因，并提出改进建议。在反馈形式上，先由“家校社”各层面依据监测数据进行综合分析，并将结果反馈至“高村中学学生劳动综合素养报告册”上。

以前，一个学期结束，学校能给孩子和家长们的只是试卷和假期作业，现在，高村中学给孩子和家长们的则是一份内涵丰富的“高村中学的学生劳动综合素养报告册”。里面有和雅少年成长趋势、劳动素养评价、项目化研究水平、获奖记录、教师综合评价和兴趣特长等内容，记录了学生参加的每次活动、获得的每点进步、付出的每份努力，列出了每位任教教师的关心、认可和期许。学生毕业以后，8 份报告单就能成为他的毕业档案和纪念册。

（威海市文登区高村中学　于俊华　林艳春）

第十章

新时代劳动教育基地建设

开展中小学劳动教育基地建设，是落实党和国家新时代劳动教育方针的根本要求，是落实新时代劳动教育目标的实践要求，也是实施素质教育、培养学生创新精神和实践能力的客观要求，更是学生在学习成长过程中将课本知识转化为实践知识的重要途径，对中小学生的健康成长起着十分重要的作用。

第一节　新时代劳动教育基地建设概述

随着劳动教育实践的深入开展，劳动教育基地建设已成为中小学校开展劳动教育的重要保障，也是落实新时代劳动教育的必然要求。理清劳动教育基地的内涵、类型和作用尤为重要。

一、新时代劳动教育基地建设的价值与意义

《意见》指出，要大力拓展实践场所，满足各级各类学校多样化劳动实践需求。随着社会经济与教育改革的不断深入，许多省、市纷纷建立了劳动教育基地、综合性实践基地等。这些劳动基地、实践基地能否为新时代的劳动教育提供支撑，能否满足新时代劳动教育的育人功能，能否成为符合学生身心发展的劳动教育场所，成为真正让中小学生出力流汗、学习劳动知识和技能、获取劳动成果的重要平台，等等，都需要去研究与探索。

（一）劳动教育基地建设是落实新时代劳动教育的必然要求

《指导纲要》指出，学校逐步建好配齐劳动技术实践教室、实训基地。加快建设校内劳动教育场所和校外劳动教育实践基地，协调和引导企业、工厂、农场等组织履行社会责任，开放实践场所，支持学校组织学生参加力所能及的生产劳动、参与新型服务性劳动。鼓励高新企业为学生体验现代科技条件下劳动实践新形态、新方式提供支持。组织学生深入城乡社区、福利院和其他公共场所参加志愿服务，开展公益劳动，参与社区治理。要求建设综合实践基地、青少年校外活动场所、职业院校和普通高等学校劳动实践场所。《意见》指出，农村地区可安排相应土地、山林、草场等作为学农实践基地，城镇地区可确认一批企事业单位和社会机构，作为学生参加生产劳动、服务性劳动的实践场所。建立以县为主、政府统筹规划配置中小学（含中等职业学校）劳动教育资源的机制。

（二）劳动教育基地建设是做好劳动教育的重要保障

劳动是人类最基本的实践活动，要进行实践活动就要有实践环境和实践场所。劳动教育基地是劳动教育的重要载体，依托基地环境、劳动设备等资源，能够为实施劳动教育提供强有力的支撑和必要保障。

首先，建设劳动教育基地不仅可以为实施劳动教育提供良好的劳动实践、学习体验、生产生活等的活动场所，满足多样化的劳动教育的实践需求，同时又可以为学生创造一个接触大自然、接触社会、接触生活的广阔空间，学生能够亲历整个劳动的过程，使劳动知识的学习、劳动技能的掌握、劳动观念的养成、劳动习惯的培养、劳动精神的体现在劳动中得以实现。如农村劳动教育实践基地的建设，将田间地头变成“劳动大课堂”，为学生搭建体验劳动的平台，通过到农田里体验农活，让学生认识到人类起源于劳动，劳动创造了一切，在出力流汗的过程中既感受劳动的艰辛，又享受劳动后的喜悦，形成热爱劳动、珍惜劳动成果的习惯和尊重劳动人民的情感。社会行业劳动教育基地的建设，为学生认识社会、了解社会、融入社会提供了契机，通过到工厂、服务行业、科技场所等参加劳动实践活动，使学生了解各行各业的真实情况，体验劳动的价值和社会意义，形成尊重劳动、尊重他人、尊重社会的良好品质，进而融入社会、奉献社会。劳动教育基地的建设，能够为学生构建开放的学习环境，提供丰富多彩的劳动实践平台。学生在真实场景中参与劳动，亲历劳动过程，在劳动中增强劳动观念、提高劳动技能、提升劳动能力。

其次，劳动教育课程的开发与实施，需要有优质的劳动教育基地做支撑。依托劳动教育基地可以设计并实施内涵丰富、系统科学的劳动教育课程，教育和引导学生热爱劳动、尊重劳动，理解劳动最光荣、劳动最崇高、劳动最伟大、劳动最美丽的含义，这是有效推进劳动教育的重要前提。有了良好的劳动教育基地以及与之相关的课程体系，使体验、操作、探究等学习方式成为可能，让课程整合、项目化学习等课程形态得到有效实践，从而实现劳动教育的育人功能。

最后，建设劳动教育基地，可以有效整合校内外教育资源，使家庭、学校、社会形成教育合力，共同为做好劳动教育贡献力量。劳动教育基地建设拆除了学校与社会的藩篱，让社会上的资源（空间、物质、人力等）可以与学校有机结合，携手共育，形成整体育人新风尚。

二、新时代劳动教育基地概念、特点及类型

面对新时代教育发展的总体要求，劳动教育基地对于提高劳动教育的作用和价值是不言而喻的。但是，从历史的、发展的眼光来看，劳动教育基地还没有引起足够的重视，可供借鉴的成熟经验和理论还比较少，需要做深入的研究和探索。

（一）劳动教育基地概念的界定

所谓劳动教育基地，简单地说，就是便于开展劳动教育、实现劳动育人目标的场所。一般可分为狭义和广义两种。狭义的劳动教育基地，指的是独立于家庭、学校之外的可以实施劳动教育的专设场所，如政府投资建设的公益性劳动教育基地、校企合作式基地等。广义的劳动教育基地，则包括家庭、学校、社会等为学生提供的进行日常生活劳动、生产劳动和服务性劳动的环境和场所，如学校专用教室、校内种植基地、家庭环境、社会提供的实践性场所等。

本书所界定的劳动教育基地，更多指的是广义上的劳动教育基地。

1. 家庭：劳动教育的第一课堂。家庭是实施劳动教育的重要场所，父母是孩子的第一任老师，要把劳动教育贯穿到家训、家规、家教之中，带头树立崇尚劳动的良好家风；要把劳动教育作为一个家庭的精神内核，通过日常生活的言传身教、潜移默化，让孩子从小养成爱劳动的良好行为习惯；要积极鼓励和动员孩子坚持日常家务劳动，在各种各样的家务劳动中，增长劳动知识，延伸

劳动思维的广度，培养劳动意识，进一步提升合理安排时间、科学管理财务等综合能力。

2. 学校：劳动教育的主要阵地。学校要制订劳动教育实施方案，规划劳动教育基地，明确安排机构和人员，科学设置校内校外劳动教育课程。采取灵活多样的形式，激发学生参与劳动、热爱劳动的内在需求和外在动力。依托校园劳动周、劳动日等开展主题劳动教育活动，从班级值日、校园保洁、环境绿化等方面划分劳动区域，组织学生积极参与劳动，用自己的双手打造清、净、绿、美的校园环境。有条件的学校可建立校内农场，开展生产劳动，没有条件的学校可以联系周边农村，开展田间地头耕作、果园采摘等体验式劳动，让学生在实践劳动中体悟辛勤劳动可敬、诚实劳动可贵、创造劳动可嘉的人生价值追求。要创新劳动教育模式，通过联合办学、校园社团活动、邀请名家讲座等多种方式，聘请各级劳模、能工巧匠、具有专业技术的家长、非物质文化遗产传承人等担任兼职教师，开展校内劳动授课活动，丰富学生的校园文化生活。

3. 社会：劳动教育的广阔天地。马克思指出，劳动是人的本质，劳动关系也是最基本的社会关系之一。劳动教育的最终目的就是培养学生的劳动习惯、劳动态度和尊重劳动的精神，培养正确的劳动价值观。鼓励社会机构开放劳动实践场所，让学生在公益劳动中体验幸福生活，培养奉献爱心，在志愿服务中强化社会责任感，厚植家国情怀。搭建社区、敬老院、博物馆、图书馆、青少年宫、儿童活动中心、旅游观光景点和车站、广场、公园等劳动教育活动平台，支持学生深入城乡参加志愿者服务和公益劳动，在劳动中实践，在实践中创新，在创新中反思，让学生从情感上高度认识劳动，从态度上极其重视劳动，从行动上自觉参与劳动。

（二）新时代劳动教育基地的特点

新时代劳动教育基地要符合新时代劳动教育的要求，具有实践性、课程性、多功能性、安全性等特点，是中小学校开展劳动教育的重要场所，是中小学生出力流汗、学习劳动知识和技能、获取劳动成果、实现劳动价值的重要平台。

1. 突出实践性。强调让学生经历真实的劳动情境和劳动体验，通过动手实践，出力流汗，接受锻炼，磨炼意志，培养劳动价值观和良好品质。

2. 突出劳动的传统形态与新形态的结合。在劳动中，中小学要以使用传统工具、传统工艺的劳动为主，引导学生体会劳动人民的艰辛与智慧，传承中华优秀传统文化，兼顾使用新知识、新技术、新工艺、新方法的劳动。比如农业劳动教育基地的建设，可以增加自动灌溉、无土栽培、生物育种、有机肥料、低残留农药等现代农业项目，让学生学习、体验用现代农业知识和管理机制去获得更大更优质的农业成果。再比如可以增加智慧城市劳动基地的建设，5G应用、智能制造产业、高科技产业、办公自动化、现代城市运行管理等前沿领域，为学生体验现代科技条件下劳动实践新形态、新方式提供支持。

3. 劳动教育基地具有多功能性。充分利用现有综合实践基地、青少年校外活动基地等实践场所，承担劳动教育的功能和使命，实现一地多用。新建劳动教育基地也要建立开放共享机制，除完成劳动教育基地任务外，还可以发挥研学旅行、综合实践活动等功能，实现高效整合利用。

4. 劳动教育基地具有课程体系性。劳动教育基地要根据学生年龄特征和认知发展规律，把握新时代劳动教育核心目标要求，立足基地特点，科学规划设计劳动教育课程。要注重发挥学生的主体地位，鼓励学生成为课程的建设者，比如，学生自主选择劳动项目、自行设计劳动方法、自发展示劳动成果等，这样的课程才是最有实效性的育人载体。

5. 劳动教育基地具有安全性。劳动教育基地要成为学生的学园、乐园、家园，保障学生健康、快乐成长，那么，安全性就必须得到高度重视，成为劳动教育基地的基本特点。劳动教育基地的安全性应体现在多个方面，比如环境安全、设备安全、活动安全、饮食安全，等等。要时时处处把学生的安全放在心上，并以此为核心考量劳动教育基地的各项工作。

（三）劳动教育基地的类型

劳动教育基地的类型，可依据基地特色进行分类，便于科学建设与管理，发挥基地对于劳动教育的支撑作用。

1. 按照教育内容，可以把劳动教育基地分为生活性劳动基地、生产性劳动基地、服务性劳动基地等。生活性劳动基地主要指在家庭、学校中开展清洁、整理、烹饪等劳动的场所；生产性劳动基地包括农业生产劳动基地、传统工艺制作基地、工业生产劳动基地等；服务性劳动基地包括现代服务业劳动基地、公益劳动基地、志愿服务基地等。

2. 按照产业类型，可以把劳动教育基地分为农业劳动基地、工业劳动基地、科技劳动基地等。

3. 按照建设主体，可以把劳动教育基地分为学校建设的劳动教育基地、政府投资建设的公益性劳动教育基地、社会行业建设的劳动教育基地等。

（四）劳动教育基地作用

劳动教育基地建设是新时代教育发展的必然，它具有显著的作用。

1. 劳动教育基地是落实劳动教育的重要组成部分。新时代教育把劳动教育纳入党和国家的教育体系框架，使得育人框架更趋科学和完善。劳动教育基地作为新时代的一种教育样态，既要符合学生年龄特征，以体力劳动为主，注重手脑并用、安全适度，强化实践体验，让学生亲历劳动过程，提升育人实效性，又要适应科技发展和产业变革，针对劳动新形态，注重新兴技术支撑和社会服务新变化，改进劳动教育方式。劳动教育基地必须按照新时代劳动教育的总体目标和基本规律去谋划和筹建，才能更好地落实劳动教育根本任务。

2. 劳动教育基地是学校、家庭、社会的合体。学校是劳动教育的主导，更需要融合家庭和社会三位一体实施劳动教育。除了校内劳动教育基地建设，校外劳动教育基地建设可以极大地弥补学校劳动教育条件的不足，为丰富、拓展劳动教育的内涵和途径提供必要补充。多元化的劳动教育基地，可促进劳动教育课程建设与实施更好地落地生根。

3. 劳动教育基地是开放多元的育人载体。劳动教育基地具有包容性、开放性、整合性，可以架构起学校、家庭、社会的教育桥梁，实现教育的全时空、全要素整合。劳动教育基地更加注重实践和体验，可以给学生提供更多亲身参与、合作探究、展示交流的机会，学习方式更加多元，可帮助和促进学生形成必备品格和关键能力。

三、新时代劳动教育基地建设已有基础和存在的问题分析

劳动教育基地是实施劳动教育不可或缺的载体，是培养全面发展人才的重要举措，是国家基础教育工作中的一项重要任务，是全面推进素质教育的必然选择。目前，劳动教育已经纳入学校课程体系，有些中小学校和社会也自发建设了许多劳动教育基地，在劳动实践场所建设方面做了很多的探索，成为学校或地区教育发展的特色项目，彰显了育人的独特价值。然而，在新的时代背景下，从新劳动教育的要求去看这些基地建设，还存在许多问题：一是从数量上看，当前的劳动教育基地远远不能满足新时代对劳动教育的新要求和新需要，已经

成为制约中小学劳动教育有效开展的重要因素。二是从质量上看，当前的劳动教育基地建设质量堪忧，亟须从硬件配备、环境和文化建设、管理与运营等方面提高质量。三是从思想上看，当前对于劳动教育基地建设的思想认识还比较肤浅，需要做好理论研究与试点实验工作。推进劳动教育基地建设面临更多的压力和挑战，如何建设劳动教育基地，建设什么样的劳动教育基地，如何保障劳动教育基地长期有效运行等关键性问题，将成为今后推进劳动教育工作的重点。

第二节　新时代劳动教育基地建设的系统建构

劳动教育基地建设是新时代教育发展的产物，必须全方位、高标准建设好、使用好、发挥好其对劳动教育的支撑作用。这就需要做好劳动教育基地建设的系统性研究，具体来说，可以从劳动教育基地建设的目标、内容、模式、管理等几个方面，全面、深入地建构新时代劳动教育基地建设的系统性方案。

一、新时代劳动教育基地建设的目标定位

劳动教育基地建设要实现怎样的目标？必须分类做好目标定位工作，才能确保基地建设的质量。

（一）校内劳动教育基地目标定位

校内劳动教育基地是学校整体育人课程构建的重要内容，是学校劳动教育课程实施的基本保障。

1. 丰富实践体验的机会。校内劳动教育基地要多为学生提供真实的、丰富的劳动体验的机会，做到领域多元，形式多样，方便灵活，让学生多实践、多体验，杜绝光说不练、纸上谈兵。

2. 落实学校育人目标。校内劳动教育基地要充分体现学校育人的整体要求，成为学校育人目标的良好载体。

3. 成为学校劳动教育课程的重要组成部分。校内劳动教育基地要符合学校劳动教育课程的要求，成为落实课程目标、有利于课程实施的有效支撑。

（二）校外劳动教育基地目标定位

校外劳动教育基地的目标，要根据基地类型做出合理定位。

1. 政府投资基地

该基地的目标定位主要有三点：一是落实国家政策要求，要吃透国家有关劳动教育的政策精神，建设好劳动教育基地；二是体现地方劳动特色，比如特色产业、民风、生态等，让学生在投身劳动的过程中，了解家乡、奉献家乡，从而热爱家乡；三是服务于基层学校，要与基层学校密切联系，做好协调配合工作，既广泛征求基层学校劳动教育的需求，又要做好合理规划，最大限度满足基层学校的使用需要。

2. 社会行业基地

该基地的目标定位主要有三点：一是落实地方教育主管部门的相关要求，严格执行劳动教育的各项政策、规定，建设好、使用好该基地；二是体现该社会行业的独特优势，既可以有效利用社会行业的有利条件，又可以为学校、学生选择劳动教育的内容提供可能；三是为基层学校提供高质量服务，要从服务学校劳动教育的角度出发，完善优化基地建设，同时在学生利用基地开展劳动教育期间，做好一切必要的生活、安全等服务工作。

二、新时代劳动教育基地建设的内容

劳动教育基地建设的内容是劳动教育基地系统建构的一个非常重要的方面，可以从更加多元的视角认识劳动教育基地的内容范畴，从全局性视野，整体架构劳动教育基地的建设结构，形成完整的劳动教育基地体系。

（一）校内劳动教育基地建设

学校是劳动育人的重要场所，在劳动教育中起着主导作用。学校应充分整合现有资源，因地制宜，挖掘潜力，形成各具特色的校内劳动教育基地。

1. 日常生活劳动。生活即教育，学校里的日常生活劳动都是重要的教育资源，要高度重视并合理应用。比如校内的教室、食堂、宿舍等，可以划分区域，分到班级，每个班级都有自己的劳动责任区。通过学生的亲自动手参与，体验劳动乐趣、劳动艰辛，收获劳动成果，珍惜劳动成果等。通过学生亲自动手参与、协作劳动、集体劳动等方式，体验劳动乐趣与艰辛，在收获劳动成果中，养成劳动习惯和品质、增强团队意识与集体责任感。

2. 生产劳动。学校里要建设适当可供学生参与生产劳动的基地，比如，小农场、金工木工小作坊、创意制作工作室等，学生可在老师指导下，进行生产、制作等劳动活动。另外，学校餐厅也是劳动教育的重要阵地。学校可以设置择菜、洗菜、分餐等餐厅劳动岗位，体验餐厅工作人员劳动的辛苦，引导学生珍惜粮食，尊重劳动成果，将践行光盘行动化为每名学生的自觉行为，达成以劳育德的目的。

例如牟平区第二实验小学因地制宜建设生产劳动基地，基于校情开辟校内劳动园地。学校充分利用窗前屋后的绿化带，开辟袖珍小菜园，学生跟着节气种植时令蔬菜。对操场四周的草坪进行合理规划，西边开辟葫芦园，倚着操场栏杆顺势搭架，种植大小不一的葫芦，并形成种植、管理、烙刻等系统化的葫芦种植加工课程。南面和北面开辟果园，种植桃树、杏树、李树等十余种果树，让学生参与剪枝、疏果、采摘、义卖等劳动。同时，学校在花园里开辟花园和茶园，为一二年级的孩子提供实践场所。

3. 服务性劳动。学校要营造“人人为我、我为人人”的良好服务型环境，提供若干服务性岗位，鼓励学生按照岗位标准积极参与应聘、履职、评价等劳动活动。比如，宿舍自理，学校制订宿舍内务整理标准以及文明宿舍评比标准，以增强学生的自理、自立能力，同时提高学生内务管理质量，营造干净、整洁的宿舍环境和个人环境，培养学生良好的生活习惯以及内务整理习惯。再比如，班级绿植角。根据学校实际，每个班级可设立绿植角，让学生用花草把教室装点得绿意盎然。学生利用课余时间了解植物，养护植物，用实际行动履行“护绿小使者”的职责。

（二）校外劳动教育基地建设

这类基地是独立于家庭、学校之外，能够实施劳动教育的场域或平台。一般包括政府投资建设的公益性劳动教育基地和社会行业劳动教育基地。

1. 政府投资建设的公益性劳动教育基地

（1）选址。基地一般应选择交通便利，地势平坦开阔，空气清新，阳光充足，排水通畅，环境适宜，公用设施比较完善，远离污染源的地段。应避开高层建筑的阴影区、地震断裂带山区地区、山丘地区的滑坡、断悬崖边、崖底河湾、泥石流地区、水坝泄洪区等不安全地带。不应与集贸市场、公共娱乐场所、医院、监狱等场所毗邻。架空高压输电线、高压电缆等不得穿越劳动实践基地。

（2）规模。基地应满足当地学生集中或分散开展劳动实践活动的需要。实际规模与区域所覆盖的学生数量相适应，尽可能地满足学生开展劳动周等实践活动。一般应配备供雨天活动用的风雨操场及各种专用劳动教室。比如全国首批示范性综合实践基地——威海市中小学生综合实践教育中心，总投资4亿元，占地600亩[①]，建有农业科技生态园、百果园、创客中心等室内外劳动教育场所，服务于全市中小学生每学期集中一周的劳动实践。

（3）项目。包含室外劳动场所和室内劳动场所。室外劳动场所一般开展种植、养殖等项目，用于开展生产劳动教育，让学生体验农业生产创造物质财富的过程，增强产品质量意识，体会平凡劳动中的伟大。室内劳动场所一般包含家政劳动场所、传统工艺劳动场所、新技术劳动场所等项目，并配备与之相适应的劳动设备和劳动工具，以及劳动安全防护设施等。比如威海市中小学生综合实践教育基地，在家政劳动场所建设中，规划设计了供学生体验的收纳整理、清洗衣物、家庭保洁、垃圾分类、庭院美化等家政劳动场所；传统工艺劳动场所设有金工、木工、布艺、陶艺等；新技术劳动场所设计了模拟生产劳动和新技术劳动的真实场景，学生在这类场所中能够进行各类职业体验。青岛市中学综合实践教育中心，是青岛市综合实践教育基地、全市青少年科普教育中心、建设劳动教育先行区、科技教育创新引领区、创造教育普及发展区、家庭创客实验室示范区，拥有劳动课程建设品牌“青青创课”、实践德育品牌“实践乐园”、科技创新品牌“青青创客”、党建工作品牌“铁锚”精神、群众建设品牌“快乐家”工作坊。

2. 社会行业劳动教育基地建设

这类基地一般由教育行政部门从工厂、企业、商业等不同领域统筹、遴选，也可以由学校根据实际情况自主遴选。一般包括以下几类：

（1）农业劳动教育基地。主要包括农作物种植、蔬菜花卉种植、中草药种植、果树栽培、渔业等基地。比如龙口市诸由学校，与当地颐田农业种植专业合作社、诸由葡萄种植园合作，建立了诸由学校自己的校外劳动教育基地。指导学生了解大棚种植，学习体验黄瓜、西红柿、辣椒等蔬菜种植技术；了解葡萄培育时期施肥、松土、疏果、除卷须、绑扎枝条、套袋、摘袋、采摘等技术要点，取得很好的劳动实践效果。

（2）工业劳动教育基地。利用当地工厂、企业等资源开展工业生产劳动

① 1亩≈666.66平方米。

和传统工艺制作教育。比如龙口市第一中学与龙口市道路交通安全宣传教育基地合作，让学生走进基地，通过声光电结合，全方位、多角度、立体式的互动体验，进行模拟驾驶以及生动的交通安全教育，更有助于加深学生对课程的理解。与兴民智通股份有限公司、山东省麦德生物有限公司合作，建设师生参观学习的实践基地，感受科技发达的现代化生产模式，看到课本知识在实际中的应用，在基地与不同企业的专业技术人员交流，了解企业蓝领的职业特点和职业需求，做好人生规划。

（3）服务性劳动教育基地。利用城乡社区、福利院、医院、敬老院、青少年活动中心等事业单位、社会机构、公共场所等作为服务性劳动教育基地。借助工会、共青团、妇联等群团组织以及各类公益基金会、社会福利组织等搭建劳动教育实践平台。比如龙口市兰高学校、遇家学校等借助敬老院等参加社区服务、义务捡拾垃圾、保护环境等公益劳动。

（4）创新性劳动教育基地。利用新技术产业、现代科技场馆等开展具有新知识、新技术、新工艺、新方法的劳动实践。龙口市诸由学校和自动化设备领军企业中际装备有限公司签约合作，带领学生去体验现代科技条件下劳动实践的新形态、新方式，让学生了解我国工业生产发展过程，了解科学技术是第一生产力的深刻内涵。

三、新时代劳动教育基地建设的模式

劳动教育基地建设，需要学校、家庭、政府和社会共同出力。

（一）立足校本，建设好校内劳动教育基地

校内劳动教育基地建设是基础，是根本。

1. 开辟校内劳动教育场所。学校可在校园内开辟专门的种植养殖园区，组织学生开展种植、养殖劳动；可利用教室、走廊的合理空间，组织学生开展种植、养殖维护劳动；可利用校内餐厅、学生宿舍等场所，组织学生开展食品制作、执勤管理、内务清理及管理等劳动；还可利用创客教室、人工智能体验馆等现代化场馆，组织学生开展具有前瞻性的劳动技术学习和体验。对于不需要建立专用区域的劳动教育项目，学校要在规划设计时充分考虑学生教室、功能教室、党团队活动室等场所的整合应用，通过一室多用、共建共享的形式建立相应主题的实施场所。

例如莱州汇泉学校是一所九年一贯寄宿制城区学校，在校学生 3000 多人。学校坐落于寸土寸金的市区，校内土地资源有限，缺少闲置土地建设校内劳动基地。该校研讨利用“一米菜园”模型建设校园劳动基地，深耕种植课程。学校一方面顺应校园格局，开辟微菜园，把教学楼中间的四面环绕的空间进行有效利用，采用种植箱模式，弥补空间不足问题；另一方面开辟班级微菜园，一至六年级每个班级承包一块微菜园，以班级为单位申报种植项目，制订学年种植计划，把班级管理、德育教育、学科学习融入种植课程。

2. 拓宽优质劳动教育资源。学校可灵活利用周边优势资源，通过资源引进、合作运营、师资培养的方式，在校内开辟出专用空间，配备必要的设施设备，建立对应的劳动教育基地，实现优质社会劳动教育资源校本化。也可充分挖掘地域性的非遗传承人、传统技艺专家、新技术领军人物资源，通过“校内工作室”等形式建立专项技艺校内劳动教育实践基地。牟平区第二实验小学基于社区资源，开发校外劳动基地。为了开阔学生视野，学校与“菜根香”非遗传习所、海德农场联合，开辟校外劳动实践基地。在非遗传习所，学生了解胶东农耕知识，认识传统农具，学做胶东花饽饽，编织棒槌花边，感受传统劳动的魅力。在农场里，伴随着不同的节气，学生走进农田，参与种花生、种玉米、拔萝卜、收地瓜、收南瓜、摘葡萄等系列生产劳动。在实践过程中，学生不仅知道了玉米是长在秸上的，花生是长在地下的，小麦是夏天收割的等农事常识，更重要的是在劳动实践中培养了学生正确的劳动价值观。

3. 构建校内劳动教育基地课程。校内劳动基地是学校劳动教育实施的主要场所，其作用的充分发挥有赖于优秀的课程资源，因此各学校要依据基地类型、主题类别、学生年龄等因素，开发或配备具有针对性的劳动教育课程，从课程实施的角度科学、高效、规范地开展劳动教育。牟平区第二实验小学基于学情，形成劳动教育系列目标。根据学生年段特点，学校对劳动场地进行科学划分，依托学校自主开发的“跟着节气走”校本课程，形成劳动教育系列目标。例如一年级以花园为基地，引领学生认识花的种类和生活习性，培养学生细致观察的习惯，学习浇水、除草等基本的劳动技能。二年级以茶园为基地，引领学生了解茶树的生长规律和茶叶的炒制过程，初步培养学生观察、记录的习惯，学习浇水、施肥等基本的劳动技能。三年级以菜园和果园为基地，引领学生依据时令季节种植管理，培养学生持续观察、记录的习惯，学习种植、搭架、剪枝、疏果等劳动技能，通过开展研究性学习，培养学生思考探究的能力。四年级以葫芦园和“菜根香”非遗传习所为基地，引领学生自主探究葫芦的催芽、移栽、培土、浇水等种植管理技术，学习葫芦烙刻技艺。走进非遗传习所，认识胶东传统农耕用具，体验做花饽饽、编织棒槌花边等传统劳动技艺，感受劳动创造美。五年级以田园和海德农场为基地，引领学生认识各种农作物、家禽，在校内开展无土栽培、立体种植活动。各年级目标循序渐进，螺旋上升，培养终身劳动意识，树立正确的劳动观念，形成必备的劳动品质，养成良好的劳动习惯和品质。

（二）家校互联，发挥好家长这支主力军

在教育战线上，家长是学校教育的“同盟军”，要高度重视、充分利用好这支教育主力军的作用。

1. 提高家长对劳动教育的思想认识。家庭教育是学校教育和社会教育的基础，家庭劳动教育在劳动教育中更是具有基础性作用。学校应通过家长学校、家长开放日等多种方式，帮助家长树立正确的劳动教育观念，理解、支持学校劳动教育的开展与实施，将家长培养为学校劳动教育实施的坚强后盾和支持者。

2. 学校将家庭打造为学校劳动教育的“第二基地”。通过有计划地组织家庭菜肴烹饪、面食制作、家居清理、衣物洗涤等劳动实践活动（由此可以建立家庭劳动清单），或者以家庭为单位参加社区劳动、社会公益服务，锻炼学生的劳动技能，培养学生正确的劳动观念和劳动意识，促使基于家庭的劳动教育内容扎实落地。

3. 家长劳动资源档案。学校可充分挖掘家长群体中的优质资源，通过在校内建立“劳模家长工作室”、成立“劳动教育家长宣讲团”等形式，合理制订计划，定期邀请如劳动模范、优秀工作者、杰出技术人才等家长代表入校开展职业讲座、劳动技能传授等系列活动，让学生通过职业探究、职业体验和社会实践等形式接受劳动教育。

（三）融通社会，调动一切可以利用的社会力量

学校要用开放的心态对待劳动教育基地建设，积极寻求社会合作和支持。

1. 学校要积极挖掘优质社会资源，通过与工矿企业、园林牧场、农业合作社、高新技术产业园等协商交流，签订合作协议，培育生产性社会劳动实践基地；通过与博物馆、养老院等合作，培养服务性、体验性社会劳动实践基地等。

2. 已经具有较成熟的校内外劳动教育基地的学校，要积极地发挥引领示范

作用，通过“师资＋课程”输出的方式，帮助周边学校开展劳动教育，充分发挥资源优势；具有相应需求的学校应积极与上述学校对接，形成科学高效的实施方案，积极开展劳动教育。

3. 要基于社会实践基地资源，开发具有针对性的劳动教育课程。比如基于种植养殖基地开发相应的生产劳动课程；基于银行、交警大队等开发职业体验课程；基于养老院、特殊教育学校开发服务性劳动课程；基于高新技术产业园区开发创新性劳动教育课程等。

四、新时代劳动教育基地建设的管理与保障

劳动教育基地建设是一门学问，建设中的管理与保障更是一门学问。管理与保障做得好，可以让基地更好地发挥应有的作用，否则，就有可能让基地的作用打折甚至造成资源的浪费。

（一）新时代劳动教育基地的管理

新时代劳动教育基地的管理，主要体现在场所管理、物资管理和人才管理三个方面。

1. 场所管理

无论是校内还是校外劳动教育基地，都要确保场所的安全和有序，这是劳动教育基地建设管理的先决条件。

（1）校内劳动教育基地场所的管理主要由劳动教育课程项目负责人管理，并由学校加强统筹协调，做好相应支持工作。管理工作主要包括下面三项：一是确保场所的硬件设施以及功能定位不能因为个别原因而挤占或削弱；二是要根据学校劳动教育发展面临的实际问题，不断拓展、优化、完善校内劳动教育基地场所，让校内劳动教育基地场所更好地满足劳动教育的需要，为实施校内劳动教育提供良好环境和载体；三是要协调、沟通、联系学校多部门，形成合力，共同做好校内劳动教育基地场所的管理工作。

（2）社会劳动教育基地的管理需要探索多种方式，比如学校主管式、校企合作式、企业独立管理式等。但是无论哪种方式，都要在管理中做到如下三点：一是加强与学校劳动教育育人目标的对接，不能眼中只有“基地”而缺少“人”的要素；二是社会劳动教育基地的管理要眼光长远，紧盯社会发展和时代发展的大方向，使得社会劳动教育基地成为校内劳动教育基地的有力拓展

和补充；三是要做好与学校劳动教育课程的衔接，做好统筹规划与设计，让校内和校外劳动教育基地成为“一盘棋”，发挥好协同育人的功能。

2. 物资管理

在劳动教育基地管理中，物资的管理往往是既烦琐又重要的一项工作，必须予以高度重视。

（1）各类基地要做好经费使用的规划与管理，每学期初明确所需经费预算，并积极争取资金支持或从生均经费中拨付。要合理做好师资培训、课程建设、设施设备维护、消耗性材料的使用等预算与年终核算等。

（2）各类物资要建立台账，严格审批领用程序，加强管理，做到账目清晰，管理规范。物资购买要遵循实用、够用、少量、多次等节约的原则，充分保证基地劳动教育的开展。

3. 人才管理

劳动教育基地管理中最重要的要素是人才管理，我们要切实做到爱惜人才、尊重人才、用好人才，让人人都发挥出自己的最大力量。

（1）建立教师档案。劳动教育基地要对学校任课教师和聘请的专业教师建立包括基本信息、专业背景、职业技能、健康状况等内容的师资档案，并将教师课时、授课质量、参与教研与培训情况等内容进行如实记录，每学年依据过程性实证内容对教师进行评价。

（2）建立常态化的教研培训制度。根据劳动教育开展情况，定期组织有针对性的教研活动和专业培训，培训内容包括劳动教育理念、劳动技能、劳动教育政策文件、劳动教育课程开发与实施等。采取主题式、参与式等培训方式，真正提升教师的业务水平和技能水准。

（3）强化评价监督。对劳动教育基地要进行科学合理的、以激励促进为目的的过程性评价和年终督导评价，充分发挥评价的激励校正作用，帮助学校提升基地的建设质量，发挥好基地的作用。对于校内劳动教育基地，学校要针对本校基地实际情况，对各职能小组、教师设计科学合理的评价方案，督促各职能小组积极配合、认真履职，激励教师深入研究，认真开展劳动教育，保证育人质量。

（二）新时代劳动教育基地的保障

建设新时代劳动教育基地，需要具备哪些条件？需要注意哪些问题？科学解决这些问题，会让劳动教育基地建设少走弯路，踏上方便快捷的“高速路”。

1. 劳动教育基地建设的条件

建设劳动教育基地，要从劳动教育基地建设的物资保障、师资保障、安全保障、评价机制保障等方面考虑。

（1）劳动教育基地建设的物资保障。学校要成立专门组织机构，配备骨干力量，统筹组织实施。要多渠道筹措资金，加大劳动教育实践基地建设、学校劳动教育设施标准化建设，建立学校劳动教育设施设备、耗材征订及补充等机制。学校统筹安排经费开展劳动教育，可采取政府购买服务方式，吸引社会力量提供劳动教育服务。

（2）劳动教育基地建设的师资保障。采取多种措施，建立专兼职相结合的劳动教育师资队伍，配备劳动教育专任教师，明确职责任务，为劳动教育实施提供保障。中小学每校可配备 1 名劳动教育总协调员，其他学科教师全员参与，分工协作。设立劳模工作室、技能大师工作室、荣誉教师岗位等，鼓励学校与企业、社区合作，聘请行业专业人士担任劳动教育兼职教师或实践指导老师。各级教研部门要在学科教师全员培训中融入劳动教育内容，对承担劳动教育课程的教师进行专项培训，提高劳动教育专业化水平。明确管理要求，采取有效措施，在工资待遇、绩效考核、职称评聘、评优选先、骨干教师培养等方面对劳动教育教师优先对待，保持劳动教育教师队伍的稳定与发展。

（3）劳动教育基地建设的安全保障。各县市区要建立政府负责、社会协同、有关部门共同参与的安全管控机制。建立政府、学校、家庭、社会共同参与的劳动教育风险分散机制，鼓励购买劳动教育相关保险。学校要把劳动安全教育与管理作为组织实施的必要内容，加强师生的劳动安全教育，强化劳动风险意识，建立健全安全教育与管理并重的劳动安全保障体系，构建分层分级劳动安全应急处置体系；制订劳动实践活动风险防控预案，完善应急与事故处理机制；加强对劳动过程中每个岗位的管理，明确各方责任，防患于未然；规范处置突发情况，健全校外实践基地现场应急保障。

（4）劳动教育基地建设的评价机制保障。建立全面实施劳动教育的长效机制，把劳动教育实践基地建设纳入教育督导体系，完善督导办法。对县市区政府和有关部门保障劳动教育实践基地建设情况以及学校组织实施劳动教育情况进行督导。督导结果向社会公开，督导结果和劳动教育质量监测结果作为衡量区域教育质量和水平的重要指标，作为对被督导部门和学校及其主要负责人考核奖惩的依据。

2. 劳动教育基地建设应注意的问题

目前，部分地区劳动教育基地建设因重视程度和资金等方面的影响，建设比较缓慢，还不能满足新时代劳动教育的要求。但可以预见，在不久的将来，劳动教育基地将会如雨后春笋般纷纷涌现。在劳动教育基地建设中，还需要注意以下问题。

（1）不重复建设。根据各地区和学校实际，结合当地的自然、经济、文化等方面的条件，充分挖掘校内外可利用的一切资源，形成具有综合性、实践性、开放性、针对性的劳动教育实践基地，进行“一班一基地”“一校一品牌”的探索。鼓励学校建立专门的劳动教育实践教室或劳动实践基地，并通过政府倡导、社会捐赠、校企共建等方式，充分利用现有综合实践基地、青少年校外活动场所、职业院校和普通高等学校劳动实践场所，建立区域内相对稳定的共享型劳动教育校外实践基地。

（2）不盲目跟风。坚持育人导向，遵循教育规律，体现时代特征，强化综合实施，注重因地制宜，以日常生活劳动、生产劳动和服务性劳动为主要内容，加强课程建设和内容开发，细化、实化内部管理，完善安全保障机制，构建德智体美劳全面培养、课程完善、资源丰富、模式多样、机制健全的劳动教育体系。以劳动教育课程建设为核心，优化学校整体课程设置，建立劳动教育实践基地。

（3）紧扣时代脉搏。针对劳动新形态，注重新兴技术发展和社会服务新变化，深化产教融合，改进劳动教育方式。探索“互联网＋劳动教育”的新模式、新形态，充分彰显现代科学技术，将知识生产和科技创造等形态的劳动纳入劳动教育当中，彰显劳动教育的时代特征。

（4）坚持全面育人。劳动教育贯穿学生发展的各个阶段和教育的各个方面，需要家庭、学校、社会共同参与。各方联动的教育机制能够形成育人合力。家庭是基础，重在日常生活自理、自助和自我生活管理劳动，重在学生基本生活技能培养和劳动习惯养成，体现劳动教育的日常性、连续性和生活化。学校是主导，重在有目的、有计划地培养学生的劳动能力，让学生掌握劳动知识，塑造其基本劳动品质，体现劳动教育的系统性、规范性和制度化。社会是支撑，重在劳动知识的运用、职业体验和服务能力的锻炼，更加强调劳动价值观和奉献精神的培养，体现劳动教育的服务性、创造性和职场化。

案例

布谷飞飞劝早耕　春锄扑扑趁春晴

肥城市潮泉镇中心小学深刻领会习近平总书记的系列讲话精神，结合学校实际情况，坚持把立德树人融入劳动实践教育各环节，深入开展劳动实践教育，做好劳动与读书的结合，深入营造耕读文化氛围，实现“知行合一”的育人目标。

一、精心建设五大园区，为劳动实践教育实施提供物质保障

（一）创建种植区，为学生提供劳动实践基地

劳动教育实践是根本。为方便学生劳动实践活动的开展，学校精心建设了校内外实践基地。

1. 依据地域特色，建设绿化、美化与耕作实践一体化的种植园区。学校所在的潮泉镇林果产品丰富，特色鲜明，而且已经形成品牌效应。学校结合这一特点，建设了以苹果为主的“耕读平安园”，以樱桃为主的“耕读育英园”，以核桃和栗子为主的“耕读合力园”，以柿子为主的“耕读如意园”，以桃树为主的“耕读桃花源”。耕读园里共有46种植物，象征着百花齐放、桃李满园。

2. 校外基地，系统体验耕作过程。为了让学生系统地实践耕作过程，学校积极争取到一千多平方米的耕地建设校外实践基地。在基地内种植地瓜、花生、油菜、大豆等农作物。

3. 精心设计课程，保证实践效果。学校挖掘地方丰富种植经验，组织教师设计劳动教育实践教材，融合科学、综合实践活动、学校课程等学科内容，合理安排课程课时，保证劳动实践教育顺利开展。学生每周一节耕读体验课，耕地松土、种植栽培、浇水施肥、除草剪枝、收割储运……根据年龄特点，让学生完整体验耕作种植各个环节，提高劳动技术，培养劳动技能。

（二）创建体验区，为学生提供体验农村生活和农业发展的场所

真实的体验最能激发学生的情感。为让学生充分了解农耕文化发展历史，学校建设了农业生产劳动体验区。学校到农户里收购许多老物件，如石碾、水磨、碌碡、甏子等，精心打造传统农耕文化体验区，并且修建了假山、喷泉，布置有几十块景观石，与原来的陶行知雕塑、知然亭、奋进雕像相得益彰，浑然一体，

形成一道亮丽的风景，使人文景观更加丰富，耕读文化氛围更加浓厚。

学校精心设计《农耕方式的对比》《农业发展史》等课程，学生在这里推碾、磨粉、摊煎饼、做豆腐……既可以学到农业生产技术，又能体验传统农村的生活方式，同时还能了解最新农业种植技术知识。在新旧劳动生产方式对比课程中，学生体验到传统劳动方式的艰辛，惊叹于高科技生产技术的高效率，坚定为振兴农村发展的决心，树牢科技兴国的理想信念。

（三）创建艺术成长区，让学生体验更精彩的农村生活

劳动不仅仅艰辛，更充满了创造的伟大，富有艺术色彩。学校邀请非物质文化传承人、“泰山泥人王”王士龙老师到校指导，创建了泥塑工作坊。同时深刻挖掘传统文化，建设纸浮雕、马勺画、十字绣、小腰鼓、绳结、拼图等20多个社团，丰富学生的课外生活，营造农村文化的氛围，提升学生的艺术修养。

（四）创建活动区，提高学生的身体素质，感受农村丰收的喜悦

运动源于劳动，很多传统节庆活动也都与生产劳动有关。学校投资200多万元，建设成了高标准的塑胶操场，为学生提供良好的运动场地。同时创设性地开展了具有农村特色的体育竞赛项目，如采摘樱桃比赛、运输苹果比赛等，让学生锻炼身体的同时也掌握农业生产的技能，体验丰收的喜悦，激发学生爱家、爱农村的情感。

（五）创建实验区，提高学生的科学素养和振兴农村的责任意识

科技发展是提高劳动效率的根本动力。例如《梦溪笔谈》《天工开物》极大地促进了中国劳动技术的发展，现代科学技术发展更是把劳动效率推向飞速发展的地步。新时代振兴农村更需要科学技术的支持。学校融合科学、综合实践活动等课程，充分利用科学实验室及实验器材，指导学生观察动植物特点，学习制作标本，解剖植物各种器官，记录植物的生长过程，掌握仪器、工具使用方法等，提高学生的科学素养，培养学生的实践技能。

“桃李不言，下自成蹊。”通过创设优良劳动教育环境，言传身教，培养了孩子知农、爱农、兴农的家国情怀，培养了具有世界眼光的新时代农村好少年，构建人与自然和谐共生的乡村发展新格局，实现百姓富、生态美的统一。

二、以活动为引领，提高学生的劳动素养

（一）学校通过开展耕耘节、种植节、采摘节和祈福节等节日庆祝活动

引导学生了解劳动的发展历史、关于劳动的神话故事、劳动创造的科技成果还有歌咏劳动及劳动人民的诗词文章，积累文化知识。通过开展歌咏比赛、诵读比赛、表演等形式的活动激发学生劳动乐趣，提升文化修养，培养知农、爱农、兴农的家国情怀。

（二）劳动教育与其他学科结合，融合学科育人

一是与道德与法治、语文学科融合。每次劳动教育结束后，语文老师及时指导孩子记录劳动感受，开展《美好生活，劳动创造》征文活动，因为有真实体验，孩子们有料可写，于是写作文变成一件容易的事情。有一个五年级的孩子在征文中写道：以前都是爸爸妈妈为自己做好饭菜、洗好衣服，觉得这都是一些十分简单的事，自己还经常嫌弃妈妈做的饭不好吃，现在自己参加劳动，发现看似简单的家务劳动真不简单。以后自己会好好珍惜爸爸妈妈的劳动成果，改掉挑食的坏习惯。

二是与科学学科的融合。浇水时观察植物的生长习性，培养学生认真、细致、科学的观察习惯。

三是与数学学科的融合。五、六年级的学生利用大扫除时机，开展“找回家里的一平方”活动，让学生在劳动中体验一平方米有多大，培养学生的空间观念，实现劳动教育与数学实践的有机融合。

四是与传统文化、美术学科的融合。学包水饺、制作花式面点的活动，一方面帮助学生掌握劳动技能，提高审美能力，感受劳动是创造美好生活的源泉；另一方面探寻水饺等面点背后的故事，激励学生探寻祖国源远流长的传统文化，树立身为中华儿女的自豪感，激发爱国情怀。

（三）结合传统节日，强化劳动教育

比如妇女节开展“送给妈妈一份爱”活动，帮助妈妈捶捶背、揉揉肩、泡泡脚，培养学生孝亲敬老的感恩教育……居家劳动与道德与法治、科学、历史、语文、数学等学科自然融合，开辟一条劳动育人的有效路径，为培养积极向上、健康乐观的新时期好少年奠定基础。

三、加强家庭劳动教育和社会劳动实践教育，实现全方位育人

（一）学校注重家庭教育在劳动教育中的重要性

经常开展家庭劳动教育活动，特别是居家学习期间，学校根据学生年龄特点、劳动能力，分学段设计了低、中、高三份劳动清单，有计划地培养学生的劳动意识和劳动技能。

一、二年级劳动清单	三、四年级劳动清单	五、六年级劳动清单
扫地	拖地洗碗	整理自己的房间
擦桌子	整理床铺	帮忙大扫除
择菜	整理书柜	会洗自己衣服
摆放碗筷	学包水饺	做简单的饭菜
洗碗	择菜洗菜	照顾弟弟妹妹
整理书桌	会钉纽扣	照顾爷爷奶奶

活动中孩子们积极参与，热情高涨，他们拿起扫帚，将家里的地板扫得干干净净；走进厨房，把碗筷摆放得整整齐齐；跟爸爸妈妈学做菜、包水饺……在家务劳动中，孩子们不仅锻炼了劳动能力，激发了爱劳动的意识，而且也懂得了感恩，收获了成长。孩子们表示：只有真正去做家务，才体会到干家务的劳累，体会到爸妈的辛苦，以后要继续坚持，做个爱劳动的好孩子。家长们反映，孩子们参与劳动后学会了珍惜家长的劳动成果，不再挑食，这个活动让孩子成长了许多。

（二）学校重视社会实践教育

到敬老院、社区和其他社会实践基地等社会机构参加劳动，培养学生的社会责任感。

四、努力构建劳动教育课程，建设劳动实践教育体系

学校根据学生的年龄特点设计适合的劳动教育内容，分层次教学。通过学科融合、学校课程开发等方式合理整合课时，设置独立的劳动教育课程课时，形成两个劳动课程体系：“劳动技能与科学”“劳动文化与艺术”。

五、构建校内外劳动实践体系

（一）创建校外实践基地

学校周边现有潮泉镇第五樱桃培育基地、潮泉镇樱桃大棚种植研究中心、肥城市交通局农业种植基地。学校积极沟通，定期组织学生到这些基地参观学习，并且聘请相关的技术人员为校外辅导员，定期到校指导。

（二）组织研学旅行

有计划地组织学生到山东寿光、肥城孙伯、边院等农业发达的地区参观学习，让学生感受高科技农业的发展，提高学生对未来农业发展的关注，激发学生对农业科技的兴趣，培养学生振兴农村的责任意识。

教育的最高境界是“润物细无声”，学校积极实践行不言之教，身体力行，

顺应学生的发展规律，为学生创建适宜的学习环境，让他们亲近大自然，顺应自然，茁壮成长，成长为知农、爱农、兴农的新时代农村好少年。

（肥城市潮泉镇中心小学　范明军）

第三节　新时代劳动教育基地建设策略、方法和要求

一、劳动教育基地建设的策略

劳动教育基地建设不能盲目上马，而应该进行周密的思考，按照科学的策略进行，方能事半功倍。

（一）劳动教育课程视角

劳动教育基地是为实现劳动教育的目标而建设的，而实现劳动教育目标的重要载体是劳动教育课程。所以，有效的劳动教育基地建设应该站在劳动教育课程的视角，为劳动教育课程的开发与实施提供相应的条件。

1. 调查研究，确定劳动教育基地建设的方向。建议从三个方面做好调查研究工作。一是劳动教育的目标定位。研究国家对劳动教育的总目标及学段目标，是劳动教育基地建设的着眼点，更是它存在的意义和价值所在。二是学生在劳动认知以及实践方面的基本情况。通过问卷调查、样本访谈、平日观察等方法，调查了解不同学段、年级学生的基本情况，明确学生已经具有了哪些有关劳动的思想、观点、知识、技能，还存在哪些比较突出的不足和问题，特别是与国家、地方、学校在劳动教育目标方面存在的差距。三是劳动教育基地建设所需要的条件。包括学校能提供的条件，家庭能提供的条件，社会（机关、企事业单位、个人或组织等）能提供的条件，还有需要的政策、机制保障等。

2. 整体建构，优化劳动教育基地建设的内涵。劳动教育基地建设绝不是单纯的场地或者设备的建设，它需要根据劳动教育的育人目标与劳动教育课程载体，进行针对性、匹配性建设。所以，在进行劳动教育基地建设时，要系统考虑劳动教育目标、课程、人员、途径、策略、方法、资源、机制等要素，确保劳动教育基地建设的内涵既丰富又优质。

3. 加强评价，注重劳动教育基地建设的实效。在劳动教育基地建设中要突出课程视角，还需要明确好劳动教育课程的实施标准，即每项劳动教育课程应

该达到的结果。运用这些结果，既可以评价基地组织者的工作成效，也可以用来评价学生参与基地课程的学习成效，同时，也是评价基地建设质量优劣的标准。从这些评价工作中，劳动教育基地可以不断改进和优化建设水平。

（二）学校整体育人视角

劳动教育基地建设无论是校内的还是校外的，都不能成为“独立王国”，要与学校教育形成合力，站在学校整体育人的高度，统筹基地建设的相关工作。

1. 高端定位，整体布局。劳动教育基地建设不能一味地着眼于活动的丰富性、趣味性、新颖性、高科技性等，这样做是没有终点的、缺乏标准的。只有从育人的终极目标着眼，进行系统思考，做好顶层设计，即关注学生发展的内涵是什么，新时代育人的目标有哪些，这些目标的实现需要怎样的项目、活动、条件、途径等作为支撑，只有这样去高端定位，整体布局，才能达到劳动教育基地的建设标准。

2. 学科融合，系统育人。劳动教育与学科教育要相互融合，在劳动教育中善于运用学科知识、思想方法提高劳动效率和质量，在学科教育中也要善于运用劳动开展学科探究与体验，促进对学科知识的深度理解与灵活应用。比如基地课程可结合学生在语文课学习诗歌，来探究古代劳动人民的劳动景象、劳作方式，帮助认识一些农作物并知晓它们的古今名称等；利用数学课知识让学生在基地亲自丈量土地，体验数学的奥妙；利用科学、生物课所学的知识识别植物，丰富学生的课堂生活；主题班队活动根据选择内容由课堂移植到劳动实践基地，如可开展“劳动最光荣”“我们周围的环境调查”“野炊”等主题活动，让基地成为学生的乐园。

3. 环境构建，文化育人。育人的载体除了课程这个重要抓手，环境的创建也是极其重要的。所以，劳动教育基地建设一定要重视环境构建，用文化这种软课程的力量，潜移默化地实现劳动教育的育人目标。比如劳模精神、工匠精神、劳动创造的成果、做出的贡献等，让学生浸润在这些劳动氛围中，慢慢形成热爱劳动、崇尚劳动、劳动最光荣、劳动最美丽、劳动最崇高的观念。

（三）宽广的社会化视角

劳动教育基地建设不仅是学校和教育部门的事，也是整个社会共同的责任。所以，劳动教育基地建设要眼光放远，善于充分利用社会力量，积极整合各方面的资源，善于从社会化视角积极开展工作。

1. 建设校外劳动教育基地。以学校为主导，广泛发动社会力量建设校外劳动教育基地，采取“化整为零”的方式，即“学校＋N个基地”，形成教育合力。本着就近、依托本地特色的原则，广泛利用社会各界力量，充分发挥地域和资源优势，形成大的劳动教育圈。比如农业种植基地、畜牧养殖基地、水产养殖基地、林果技术基地、蔬菜培育基地、法制教育基地、消防安全教育基地、社会公共服务教育基地、工业技术加工教育基地、传统文化教育基地等。

2. 充分利用家庭资源。学校还要把劳动教育引向每个家庭，家庭是学生最直接的劳动教育基地，劳动教育的资源丰富，也不用进行特别建设，又是学生非常熟悉的场所。小学低年级：完成个人物品整理、清洗，进行简单的家庭清扫和垃圾分类等工作，树立自己的事情自己做的意识，提高生活自理能力；小学中高年级：参与家居清洁、收纳整理，制作简单的家常餐等，每年学会一两项生活技能，增强生活自理能力和勤俭节约意识，培养家庭责任感；初中学段：承担一定的家庭日常清洁、烹饪、家居美化等劳动，进一步培养生活自理能力和良好的生活习惯，增强家庭责任意识。这样循序渐进、螺旋上升的家庭劳动教育能帮助孩子掌握必备的生存技能，在劳动中提升孩子的综合能力。

二、劳动教育基地建设的方法

劳动教育基地不能盲目建设，要运用科学的方法，基于目标，遵循规律，才能取得基地建设的成功。

（一）构建基地课程

首先确定目标和内容，这是方向性和着眼点的问题，确保工作的正确性，劳动教育基地建设亦不例外。

1. 确定劳动教育基地课程目标。总目标为：准确把握社会主义建设者和接班人的劳动精神面貌、劳动价值取向和劳动技能水平的培养要求，全面提高学生的劳动素养，使学生树立正确的劳动观念。

构建劳动教育基地课程目标需要把握三点：一是要与学校办学特色相结合。每所学校都有自己的办学特色和办学理念，在确立劳动教育基地课程目标时，要从学校的育人目标出发，考虑劳动教育应该承担的责任；二是依据基地自身实际，具体设计各年级（学段）劳动基地教育目标，体现年级（学段）特点，并做好年级（学段）间的衔接；三是要体现目标的现实性与层次性。基地劳动教育的目标，必须要立足基地实际，注重目标是可以实现的，是可以评价的。基地劳动教育的目标，既要有具体劳动内容方面的目标要求，更要有高于内容的观念、精神、习惯方面的目标要求，体现目标的层次性。

2. 确定劳动教育基地课程的主要内容。主要包括日常生活劳动、生产劳动和服务性劳动。日常生活劳动教育立足个人生活事务处理，注重生活能力、卫生习惯、勤俭节约意识的培养，提高个人生活自理能力与公共服务意识。生产劳动教育要让学生在工农业生产过程中直接经历物质财富的创造过程，体验从简单劳动、原始劳动向复杂劳动、创造性劳动的发展过程，学会使用工具，掌握相关技术，感受劳动创造价值，增强产品质量意识，体会平凡劳动中的伟大。服务性劳动教育让学生利用知识、技能为他人和社会提供服务，在服务性岗位上见习实习，树立服务意识，实践服务技能，在公益劳动、志愿服务中强化社会责任感。

（二）完善基地建设

明确了劳动教育基地的目标与内容，构建与之相对应的劳动教育基地。

1. 多渠道拓展实践场所。大力拓展实践场所，满足各级各类学校多样化劳动实践需求。充分利用现有综合实践基地、青少年校外活动场所、职业院校和普通高等学校劳动实践场所，建立健全开放共享机制。农村地区可安排相应土地、山林、草场等作为学农实践基地，城镇地区可确认一批企事业单位和社会机构，作为学生参加生产劳动、服务性劳动的实践场所。建立以县为主、政府统筹规划配置中小学（含中等职业学校）劳动教育资源的机制。进一步完善学校建设标准，学校逐步建好配齐劳动实践教室、实训基地。

2. 劳动教育基地建设包括校内和校外两个方面。从校内来讲，要在学校标准化建设中逐步建好、配齐劳动实践专用教室和劳动教育基地，提供必要的劳动教育设备和耗材。从校外来讲，以区县级为统筹，规划区内的劳动教育基地建设，每个区县至少建设 1 个区级劳动教育实践基地和社会服务基地。高校的劳动实践基地也要创造条件向中小学生开放。

（三）保障基地运行

为了确保劳动教育基地的有效运行，需要做到：

1. 多举措加强人才队伍建设。采取多种措施，建立专兼职结合的劳动教育师资队伍。根据基地劳动教育需要，为基地配备必要的专任教师。高等学校要加强劳动教育师资培养，有条件的师范院校可开设劳动教育相关专业。设立劳模工作室、技能大师工作室、荣誉教师岗位等，聘请相关行业的专业人士担任劳动实践指导教师。把劳动教育纳入教师培训内容，开展全员培训，强化每位教师的劳动意识、劳动观念，提升实施劳动教育的自觉性，对承担劳动教育课程的教师进行专项培训，提高劳动教育专业化水平。建立健全劳动教育教师工作考核体系，分类完善评价标准。

2. 健全经费投入机制。以多种形式筹措资金，加快建设校内劳动教育基地和校外劳动教育基地，加强学校劳动教育设施标准化建设，建立学校劳动教育器材、耗材补充机制。学校可按照规定统筹安排公用经费等资金开展劳动教育。可采取政府购买服务方式，吸引社会力量提供劳动教育服务。

3. 多方面强化安全保障。各地区要建立政府负责、社会协同、有关部门共同参与的安全管控机制。建立政府、学校、家庭、社会共同参与的劳动教育风险分散机制，鼓励购买劳动教育相关保险，保障劳动教育正常开展。各学校要加强对师生的劳动安全教育，强化劳动风险意识，建立健全安全教育与管理并重的劳动安全保障体系。科学评估劳动实践活动的安全风险，认真排查、清除学生劳动实践中的各种隐患，特别是辐射、疾病传染等，在场所设施选择、材料选用、工具设备和防护用品使用、活动流程等方面制订安全、科学的操作规范，强化对劳动过程每个岗位的管理，明确各方责任，防患于未然。制订劳动实践活动风险防控预案，完善应急与事故处理机制。

三、劳动教育基地建设的要求

建设各级各类劳动教育基地，要突出因地制宜、富有特色、形式多样、育人为本等要求，更好地服务于劳动教育，更好地满足育人目标的实现。

（一）因地制宜

生活即教育，社会即学校。劳动教育基地建设不能脱离学校所在地域的生活和社会发展基础，要贴近当地实际，宜工则工、宜农则农，开发能够反映地方特色或者具有代表性的项目。

（二）形式多样

不同类型的劳动具有自己独特的教育价值。学校要站在劳动育人的角度，从落实劳动教育目标出发，全方位思考并建设劳动教育基地。为学生提供内涵丰富、形式多样的劳动教育项目，满足劳动教育多样化需求。

（三）育人为本

劳动教育基地建设要突出教育性，这是劳动教育的出发点和落脚点。比如在基地氛围的营造方面，要通过宣扬劳动模范的典型事迹，让学生认识到劳动者是最美丽的、最伟大的；在基地课程的建设方面，要让学生亲身投入劳动基地的建设中，共同开发劳动课程（主题）、选择劳动项目、准备劳动资料、制订劳动规章及劳动评价标准等，不能置身事外。

第四节　新时代劳动教育基地建设整体示范性方案与案例

劳动教育基地建设需要整体性思考，并切实做好以下四个方面工作。一是明确基地建设的指导思想。基地建设全面贯彻党的教育方针，满足劳动教育的需要，满足学生全面发展的需要。二是明确基地建设的目标。要根据不同学段学生、不同类型基地，确立清晰明了、特色鲜明的劳动教育基地建设目标。三是优化基地建设的内容。包括场地规划、设备设施、基地课程等，要确保基地建设内容与目标的高度契合。四是加强基地建设的管理。包括硬件管理（人才、场地、物资等）、软件管理（评价、文化、环境等），制订完善的基地保障措施，确保基地的有效运行。

在本节中，我们将会看到来自一线的一些具体的校内、校外劳动教育基地建设的方案、案例，它们带来了劳动教育基地建设的现实性思考和实际工作方法，为进一步理解劳动教育基地建设的重要性提供了具体素材，也为基层学校和教师投身劳动教育基地建设提供了参考。

一、学校劳动教育实践场域建设方案——以肥城市白云山学校为例

（一）建设目标

依据《指导纲要》中关于小学学段的劳动教育目标及内容要求，开展基地建设。在课程开发、场馆建设、设施配套、师资配备等方面能够满足小学劳动教育的相关需求，确保能够按照《指导纲要》要求，开足、开好劳动教育课程。

（二）建设内容

1. 课程开发。进行劳动教育基地建设，科学完善的劳动教育课程体系是基础，也是依托。根据《指导纲要》关于小学学段的劳动教育目标和内容，设计开发了“种植课程”“养殖课程”“加工制作课程”三大类、16个小项的劳动教育课程。其中种植课程包括“农耕课程”和“百花园种植课程”，养殖课程包括“家兔饲养”“山羊饲养”“养蚕课程”，加工制作课程包括“木工制作”“面食制作”“烹饪”“豆制品制作”“白云茶艺”“白云传媒”“白云保健”等课程。

2. 场馆建设。通过租、建、合解决劳动场地难题，让劳动教育课程“居有定所”。白云山学校是一所城区学校，招生服务范围较广，校舍十分紧张。为避免让学生坐在教室“想劳动”“看劳动”，学校多措并举，通过租、建、合，切实解决了课程实施所需的场地问题。租，从学校北侧的“水岸花田开心牧场”租了1000平方米共计18块土地，作为学生开展粮食、蔬菜种植的农耕实践基地。建，在校内投资20余万元新建能同时容纳40名同学上课的烹饪教室、木工教室、开心牧场、豆制品加工作坊、百花园、养蚕室等专用教室。合，一室多用，建成后的烹饪教室也用于开展面食加工课程，木工教室也用于开展陶泥课程，室内体育馆也作为编织课程的实践场所。这些劳动教育教室与学校原有的茶艺教室、保健教室、传媒教室、蜜饯手工工作室等一起为劳动教育课程的顺利实施创造了必要条件。

3. 器材配备。配齐劳动工具及相关器材，让劳动教育课程“有米下锅”。学校为各劳动教育专用教室及室外劳动基地配齐了所需器材物品，搭配好了师资，为课程的顺利实施提供了强有力的保障。学校投资一万余元在租用的校外农耕基地建设农耕工具用房，在烹饪教室配备冰箱、烤箱、电饼铛、砂锅、蒸锅等一系列常用工具，学生只需根据教学内容需要准备主要食材即可；豆制品加工作坊配备有手推石磨、浆渣分离机等工具。

（三）功能作用

1. 让学生出力流汗，杜绝“演劳动”“玩劳动”。《意见》中突出强调“以体力劳动为主”，以完善之前劳动教育中轻体力劳动的短板。学校开设的“种植”“养殖”“加工制作”类劳动教育课程，劳动主体均为学生，劳动过程中向任何形式的“过度保护”“过度包装”说不，让学生亲身参与体力劳动，亲手摸锹把锄头、给刚出生的小兔喂奶、自己去收获劳动果实并进行售卖……让学生在“劳其筋骨”“饿其体肤”中形成正确的劳动观念和劳动情感，进而“动心忍性，增益其所不能”。

2. 让学生经历劳动生产的全过程。农耕课程让学生从整地开始，经历从一粒种子到做成面粉、加工成馒头的全过程；收获的大豆，用手推石磨、浆渣分离机等工具将其加工制作成豆腐和豆腐皮；收获的蔬菜在烹饪教室加工制作成相应菜品。在养殖课程中，学生饲养兔子、山羊，并经历照顾生产的母兔、母羊，照顾幼崽喂奶的过程。面食课程学习中，学生在学校和好的面团，放学带回家通过二次加工变成面饼、水饺等。闭环设计还体现在一年 365 天劳动教育课程的无间断实施，农耕养殖周末和假期里也需要学生分工去农场、饲养角开展劳动活动，而暑假更是蔬菜收获的黄金期，学生需要分时段、分小组去照看作物、收获并出售，实现了劳动教育课程的全年无间断实施。

3. 真实的劳动助力学生全面发展。集体劳动对于健全学生的情感认知、丰富学生的社会关系的重要意义不言而喻，农耕、养殖类课程显成效不是一朝一夕的事情。日复一日，面对风吹雨打，学生对所种养动植物的朝夕牵挂，培养和锻炼着学生的韧性和毅力，让学生不仅拥有聪明的脑、灵活的手，更浸润了一颗温暖的心。除此之外，学校重点渗透了对学生财商的培养。以农耕课程为例，土地承包到每个班级，班级自主确定种植的农作物，每个班级都有一本“收支台账”，要求如实记录种植过程中的支出和收入情况。在班主任老师的组织下，班集体自负盈亏，收获的蔬菜和粮食收入所得，除象征性地交付学校 100 元作为土地租金外，其余全部归班集体所有。为了带来更多的收入，班集体积极思考如何提高产量、如何开源节流、如何开展营销，开展着一项项卓有成效的主题探究。从中让学生深刻领会“一分耕耘一分收获”的价值内涵，感悟“劳动创造财富和价值”、劳动赢得尊重的道理，同时懂得钱是怎么来的，如何面对金钱，如何支配金钱，进而对自己未来的财产管理、职业选择建立初步的认识。

4. 实现与学生生活的无缝衔接。以家庭教育为基础，充分发挥学校在劳动教育中的主导作用和社会的支持作用，围绕学生的日常生活圈，建立完善的劳动教育网络。以面食课程为例，学生需要根据老师安排的教学内容在家中通过向父母等家人请教，完成实践学习任务；教师借助面食课程实践，完成对学生实践成果的检查、评比和查缺补漏；学生制作的面食，由学生利用放学时间到接送区或临近社区进行售卖。种植类课程中收获的蔬菜、粮食等，学生可以加工成菜品用打包盒带回家中供家长品尝，也可以到市场、社区售卖，在此过程中体验农民、商贩等不同的职业角色，感悟社会分工的价值。

5. 辐射全部在校学生。一年级学生利用劳动教育课时有计划地到基地进行参观，认识劳动工具，认识不同动植物的名称、形状等，熟稔劳动场景，耳濡目染，近距离感受劳动氛围，培养劳动兴趣；二至五年级学生依照劳动教育实施计划，分阶段、有步骤地开展相关劳动课程。

（五）科学评价

学校制订了《劳动教育课程实施评价办法》，教师需要制订出所任教课程的课程实施规划，细化每周课程内容，撰写教案。同时用照片、视频记录学生在劳动教育学习中的成长，突出对劳动过程的记录。以种植养殖类课程为例，每个班级的“收支台账”要及时如实记录，班级的账目记录情况、收入情况均会作为评价班级劳动教育开展情况的相关指标，鼓励师生改进方法、增产增收。实时综合评价师生劳动教育实施状况，以农耕课程为例，师生不仅要科学规划种植的粮食和蔬菜，而且学校“劳动教育评价小组”会在整地、播种、管理、收获、售卖等不同关键节点，现场进行等级评价。重过程、重结果，让劳动教育每一步都走得扎扎实实。

（六）保障措施

学校成立了以校长为组长的“劳动教育基地指导小组”，组员包括校委会全体成员，教科室、教导处、名师办、网络办、学工处、安监室等科室主要负责人，各学科兼职教研员。学校教科室负责基地的整体运行与管理，并将劳动教育基地建设作为学校的年度重点工作和学校特色创新突破点，在人力、物力、财力等方面予以全力支持，确保基地顺利运行。

（肥城市白云山学校　尚海涛）

二、政府投资劳动教育基地建设方案——以威海市中小学生综合实践教育基地为例

全国首批示范性综合实践基地——威海市中小学生综合实践教育中心位于威海临港经济技术开发区，总投资 4 亿元，占地 600 亩，建有农业科技生态园、百果园、创客中心等室内外劳动教育场所，开设了木工、金工、农作物栽培等

劳动教育课程，是引领威海市城区中小学生掌握劳动技术、树立正确的劳动价值观、培养学生实践能力和创新精神的重要教育场所。下面是该基地的建设方案。

（一）室外劳动场所的建设

室外劳动场所建设在户外，露天建设，环境优美，周边均无污染，手续齐全，具有基本的设施工具和物资储备，适合种植蔬菜、粮食、花卉、果树等，或养殖牛、羊、鸡、鱼等。室外劳动场所用于开展生产劳动教育，让学生体验农业生产创造物质财富的过程，增强产品质量意识，体会平凡劳动中的伟大。

1. 农业种植场所的规划建设。农业种植场所用于组织开展种植类生产劳动体验，学生在该场所进行体力劳动和农作劳动，从而在亲近自然的过程中，亲历农业种植活动，感受现代先进农业生产、加工技术。

2. 农业养殖场所的规划建设。养殖业是农业的重要组成部分，与种植业并列为农业生产的两大支柱。校外教育场所中的农业养殖场所，可以根据实际情况规划饲养牛、羊、鸡、鸭、鱼、虾，或种植莲藕等。

（二）室内劳动场所的建设

校外劳动教育基地应具备种类齐全、形式多样、特色鲜明、适应新时代发展需要的室内劳动场所，如金工、木工、烹饪、面点等各种功能教室。

1. 家政劳动场所的建设。此类劳动场所要立足于学生生活实际，规划设计可供学生体验收纳整理、清洗衣物、家庭保洁、垃圾分类、庭院美化等家政劳动场所。

2. 传统工艺劳动场所的建设。中国传统工艺世代相传，具有完整的工艺流程和鲜明的地方特色。传统工艺劳动场所一般设有金工、木工、布艺、陶艺等功能教室，还可结合地方特色进行规划建设。

3. 生产劳动、新技术劳动场所的建设。校外劳动教育基地应建设能够模拟生产劳动和新技术劳动的真实操作场所，学生在这类场所中能够进行各类职业体验，发展并形成初步的职业认知。

4. 劳模工作室的建设。劳动模范是一项极其光荣的荣誉称号，获得者都是社会主义建设事业中成绩卓越的劳动者。建设劳模工作室，学生可以学习劳模的光荣劳动事迹和优秀的劳动品质，树立劳动最光荣、劳动最崇高、劳动最伟大、劳动最美丽的观念，进而焕发劳动热情、释放创造潜能，身体力行投身劳动中。

（威海市中小学生综合实践教育基地　丛宏）

三、社会行业劳动教育基地建设方案——以龙口动植物园劳动教育基地为例

社会行业劳动教育基地龙口动植物园，遵从自然与生态建设并重的理念，遵循安全性、科学性、规范性、教育性的原则，对场地进行合理规划，打造符合时代特色、适应自然生态环境、具备劳动教育属性、发挥整体空间优势、凸显教育项目差异化的社会行业劳动教育基地，是具有一定规模、一定特色、设施齐全、教育功能完备的综合性社会行业劳动教育基地。

（一）建设内容

1. 场地规划。基地场地将依照三大特色场地资源进行布局：一是依托植物观赏区、植物园温室棚区、种植基地等资源建设集观赏、科普与种植为一体的植物科学劳动教育基地；二是整合动物馆舍、动物自然栖息地、动物标本展览馆等资源，研发可供学生探索和认识动物生活习性、学会与动物和谐相处的动物保护劳动教育基地；三是基于国际先进技术和管理水平的现代化大型游乐园、大型生态餐厅君房驿站酒店以及大型旅游商业综合体等优质产业开发项目，可为学生带来职业体验、职业生涯规划、人生价值体验的人文劳动教育基地。

2. 设备设施。龙口动植物园内环境优越，基础性配套设施齐全，设有温室棚区，劳动实践园区，大熊猫馆、长颈鹿馆、猴馆、河马馆等 20 余个动物场馆供学生体验实践。

3. 基地课程。基地还自主设计开发了内容丰富的配套课程，主要包括养殖、采摘、种植和职业体验三大类，每门课程均配备专业老师进行教学指导，让学生在收获实践经验的同时，提高自身创新能力，感受劳动的独有魅力。

（1）基地课程目标。

第一，走进龙口动植物园，通过参观体验的方式，了解动物的生活习性，通过投喂饲养、记录检测、打扫圈舍等环节，增长课外知识，培养学生对动物的喜爱之情，树立保护动物的意识，在探索动物世界的过程中认识和发现自我价值。

第二，通过“神奇的土地”“种子的秘密”等劳动课程，在温室棚区和劳动实践园区开展种植、采摘果蔬作物的田间劳动课程，搭配动手制作植物花卉作品，让学生体会劳动的苦与乐，提高劳动意识和动手实践能力，深化学生的环境保护意识。

第三，在职业体验的实践活动中，了解所在职业对社会和他人做出的贡献，以及所在职业的工作状态和工作内容，培养学生的独立意识、自主能力、合作态度和自信品质。

（2）基地课程内容。

第一，养殖类。动物饲养——学生走进动物备食间，亲自动手为动物准备食材并按照数量进行分配，在保证安全的前提下对指定动物进行喂食并观察动物的进食情况。通过亲身经历，学生体会到工作不易，感悟到美好的生活要通过劳动来创造的道理。

动物健康管理——了解各类动物的生活习性，通过动物外观、运动、生产、饮食、作息等评价指标，及时了解动物的健康状态，培养学生的观察力和探究力，树立尊重生命的观念，做到人类与动物的和谐相处。

动物圈舍清扫——对动物圈舍进行清理打扫，为动物提供健康的生活环境，意在培养学生的责任心，让学生懂得如何正确关爱动物。

第二，农耕劳动类。走进田间地头，带领学生了解果蔬作物的相关知识，体验种植、采摘的过程与乐趣。在翻土、播种、浇水、除草、搭架等劳动环节中锻炼动手操作能力和团队协作能力，激励学生增强劳动的自觉性和主动性，在实践中获取真知，在体验中提高综合素质；在收获的季节，采摘秋日果实，体会丰收的喜悦，懂得劳动最光荣、劳动最崇高、劳动最伟大、劳动最美丽的道理。

（二）运营方式

龙口动植物园劳动教育基地立足龙口动植物园的资源，采取政府购买服务的方式，免费为中小学开展劳动实践教育。

（三）多元评价

龙口动植物园劳动教育基地在开展劳动教育的过程中，采取纪实与监测相结合的方式，构建学生、班级、学校、基地多维度、多元化评价体系，建立公示、审核管理制度，确保劳动教育管理记录真实有效。

（四）保障措施

1. 经费保障。多方筹措资金，确保基地高质量运转。

2. 设施保障。加大设备设施投入，完善基础配套设施建设，满足区域中小学生开展劳动教育的需要。

3. 师资保障。建设具有适合本基地劳动教育需要的专业师资队伍。

4. 安全保障。制订劳动教育安全规程，抓紧、抓细、抓实安全措施，时时排查安全隐患，确保基地安全、有秩序、稳定。

（龙口市龙口动植物园　姚睿）

第十一章

新时代劳动教育教师队伍建设

新时代的劳动教育被赋予新的时代内涵，对劳动教育教师提出了新的挑战。新时代劳动教育的有效实施，需要建设一支高素质、专业化的劳动教育师资队伍。

第一节　新时代劳动教育师资队伍建设的现实困境及原因分析

劳动教育教师是新时代劳动教育的第一资源，是贯彻落实新时代劳动教育的重要支撑，但是，当前劳动教育课程师资队伍存在着数量有限、质量不高、结构失衡、流动性大、评价缺失等现实问题。这些问题的存在，严重制约着新时代劳动教育的全面深化和推进。

一、新时代劳动教育师资队伍存在的问题

（一）学校劳动教育教师数量相对不足

全面加强新时代劳动教育，需要一定数量的劳动教育教师，但从目前学校的实际情况来看，劳动教育教师数量相对不足，主要表现在：一是学校劳动教育教师整体数量少，不能满足学校劳动教育的需要，制约了学校劳动教育的有效实施。二是学校劳动

教育专职教师数量少。劳动教育教师绝大多数是兼职教师，有的学校甚至全部是兼职教师。三是具有较高专业素养的劳动教育教师数量少。学校专兼职劳动教育教师队伍中，能够对劳动教育课程价值、劳动教育的内容与实施方式、劳动教育评价方式等理解到位的教师数量很少。

（二）劳动教育教师专业水平不高

新时代劳动教育师资队伍存在的另一个问题是劳动教育教师专业水平不高，不能满足新时代劳动教育的需要。劳动教育教师专业水平不高主要表现在：一是课程设计能力低。劳动教育教师对学校劳动教育课程缺少统筹考虑，对劳动教育项目缺乏科学规划。二是课程实施能力低。劳动教育课程实施只停留在简单的技能学习和被动接受上，学生缺少主动探究，偏离了培养学生社会主义劳动价值观的劳动教育方向，有的甚至出现了劳动教育惩戒化、娱乐化现象，将劳动作为学生犯错后对学生进行惩罚的手段，或者将劳动教育课程视为学生学习之余用来放松的“娱乐活动”，所有这些都背离了新时代劳动教育培养学生社会主义劳动价值观的初衷。三是课程评价能力低。在劳动教育课程评价多数劳动教育教师多注重“物化”成果的评价，缺乏对劳动观念、劳动精神和劳动品质与习惯的评价，不能有效发挥评价的激励和导向功能。四是科研能力低。劳动教育教师缺乏问题意识和科研思维，多数劳动教育教师不能发现劳动教育教学中存在的问题，并将问题转化为可以研究的课题，不会对课题进行整体设计，不会在教育理论指导下，采用科学研究方法，开展课题研究。劳动教育教师的研究能力不高，直接制约了劳动教育的深入开展。

（三）劳动教育教师工作积极性不高

全面落实新时代劳动教育，不仅需要一支具有一定数量、专业素质高的教师队伍，更重要的是这支队伍要具有较高的工作积极性和主动性，能够全身心地投入劳动教育课程教学中。但从目前劳动教育师资队伍的现状看，劳动教育教师在学校中处于边缘地位，工作积极性普遍不高，很少主动思考学校劳动教育课程的规划与实施，工作多处于“想做什么就做什么、让做什么就做什么、能不做什么就不做什么”的被动应付状态。

二、劳动教育师资队伍问题的原因分析

（一）思想重视不够

从新中国成立至今，劳动教育一直是学生学习的重要课程。从课程设置来看，劳动教育经历手工劳动课、手工课、劳动课、劳动技术课、劳动与技术课等不同的形态。虽然劳动教育课程有不同的名称，但1955年以来都以单独设置的课程出现，直到2001年综合实践活动课程的设置，使劳动与技术成为综合实践活动课程的一个领域，作为独立课程形态的劳动技术课程不复存在。由于劳动技术被纳入综合实践活动课程中，有些学校和地方在执行上比较随意，劳动与技术课程教学没有得到很好的落实。从学校层面看，受应试教育的影响，学校评价过于重视文化课的考试成绩，没有充分认识到劳动教育树德、增智、强体、育美的基础性作用，学校多把具有较高专业素质的教师安排教语文、数学、英语等学科，而安排年龄偏大、专业素养较低的教师从事劳动教育课程教学。

（二）缺乏系统专业培养

虽然《意见》已指明“有条件的师范院校开设劳动教育相关专业”，以确保从源头上保障劳动教育师资供给，但是由于对“劳动教育相关专业”缺乏清晰界定，加之我国颁布的普通高等学校本科专业目录中没有独立设置劳动教育专业，导致我国劳动教育师资从源头上缺乏供给保障，缺乏系统的专业培养，这直接影响了劳动教育教师队伍的数量和质量。

（三）兼职教师多，流动性强

由于受应试教育影响，劳动教育没有得到应有的重视，劳动教育教师队伍中专职教师很少，绝大多数教师为兼职教师，甚至有的学校根本没有专职劳动教育教师。劳动教育兼职教师多由学科教师、班主任兼任。根据山东省教育科学研究院2019年9月对全省劳动教育师资状况的调查结果显示，被调查的22276名教师中，有21.61%的教师表示其所在学校的劳动教育课程由劳动技术学科教师担任，有78.39%的教师表示其所在学校的劳动教育课程由综合实践活动教师、其他学科教师、后勤教师、班主任、校外辅导教师或家长义工兼任（见下表）。

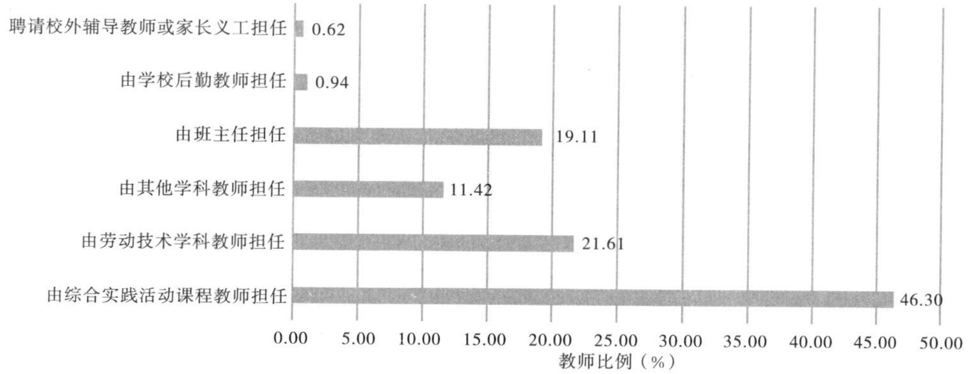

山东省中小学劳动教育课程师资配备情况

为了能更好地提高学科成绩，兼职教师往往把主要精力都用到语文、数学、英语等所谓“主科”的教学上，根本没有精力研究劳动教育教学，甚至兼职教师经常把劳动教育的课时挪用到自己所教的主要学科上，把劳动教育课时变为提高学科教学成绩的“福利”。极少数专职劳动教育教师多是教不了语文、数学、英语等“主科”的老师，专职劳动教育教师队伍呈现年龄偏大、学历偏低、素质不高等特点。由于重视不够、精力不足、研究不深，劳动教育教师专业素养普遍不高。

劳动教育课程教师流动性大是我国中小学劳动教育师资队伍的突出问题。很多兼职劳动教育教师多是这个学期还在兼任劳动教育课，下个学期就不再兼任。劳动教育师资流动以主动性流出与被动性流入为主，且整体流失现象比较严重。劳动教育师资的流出乃至流失根本上还是由于其社会地位偏低、发展前景不明、晋升通道不畅等，最终劳动教育师资整体成为中小学师资队伍建设的“洼地”，难以形成稳定的师资团队。劳动教育师资队伍流动性大、稳定性差，使其始终处于相对摇摆状态，不利于专业积淀与持续发展。①

（四）培训机会少，教研活动虚化

专业培训是提高劳动教育教师素质的重要途径，但是由于思想上重视不够，教师培训多是针对学科教师开展，针对劳动教育教师的专业化培训很少，劳动

① 刘军豪：《新时代中小学劳动教育师资队伍建设的困境与突破》，《河南科技学院学报》2020 年第 10 期，第 55 页。

教育教师偶尔参加的劳动教育培训也呈现出碎片化特点，缺少课程化的整体设计，不能从整体上提升劳动教育教师的课程领导力。甚至有的学校因为师资短缺，不让劳动教育教师参加专业培训。

学校劳动教育教研活动虚化。主要表现在：一是有的学校虽然规定了劳动教育教研活动的时间和地点，但是缺乏对教研活动的管理，导致教研活动没有落实到位，甚至从来就没有组织过劳动教育教研活动；二是劳动教育教研活动低效，有的学校开展了劳动教育教研活动，但是教研活动存在无目标、无主题、无设计的“三无”现象，教研活动随意，实效性不强。

（五）劳动教育教师评价机制缺失

完善的评价激励机制，可以有效调动教师的工作积极性和创造性。但是当前劳动教育教师评价激励机制缺失，制约了劳动教育教师工作积极性的发挥，主要表现在以下两个方面：一方面人事部门没有设置劳动教育课教师专门的职称系列，劳动教育教师无法晋升劳动教育课教师职称，只能晋升其他学科的教师职称，而晋升其他学科职称时，劳动教育课的工作量、获奖情况不作为晋升依据；另一方面多数学校未把劳动教育教学业绩纳入对教师的评价考核，没有与教师业务进修、评职晋级、评优评先、绩效工资分配等切身利益挂钩。[①] 有的甚至没有将劳动教育课时纳入教师工作量计算。评价机制的缺失，严重影响了劳动教育教师的工作积极性。

第二节　劳动教育教师应具备的专业素养

新时代劳动教育对劳动教育教师提出了新的要求和挑战。劳动教育教师要顺应时代发展，明确自己在劳动教育中的角色定位，要具备承担角色所应有的专业素养。

一、劳动教育教师的角色定位

劳动教育教师是劳动教育课程实施的关键。劳动教育教师在劳动教育课程

① 薛维学、夏长春、杜世碧：《农村中小学劳动教育师资现状及对策》，《中国教师》2019 年第 2 期，第 69—71 页。

实施中承担着课程研发者、教学组织者、学习引导者、活动参与者、活动协调者、活动评价者的角色。劳动教育教师只有扮演好、发挥好这些角色，才能真正发挥好劳动教育的育人功能。

（一）课程研发者

课程研发者即课程的研制者和开发者。传统的学科课程有课程标准、教学用书和教学参考书，学科教师的主要任务是弄通标准，吃透教材，然后在参考教参的基础上，结合学生特点和可以得到的课程资源，实现学科课程的校本化。而劳动教育课程，只有纲要，没有教学用书和教学参考书。要落实好劳动教育课程，就需要劳动教育教师在《指导纲要》的指导下，结合学校实际，积极开发校内外课程资源，参与学校劳动教育课程体系的整体规划和设计，对劳动教育主题活动进行设计和开发，自觉担任劳动教育课程研发者的角色。

（二）教学组织者

新课程改革指出，学生是课堂教学的主体，教师是学生学习的组织者、引导者、促进者。在劳动教育教学中，教师要坚持以学生为中心，扮演好教学组织者的角色。要创设问题情境，引发学生自主思考，引导学生自主选择劳动项目；要基于学生身心发展特点，精心设计学生的学习过程；要精心组织学生开展劳动实践活动，引导学生主动参与、亲身实践、独立思考、合作探究；要创设民主、和谐、融洽的师生关系，让学生在自由的环境中主动发展。

（三）学习引导者

所谓引导者，即教师从过去的单纯灌输者的角色中解放出来，成为学生学习的激发者，各种能力和积极个性的培养者。学生劳动素养的形成是一个循序渐进的过程，教师要把学生放在课堂的中心位置，突出学生学习的主体地位，充分尊重学生的劳动需求和愿望，通过各种方式和方法引导学生明白“生活靠劳动创造，人生也靠劳动创造”的道理，引导学生形成正确的社会主义劳动价值观，掌握劳动知识与技能，培养积极的劳动精神，养成良好的劳动习惯与品质。

在小学低年级阶段，教师要引导学生“劳动自理”，使学生了解生活劳动常识，做到基本的生活自理；在小学中高年级阶段，教师要引导学生“劳动自爱”，主动参加家庭劳动；在初中阶段，教师要引导学生“劳动自主”，尝试创造性劳动；在高中阶段，教师要引导学生“劳动自立”，学会职业选择。根据新时代劳动教育的任务，教师应该充分调动中小学生的劳动兴趣，培养他们善于动脑、勤于动手的能力，通过集体劳动激发学生的劳动意志。①

（四）活动参与者

教学的过程是师生共创共生的过程，师生同属于课程的构成因素，教师要与学生平等地参与教学，成为学生学习的参与者。在劳动过程中，教师只有亲自参与活动，才能及时了解学生劳动过程中遇到的问题和困难，才能更好地增进师生之间的交流和沟通，更有利于形成民主、合作、平等的新型师生关系。

（五）关系协调者

劳动教育的有效实施需要家庭、学校、社会的共同努力。《意见》指出，加强政府统筹，拓宽劳动教育途径，整合家庭、学校、社会各方面力量。家庭劳动教育要日常化，学校劳动教育要规范化，社会劳动教育要多样化，形成协同育人格局。在劳动教育实施中，家庭要发挥基础作用，学校要发挥主导作用，社会要发挥支持作用。这就需要劳动教育教师在劳动教育实施中，及时协调好与家长、社会有关人士的关系，发挥好学校在劳动教育中的主导作用，形成教育合力，提高劳动教育育人效果。劳动教育教师不仅仅是讲台上的知识传授者，还应当是劳动教育走向家庭和社会的向导和“中介”。

劳动教育的有效实施还需要落实好相关课程。国家课程、校本课程和地方课程都有着劳动教育功能。这就要求劳动教育教师还要协调好与其他学科教师之间的关系，共同实施劳动教育。协调者的角色是劳动教育课程教师所特有的。

（六）活动评价者

劳动教育教师对学生劳动状况的及时评价，能够充分调动学生参与劳动的积极性，增强学生的反思意识，帮助学生牢固树立劳动最光荣、劳动最崇高、劳动最伟大、劳动最美丽的思想观念。评价要做到过程性评价和终结性评价相统一。既要关注学生劳动过程中的实际表现，注重从行为表现中分析把握劳动观念形成情况，也要兼顾从学生的劳动成果中分析出来的劳动素养。以自我评价为主，辅以教师、同伴、家长、服务对象、用人单位等他评方式，指导学生进行反思改进。要指导学生如实记录劳动教育活动情况，收集整理相关制品、作品等，选择代表性的写实记录，纳入综合素质档案，作为学生学年评优评先

---

① 顾天悦：《新时代中小学劳动教育的任务和教师角色定位》，《教育观察》2020 年第 43 期，第 38—41 页。

的重要参考。作为评价者，劳动教育教师不仅要评价学生劳动素养的形成情况，还要评价自己在学生劳动教育中的指导情况，及时反思自己指导中存在的问题。教师的评价要做到客观、公平、公正，真正发挥评价的激励和导向功能。

二、劳动教育教师的专业素养

劳动教育教师在劳动教育实施中承担着课程研发者、管理者、指导者、参与者、协调者、评价者的角色。要扮演这些角色，就要具备扮演这些角色相应的专业素养，概括起来，劳动教育教师应具备的专业素养有：终身学习的能力、课程理解能力、课程研发能力、课程实施能力、课程评价能力和课程研究能力。

（一）终身学习能力

时代在发展，社会在进步，新知识、新技术不断涌现，人们学习的渠道和方式也日趋多样化，教师只有具备终身学习的能力，才能跟上时代步伐，不至于被时代淘汰。相比学科教师而言，劳动教育教师更需要具备终身学习的能力。由于各种因素的影响，劳动教育教师存在着年龄大、数量少、专业水平低、工作积极性低等问题，而新时代对劳动教育和劳动教育教师又提出了更高要求，这样就形成了劳动教育教师专业水平不高与新时代劳动教育对教师的高要求之间的矛盾。为了全面落实新时代劳动教育，促进学生德智体美劳全面发展，这就需要劳动教育教师具有终身学习的意识和能力。要认真学习习近平总书记关于加强劳动教育的一系列讲话，认真学习中共中央、国务院、教育部印发的一系列关于加强新时代劳动教育的文件，深刻领会讲话和文件精神，准确把握新时代劳动教育的性质、理念、目标、内容、实施策略、评价方式等，积极探索全面落实新时代劳动教育的路径和方法。要紧跟科技发展和产业变革趋势，准确把握新时代劳动工具、劳动技术、劳动形态的新变化，创新劳动教育内容、途径、方式，增强劳动教育的时代性。要认真学习教育教学理论，不断优化知识结构，提高文化素养，努力做终身学习的典范。

（二）课程理解能力

要实施好一门课程，首先要对这门课程的性质和要求有深入的理解、准确的把握，否则课程实施就会偏离方向。对课程本质的深入理解和准确把握是保证课程科学实施的重要前提。课程理解能力就是教师准确理解课程的性质与理念、目标与内容、实施与评价，以保证课程科学实施的能力。

劳动教育教师的课程理解能力主要表现在：一是能深刻理解加强新时代大中小学劳动教育的时代背景和重大意义；二是能准确把握新时代劳动教育的性质和基本理念；三是能准确把握劳动教育的目标和内容；四是能准确把握劳动教育的实施途径和评价策略。明确独立开设劳动教育必修课、学科渗透、课外校外劳动实践、校园文化中强化劳动教育等实施途径及实施要求，明确劳动教育评价的依据、标准、程序和方法。

（三）课程研发能力

1. 课程规划设计能力

劳动教育课程不像学科教学那样，有课程标准、教学用书、教学参考书可以依据和参考，它只有《指导纲要》作为指导，没有可以直接拿来用的体系化的目标和内容设计。如何确定校本化的劳动教育课程目标，如何构建校本化的劳动教育课程结构和内容，如何建立校本化的劳动教育实施模式和评价策略，这些都需要劳动教育教师的参与。劳动教育课程规划能力就是教师在《指导纲要》指导下，基于学校办学理念和育人目标，基于对学生学习需求和可以得到的校内外课程资源分析、规划和开发劳动教育课程的能力。劳动教育教师课程规划能力包括学校课程体系、学年（学期）课程、劳动项目等的规划设计能力。

2. 课程资源开发能力

课程资源是指形成课程的要素来源以及实施课程的必要而直接的条件。劳动教育课程不同于其他学科课程，它没有现成的教学内容，它的课程资源广泛存在于学校、家庭和社会中，需要教师善于发现和开发劳动教育课程资源。课程资源开发能力是指教师在校本化的劳动教育目标指导下，在分析学生年龄特点和需求基础上，对校内外劳动教育课程资源分析、开发和利用的能力。要求教师要具有课程资源开发意识，及时发现课程资源，并能合理利用，使之成为促进学生劳动素养发展的重要条件。

（四）课程实施能力

课程目标的达成，关键在于课程的有效实施。课程实施能力是指教师在《指导纲要》指导下，将劳动教育的相关要求付诸实施，并在实现教学目标的过程中所表现出来的个性心理特征。劳动教育教师的课程实施能力主要包括组织协调能力和活动指导能力。

劳动教育的有效实施需要教师精心组织活动和及时协调各种关系，组织协调能力是劳动教育教师应具备的一项重要能力。组织协调能力要求教师要做到：一是能创设真实的活动情境，调动学生参与劳动的积极性和主动性；二是能及时发现学生在劳动中存在的问题，并组织学生有序有效开展劳动；三是能及时协调学科间、校内外的关系，确保劳动教育顺利进行。

活动指导能力也是劳动教育教师的一项重要能力。教师的有效指导是实现劳动教育目标的重要保证。活动指导能力是指教师针对学生的劳动情况，及时给予指导，保证劳动实践顺利有效进行，促进学生劳动素养的发展的能力。要求劳动教育教师要做到：一是能熟练掌握各种劳动技能，教师要通过多种方式认真学习和熟练掌握劳动知识与技能，做劳动教育的行家里手；二是能引导学生围绕劳动项目主动开展探究，培养学生自主学习能力；三是能及时发现学生在劳动实践中存在的问题，并及时恰当地给予指导和帮助；四是能指导学生对整个劳动过程和劳动成果及时进行交流反思，培养学生形成正确劳动价值观和良好劳动品质。

（五）课程评价能力

课程评价对课程的实施起着重要的导向和质量监控的作用。课程评价能力是指劳动教育教师对学生的学习状况和教师自身课程实施情况的诊断评价能力。包括综合评价学生的能力和自我评价与改进的能力。

劳动教育教师综合评价学生的能力包括对学生学习现状、学生学习与发展结果的诊断评价能力。要求劳动教育教师能利用多种方式、多种渠道收集评价信息，并能对评价信息进行科学分析，帮助学生找到解决问题的方法；要求教师能客观公正地评价学生，发挥评价的育人导向和反馈改进功能；要求劳动教育教师能做到过程性评价和结果性评价的有机结合。

自我评价和改进能力有利于提高教师的反思意识，促进教师专业成长。自我评价和改进能力是指教师对劳动教育课程实施情况进行自我认识和反思，从而实现自我素质提高和专业自主发展的能力。要求劳动教育教师能制订出具体、明确、可操作性强的自我评价指标体系；能通过多种途径收集诊断信息，并进行综合分析；能充分利用自我评价结果不断改进教学，不断提高教育教学能力。

（六）课程研究能力

新时代劳动教育不断深化，需要科学把握劳动教育的本质要求，需要针对劳动教育课程实施中存在的问题进行深入的分析和研究，从而找到问题解决的策略和方法。课程研究能力是指劳动教育教师在劳动教育实施中发现问题，分析问题，解决问题，深化课程实施，实现自身专业成长所表现出来的能力。课程研究能力是劳动教育教师专业能力的核心，是实现自身专业成长的关键能力。

课程研究能力要求劳动教育教师能善于发现课程实施中的问题，并及时将问题转化为要研究的课题；能对研究课题进行规划，制订科学合理的研究方案；能在实践中利用科学研究方法进行深入研究，并得出研究结论，从而达到改进教学、促进自身专业成长的目的。

第三节　劳动教育教师的主要任务

《指导纲要》指出："根据学校劳动教育需要，明确劳动教育责任人，进行劳动教育规划、组织实施、评价等，配齐劳动教育必修课教师，保持教师队伍的相对稳定性。"因此，与教师角色和基本素养相对应，新时代劳动教育教师承担的主要任务有课程规划、课程指导、课程评价等。

一、规划劳动教育课程

由于劳动教育课程没有现成的教学用书和教学参考书，教师需要在《指导纲要》指导下，根据学校实际，自主规划和开发劳动教育课程。教师规划劳动教育课程的任务主要包括参与规划学校劳动教育课程方案、规划学校学年（或学期）班级劳动教育课程计划、参与规划学校劳动周、规划劳动教育项目活动等。

（一）参与规划学校劳动教育课程方案

学校要实施好劳动教育课程，首先就要根据国家相关规定，结合当地和本校实际情况，对劳动教育进行整体设计、系统规划，形成劳动教育总体实施方案。作为劳动教育教师，首要任务就是参与学校劳动教育课程方案的制订和规划。

1. 参与学校劳动教育课程开发的背景分析

劳动教育课程开发的背景分析，主要包括对学校办学理念和育人目标、学生年龄特点和需求、学校课程资源的分析。

第一，分析学校的办学理念和育人目标。学校办学理念是对"办怎样的学校"和"怎样办好学校"的深层次思考，是课程建构的起点，也是课程建构的灵魂。

学校劳动教育课程要充分体现学校的价值取向。育人目标是指把学生培养成什么样的人，是办学理念的具体体现。学校在构建劳动教育课程体系时，首先要认真分析学校办学理念和育人目标，使之充分体现学校办学理念和育人目标的要求。

第二，分析学生的年龄特点和需求。要认真分析学生年龄特点，包括学生的生理特点、心理特点和个性特征。也要分析学生的劳动素养现状和发展需求。教师可以通过问卷调查、访谈、观察等方法进行了解和分析，从而增强劳动教育课程设计的针对性。

第三，分析学校劳动教育课程资源。构建学校劳动教育课程体系，还要分析学校的劳动教育资源，分析学校劳动教育的基础。例如有的学校里有种植园、养殖项目，有的学校开设了烹饪课、陶艺课、木工课、金工课，有的学校有校外劳动基地，这些都是重要的劳动教育课程资源，可以进一步挖掘劳动教育价值。每所学校都有独特而又丰富的校内外劳动教育课程资源，要充分挖掘，科学分析。

2. 参与学校劳动教育课程目标制订

由于各地在自然、经济、文化等方面存在明显差异，各学校有着不同的劳动教育资源，因此学校作为劳动教育实施的主体，要在《指导纲要》规定的劳动教育目标基础上，建立符合学校实际的劳动教育课程目标。学校课程目标的构建要基于以下因素：

（1）基于《指导纲要》规定的劳动教育总体目标和学段目标。《指导纲要》从劳动观念、劳动能力、劳动精神、劳动习惯和品质等方面对劳动教育总体目标进行了阐述。另外《指导纲要》还对小学、初中、普通高中、职业院校、普通高等学校分别提出了学段目标要求，如小学低年级的目标是注重培养劳动意识和劳动安全意识，使学生懂得人人都要劳动，感知劳动乐趣，爱惜劳动成果；中高年级的目标是体会劳动光荣，尊重普通劳动者，初步养成热爱劳动、热爱生活的态度；初中阶段的目标是开展职业启蒙教育，体会劳动创造美好生活，养成认真负责、吃苦耐劳的劳动品质和安全意识，增强公共服务意识和担当精神；等等。制订校本化劳动教育课程目标应当遵循《指导纲要》规定的劳动教育目标的指导方向。

（2）基于中国学生发展核心素养指标体系中劳动意识培养的目标要求。

中国学生发展核心素养以培养“全面发展的人”为核心，该素养可分为文化基础、自主发展、社会参与三个方面，综合表现为人文底蕴、科学精神、学会学习、健康生活、责任担当、实践创新等六大素养，具体细化为国家认同等十八个基本要点。其中，实践创新包括劳动意识生成、问题解决、技术运用。劳动意识生成的主要表现是尊重劳动，具有积极的劳动态度和良好的劳动习惯；具有动手操作能力，掌握一定的劳动技能；在主动参加的家务劳动、生产劳动、公益活动和社会实践中，具有改进和创新劳动方式、提高劳动效率的意识；具有通过诚实合法的劳动创造成功生活的意识和行动等。劳动意识生成与实践创新中的问题解决、技术运用也是密不可分的。

（3）基于学校育人目标。学校育人目标决定着学校劳动教育课程目标。因此，在制订学校劳动教育课程目标时，要以学校育人目标为指导，只有这样才能更好地凸显学校办学特色。

（4）基于学校学生的年龄特点、需求及校内外资源。要通过问卷、访谈等多种方式，了解和分析学生的年龄特点和劳动需求，并分析校内外可能得到的劳动教育课程资源。这是确定学校劳动教育课程目标的重要依据。

在对以上因素认真分析的基础上，制订校本化的、进阶式的劳动教育课程目标。

3. 参与构建学校劳动教育课程内容体系

（1）选择适合的劳动教育内容

苏联著名教育家苏霍姆林斯基认为，不是所有的劳动都有教育价值，我们寻找的是有教育价值的劳动，将其界定为劳动教育的内容。劳动教育课程内容应体现时代特征和学生身心发展特点，特别是要应对科技、经济、社会、政治和文化迅猛发展及其带来的挑战。《指导纲要》明确指出了日常生活劳动、生产劳动和服务性劳动的具体内容，并针对不同学段提出了不同内容要求。劳动教育课程教师要在《指导纲要》的指导下，在分析学生年龄特征和需求基础上，在认真分析校内外劳动教育课程资源的基础上，选择适合的劳动教育内容，并做到科学安排，有所侧重。

（2）构建科学合理的课程结构

构建科学合理的课程结构，要做好劳动教育必修课程内容的系统设计，还要注重劳动教育内容的学科渗透，特别是在小学，劳动教育教师要对各学科涉及的劳动教育内容进行系统梳理，确定劳动教育整体课程观，通过调整教学进度、确立统一的劳动教育项目等方式，盘活各学科的劳动教育课程资源，实现劳动教育课程内容的一体化、进阶式设计。除此之外，还要在地方课程和校本课程中落实劳动教育，开设家政、烹饪、手工、园艺、非物质文化遗产等相关课程。通过构建合理的课程结构，实现国家课程、地方课程和校本课程在管理层级上的相互协调，必修课程和选修课程在课程类型上相互沟通，基础性课程、拓展性课程和创造性课程形成有机的整体，学科课程、活动课程和潜在课程相互融合，使课程内容的各个要素之间相互协调。①

4. 参与规划学校劳动教育课程实施与评价

参与规划学校劳动教育课程方案还需要明确学校劳动教育课程的实施与评价策略。

学校劳动教育课程实施主要做好师资安排、课时安排、劳动实践活动安排、劳动教育过程组织与指导等。学校劳动教育课程要做到整合实施，提升综合育人效果。一是落实好劳动教育必修课程，中小学劳动教育课平均每周不少于1课时，主要用于活动策划、技能指导、练习实践、总结交流等，可以对通用技术和地方课程、校本课程等相关内容进行必要统筹，课时不能挪用。二是要在学科教学中有机渗透劳动教育，系统梳理各学科蕴含的劳动教育元素，根据学科特点，在常规教学中进行劳动教育。也可以设计跨学科的劳动教育主题，围绕主题开展项目化研究，引导学生经历确定项目—制订计划—活动探究—作品制作—成果交流—活动评价的项目化学习过程，获得真实的劳动体验。三是与综合实践活动课程有机整合。综合实践活动包括考察探究、社会服务、设计制作、职业体验等活动方式，考察探究中的研学旅行充分体现了学生自我劳动的要求。社会服务、设计制作和职业体验是落实日常生活劳动、生产劳动和服务性劳动的重要方式。因此要把劳动教育与综合实践活动课程有机结合起来，共同实现劳动育人、实践育人。

学校劳动教育课程评价上要做到全面多元，关注学生的长远发展。劳动教育课程评价的最终目的是促进学生社会主义劳动价值观的形成，提高学生的劳动素养。劳动教育课程评价要注重评价方式多元化，既要关注过程，又要兼顾

① 肖庆顺：《新时代中小学劳动教育课程体系建设》，《天津教育》2020年第13期，第22—24页。

结果，做到过程性评价和结果性评价的有机结合。要注重评价主体多元化，包括学生自己、教师、同伴、家长、服务对象等的评价。要注重评价内容多元化，评价指标应覆盖劳动教育的全过程，全面、客观地记录课内外劳动教育活动情况，做好写实记录，纳入学生综合素质评价。

案例

北京工业大学附属中学十八里店分校劳动教育课程实施方案

一、背景分析

北京工业大学附属中学十八里店分校建校于1950年，前身为北京市朝阳区十八里店小学。学校地处朝阳区东南四环内十八里店127号，因距天安门十八里而得名，是一所布局合理、环境优美、设施完备、规模较大的农村中心小学，拥有学生987名，教师69名，其中骨干教师占42%。学校在“实”文化引领下，以“为学生的一生幸福奠基”为办学理念，以构建“环境优美的花园、‘五育’并举的学园、健康成长的乐园、温馨和谐的家园”为办学目标。

学校始终以“实”筑梦，追逐理想教育。其包含三个阶段：即身体结实，精神求实；为人朴实，处事务实；底蕴厚实，成果丰实。这一文化内核正是倡导学生崇尚劳动，尊重劳动，诚实劳动，从而学会融入社会，塑造自己。学校正是在这样的文化引领下构建学校课程体系，开展劳动教育工作，逐步形成了具有一定特色的劳动教育实施模式。

二、劳动教育课程目标

结合学校“农村小学课程体系构建的实践研究”的课题研究，打造探索笃实特色劳动教育课程。通过特色劳动教育课程的实施，使之成为弘扬新时代劳动精神、实现学校“夯实基础，幸福绽放”课程理念的重要途径，从而实现学校“实”文化育人目标。

一是结合课题研究，基于学校“五色石（实）课程体系”打造学校特色劳动教育课程，践行“实”文化育人目标。

二是促进教师综合育人理念的转变，打造高素质教师队伍。

三是通过课程的多维浸润，让学生个性舒展、全面发展，获得多彩而幸福的人生。

三、劳动教育课程内容与实施

学校构建了“五色石（实）课程体系”，寓意为：课程如学生成长的“基石”，能够为学生当下的学习负责，为其未来的发展奠基，而“德、智、体、美、劳”就是课程对学生人生的着色，学校通过课程的多维浸润，让学生个性舒展、全面发展，让他们如“五色石”般熠熠生辉，获得多彩而幸福的人生。

（一）技术承载，使劳动教育落地生根

《指导纲要》中指出，应准确把握社会主义建设者和接班人的劳动精神面貌、劳动价值取向和劳动技能水平的培养要求，全面提高学生的劳动素养，使学生树立正确的劳动观念、具有必备的劳动能力、培育积极的劳动精神、养成良好的劳动习惯和品质。学校按照文件要求，结合学校的文化精神与办学理念，以技术为载体，以劳动教育课程为主渠道，十余年扎实开展劳动教育，使劳动教育落地生根。

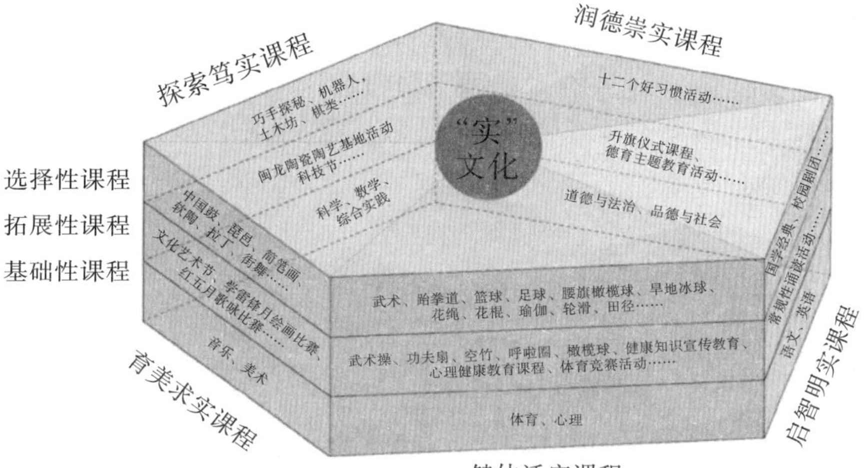

“五色石（实）”课程体系图

1. 劳动教育课程主渠道育人

学校以劳动教育课程为主渠道，本着学生只有课上“干得好”，回家才能“愿意干”的思路，以技术为载体，通过校本课程、区本课程与国家课程相结合的形式，着力培养学生的劳动能力，从而帮助学生树立正确的劳动观念与劳动精神。

全校一至六年级各班每周两节劳动教育必修课。其中一、二年级实施学校

开发的校本课程——巧手探秘，以简单的日常生活劳动及简单的工具使用为主要内容，开展劳动教育，关注学生技术意识的唤醒，注重培养劳动意识和劳动安全意识，使学生懂得人人都要劳动，感知劳动乐趣，爱惜劳动成果。三至六年级整合北京版教材、区本教材与校本教材为主要素材。结合校园劳动与家庭劳动认识相关的劳动工具，学习相应的劳动技能与简单的传统手工技术，体会劳动光荣，尊重普通劳动者，初步形成技术思维，逐步养成热爱劳动、热爱生活的态度。通过每周两节的必修课程使学生树立正确的劳动观念，掌握一定劳动技能，达到夯实基础、课程育人的目的。

2. 社团选修课程多渠道育人

丰富多彩的选修课程也是劳动教育课程的重要组成部分。学校利用每周五社团活动时间组织的多种劳动技术拓展课程属于选修课程，学生可以结合自己的喜好与特长选择选修课程。如面塑、衍纸、纸黏土、木工、创意 DIY 等课程。通过引进师资、挖掘教师潜能等方式丰富劳动课程资源，多方面培养学生的劳动素养。同时学校为学生搭建展示的平台，为学生提供展现劳动成果的机会。小到专用教室的展板、校园的橱窗、大厅的图腾柱，大到北京市的展厅、国际交流的展台等，都可以看到学生劳动的身影与成果。这样的展示和交流使学生真正体会到劳动的乐趣，切实感受到劳动最光荣。

（二）技术赋能，使劳动教育开枝散叶

《意见》中指出，劳动教育应适应科技发展和产业变革，针对劳动新形态，注重新兴技术支撑和社会服务新变化。学校结合文件精神与学校实际情况，着力探索新技术赋能，促进劳动教育开枝散叶。

1. 技术赋能，主渠道开枝散叶

学校着力挖掘新技术赋能劳动教育。鼓励每一位教师做智慧的教师，培养学生做新时代的劳动者。学校劳动教育教师从劳动教育中较难量化的评价入手，借助技术手段，实现了劳动教育课中的及时统计与有效反馈。不仅有效地提高了学校劳动教育课程实施效果，并且多次在市、区展示，并应邀赴黑龙江参加海峡两岸智慧教育研讨会，进行教学展示。

同时，学校致力开发劳动教育微课程资源与云平台的建设。学校参与北京市劳动教育翻转课堂的相关课题研究，以此为契机开始劳动教育微课程资源的建设。通过微课程的开发、应用，校内、学区内实现了资源共研、资源共享。

并且教师开发的微课程也受到市、区专家与教育同仁的认可，部分资源获得市、区奖项。随着相关资源的开发，学校建立云端课程资源库，分门别类地建立国家课程、地方课程、校本课程资源包，广泛收集教学资源，进一步促进学校劳动教育课程的有效实施与特色化开展，在落地生根的基础上开枝散叶。

2. 技术赋能，双师课堂开展劳动教育

学校除了将劳动教育必修课作为主渠道育人，还利用社团时间开设劳动教育选修课程。其中许多课程采用双师课堂的形式开展劳动教育。众所周知，许多劳动技能具有较强的专业性，而学校的专兼职劳动教育教师难以满足学生多样的劳动技能学习需求。而学校由于客观因素又无法大量聘请专业的技术人员，同时很多技术从业人员没有掌握教学方法。因此，学校引入线上的双师课堂，通过非遗传承人的线上教学为教师学生提供教学资源。由学校劳动教育教师对线上资源进行结构化重组，设计出符合学生认知规律的学习内容供学生学习。通过线上资源加传承人定期线下培训解决劳动教育教师专业技能水平不足的问题，借由劳动教育教师的线下指导加线上任务为学生提供丰富的劳动教学课程，提供新时代劳动教育课程实施的新样态。

3. 技术赋能，多学科开枝散叶

劳动教育不仅仅是必修课程的任务，而且应该全学科育人。学校的“五色石课程体系”从某种程度上打破了固有的学科体系。多学科在同一教研组，同属同一课程体系，教师们共同备课，集体教研，一起设计劳动教育目标，用技术解决问题，通过劳动教育学生。

4. 技术赋能，家校联动开展劳动教育

劳动教育工作不应该仅仅定位于学校教育之中，也不应仅仅限于一两项劳动体验之中，学生对于劳动体验的实践和认识应该体现在生活中的方方面面。所以，做好家校联动，运用好家庭劳动实践的重要阵地，使孩子们接受的劳动教育更好地融入他们的生活之中，让孩子在家长的指导、鼓励和评价中，更加深入地认识到劳动对生活的服务性，认识到劳动是光荣的，是快乐的。学校借助微信小程序、视频会议、综合素质评价平台等媒介实现与学生、家长线上“零距离”联动，沟通家庭劳动教育的目标，指导劳动技能，分享劳动收获，反馈劳动效果。通过技术赋能，劳动教育得到了家长的理解，切实落到了实处。

（三）活动拓展，使劳动教育多彩绽放

为了将劳动观念和劳动教育深入学生生活的方方面面，除了有效落实校内外的劳动课程教育，全面提升学生的劳动技能以外，学校还非常重视学生校内外日常劳动实践活动的开展。校内，每周会安排一个班负责校园环境卫生岗，各班每天都会设立不同的值日生岗，值日生会监督不同的卫生服务区的各班同学做好垃圾分类、垃圾减量工作。回到家里，家校合作让学生在家中也有劳动岗，在家务劳动中感受家长的辛苦，增进亲子情感，树立劳动光荣的意识。

同时，学校会定期组织科技节、爱心义卖、劳动周等实践活动来拓展学生劳动的场域。学校会定期组织学生到实践基地开展农耕体验、手工技艺传承等劳动实践活动。每年举办的科技节使学生感受新技术支撑下的劳动新样态。每学期进行劳动周、变废为宝展示、爱心义卖，让学生展示自己的劳动技能，体会劳动的乐趣。

四、劳动教育课程评价

评价具有鉴定、改进、激励、管理等功能，课程实施必须以相应的特色评价为导向。学校劳动教育强调以全面化的评价内容、多样化的评价方式和差异化的评价标准，努力通过多样的评价形式促进师生多元发展、全面和谐成长。学校通过星级评价体系结合学校综合素质电子平台进行评价，其中包含了学校各层面教师的评价、学生评价，又包含家长和社会劳动机构的评价，从多角度、多维度入手，通过客观评价，用积极的方式促进学生综合素养的提升。

五、保障措施

（一）建立组织体系，保证管理科学有效

学校高度重视发挥以劳育人的功能，重视劳动教育，组建由校长亲自统领的劳动教育项目研究组，牵头劳动教育研究的管理工作，遵循学校执行校长主抓，主管主任和骨干教师主要推进，全体专兼职教师全员参与的方针。在此基础上，学校逐步完善劳动教育相关工作制度，建立《劳动教育工作制度》《劳动教师人才培养制度》《劳动社团活动制度》《劳动教室使用制度》《劳动器材管理制度》等。在不断完善中，学校逐渐形成了科学有效的学校劳动管理体系。

（二）保障经费供给，确保设施设备充足

学校依据规划，保障劳动教育经费的稳定投入，共建有劳动教室 3 间，劳动活动空间 20 余处，劳动展示空间 10 余处，目前还在乡政府的支持下共建“体验农场”，为学生发展提供更加丰富的体验、实践、展示平台。与此同时，学校按要求配齐各种劳动器具、材料，设施设备的完善满足了劳动教学活动的顺利开展。

（三）注重师资培养，鼓励教师专业发展

学校重视加强劳动教师队伍建设。学校共有专职劳动教师5人，市级骨干教师1人，区级以上骨干教师2人，全体劳动教师围绕专业知识，不断锤炼基本功，每人都有自己的一技之长。学校积极鼓励教师参加区级及以上教研活动及相关专业的深造学习和培训，三年来全体教师参与市、区以上学习，形成了稳定的劳动教师队伍。

学校在实施劳动教育过程中坚持将目标导向与问题导向结合起来，以学校劳动教育为支点，发挥家庭的基础作用，扣好日常劳动的第一颗纽扣，发挥社会的支撑作用，开拓劳动教育的大课堂，形成家庭、学校、社会合作育人的劳动教育体系。在构建劳动教育体系，落实劳动教育的过程中使劳动教育成为一种授人生活技能、播种幸福的教育。学校正在逐步构建科学实用的劳动教育体系，形成更高水平的培养体系，既为祖国培养兢兢业业的普通劳动者，也培养未来的大国工匠与科学大师。

（北京工业大学附属中学十八里店分校　陈春红　王昉）

（二）规划学年（或学期）班级劳动教育课程计划

劳动教育教师除了参与规划学校劳动教育课程总体方案，还要规划学年（或学期）班级劳动教育课程计划。学年（或学期）班级劳动教育课程计划是学校劳动教育课程体系的重要组成部分，是班级和学校劳动教育课程目标达成的前提和保障。

学年（或学期）班级劳动教育课程计划的内容主要包括背景分析、课程目标、课程内容与结构、课程实施、课程评价、保障措施。在制订学年（或学期）班级劳动教育课程计划时，要注意以下几点：一是要对班级学生情况、课程资源进行深入分析，充分挖掘班级学生家长中的劳动教育课程资源。比如有的家长在农科院、博物馆工作；有的家长从事农业生产，是农作物种植的行家里手；有的家长在现代化高科技企业工作，是企业的专业技术人员、劳动模范；等等。教师要对这些课程资源进行深入分析，并有效利用。二是目标设计要与学校劳动教育课程目标一致。三是课程内容与结构设计符合班级学生需求。四是课程实施注重活动方式的多样性和丰富性，有利于促进学生形成社会主义劳动价值观。五是课程评价要注意评价内容和评价方式的多样性，突出评价激励和导向功能的发挥。六是保障措施要考虑周全，确保落实到位，特别是安全保障，教师要充分考虑到劳动教育过程中可能出现的安全问题，提前做好安全预案，防止安全事件发生。

（三）参与规划学校劳动周课程

《意见》指出：大中小学每学年设立劳动周，可在学年内或暑假自主安排，以集体劳动为主。劳动周教育是课外、校外劳动实践的重要方式，是提高学生劳动素养的重要渠道，它为学生健康成长提供真实舞台，为学生学会生活、走向社会奠定基础。

1. 参与构建学校劳动周课程体系

劳动教育教师要在分析学生年龄特点、需求和课程资源的基础上，构建学校劳动周课程体系，包括课程目标、课程内容、课程组织与实施、课程评价及保障措施。劳动周课程目标要制订学校整体的课程目标和各年级的课程目标，然后在目标的引领下，构建劳动周课程内容体系。比如东北师范大学附属小学构建的课程内容：一年级是“我是整理小能手”，组织学生整理家中衣物、文具、玩具等生活物品，在学校整理自己的学习用品、班级物品、学校物品；二年级是“我是快乐小农夫”，组织学生在劳动中开展清理学校劳动场地、改良土壤、垅土、播种或下秧苗、放土、施肥、浇水等活动，体验播种与收获；三年级是“我是自信中国人”，结合综合实践活动主题“中国传统节日”，组织学生开展与中国传统节日相关的劳动周活动，如包饺子、做风筝、缝香包、做月饼等，感受中华民族传统节日魅力，感受劳动之美；四年级是“我做自信小厨师”，举办中华美食嘉年华，让学生了解美食、制作美食、品尝美食，用劳动感受舌尖上的中国；五年级是“我做环保小卫士”，组织学生开展垃圾分类、校园节约、世界环境日、校园园艺设计、校园环保服务岗等活动，让学生感受劳动的快乐；六年级是“我做职场小达人”，组织学生在校园内开展模拟招聘会、校园职业体验岗、校园志愿服务岗等活动，走进社区和社会进行岗位模拟实践，开展“梦想职业一日行”活动，让学生参与劳动，亲身感受各种职业。

在规划学校劳动周课程体系时，要注意以下几点：一是劳动周的时间由短到长，如小学一年级的学生可以是劳动日，随着年龄增长由劳动日变为劳动周；二是劳动周的空间由近到远，小学以校内劳动为主，高年级可适当安排部分校外劳动，普通中学、职业院校和普通高等学校兼顾校内外；三是劳动周的内容由简单到复杂，低年级的学生可以是简单的、单一的劳动，随着年龄的增长逐渐复杂、综合，可以是专题讲座、主题演讲，可以是劳动技能竞赛、劳动成果展示、劳动项目实践等；四是劳动周的活动形式由单一到多样，低年级的学生劳动形式可以单一，随着年龄的增长，活动形式越来越多样，学生的体验也越来越深刻。

2. 参与制订劳动周活动方案

为了保证劳动周的顺利实施，学校需要在劳动周实施之前，制订详细、具体可行的劳动周活动方案。劳动周活动方案的内容主要包括劳动周主题、劳动周活动目标、劳动周内容设计、劳动周活动实施、劳动周活动评价、保障措施等。2019 年上海市曹杨第二中学高二劳动周活动方案是这样设计的：（1）活动主题。学农劳动。（2）活动目标。让学生在真实的社会情境中，学会面向社会、他人和自我，了解国家政策和百姓生活，感受劳动的艰辛，体验传统农业和现代农业，树立正确的世界观、人生观和价值观。（3）活动内容。高二年级共有 13 个班，其中 10 个班到山东临沂开展为期 7 天的“博雅齐鲁行”活动。1 个班到甘肃榆中开展为期 9 天的“博雅西部行”活动。他们的主要任务是参加农户或农庄的农业生产劳动，开展以“三农”为主题的研究性学习，开展“红色考察”主题活动，“感受同龄学子生活”主题活动。2 个班到同济大学嘉定校区及崇明农场开展为期 6 天的“同济科创行”活动，主要任务是考察特色实验室，实践汽车课程；到崇明近江开心农场，体验传统农业；到农科站参观，体验现代农业；开展“科创”为主题的研究性学习。（4）活动实施。以班级为单位，统一部署。根据班级特点，进行分流；分管校长负责，年级部为主体，分工到位，各部门配合；制订《课程建议手册》《教师指导手册》《学生活动手册》，确保各部门工作到位，学生实践到位。（5）活动评价。根据学生劳动周的表现给定学分，并纳入学生综合素质评价。（6）保障措施。做好安全保障、师资保障、机制保障等。

（四）规划劳动教育项目活动指导方案

劳动教育需要一个一个的劳动项目来完成，每一个劳动项目是否有效，决定着班级和学校劳动教育目标是否达成。规划劳动教育项目活动指导方案是劳动教育教师课程规划中最直接、最重要的工作任务，是劳动教育项目活动有效实施的重要前提。劳动教育项目活动指导方案就是对一个劳动教育项目进行整体规划和设计，就如同学科单元教学设计，它的内容主要包括学情分析、活动目标、评价设计、活动重点与难点、活动过程、活动反思等环节。

学情分析就是要分析学生的年龄特点和劳动认知基础。活动目标是学生本次劳动教育项目要达成的目标，活动目标可以从劳动观念、劳动能力、劳动精神、劳动习惯和品质四方面表述，也可以从思想认识、情感态度、能力习惯三方面表述。项目目标叙写要体现以学生是学习主体的理念，选用反映外部变化的词语来陈述，说清学生通过一定的劳动实践后劳动素养达成情况，并尽量使这种变化可观察、可测量。另外，要注意保持劳动教育项目目标与学期目标、学校目标的一致性。评价设计就是设计具体、明确、可操作的评价任务，以此评价活动目标是否达成。教师在设计评价任务时要注意与学生学习目标相一致，要对评价结果进行等级划分。活动重点与难点要依据学生的年龄特点和活动目标来确定，要有利于活动目标的达成。活动过程设计中教师要重点创设能激发学生积极参与的活动情境，要注重突出学生的主体性，要重点引导学生在劳动实践中形成社会主义劳动价值观，提高劳动素养，切不可将劳动教育窄化。活动反思是教师对活动准备、活动过程、活动总结中学生活动和教师指导的再认识、再思考，以此总结经验教训，进一步提高教育教学水平。活动反思要具体深刻，不能流于形式。

案例

四年级“亲近‘小菜苗’，创造好生活”劳动项目设计

一、项目背景

（一）结合区域特点

学校打造的劳动教育、生态种植基地，意在通过建立新时代中小学劳动教育课程体系，开展日常生活、生产和服务性劳动，形成家庭、学校、社会协同育人的局面。

（二）结合学生成长需要

目前学生的家庭生活水平普遍比较高，学生都是在父母、爷爷奶奶的关爱下成长的。很多家庭只要求孩子能把学习搞好，而忽略了其在家庭中的劳动，这样很容易造成衣来伸手饭来张口的现象。孩子体会不到父母工作的辛苦劳累，

只知道一味地向父母索取，惰性越来越强，吃不了任何苦。为此，劳动教育势在必行。通过劳动教育，培养学生不怕吃苦的精神，能体谅父母的艰辛，懂得珍惜劳动成果，劳动能创造美好生活。

二、学情分析

四年级的学生注重卫生、劳动习惯养成，能做好个人清洁卫生，主动分担家务，学会与他人合作劳动，体会到劳动光荣的思想观念。但他们对中国传统的农耕文化了解不多，需要教师开展专门的教育主题活动以深入体会农耕文化。

三、项目目标

1. 劳动观念：通过种植实践，了解农耕文化，获得吃苦耐劳的劳动观念，认识到劳动的重要性。

2. 劳动能力：习得种植、养殖的技能。

3. 劳动精神：通过向父母学习做菜，懂得感恩，增强尊重劳动者和劳动成果的意识，培养奉献的劳动精神。

4. 劳动行为和品质：通过团结协作耕地，体会劳作的艰辛，激发学生创新劳动，养成勤俭节约的习惯，形成勤劳奋斗的劳动品质。

四、项目评价设计

重点从学生劳动实践的具体表现进行评价，侧重对学生劳动价值观形成情况的评价。

五、项目重点与难点

引导学生亲历种植、养殖、做家务的实践过程，引导学生形成正确劳动价值观。

六、项目内容

时间	活动内容
第一周：宣传推广营造氛围	（1）开展劳动主题班会，通过全班讨论、民主协商，对学生进行小组分工，完成劳动计划书。 （2）利用学校LED屏播放粮食生长过程及目前全球粮食的总体产量、国内外浪费粮食的现象和非洲地区饥荒的具体情况。
第二周：社区餐厅光盘行动	各小组陆续开始有序活动： （1）家庭、学校光盘行动。 （2）加入社会志愿者队伍，深入社区，宣传热爱劳动和珍惜粮食的理念。

续表

时间	活动内容
第三周：生态万象	（1）校内劳动基地。学生利用班级劳动课时间，轮流到学农基地开展活动。 （2）校外劳动基地。学生代表前往深圳市光明欢乐田园，亲身体验学习割稻、打谷、碾米等农耕活动。 （3）观察生态种植。科学课观察管道水培植物的养护，了解水培植物生长的原理，学习生态种植知识。
第四周：成果展示多元评价	举行劳动成果展示交流会，邀请种植专家、家长、老师和周边社区居民参加，最后进行总结、考核与评价。
作业设计	开展后续延伸活动，落实将行动转化为习惯： （1）家庭阳台种植。学生利用家里的阳台，栽种豆苗、蒜苗、小白菜、秋葵、西红柿等，并做好相关记录。 （2）家庭养生计划。参与校园劳作打卡的学生将得到的新鲜食材奖励，带回家学煲两三种汤，并完成相关记录。 （3）公众号宣传助力。请同学们将自己做的成果图文并茂地发表在学校公众号上，通过朋友圈点赞、转发的方式，让更多人感受到劳动的快乐，传递正能量的快乐。

“亲近‘小菜苗’，创造好生活”劳动教育活动计划书

<table>
<tr><td colspan="5">小组名称</td></tr>
<tr><td>小组成员</td><td colspan="2"></td><td>指导老师</td><td></td></tr>
<tr><td>活动时间</td><td>活动内容</td><td>活动形式</td><td>活动地点</td><td>活动分工</td></tr>
<tr><td>第（　　）周</td><td></td><td></td><td></td><td></td></tr>
<tr><td>第（　　）周</td><td></td><td></td><td></td><td></td></tr>
<tr><td>第（　　）周</td><td></td><td></td><td></td><td></td></tr>
<tr><td>第（　　）周</td><td></td><td></td><td></td><td></td></tr>
<tr><td>预计困难</td><td colspan="2"></td><td>拟解决办法</td><td></td></tr>
</table>

七、教学反思

重点对项目整体设计和实施效果进行反思。

（深圳市光明区马山头学校　卢淑芬）

（五）规划劳动教育项目课时活动指导方案

一个劳动教育项目不可能是一节课完成的，往往需要课内外结合的多个课时来完成。例如《巧手做风筝》这一劳动教育项目包括“了解风筝—制作风筝—放飞风筝”三个环节，要完成这一劳动项目至少需要三个课时。这就要求教师在对整个项目进行规划的基础上，规划好每一个课时的活动指导方案，只有这样才能保证劳动教育项目的每一个课时活动都精彩，学生都有深刻的劳动体验和劳动感悟。劳动教育项目课时活动指导方案主要包括学情分析、活动目标设置、活动重难点分析、活动准备、活动过程、活动反思等环节。教师设计劳动教育项目课时活动指导方案时要注意做到以下几点：一是目标明确具体，可操作，可达成；二是活动过程设计要注重体现自主性、实践性、开放性、生成性；三是要注重引导学生感悟反思，形成正确的劳动价值观。

案例

五年级“巧手包饺子”项目活动设计

一、学情分析

上节课学生已经学会了和面、调馅，对擀饺子皮、包饺子和煮饺子充满兴趣。另外，教师课前布置学生跟着父母学习包饺子，为本节课的劳动实践奠定了基础。

二、活动目标

劳动观念：积极参与擀、包、煮饺子的过程，愿意参与劳动，体验劳动的快乐。

劳动能力：经历擀、包、煮饺子的过程，提高动手能力和生活自理能力。

劳动精神：领会“幸福生活靠劳动来创造”的内涵，形成勤俭节约、艰苦奋斗的精神。

劳动习惯与品质：在擀皮、包水饺、煮水饺过程中，形成认真、严谨的品质，自觉珍惜劳动成果。

三、评价设计

活动目标	评价设计
了解饺子文化，积极参与擀、包和煮饺子的过程，愿意参与劳动，体验劳动的快乐。	交流饺子文化，积极愉悦地参与包饺子的劳动过程。

续表

<table>
<tr><th>活动目标</th><th>评价设计</th></tr>
<tr><td>经历擀、包和煮饺子的过程，提高动手能力和生活自理能力。</td><td>说出包饺子的步骤，能用正确的方法和技巧擀皮、包饺子。</td></tr>
<tr><td>领会“幸福生活靠劳动来创造”的内涵，形成勤俭节约、艰苦奋斗的精神。</td><td rowspan="2">通过观察学生表现和倾听学生劳动感悟进行评价。</td></tr>
<tr><td>在擀皮、包水饺、煮水饺过程中，形成认真、严谨的品质，自觉珍惜劳动成果。</td></tr>
</table>

四、活动重点与难点

重点：学习擀皮、包饺子和煮饺子的方法和技巧。

难点：能擀出大小合适、厚薄均匀的饺子皮，能包出馅料饱满、煮不破皮的饺子。

五、活动准备

材料：已经切好的面剂子和已经调好的饺子馅。

工具：擀面杖、案板、筷子、盘子等工具和电磁炉等电器。

六、活动过程

（一）谈话导入，明确活动任务

同学们，我们上节课（两节课可以连排）学会了和面、调饺子馅，这节课我们来包饺子、煮饺子、吃饺子。

（板书课题：巧手包饺子）

（二）初步体验，探究技法

1. 探究擀皮的技巧

学生尝试擀皮，教师针对学生擀皮中存在的问题进行指导，总结擀皮三字经：推、撤、转，并亲自演示。这样擀出来的饺子皮才能大小适中，厚薄合适。

学生在教师指导下擀皮。

设计意图：引导学生带着擀皮中存在的问题观看微视频，并在交流中明确解决问题的方法，在尝试擀的过程中检验对技巧的掌握情况，同时通过小组评价，加深对擀皮方法的领悟。

2. 学包饺子

（1）学生尝试包饺子，老师通过希沃直播，展示学生包饺子的过程。

（2）学生观看微视频，学习包饺子的方法和技巧。(馅要适量，先压一压，然后用左手端着饺子皮，右手捏，而且要先捏中间，再由两边向中间捏。板书：压、捏)

设计意图：遵循尝试包饺子—发现问题—微视频指导的方法，学生带着探究的心态参与到包饺子的过程中，体验劳动的乐趣。

（三）实践与体验

1. 明确活动要求

馅料饱满能坐立，外形美观摆放齐，干净卫生不浪费，工具用完要归位，互相帮助齐努力。

温馨提示：有困难的同学可以看屏幕上滚动播出的视频，也可以找其他同学帮忙。

2. 人人包饺子

（1）学生根据活动要求擀皮、包饺子、摆放饺子。（教师指导）

（2）展示与评价。出示图片，评价一下哪个同学饺子包得好，为什么？看看自己包的饺子有没有问题，改进一下。

设计意图：活动之前明确评价标准，让学生能够按标准做事，能从馅料饱满、捏合紧实、坐立不破三个方面对包的饺子进行评价。其他小组也通过小伙伴的评价看到自己的不足，明确了改进的方向。人人参与，提高动手能力。

3. 现场煮饺子

（1）由老师和两位同学一起煮饺子。一人通过希沃直播，让每一个学生看到煮饺子的过程，另一人和老师一起煮饺子。其他同学边看边提出问题。

问题预设：怎样下饺子才不会被开水烫到？为什么要盖锅盖？为什么用勺子的背面推动饺子？（板书：推、盖）

（2）煮饺子的技巧。点凉水。（板书：点）

问题预设：为什么要点凉水？（怕饺子汤溢出来，怕饺子皮煮碎了，馅还没熟。还能让饺子的面皮在热胀冷缩中变得更筋道，这样的饺子更好吃。）

4. 品尝自包饺子

（1）学生品尝饺子的味道，并交流品尝劳动果实的快乐心情。

追问：饺子好吃吗？你开心吗？为什么？（因为是自己包的饺子，所以格外好吃。）

（2）教师趁热打铁，引导学生进一步理解“滴自己的汗，吃自己的饭，自己的事情自己干！靠天靠地靠祖宗，不算是好汉！”的劳动价值观。

总结：劳动最快乐，劳动果实最香甜。我们每一个人都要爱劳动，会劳动。将来靠自己勤劳的双手，创造美好的生活。

设计意图：品尝自己的劳动果实，真切感受到劳动果实最香甜，体会劳动的快乐和幸福，养成爱劳动的好习惯。

（四）总结与延伸

1. 学生交流收获与感受。

2. 拓展延伸。请你和爸爸妈妈一起包饺子，学习更多包饺子的方法和技巧。

设计意图：和家人包饺子，既能巩固今天所学的方法和技巧，又可以继续探究和面和调馅的方法技巧，增强学生参与家务劳动的自信。

（山东省威海市荣成市寻山街道寻山完小　刁大萍）

二、指导学生开展劳动教育活动

（一）指导内容

劳动教育教师的指导任务贯穿劳动教育实施的全过程，包括劳动项目确定阶段的指导、劳动项目实施阶段的指导和总结交流阶段的指导。

1. 劳动项目确定阶段的指导

（1）指导学生选择和确定劳动项目。教师要针对中小学生的年龄特点、劳动素养状况及其兴趣爱好、校内外劳动教育课程资源状况，引导学生从现实生活中发现需求，选择和确定劳动项目。比如每年春天，教师可以创设情境，引导小学中高年级学生开展“巧手做风筝”的活动，让学生经历“了解风筝、制作风筝、放飞风筝”的探究过程，感受祖国优秀传统文化的魅力，体会执着专注、精益求精、一丝不苟、追求卓越的工匠精神，提高自己的劳动能力和劳动品质，牢固树立劳动最光荣、劳动最崇高、劳动最伟大、劳动最美丽的思想观念。教师在指导学生确定劳动项目时，一定要创设真实的生活情境，让学生在情境中发现问题，发现劳动需求。

（2）指导学生制订劳动项目活动计划。劳动项目确定后，教师要充分发挥学生的主动性、积极性、创造性，引导学生对项目实践进行整体构思，制订劳动项目活动计划，并综合运用所学知识、技术，不断优化行动方案，强化学生的规划设计意识，培养学生的规划能力。教师指导学生制订劳动项目活动计划时要注意以下几点。一是突出自主性。行动方案不是教师给予的，而是学生在教师指导下的自主探究过程，切忌教师包办代替，学生被动接受。二是突出研究性。劳动项目实施的过程既是动手实践、出力流汗的过程，也是学生身心参与、手脑并用的研究过程。在设计方案时，要突出实践过程的研究性、探究性。三是强调可行性。方案的制订要充分考虑各方面因素，包括人、财、物、安全等，要切实保证行动方案的科学性、可行性。

2. 劳动项目实施阶段指导

（1）指导学生懂得劳动的意义和价值。教师要针对学生的年龄特点和认知基础，采取灵活多样的教学方式，让学生明白劳动是人类社会存在和发展的基础，劳动创造幸福，劳动创造美好生活。引导学生树立正确的劳动观念，做到热爱劳动，尊重普通劳动者，珍惜劳动果实。同时还要引导学生自觉遵守劳动纪律，遵守劳动相关的法律法规，牢固树立劳动最光荣、劳动最崇高、劳动最伟大、劳动最美丽的思想观念。

（2）指导学生掌握劳动的技术与方法。劳动教育教师要加强对劳动知识和技能的讲解，让学生认清事理，掌握实践操作的基本原理、程序、规则，掌握正确使用工具的方法和技术。讲解要与启发思考、示范、练习等结合起来。劳动教育教师还要做好示范，能准确到位地示范劳动技术与方法，指导学生学会劳动。这就要求劳动教育教师要加强劳动知识与技术的学习和反复练习，熟练掌握劳动技能，不断提高自身劳动素养。

（3）针对学生劳动情况及时给予指导。劳动教育教师要及时了解学生的劳动情况，并针对存在的问题及时给予点拨和指导。要组织灵活多样的交流研讨活动，引导学生相互学习，相互启发，帮助他们保持和进一步提高劳动的热情。要对在劳动实践中有特殊困难的学生进行个别指导。要注重引导学生从最基本的程序学起，严守规则，避免主观随意的态度。要强化质量意识，注重引导学生关注细节，每个步骤、环节都要精准到位。要强化专注品质，注重引导学生对操作行为的评估与监控，做到眼到手到心到，有始有终。要锤炼学生意志，引导学生不怕困难，不畏挫折，敢于在困难与挑战中完成劳动任务。

3. 劳动项目总结阶段指导

（1）引导学生反思交流。教师引导学生对劳动项目的确立、劳动项目的规划、具体劳动过程、劳动成果等进行及时反思。反思劳动过程中的收获与不足，寻找改进问题的方法和策略，反思劳动与社会进步、个体成长之间的关系，从而使学生在劳动中获得成长。教师指导时，要循循善诱，引发学生思考，注重培养学生的反思意识，注重引导学生形成正确的劳动价值观和良好劳动习惯。

（2）引导学生自我评价。引导学生对自己在劳动中的表现、小组合作情况、劳动成果、劳动知识与技能的掌握、劳动的价值体认等进行自我评价。教师要注意遴选、树立劳动典型，劳动典型不仅包括大国工匠、劳动模范，还要包括学生身边劳动表现优异的普通劳动者和同学，指导学生从榜样的具体事迹中领悟他们的高尚精神和优良品质。明确要求学生在日常劳动实践中努力向榜样看齐。引导学生通过自我评价，及时总结劳动经验与不足，正确理解劳动是人类社会和社会进步的根本力量，认识劳动创造价值、创造财富、创造美好生活的道理；引导学生尊重劳动、尊重普通劳动者，引导学生牢固树立劳动最光荣、劳动最崇高、劳动最伟大、劳动最美丽的思想观念。

（二）指导方法

劳动教育教学过程中，教师常用的指导方法主要有讲授法、情境体验法、任务驱动教学法、案例教学法、项目教学法等，这些方法在劳动教育过程中可以结合使用，提高育人效果。

1. 讲授法

讲授法是教师通过口头语言、以身示范等方式，向学生传授知识和技能，达到明理导行目的的教育教学方法。在劳动教育中，教师需要用讲授法向学生系统地传授劳动的本体性知识，即有关劳动本质的知识，让学生了解人类社会的发展历程，帮助学生理解劳动是人的本质，向学生系统地讲授劳动的经验性知识。这类知识需要教师进行逻辑性的、系统性的讲授，让学生理解和内化教师所讲授的知识，并自觉地完成劳动过程。例如讲述劳动工具的操作步骤、劳动过程中的安全和规范以及具体的劳动情境中的应对策略等，帮助学生习得劳动技能、生存技能和创造技能；[①] 向学生讲授劳动模范、大国工匠的先进事迹，

---

① 曾天山、顾建军主编：《劳动教育论》，北京：教育科学出版社，2020 年，第 217 页。

对学生进行社会主义劳动价值观教育。为了提高劳动教育教学效果，教师运用讲授法教学时要与其他的劳动教育方法相结合，避免单纯讲授，要引导学生学会思考。

2. 情境体验法

劳动是人类最基本的实践活动。劳动的目的不仅是满足人类生存的需要，更是满足人类发展的需要。因此，劳动教育因其特殊的教育内容和教育形式，需要创设教育情境，使受教育者身体、理智和情感三者之间发生交互关系，建构受教育者“身心一元”的认知图式。① 情境体验法贯穿整个劳动教育的过程，指导学生选择和确定劳动项目、指导学生劳动体验、指导学生反思交流等都需要创设情境。例如，在山东省烟台市莱山实验小学杨伟静老师组织的《找个岗位去体验——小小驯养师》的活动中，教师带领学生到烟台海昌鲸鲨海洋公园体验驯养员一天的工作，学生在真实情境中亲身体验给动物笼舍打扫卫生并喷洒消毒药物进行消毒、给动物选择新鲜食物并给动物喂食、在专业人员指导下给动物做常规体检、学习动物指挥口令、与动物一起表演等工作，体会驯养员劳动的艰辛，增强尊重别人劳动成果的意识，获得深刻的劳动体验，由此激发学生热爱劳动的情感。

教师在运用情境体验教学法时，需要创设真实的劳动情境，提供具身性的体验活动，激发学生的劳动情感。劳动实践和情感活动构成了有意义的劳动教育情境，只有构建一个有意义的劳动教育情境，劳动才真正具有教育意义。劳动教育的情境在一定程度上决定着劳动教育的生成和发展。②

3. 任务驱动教学法

任务驱动教学法是学生在教师的帮助下，紧紧围绕一个共同的任务活动中心，在强烈的问题动机的驱动下，通过自主合作探究，完成学习任务、实现意义建构的一种教学方法。比如在《巧手木工坊》活动中，教师给学生布置“制作简易木质笔筒”的任务，学生在任务驱动下查阅相关资料，到商店考察笔筒的样式和大小，动手设计简易木质笔筒，画出草图。然后在教师指导下，在薄木板上根据自己设计的尺寸画线，沿画线进行锯割，最后用胶连接和钉连接的方式组装成型。在这一活动中，学生在任务驱动下，全身心投入笔筒制作中，

---

① 曾天山、顾建军主编：《劳动教育论》，北京：教育科学出版社，2020 年，第 226 页。

② 同①，第 230 页。

在不断改进和动手实践中，培养自己动手实践能力和创新精神，感受劳动的幸福和快乐，明白劳动创造美好生活的道理。

劳动教育教师在运用任务驱动教学法时，要注意劳动任务的趣味性、真实性、可行性。劳动任务能激发学生的探究欲望，产生浓厚的活动兴趣；劳动任务要源于学生真实生活和真实需求，突出真实问题的解决，通过完成劳动任务，生活能够变得更美好；劳动任务还要基于学生身心发展特点和劳动认知基础，具有可行性，既不能过于复杂又不能过于简单。

4. 案例教学法

案例教学法是教师引导学生讨论、分析一个经典的案例，从中获取经验，从而对实践产生影响。比如在《学做中国结》这一活动中，教师给学生提供已经编好的中国结，让学生小组合作探究中国结的编织方法，然后再在教师指导下动手编织中国结。让学生在剖析案例的过程中，找到解决问题的方法和策略。在运用案例教学法进行教学时，教师要注意选取的案例要具有明确的目的性、客观的真实性、较强的综合性和深刻的启发性。

5. 项目教学法

项目教学法是在教师指导下，让学生围绕一个相对独立的项目，经历信息收集、方案设计、项目实施及最终评价的完整过程。项目教学法最显著的特点是以项目为主线、以教师为引导，以学生为主体。它是开展劳动教育最重要的教学方法。劳动教育教师在运用项目教学法开展教学时，要引导学生自主确定劳动项目，亲身经历设计方案、组织实施、评价反馈和完善提高的过程。要处理好教师指导和学生自主劳动实践的关系，教师指导要做到到位不越位，要在学生需要的时候给予恰当的指导。要发挥好评价的激励和导向作用，对学生的劳动项目实施情况及时给予评价反馈。

案例

成都市五丁小学积极探索基于项目式学习的劳动教育新模式[①]

成都市五丁小学以“体验教育”为办学特色，基于“以境动之、以身体之、

① 王志宏、秦兴兰:《项目式劳动教育课程的探索与实践》，《中国德育》2021年第3期，第62—64页。

以心验之、以情感之、以理服之、以行践之”的教学原则，在推行劳动教育校本落地的过程中，积极探索基于项目式学习的劳动教育新模式，引领劳动教育向纵深发展。基于劳动素养的培养，聚焦劳动教育的核心知识和关键能力，学校建立了包括导学、实践、改进、展示、评价五个步骤的项目式劳动课程教学架构，按照项目式学习所覆盖的劳动核心知识概念的范围大小以及对学科课程的影响程度，探索出微项目式劳动、学科项目式劳动、跨学科项目式劳动三种实施路径。

微项目式劳动指将劳动教育的内容项目化，它具有学习内容聚焦、学习时间跨度小、便于师生操作、适合劳动常态课堂的特征。在常规劳动课程和生产劳动课程中，教师通过微项目学习方式，为学生提供15—20分钟时长的探索性项目任务，或者用类似实践性作业的方式引导学生对某个内容或主题进行探索。

学科项目式劳动是指以日常劳动的关键概念或能力为基准设计的综合性劳动实践方式。在此过程中，学生要进行综合性的探索，以培养想象力、创造性、合作与沟通能力等。例如家务劳动“学做家常菜”，学校以“如何传承我家的当家菜”为目标驱动开展劳动实践。围绕这一主题，学生向家人调研了解自己家里的当家菜是什么，背后所蕴含的故事有哪些，并向家人学习烹饪步骤和方法，在此基础上让家人品尝并进行改进，再通过开学典礼上的厨艺比拼、汇报交流进行成果分享。

跨学科项目式劳动以不同学科的关键概念或能力为基准，指向实际生活的真实问题。以学校社会公益劳动“地摊经济体验”为例，2020年因疫情国家鼓励“地摊经济”，在此背景下，学校开展了“地摊经济体验”项目式学习实践活动，项目以如何让盈利最大化为目标驱动，引导学生综合运用数学统计、概率等知识，进行市场调研、制订计划、明确分工，形成项目策划书，然后进行实际摆摊体验，核算盈利和成本，及时调整进货品种和数量，其间还经历暴雨天气、商品滞销、城管驱离等突发情况。学生在解决实际问题的过程中促进了深度学习、综合分析、判断和选择等高阶思维发展，更重要的是感受到劳动的艰辛，培养了吃苦耐劳的意志。

三、做好劳动教育学生评价

劳动教育教师除了要规划劳动教育课程、指导劳动教育实施以外，还要做好对学生劳动教育实施情况的评价。

（一）制订学生劳动素养评价标准、程序和方法

劳动教育教师要认真学习、深刻领会《指导纲要》精神，并在《指导纲要》精神指导下，结合学校实际情况，制订学生劳动素养评价标准。在评价目标上要以培养和发展学生劳动素养为核心价值取向，以大中小学各学段劳动教育目标为主要评价依据。在评价内容上要做到清晰明确，可把一些不易把握、不易测量的情感性目标内容，如劳动情感、劳动态度、劳动价值、劳动精神等转化为具象的劳动表现、劳动行为、劳动精神等。[①]要覆盖日常生活劳动、生产劳动和服务性劳动，明确学年劳动实践类型、次数、时间等考核要求。在评价方法上，可以学期为单位设计劳动任务清单、劳动评价手册、劳动日志、劳动成长档案袋等如实记录课内外、校内外劳动学习与实践过程。可以通过开展劳动成果展示会、劳动竞赛、劳动分享会、劳动节等方式，评价学生劳动素养状况。在评价主体上要建立协同评价机制，以自我评价为主，辅以教师、同伴、家长、服务对象、用人单位等他评方式。在评价技术手段上，可科学规范地利用大数据、云平台、物联网等现代信息技术手段，开展劳动教育过程监测与及时评价。

（二）做好平时表现评价和学期（或学年）综合评价

劳动教育教师要依据制订的学生劳动素养评价标准做好学生平时表现评价和学期（或学年）综合评价。

1. 做好平时表现评价。劳动教育教师要对学生平时劳动教育实践情况及时进行评价，以评价促进学生发展。要关注学生在劳动教育活动中的实际表现，注重从学生行为表现中分析把握劳动观念形成情况。要指导学生如实记录劳动教育活动情况，教师根据学生劳动过程中的表现和劳动成果，对学生进行平时表现评价。评价时要注重评价主体的多元性，保证评价结果的客观公正。

2. 做好学期（或学年）综合评价。学期（或学年）结束时，劳动教育教师要依据学期（或学年）劳动教育目标和内容，根据学生学期（或学年）劳动教育活动情况写实记录，依据学生劳动素养评价标准，对学生劳动观念、劳动能力、劳动精神、劳动习惯与品质等劳动素养发展状况进行综合评定。

---

① 顾建军：《加快建构新时代劳动素养评价体系》，《人民教育》2020 年第 8 期，第 19—22 页。

案例

上海市劳动教育评价探索①

上海市将劳动教育纳入教育评价体系，积极发挥评价的导向、激励和示范功能，不断提高劳动教育的实效性，并将劳动教育的评价结果作为衡量学生全面发展情况的重要内容。

一是加强对劳动技术课程学习的评价。学生在完成一个学期的劳动技术课程学习后要参加测试，所取得的成绩将被记入学生评价手册和学习档案。初中和高中学生必须参加劳动技术学业水平考试，并以获得相应的学业水平考试成绩作为毕业、升学的依据之一。

二是落实各学段劳动实践的评价。合格的评价要求是：小学阶段学生参与公益劳动不少于30课时；初中阶段学生参与公益劳动的时间不少于80课时，参与职业体验的时间不少于32课时；高中阶段学生参与志愿服务（公益劳动）的总时间不少于60课时。同时，把劳动实践情况记入“上海市学生综合素质评价信息平台”和“上海市初高中学生社会实践信息电子平台”，作为学生升学、评优的重要参考。

三是注重评价内容的全面性。要注重收集来自家庭、学校、社会劳动实践单位的线上、线下多方面的信息，较为全面地反映学生的劳动经历、能力、收获以及在劳动中表现出来的真实情感和态度。

第四节 新时代劳动教育师资队伍建设的策略

加强新时代劳动教育师资队伍建设，建设一支专兼职相结合的劳动教育教师队伍。要对学校全体行政干部和教师进行劳动教育培训，使其充分认识加强劳动教育的重要性，明确自己在劳动教育中的任务；要对承担劳动教育课程的专、兼职教师进行专业培训，提高课程设计与实施能力；还要建立健全劳动教育教师工作评价机制，发挥评价的激励和导向功能。

① 贺明菊：《新时代中小学劳动教育方法途径的探索》，《创新人才教育》2020年第2期，第29—32页。

一、构建多层次、多元化的劳动教育师资队伍

（一）区域层面：配备劳动教育教研员

各级中小学教研机构要配备劳动教育教研员，负责区域劳动教育教学工作的规划与开展。劳动教育教研员要根据国家劳动教育文件要求，结合当地劳动教育师资队伍现状，建立区级教研、片级教研、校级教研三级教研模式，开展形式多样、富有成效的专题教研、混合式教研等活动，使教师在活动中反思，在反思中成长，从而推动区域劳动教育整体水平的提高。

（二）学校层面：建立专兼职相结合的劳动教育师资队伍

1. 配备劳动教育专职教师。劳动教育专职教师需要对学校劳动教育进行整体规划，带领劳动教育教师开展劳动教育活动，组织开展劳动教育教研活动，协调各学科之间的关系，协调家庭、学校、社会之间的关系，因此，学校要任用热爱劳动教育、劳动素养高、组织协调能力强、教研能力出众的老师担任劳动教育专职教师。

2. 配备劳动教育兼职教师。学校劳动教育兼职教师由两部分组成，一部分是校内劳动教育兼职教师。校内劳动教育兼职教师尽可能由综合实践活动教师担任，这样可以将劳动教育与综合实践活动中的社会服务、设计制作、职业体验等有机整合。另一部分是校外劳动教育兼职教师。学校可以聘任职业院校教师承担学校劳动教育教学任务，发挥职业院校教师的专业优势；也可以聘用具有实践经验的社会专业技术人员、劳动模范、能工巧匠、非遗传承人等担任兼职教师。

二、高等学校要加强劳动教育师资的培养，建设一支专业化的师资队伍

数量不足、供给不足是新时代劳动教育师资队伍建设的首要问题，这就需要有条件的高等学校设立劳动教育相关专业，加强劳动教育师资培养，培养一支专业化、高素质的劳动教育师资队伍。在劳动教育师资培养方面要做到以下四点：一要加强使命感、责任感教育。高校在劳动教育教师培养过程中，应明确相关专业学生的专业发展需求与定位，将劳动教育与德育、智育、美育、体育相结合，以立德树人、实践育人为教育原则，使师生清醒认识到自身未来所

担负的教育使命与重任，增强其职业认同感。[①] 二要加强师德师风建设。要让将来从事劳动教育的学生热爱劳动教育，充分认识劳动教育树德、增智、强体、育美的综合育人价值，积极践行社会主义劳动价值观；关爱学生，尊重学生人格，富有爱心、责任心；教书育人，为人师表。三要加强劳动教育能力培养。要科学设计专业课程内容，创新教育教学模式，注重加强学生劳动观念、劳动能力、劳动精神、劳动习惯与品质教育，使其掌握劳动教育理论知识，拥有专业的劳动教育实践能力。四是加强科研能力培养。要指导学生善于发现教育教学问题，并能转化成研究课题，开展课题研究，解决教学问题。提高学生发现问题、分析问题、解决问题的能力。

三、加强教师培训，培养一支复合型的劳动教育师资队伍

（一）构建劳动教育教师培训课程

基于劳动教育教师的素养现状，紧密结合劳动教育教学一线实际，围绕劳动教育的课程目标、内容、形式、组织办法、评价标准等构建劳动教育教师培训课程。培训内容包括通识培训、专业技能培训、课程整合能力培训。

通识培训内容包括新时代加强劳动教育的重大意义、指导思想及基本原则、劳动教育性质和基本理念、劳动教育的目标和内容、劳动教育途径、关键环节和评价、学校劳动教育的规划与实施、劳动教育的条件保障与专业支持等。通过培训，让劳动教育教师从为什么、是什么、怎么做、做到什么程度四个方面深刻理解新时代如何加强劳动教育。从而为充分发挥劳动教育在全面发展教育体系中的重要作用奠定思想和认识基础。

专业技能培训内容包括专业知识与技能培训、课堂教学技能培训。专业知识与技能培训不仅包括传统的日常生活劳动、生产劳动、服务性劳动等知识与技能，还要兼顾新知识、新技术、新工艺、新方法的学习。课堂教学技能培训主要是对教学设计、教学方法、教师指导、教学评价、教学技术等方面的培训。

课程整合能力培训内容包括各学科劳动教育目标、内容、实施方式与评价的整合。劳动教育课程的实施不能割裂与其他课程的关系，需要打破学科界限，

① 刘京华、李建勋：《新时代劳动教育教师队伍多元化建设的思考》，《教育实践与研究》2020 年第 10 期，第 33—35 页。

整合各学科劳动教育课程资源，形成劳动教育合力，共同促进学生劳动素养的提高。这就需要劳动教育教师掌握课程整合的技术和方法，实现相关课程的有机融合。

（二）做好全员培训和专项培训

1. 做好全员培训。要对学校校长、教育行政干部、教师、辅导员等开展全员培训。对学校校长的培训，要以全面理解新时代教育方针政策为重点，以掌握加强劳动教育的指导意见和劳动教育指导大纲为主要目标，进行创建学生劳动实践基地、劳动教育资源开发的策略方法培训。对中层干部的培训，要以落实相关文件的途径和方法为重点，掌握学校劳动教育的各学习阶段任务、强度要求、教学目标、保障手段等，以及将动手实践内容纳入学生综合素质评价的方法。对班主任的培训，要以理解“以劳树德”理念为核心，掌握指导家长落实学生家庭劳动教育的方法，掌握将劳动教育融入学生日常学习和生活，在社会实践、校园文化、家庭教育中开展劳动教育的方法。[①] 对学科教师的培训，要以落实学科教学中的劳动教育目标为重点，梳理学科中的劳动教育内容，形成劳动要素清单，掌握学科实施劳动教育的途径和方法。对辅导员的培训，要以劳动教育活动的设计与实施为重点，掌握劳动教育活动设计与实施的策略，提高活动育人效果。

通过全员培训，让学校每一位领导和教师都认识到劳动教育在德智体美劳“五育”之中的基础性地位和作用；明确新时代劳动教育的性质与基本理念、目标和内容、实施与评价；明确自己在学校劳动教育中的定位与作用。从而形成教育合力，共同落实好学校劳动教育，促进学生德智体美劳全面发展。

2. 做好劳动教育课程教师专项培训。专项培训的内容主要包括劳动教育专业知识与技能、课堂教学技能以及课程整合的能力。通过专项培训，提高劳动教育教师课程规划和实施能力

（三）创新培训方式，提高培训实效

1. 开展线上线下混合式培训，推动信息技术与教师培训有机融合。可以线上观看劳动教育培训视频课程，线下开展交流研讨；也可以线下实践体验，线上交流分享。通过多种形式的线上线下混合式培训，增强培训效果。

---

① 汪文华：《开展劳动教育要重视师资培训》，《中国建设报》2019 年 2 月 27 日，第 6 版。

2. 开展活动式培训。活动式培训就是学员在教研活动中体验，在体验中反思，在反思中成长。其优点是所有培训教师都平等地参与其中，在对话中建构劳动教育课程的意义。活动式培训的形式主要有案例分析、课例研讨、视频说课等。案例分析是围绕教师指导的劳动教育活动案例，就活动设计、活动过程中学生的表现与教师指导、活动评价、活动效果等展开讨论。通过讨论，提高教师的劳动教育活动设计与实施能力。课例研讨是围绕劳动教育课程教师所执教的一节课开展交流研讨，旨在提高教师的课堂教学能力。视频说课是劳动教育教师借助学生劳动过程的视频或照片，就自己组织开展的一项劳动项目，说清楚这一项目是怎么设计的，为什么这样设计，活动过程是怎样的，活动效果如何，存在哪些优点和不足。教师视频说课后，其他参训教师进行现场交流讨论。视频说课有利于全景式地呈现一个完整的劳动教育活动项目实施过程，便于老师们深入思考、分析和讨论。

3. 以赛代训。以赛代训是指开展多种形式的劳动教育比赛活动，促进劳动教育课程教师专业成长。例如开展教学设计比赛、优质课评选、劳动技能大赛、优秀成果展评等。老师们为了在比赛中取得好成绩，每次活动前都精心准备，活动后都认真反思，准备比赛和比赛的过程就是培训的过程，老师们在比赛的磨炼中不断成长。山东省济南市历城区教育局要求劳动教育教师每学年至少要熟练掌握一项劳动技能，并参加每年一次的劳动技能现场大赛。大赛上，老师们八仙过海，各显神通。有剪纸的，有扎染的，有玉米皮编织的，有面塑制作的，有刻瓷的，有绳编的……充分展现教师的劳动技能和聪明才智。劳动技能大赛促进了教师的专业成长。并且，教育局还每年举行一次劳动教育优秀成果展评活动，截至 2021 年已连续举办 15 届。每届成果展评内容丰富、精彩纷呈，有学生的劳动作品，有学生的现场制作成品，有学生的劳动视频……师生们在优秀成果展评中相互学习，共同提高。

四、坚持科研引领，建设一支专家型的劳动教育师资队伍

教育科学研究是教育发展的第一生产力。要充分发挥教育科学研究在劳动教育师资队伍建设中的引领作用，增强教师教育的科研意识，引导教师在劳动教育教学中不断反思，提高发现问题、分析问题、解决问题的能力。

（一）加强区域专业研究与指导

1. 加强区域教研，发挥教研员专业引领作用

各级中小学劳动教育教研员是区域劳动教育教学研究的专业人员，对区域劳动教育教学研究、师资队伍建设起着引领作用。劳动教育教研员要深入学习、深刻领会《意见》《指导纲要》精神，准确把握新时代劳动教育的本质内涵和实施路径，成为劳动教育研究与实施的专家，真正发挥好专业引领作用。教研员要通过问卷调查、访谈、实地考察等多种形式了解区域劳动教育教学实际和劳动教育教师的素养、水平，找到制约区域劳动教育发展的问题，将问题转化为可以研究的区域龙头课题，并开展课题研究。通过课题研究，促进区域劳动教育有效实施和劳动教育师资队伍专业发展。

要围绕区域劳动教育教学中存在的问题，定期组织开展专题教研、区域教研、网络教研。通过技能培训，让劳技教师成为一专多能的劳动能手。通过现场观摩和专题研讨，引导劳技教师聚焦教学热点和难点。通过设计同题异构，开发连续性的项目课，提高劳动教师的教学设计和课程开发能力。通过师徒结对，促进校内、区内、市内劳技教师协同发展。① 通过协同创新、校级联动、区域推进，提高区域劳动教育整体实施水平。

2. 利用名师工作室，促进教师专业成长

名师工作室是由区域内专业素养高、学术影响力大的名师组成的专业学习共同体，是区域内的学术高地。名师工作室在促进劳动教育课程深入实施，解决学校劳动教育课程教师势单力薄、专业素养低的问题，引领教师专业发展等方面起着重要作用。

（1）名师工作室以课题为载体，发挥辐射带动作用。名师工作室确立一级课题，工作室成员在一级课题研究内容的基础上，选择有价值的劳动教育问题，确立二级课题。工作室成员组织本校劳动教育课程教师在参与自己二级课题研究的基础上，确立三级课题，从而形成三级课题开发机制。通过课题研究，由面到点，由点到面，引领劳动教育课程教师专业发展。

（2）名师工作室搭建活动平台，促进教师梯队发展。名师工作室采取个

---

① 傅小芳、丁宇红：《常态化系统推进：区域劳动教育的苏州探索》，《中小学管理》2019 年第 5 期，第 11—13 页。

人自学、同伴互动、专业引领相结合的原则，以理论学习、专题讲座、说课评课、课题研究、成果汇报、案例分析等方式开展教育教学研究活动。工作室中的成员搭配采用异质分组的方式，专业能力强的和专业能力弱的搭配，经验丰富的与经验缺乏的搭配。这样，工作室的成员之间形成了梯队发展模式，成员们在活动中相互学习，共同促进，素质不断提高。工作室成员回到自己所在的学校后，可以带动学校劳动教育课程教师发展。

案例

名师工作室引领劳动教育区域推进的实施策略①
——以成都双流中学实验学校为例

一、制度保障，区域推进的管理策略

（一）以课时为保障，推进劳动教育的制度辐射

在区域推进过程中，首先要解决学校开齐、开好劳动教育课程的问题。《关于全面加强新时代大中小学劳动教育的意见》规定中小学劳动教育课每周不少于 1 课时。劳动教育课程要常态实施，必须排进课表，才有课时保障。如何解决课时不足的问题？除行政手段驱动外，学校创设的“38 分钟”课堂、20% 课时用于开设综合实践活动课等策略，可以有效解决劳动教育课程的课时问题。

（二）以课题为载体，推进劳动教育的过程辐射

名师工作室制订了《课程实施指导方案》，通过三级课题开发机制，建立课题研究网络，推行分层管理和区域推进制度。各学员在工作室一级课题研究内容的基础上，选择具有劳动教育的研究内容开发成二级课题序列，学校根据自身特色继续开发三级课题，形成“校长—分管负责人—学校课程督导员——一线实施教师”的课题实施体系。学校将课题研究与常规教研有机结合起来，在备课组和教研组研讨活动中，安排专门的劳动教育主题研讨，以学员辐射作用，开展课题研讨活动，学校教师共同参与到劳动教育课程的开发与实施中，充分

① 李春燕、罗晓章：《名师工作室：劳动教育区域推进的有效策略》，《教育科学论坛》2020 年第 20 期，第 25—28 页。

发挥学校教师的集体智慧。

二、名师引领：师资培养的指导策略

在劳动课程开发与实施过程中促进教师专业成长。名师工作室可以利用校本实施、教研、科研三者相结合的培养模式，在实施中发现问题，在校本教研中研讨，在工作室科研中成长。通过“研用并重”的课程开发与实施机制，有效弥合课改新任务与教师原有状态之间的距离，增强教师的课程意识和课程开发力、执行力。

（一）以室促研，以研促改，研用并重

在很多地区，综合实践活动课程中的“劳动与技术教育”没有专门的教研员，教师很少有参赛和培训的机会。名师工作室在推进劳动教育区域发展的过程中，利用“做中学”能很好地解决教师的专业成长问题。以工作室促进教师教研能力的提高，以教研促进教师教学观念的改变和教学方式的变革，从而促进教学改革。研用并重真正符合一线教师的需求和成长规律。

（二）以老带新，梯队式发展的教师队伍建设

区域内教师发展的不均衡，必然会产生部分走在课程改革前列的教师或愿意参与课改但苦于没有方向的教师。名师工作室整合了部分优秀资源，以学员自主学习和名教师的示范、专家的指导和引领相结合的原则，以理论学习、专题讲座、说课评课、课题研究、撰写论文、成果汇报、案例交流、沙龙研讨等方式开展教育教学研究活动。在学员中兼顾有经验和无经验的教师，让有经验的学员指导无经验的学员，形成梯队发展模式。有经验的教师在带队过程中获得了更多的成就感，便于总结经验，成长为专家和名师。

（三）以评价引领、目标导向，促教师专业发展

学员在工作室的学习以目标为导向，鼓励每位学员努力成为骨干和专家。学员在规定期限内掌握劳动教育课程规范操作流程和有效实施模式，能独立开发和实施课程，成为学校乃至全省的骨干教师。在区域内打造精品课题，树立优秀教师标杆，营造劳动教育课程学术研讨和交流的氛围，为教师提供更多展示的平台，以评优评先促进教师专业成长。这样，在名师工作室中不同层次的教师根据不同的需求都能获得自身的发展。

三、资源开发：课程建设的实施策略

学校课程资源不足、课程开发困难是阻碍学校实施劳动教育的大问题。课

程资源包括文本资源，如制度建设、课程实施模式、课程实施指南、课程管理、课程评价等。但除了文本资源，影响劳动教育课程常态化实施的要素还包括校本、自然和社会资源。校本、自然和社会资源是劳动教育课程实施的载体，文本资源只是方法和策略。学校、自然和社会都是劳动教育内容的载体，每所学校都拥有丰富的资源，只是缺少挖掘资源和开发课程的经验。名校经过多年的积累拥有丰富的社会资源，名师拥有挖掘和开发资源的经验。在制度保障的前提下，名师工作室可从课程目标、课程内容、课程实施、课程评价等方面构建课程体系。名师工作室牵头组织学员和有经验的教师构建课程实施资源库，编写《课程实施指导手册》。以文本资源作为方法指导，以课题研究作为资源和课程开发的训练场，整合自然和社会资源，建立区域内劳动教育课程资源中心，实现资源共享。

（二）开展课题研究

课题研究是教师围绕教育教学中的问题，在教育教学理论的指导下，运用教育科学研究方法开展的探索教育教学规律的研究活动。课题研究是教师专业发展的重要路径，是教师获得专业幸福感的源泉。苏霍姆林斯基曾经说过，如果你想让教师的劳动能够给教师带来乐趣，使天天上课不至于变成一种单调无味的义务，那你就应当引导每位教师走上从事研究这条幸福的道路。

劳动教育课程教师要具有学习意识和反思意识；要认真学习教育教学理论，认真学习党的一系列关于新时代加强劳动教育的政策文件，并深刻领会文件内涵，科学把握新时代劳动教育的本质要求和实施路径；要不断反思自己的教育教学行为，善于发现制约教育教学发展的真问题，并使之转化为可以研究的课题，并开展劳动教育课题研究；要制订科学合理、切实可行的课题研究方案，并与教研活动紧密结合，开展扎实有效的研究活动；要通过课题研究，做到真正按教育规律办事，真正改变教育教学实践，真正促进学生素养提升，真正促进教师专业发展。

劳动教育课程教师要走读、研、写一体化的专业发展之路。读书既读先进的劳动教育教学思想与理论，也读先进的劳动教育教学实践经验。读书是与专家对话、向专家学习的过程，通过读书不断提高自身理论素养和实践能力。研究即课题研究，课题研究是劳动教育课程教师运用先进的教育教学理论和科学的教育研究方法与实践对话的过程，通过课题研究提高自己的教学实践能力。写即写作，劳动教育课程教师要及时反思，及时总结，把自己的读书感悟、研究成果、教学心得写出来，写作过程就是与自我对话的过程，形成自己的教学主张和教学思想的过程。劳动教育教师在读书、研究、写作中实现专业成长，成为专家型教师。

案例

广东省深圳市南山区推行“3+2”科研模式①

广东省深圳市南山区推行“3+2”科研模式，提高新时代劳动教育的内涵。“3+2”，即三层级两主体课题研究模式。“三层级”是指区域层面研究省级重点专项课题，学校层面申报市、区级课题，形成“省—市—区”三层级推进研究课题的局面。“两主体”是指“区域大课题引领—学校小课题落实”和“学校大课题引领—科组小课题落实”。把区域引领的大项目、大课题分解到学校进行具体实施，学校立项的大课题又层层分解成若干子课题落实到科组。区域“大”课题，学校“中”课题，教师“小”课题，形成劳动教育课题研究的“树状结构”，实现了以科研引领带动区域劳动教育发展。

五、建立健全劳动教育课程教师工作考核体系，激发教师队伍的内在活力

受应试教育思想的影响，学校过分重视语、数、英等考试学科，忽视劳动教育的育人价值，所以在学校的评价体系中，很多学校没有把学生劳动素养状况纳入对学生的综合评价中，也没有把劳动教育课程实施情况纳入对劳动教育课程教师的评价中，这样就出现了“干与不干一个样，干多干少一个样，干好干差一个样”的现象，严重影响劳动教育课程教师的工作积极性，造成劳动教育课程实施低效。

为了激发劳动教育课程教师的工作热情，学校应建立健全劳动教育课程教师工作考核体系，要从师德师风、专业能力、技术水平、职业精神、劳动工作量、

① 张丽虹：《劳动教育要做好顶层设计》，《中国教师报》2020 年 10 月 28 日，第 14 版。

课程实施过程及效果等方面对劳动教育课程教师进行综合评价。要注意评价主体的多元性，既要有教师自我评价，又要有学生评价、教师同行评价、家长评价以及有关社会人士的评价等。要把评价结果作为教师绩效考核、评优评先、职称评聘的重要参考。

第十二章

劳动教育中的学生角色

学生是劳动教育的主体，拥有劳动教育主角的地位。学校要正确认识学生在劳动教育中的角色定位，引导学校、家庭、社会“三驾马车”共同拉动学生的劳动教育，采取恰当策略，鼓励学生在丰富的劳动活动中大胆实践。

第一节　劳动教育中的学生角色错位

劳动教育是贯穿每个人终身的一门必修课程。学生要从小经过劳动的磨炼，“文明其精神，野蛮其体魄”，才能真正具备劳动和创造能力，自立自强，创造美好未来。

一、劳动教育中学生角色错位的表现

近些年，由于学校、家庭和社会的一些不良思想的影响，青少年在劳动教育中出现角色缺位、错位，劳动能力低下，甚至丧失基本的劳动能力的问题。这样的问题可以大致归纳为以下七点：一是劳动观念淡薄。主要表现为缺乏劳动观念，轻视劳动，不愿参加劳动，怕苦、怕累。二是缺乏对劳动人民的深厚感情。主要表现为以时代骄子自居，轻视工人、农民，脱离一线劳动人民，不珍惜劳动人民的劳动成果，不愿意向劳动人民学习。三

是学习上缺乏刻苦钻研精神。主要表现为不思进取，缺乏动力，懒于动脑筋，马虎应付。在学习中出现作业抄袭、考试作弊的现象。四是缺乏吃苦耐劳精神。主要表现为贪图安逸舒适的生活，吃不了苦，自理能力较差，缺乏坚强的意志和顽强的毅力，遇到一点困难和问题就灰心丧气，经受不住挫折和打击。五是组织纪律性差。主要表现为不严格要求自己，自由散漫，不讲团结协作，我行我素，自以为是，不守校规校纪。六是浪费现象严重。主要表现为不珍惜劳动成果，不爱护公共财物，对“常明灯”“长流水”视而不见，在墙壁、课桌上随意刻画。七是缺乏务实精神、好逸恶劳。主要表现为不注重实际，好高骛远，总想通过最轻松的方式获得成功。

二、劳动教育中学生角色错位的原因分析

青少年在劳动教育中出现角色缺位、错位，劳动能力低下，甚至丧失基本的劳动能力，究其原因，主要有以下几个方面。

（一）社会层面

从社会层面来看，学生的劳动角色出现了偏离。第一，社会经济的发展推动了社会的进步，但也出现了“一夜暴富、不劳而获”的思想，一些人想着投机取巧，走捷径。少数人的价值观似乎以金钱为衡量标准，歧视底层劳动者，没有给予他们应有的尊重。这些社会风气在一定程度上影响了学生对劳动的认识。在对职业的选择与认同上，部分学生显现出好逸恶劳的倾向。第二，当前，社会为学生提供的一些劳动实践的机会与场所，很难起到劳动教育的作用。有些地区虽然建立了劳动实践基地，但是起到常态化劳动教育的作用不多。学生在这些基地中不是以劳动者的身份去体验，而是以一种娱乐的心态，或是带着优越感去观光旅游。

（二）学校层面

在学校层面，因为各种主观或客观因素的影响，学生接受劳动教育的主体地位被忽视。一是在升学压力之下，有些学校明显存在“重智轻劳”的倾向，忽视学生接受劳动教育的权利。一些老师在学校里打着劳动课的口号给其他学科进行补课，削弱了学生在劳动课上的地位，有时甚至将劳动当成对学生的一种惩罚。二是有些学校担心劳动实践活动中存在安全隐患，为了避免承担责任，只是将劳动教育停留在理论的层面上，很少把学生领到劳动场所开展劳动实践。

三是对劳动教育的认识太狭隘，还停留在组织学生进行简单的校园卫生打扫的层面，或是将其演变成劳动作秀，并没有将劳动课程落到实处。在这样的劳动教育之下，学生没有机会或是无法尽情地参与劳动学习和劳动实践。

（三）家庭层面

从家庭层面来看，劳动教育在家庭教育中的弱化现象比较突出，学生在家庭劳动中的角色更是缺失严重。

首先，一些家长缺乏对学生开展劳动教育的意识。父母一心专注于帮助孩子提高学业成绩，很少鼓励子女积极参与到家庭劳动中。为了让孩子能够专心学习，父母几乎完全承担了自己和孩子的劳动义务。这是学生在家庭中劳动角色缺位的重要原因。

其次，随着生活水平的提高，智能化劳动工具的出现使家务劳动逐渐减少，学生也缺乏劳动锻炼的机会。学生在劳动中缺少实践，生活和自理能力相对较差，加上家长保姆式的大包大揽，使他们没有真正懂得感恩，缺乏正确的劳动观。

最后，由于家庭过度依赖学校教育，觉得劳动教育应是学生在学校学习的事情，结果导致家长对劳动教育不重视，不主动配合学校担负起家庭的教育责任，没有创设全方位协同推进劳动教育的环境，造成学生有轻视劳动的想法。

（四）学生个人层面

从学生个人层面来看，现在一些学生不愿意吃苦，好逸恶劳，只是注重个人享受，互相攀比，不愿意通过脚踏实地的辛勤劳动、诚实劳动来获得自己的劳动成果。这些都是学生没有形成正确的劳动价值观的表现。

第二节　劳动教育中的学生角色定位

青少年是我国社会主义事业的建设者和接班人，肩负着实现国家富强、民族复兴的重大使命。青少年的素质将影响国家未来的发展。新时代的劳动教育要以促进学生健康成长为目的，明确学生在劳动教育中的角色定位，调动学生学习劳动课程的积极性。

一、劳动教育课程的设计者

学生是劳动教育的主体，他们对劳动教育应有选择权。对于劳动课程的设计，学生不应只是被动的接受者，而应对劳动课程内容的难度、广度有选择权，做劳动课程的设计者。

教师要充分尊重学生的需求，以学生的发展为前提，立足学生的劳动水平，发挥学生的特长，引导学生主动参与，师生共同设计和创建劳动课程。

（一）参与课程内容设计

劳动教育是一门实践性非常强的课程，强调学生的主动参与和亲身体验。这就要求劳动教育课程的开发和设计要基于学生本位的教育理念，充分调动学生的积极性，让学生主动参与课程内容的设计，而不只是在课堂上被动地接受劳动知识和技能。当然，这并不是完全放任学生自由选择，教师的引导也是很重要的。因此，教师应充分根据不同年龄段学生的特点及其身体功能发展情况，引导学生将实际生活中的劳动教育元素加入课堂，让学生成为劳动教育课程的设计师。例如引导学生将家务与劳动相关知识结合起来，形成家务劳动教育课程，让学生有机会系统性地掌握家务与劳动的相关知识和技巧，体会到家务劳动的艰辛；指导学生建立学习小组，整理自己父母的工作内容，将之融入劳动教育中，形成社会体验教育课程；学生通过对社会各种工作的感受与体验，加深对不同社会劳动方式的认识，培养适应社会、独立生活的能力。再如，现如今很多智能技术已经进入寻常百姓家，学生的生活无时无刻不与科技发生联系。因此，教师可以让学生从自己的生活中发现科技改变生活的例子，引导学生深入了解这些科技产品蕴含的劳动智慧，培养学生的劳动思维，提高学生动手能力和科学创新能力，增强他们脚踏实地创造美好生活的信心。

在规划具体课程时，可根据学生内在需求，在一些主题劳动课程中放手让学生设计课程内容，收集课程素材，选择实践方式。在开发课程之前，教师可将要开发的课程项目以问卷调查的方式调查、了解学生的劳动需求，然后根据学生的意愿确定要开发的课程项目。当课程项目的设计初稿完成后，教师可以邀请学生代表讨论，还可以通过所有学生对课程项目的学习实践反馈来对课程项目的设计进行再修改、再完善。例如，学校可在家务劳动的主题课程中建立课程超市，根据具体课程项目，采用菜单的形式供学生自主选择。学生根据自己选择的教育项目去开展团体合作，共同针对所选择的课程内容、达成的目标、学习模式和绩效考核等问题进行策划。课程以了解学生的实际需求作为教育的出发点，尊重广大学生的自主学习积极性和主动权，提高学生的兴趣和参与程度，使学生有极大的满足感，进一步激发学生对劳动教育学习的热情。

案例

小学“爱·慧”劳动课程开发案例

一、课程开发背景

习近平总书记提出“爱学习、爱劳动、爱祖国”的“三爱”教育理念。“爱劳动”是立身之本。新时代对学生的劳动教育关注学生劳动情感的培养，学生不仅要会劳动，还要爱劳动，更要有智慧地、创造性地劳动。

小学阶段是培养学生劳动情感、劳动意识、劳动习惯、劳动基本技能的关键时期。因此，学校要充分考察校情与学情，积极开发劳动教育校本课程，在学生心田播撒一颗爱劳动、会劳动并智慧劳动的种子。

湖北省襄阳市人民路小学教育集团位于襄阳市樊城区，是襄阳市较早成立的实验小学之一，拥有人民路校区和前进路烟厂校区两个校区。学校现有54个班级，在校学生3500多人。学生大多聪明伶俐，但是缺乏一定的劳动实践经验。家长的文化程度普遍较高，也深知劳动教育的重要性。为此，学校以“爱·慧”劳动课程为依托，深入开展劳动教育，培养学生的劳动技能，锤炼劳动意志，使学生进一步开阔眼界，培养具有家国情怀、用智慧劳动来服务祖国和人民的新时代接班人。

二、课程开发原则

小学“爱·慧”劳动课程的开展与落实，离不开老师、家长、学生的支持与配合，需要学校与家庭、教师与家长的通力合作。课程设置必须是在“不与学生学习冲突、不增加教师工作负担、不增加家长负担、不增加学生学业负担”四个前提下，遵循“学生成长必备、学生喜欢、符合学生身心发展特点、符合生活实际”的原则合理进行。

三、课程教育理论基础

一是“爱·慧”劳动课程以“三爱”劳动教育为切入点，以“三爱”“两会”“慧饰”为主要内容。“三爱”劳动教育又以“爱身体、爱衣物、爱文具”为主要内容。“爱·慧”劳动教育紧紧围绕“爱”的主题，以“爱”为出发点，以“爱”为目标，构建两条“爱”的主线，即以“人”为核心的爱自己、爱家人（老师）、爱他人（同学），和以“物”为核心的用智慧劳动、创造性劳动来爱家庭、爱学校、爱家乡，努力培养学生从心中知小爱、有小爱到胸怀大爱——爱党、爱祖国、爱人民。

二是培养学生良好的劳动习惯是学校办学理念的重要内容之一，劳动教育要紧紧围绕学校主题文化来开展。学校追求的是和谐相处的文化，即人与社会、人与自然和谐共存。“爱·慧”劳动课程对应人与自我的关系，社会公益劳动课程对应人与社会的关系，生产技术劳动课程对应人与自然的关系。用学校文化指导校本课程开发，用校本课程丰富学校文化，实现学生的和谐发展，为学生的幸福人生奠定基础。“爱·慧”劳动课程是学校劳动体系的重要组成部分，是学校文化的重要内容之一，是实现学生身心和谐的重要实践路径。

四、课程内容产生办法

（一）课程开设的情景铺设

通过案例分析、谈体会、讨论等多种形式，教师、家长能够明白小学生劳动教育的重要意义，认识到新时代背景下开设劳动教育课程的必要性，让教师和家长形成对学校开设劳动课程的迫切需求。

（二）课程内容的产生

精心设计问卷，对小学生“爱·慧”劳动课程内容、各个项目的达成目标、考核及评价办法等方面进行设计。对本校及其他学校的教师、家长和学生进行问卷调查，对收集到的信息进行汇总和分析，结合我校校情和学生的家庭情况，初步确定项目、目标、考核及评价办法。

（三）课程内容的完善

在课程实施过程中，要充分考虑劳动教育的层次性、递进性、衔接性，根据实际情况不断调整课程内容、目标、考核及评比办法，推进课程内容与课程目标相融合，实现考核及评比办法的作用，保持劳动的新鲜感，满足学生的兴趣，确保劳动教育的连续性、持久性和渐进性，让学生获得成就感。

五、课程内容及目标

课程设置

类型		一、二年级项目	三、四年级项目	五、六年级项目	目标
生活自理（三爱）	爱身体	洗手、洗脸、刷牙、洗脚	洗头、梳头、洗澡、剪指甲	护肤、爱惜身体、保护身体	方法正确、动作迅速、长期坚持、养成习惯
	爱衣物	穿（脱、放）衣、系鞋带（红领巾）、洗手帕（红领巾）	勤换衣、洗小衣服、使用针线、钉纽扣	晒被褥，叠放衣服，洗外衣、毛衣，搭配衣服	
	爱文具	削铅笔、订本子，爱惜学习用品，分类整理学习用品，准备第二天的学习用品	书本、作业本干净整洁，书包里的文具摆放整齐有序	学习用品整齐、美观，有条理地放置、摆放室内图书、文具	
生活自理（两会）	会保洁	洗水杯，擦桌椅，扫地，拖地	定期打扫，保持书桌、床铺、卧室整洁	每周彻底打扫一个房间的卫生	方法正确、动作迅速、长期坚持、养成习惯
	会做饭	摆餐具、分发食物、洗水果蔬菜、洗碗筷	做米饭，煮面条，择菜，凉拌、炒一两种菜，洗餐具	做简单的家常菜，清理厨房	
生活情趣	种	认识主要农作物，爱护花草树木，给花草树木浇水	认识几种农具，了解农事季节，观察播种和收割，养一两种花草	学一点植物栽培常识，能栽培几种花卉或瓜、菜	了解植物生长常识、爱护植物、会种植植物
	养	认识主要畜、禽、鱼、鸟等动物，了解其生活习性	学习一两种畜、禽、鱼、鸟等动物的饲养方法	饲养一只（条、种）小动物	了解动物的生活习性、爱护动物、会饲养动物
	饰	掌握简单手工纸艺，学会纸的折叠、剪裁、粘贴，做简单玩具	会使用刀、剪刀、尺子等工具，制作贺卡等简单的物品	学会一种装饰品制作方法，如编织、挑花、刺绣，陶艺等	会欣赏简易装饰品、会制作简易装饰品

六、课程实施办法

（一）课时安排

每天开展30分钟生活实践活动，每周一节劳动课（用一定的时间指导学生学习生活自理必备知识），每周五的下午是社团课（部分学生参加）。

（二）课程人员分配：师生全员参与

学校教师人人都是劳动教育老师，师生人人都是“爱·慧”劳动课程的组织者、参与者、考核者和被考核者。将班级学生分配到各个小组，教师与班级捆绑，实现师生全员参与劳动教育。教师人人有班级，学生个个有小组，每个班的学生和三名老师分成三大组、六小组，每两名学生结成对子。学生分组、教师分班及其职责等以课表的形式张贴在教室内，做到学生教师都知晓、都明确。

（三）课程实施方式：教师指导、家长辅导、自主管理、学生互助

学校定期对家长进行专题培训指导，让家长明白孩子参加“爱·慧”劳动课程的重要意义，理解和认同学校开设的劳动教育课程。家长在老师的指导下引导孩子自己完成课程基本内容，有意识地创设机会让孩子在生活中实践，通过表扬、奖励等方式鼓励孩子自己的事情自己做，并留下一些相片和视频，让“爱·慧”劳动课程融入生活中，伴随孩子成长。在学校中，教师将劳动教育融入教育教学的各个环节中，通过各种形式和方法引导学生将生活自理劳动融入校内学习生活中。例如学生对子每天到校后用一分钟的时间讲述各自在生活自理劳动中都做了什么，每一个大组推选一个同学进行表述，一个学期每名学生至少讲一次。形成学生对子之间比较，大组内两个小组之间比较，三个大组之间比较。让学生认识到生活自理是生活中的必备技能，并在见证同学的成长中不断完善自己。

（四）课程监督机制：实行四级监督

一是家长监督，主要是让孩子自己动手做；二是学生对子监督，对子讲述参与劳动的内容，相互检查脸部、手部、衣着、书包与文具等；三是班级监督，通过检查对比，形成对子、小组、大组之间的竞争；四是大队部监督，学校大队部检查各班级的情况，每日通报检查结果、每月汇总，检查结果纳入文明班级评选标准，计入教师绩效考核。用以上四项监督保证“爱·慧”劳动课程的规范性和持久性。

（五）课程考核方式

学校制订考核奖励方案，通过目标合格率测评、班级比拼、劳动能手展示、学校记录等方式对“爱·慧”劳动课程的效果进行测评和考核。班级生活“爱·慧”劳动课程目标测评，主要考核全班学生的合格率；班级比拼主要检测班级学生的优秀率；劳动能手展示，即给有特长的学生搭建展示的舞台；学校记录是将学生做的精品记录下来，编入校本教材，供学生学习参考。

（六）课程评价体系

学校根据大队部日常检查累计结果、班级“爱·慧”劳动课程目标测评、班级比拼等对师生进行评价，评价结果直接与班级和三位教师的考核挂钩。

（七）跟踪调研

学校制订“爱·慧”劳动教育目标达标方案，对全校一至六年级学生目标达标进行横向对比，对每一届学生整体进行比较性跟踪调研。建立学校“爱·慧”劳动教育目标数据库，对学生六年来参与“爱·慧”劳动教育的目标效果进行比较和纵向分析，对每一个学生个体进行跟踪调研。认真分析“爱·慧”劳动教育对学生自理能力、劳动习惯、劳动素养的培养效果，对反映出来的问题提出相应的建议和对策，便于及时调整课程内容和课程目标，不断提高课程的适用性和有效性。

七、课程实施应注意的问题

（一）思想上认识劳动教育的重要性

思想指挥行动，只有在思想上认识到劳动教育的重要意义和作用，即劳动教育关系到教育的育人导向，关系到学生的全面发展、学生的生存、学生三观的形成，才能在行动上积极主动，克服困难，创造条件来落实，而不会做重形式、要面子的事，比如劳动教育只做表面宣传而没有落实等。

（二）行动上重在落实

一是要重视实践。要让学生置身于真实的劳动环境中，参与劳动的全过程，付出辛勤劳动，品尝劳动的快乐，增加对劳动的认知。

二是不要追求全面。不苛求宏观全面的规划，不苛求全面开展，不追求高大上，而要重视落实的效果，哪怕是单项的、局部的。

三是忌短期行为。不认真考虑，盲目选择劳动项目，对劳动项目实施得快，更换得快，对整个劳动教育课程也是三分钟热情，来得急，丢得快，虎头蛇尾。

出现此类现象都是没有真正理解什么是劳动教育的表现，当然也落实不了劳动教育。

四是要分步实施。从点开始，从一个简单的项目开始，让教师、家长和学生在一个项目中，全程参与，辛勤付出，最终收获劳动的成果，建立信心，积累经验。以点带面，不断增设项目，逐渐铺开。分层推进，对于思路不成熟，或者推进过程中管理力量暂时达不到的项目，可先选择一个班级或一个年级来开展实验，等积累了足够经验，有了足够精力时再逐渐在全校展开。

五是抓好过程监控。建立健全劳动项目操作标准、规章制度，并确定目标，使落实劳动教育的各个环节都有标准指导，都有制度监控。

（三）态度上重在坚持

坚持是做成一件事的关键。能坚持做好一件事情，一个很重要的因素是让所有参与者在参与过程中获得自身的发展，这样才能激发参与者的热情，使参与者积极主动地参与到劳动教育中，使学校的劳动教育持续开展，越做越好。

1. 保持学生的兴趣

开展劳动教育要让学生动手动脑、出力出汗，但若仅限于此，学生可能会觉得厌烦，出现消极情绪，缺乏坚持下去的动力。因此，必须让学生看到自己的劳动成果，获得成就感；看到自己的劳动技能越来越娴熟，动手能力不断增强；感受到自己的兴趣越来越广泛，并拥有一定的特长。持续的劳动兴趣有利于养成良好的劳动习惯。

2. 体现教师的价值

开设劳动课的初期无疑会增加教师的工作负担，这主要是因为初期劳动课程不完善、教师对如何落实劳动课程不熟练等，但真正让教师感觉到负担的恐怕是看不到成效、看不到希望。一方面要让教师看到开设劳动课程后学生实实在在的变化，另一方面要引导教师把开展劳动教育过程中看到的、经历过的、有感触的事以案例、教育叙事、论文等方式记录下来或撰写出来，还可以不断地总结劳动课程成果，将做得好的、有成功经验的编成校本教材。此外，还可以引导教师参与劳动项目课程内容编写、做关于劳动教育的课题研究等。通过这些方式，教师能够在工作中看到学生全面发展、不断成长。

3. 满足家长的期望

劳动教育作为一门新的课程，要想改变家长的认识，让家长接受劳动教育这一课程本来就不容易，只有让家长看到、感受到开设劳动教育课程后孩子的变化，比如孩子变得勤快了、爱干净了、生活习惯好了、知道父母工作艰辛了、知道爱父母了等，这样家长才会主动支持、配合并参与到劳动教育中。

扎实开展劳动教育是贯彻落实新时期党的教育方针的重要举措。要保证劳动教育有效果，就必须统筹谋划，紧密结合学校的实际，处理好五大问题，即处理好劳动教育思想认识和行动方法问题，处理好劳育与德智体美的关系，处理好劳动教育与各个学科的关系，处理好劳动教育与学校、教师、家长和学生发展的关系，处理好劳动教育与文化共生的关系。只有在落实中发现问题，在解决问题中落实行动，才能不断丰富劳动课程体系。

（襄阳市人民路小学教育集团　李远宏）

（二）学生是学习途径的规划者

学生是劳动学习的参与者和主体。教师要尊重学生的劳动意愿和尊重其学习规律，在学习途径的选择和规划上，重视对学生的劳动渗透融合教育，保持实践过程的开放性，促进学生劳动能力的提升。

劳动教育不仅帮助学生获得必要的劳动知识与技能，更重要的是提升学生的劳动能力，使学生形成良好的道德品质，这是实现劳动育人的关键。然而，随着社会的发展，人们的学习方式日益多元化和碎片化。因此，教师要明白自己不仅是知识的直接传授者，而且要引导学生成为自我学习的规划者。教师在实施劳动教育的过程中不能只注重讲授劳动知识，而且要引导学生成为劳动学习的主人，突出学生的主体地位。

让学生成为劳动教育学习途径的规划者，教师首先要将劳动教育与多学科相互渗透与融合。劳动教育是一个包含多学科知识的教育活动，如果劳动教育只是在专门的劳动课程中进行，显然是不利于培养学生的学习规划意识的，因为学生只要按照课程表上的时间和教材上的内容按部就班地进行学习就可以了。因此，教师要将劳动教育融入语文、数学、科学、思想政治等课程中，打破各学科之间的专业壁垒，多角度、宽领域地增强劳动教育效果。这是新时期开展劳动教育的突破点，也是让学生成为劳动教育学习途径的规划者的起点。一方面，学校通过多学科间劳动知识的融合与重组，学科间思维方式的渗透与影响，拓宽学生的劳动教育渠道，训练其具备更成熟的劳动思维。另一方面，多学科融合的现代劳动课程教育模式，将“劳”和“育”有机结合起来，要求学生提前规划自己的学习和实践，这样就能更好地使学生的劳动知识得到丰富，劳动能力得到提高，劳动意志得到强化，劳动情感得到升华。

让学生成为劳动教育学习途径的规划者，教师还要重视话题和榜样的渗透作用。班会主题、社会热点话题等都可以作为培养学生规划劳动学习活动意识的契机，利用大国工匠、社会劳模、身边劳动能手等榜样的力量，引导学生认识劳动楷模，学习他们的劳动精神，从这些劳动精神中体会劳动最光荣、劳动最伟大、劳动最美丽的道理，意识到学习也是一种劳动，要发扬不怕吃苦、刻苦钻研的精神，从而更好地规划今后的学习，成为学习的主人。这些与生活贴近的劳动教育不仅可以激发学生的劳动兴趣，而且便于学以致用，提升学生的劳动能力。

案例

整理书包有条理

“整理书包有条理”是一年级的一节劳动教育课。一年级学生自理能力较弱，且还未形成收拾、整理书包的习惯，因为平时这项工作大多由家长代劳了。但这却是一年级学生必须掌握的一项基本劳动技能，也是学生迈向学习和生活自理的开端。劳动教育服务于生活，因此，这节课对学生的意义不言而喻。

然而，如何有条理地整理书包对学生来说有一定的难度。有条理的标准是什么？怎样做到有条理？这些对一年级的小朋友来说，实在不太容易。此时，教师要发挥榜样的作用。一是要利用学生都喜爱的动画人物“图图”来做榜样，向学生展示有条理的书包是什么样子的，让学生立刻明确努力劳动的标准。二是要深挖学生身边的资源，把班级中自理能力较强的小朋友作为榜样，邀请这些小朋友来为其他同学做示范，具体操作有条理地整理书包的步骤。这些实际生活中的劳动榜样可以拉近劳动与学生的距离，让他们有兴趣、有信心去积极参与劳动实践，把自己的生活和学习打理好、规划好，提升劳动能力，做生活和学习的主人。

二、劳动教育的实践者

学生是劳动教育的主体。新时代的劳动教育要进一步增强学生的劳动认同感，彰显劳动的价值，帮助学生树立正确的劳动价值观，让学生在具体的劳动实践中磨炼劳动意志，培养劳动能力，做劳动教育的承担者和实践者。

（一）转变角色，做劳动活动的承担者

1. 提高劳动认知，加强学生的劳动认同

激发广大学生的自我劳动价值观教育意识。首先，要纠正广大学生对于劳动价值观教育的错误认识，强化对于体力劳动、脑力劳动等方面的认识，形成正确的劳动价值观。人类的任何一项劳动都是由大量的脑力和体力共同进行的。在劳动的过程中，脑力劳动和体力劳动同等重要，缺一不可，都应该得到尊重与赞扬。引导学生在实践中正确地认识劳动，正确地看待体力劳动和脑力劳动，珍惜劳动成果。

社会、学校和家庭要联合起来，帮助学生形成对劳动教育的正确认知。通过知识的传递和实践，学生了解到劳动的相关知识，明白了在实际的劳动中不仅要付出身体力量，还要充分地发挥自己的聪明才智，讲究技术，这样才能激发自己的创新思维，从而开展创造性的劳动。这些对于劳动的认知，提高了学生对于劳动的认同感，也使他们明白了劳动的存在价值，体现出对劳动的理解和尊敬，形成正确的劳动价值观。这种认同感会进一步促进学生对劳动的主动承担和参与。这是实行劳动教育的第一步。

2. 彰显劳动意义，涵养学生的劳动情感

学生只有认识到劳动的价值，才会从内心深处认同劳动教育的重要性，才能不受制于外界的束缚，更好地发挥参与劳动的主动性、积极性。习近平总书记提出了“爱学习，爱劳动，爱祖国”的“三爱”教育理念，其中，“爱劳动”是立身之本。对学生劳动情感的培养需在生活场景中加以说教，仅仅依靠一些口头上的讲述则不会持久存在。所以学生只有积极地参与到劳动实践中，亲身经历劳动的过程，感受劳动带来的快乐，深入地了解劳动的重要性与价值，才会产生稳定的劳动情绪。

首先，教师可以组织一些关于劳动最光荣的主题班会，通过讲故事的方式，学生可以了解到如今的美好生活需要靠劳动来创造，引导学生从思想层面认识到劳动的重要性。其次，在日常生活中，家长、教师要以身作则，为学生做好榜样，

指导学生在劳动实践中实现自身价值，体验满足感和荣誉感，也感受到劳动的艰辛，从而形成积极的劳动态度，养成尊重劳动、热爱劳动、劳动光荣的情感。

这些劳动情感会促使学生养成一定的劳动习惯，产生情感信任，有战胜劳动困难的勇气，感受到劳动的快乐，愿意去积极主动地承担劳动任务，参与劳动。这有助于打开劳动教育的局面。

（二）主动参与，做劳动活动的实践者

学生是家庭劳动教育的实践者。家庭劳动为学生发展劳动教育与实践奠定了基础。学生可把在学校学到的劳动知识在家庭中充分实践，反复操练。家长要从根本上转变角色，创设各种劳动条件，提供劳动实践的机会和平台。形成劳动氛围，将家庭劳动融入生活，为青少年学生成为家庭劳动的践行者打造全面劳动环境，保驾护航。

1. 全员参与劳动

在人员上，要面向全体，力求使学生全员参与劳动过程。劳动教育就是服务于全体学生的整体发展而实施的教育，而不是极少数学生参加劳动的表演秀。劳动教育必须成为每个学生身心健康发展的需要。从小具备参与劳动的意识尤为重要，无论学校劳动、家庭劳动或者是社会劳动，学生都应该作为其中的一员。每个人既是劳动成果的享受者，也是劳动的参与者。因此，劳动教育要在加强学生劳动情感的基础上，遵循学生成长规律，引导学生转变以往劳动事不关己的思想，让每一名学生都能积极主动地投入劳动教育中，做力所能及的劳动。学生在劳动中获得的成就感，会进一步激发他们参与劳动的热情，这是做好劳动教育的基础。

家务劳动一直是学生全员积极参与的薄弱地带，家长一定要以身作则，热爱家务劳动，给孩子树立正面的榜样，带动他们一起热爱家务劳动。家长可以根据家庭成员的实际状况，对家庭劳动做好合理分工，以确保孩子能在家庭劳动中做力所能及的事情。孩子自己想做、可以做的事情，就尽量让他们自己动手去做；做不了的事情，家长教孩子做，或是和孩子一起做。凡是孩子能做的，家长尽可能不要包办代替，要让孩子在真实的动手劳动中，锻炼自身的劳动技能。家长一定要通过自己在孩子日常生活中的言传身教，在潜移默化中努力培养少年儿童从小就能说会做，并养成热爱劳动的良好生活习惯。

2. 主动探究体验

在活动方式上，教师要创设劳动情境，指导学生在劳动实践中主动探究体验，做一名劳动体验者，积极参加各种劳动实践，富有个性化地进行劳动学习，运用一种自主、合作、探索的劳动学习形式。

学生在各种劳动体验中，进入真实的学习情境，直面多种劳动形态，通过自己和学习伙伴的思考与不断尝试，探寻劳动方法，丰富自身的劳动认知，增强与自然、社会等劳动世界的了解与互动。在实际劳动体验中遇到各种劳动困难时，要积极地鼓励大家具备战胜困难的毅力和勇气，具备顽强劳动的意志，相互协作，积极探究，寻求解决办法。

学生在主动探索劳动体验中，采用了丰富的劳动形式，练就了多种劳动技术，培养了他们解决实际问题的能力。同时，也让学生体会到美好生活来自辛勤劳动，促进他们对劳动意义的真正理解，也有利于培养他们与时俱进的劳动观念。

（三）及时调控，做劳动教育的管理者

在学生的劳动教育上，学校、家庭和社会要形成合力，内容上相互补充，实施方法上相互促进，为培养新时代社会主义事业的建设者和接班人而努力。然而，作为劳动教育中的主角——学生，其实才是劳动教育真正的主人和管理者。教师应该充分发挥学生自身的主观能动性，对劳动教育进行自我管理和主动管理。

1. 激发自我劳动意识

学生要在各种劳动学习与实践中，加深自己对劳动的认知，形成对劳动价值观的认同，具有自我劳动意识。学生只有认识到劳动的价值，从内心深处认同劳动教育的重要性，才会用顽强的意志使自己不受外在因素的影响，更好地发挥自己的积极性，主动劳动、热爱劳动。培养学生的自我劳动意识，需要学校、家庭和社会的积极引导，不断强化学生的正确认识，指导学生树立劳动主人翁的意识。

案例

欢乐的家庭大清洁

“欢乐的家庭大清洁”是五年级的一节劳动综合实践课。五年级的学生已经具备基本的生活自理能力，教师和家长要充分相信学生，培养学生的家庭主人翁意识，引导学生积极参与家庭清洁，主动为家人分担家务，养成爱干净、讲卫生的良好习惯。

在具体的劳动实践中，学生在第一单元“我是家务小能手”中学会了使用针线，用抹布、扫把等工具来打扫卫生，懂得了整理衣服、缝补抱枕、分类摆放冰箱内的食物和清理灶台等生活技能，为本次家庭大扫除奠定了基础。但由于学生对本次家庭劳动中这么多劳动技术的综合运用还不是很熟悉，面对较多烦琐的家务劳动，还需要学生有强烈的责任担当意识，有一定的耐心，认真对待本次劳动实践。

当然，在这个过程中家长对学生的鼓励与帮助，对于学生顺利完成本次家庭大清洁也很重要。比如家长可以帮助学生搬大件家具，辅助学生开展清洁劳动，帮助学生拍摄清洁过程的视频、清洁前后的对比照片等，这对学生来说都是很好的劳动情感激励。

2. 强化劳动自主管理

劳动是一个辛苦的过程，既劳力又劳心，学生需要具备顽强的意志，才能全面提高劳动素养。首先，在劳动学习与实践中，学生要自主探究，通过不断的思考与尝试，丰富自身的劳动认知。其次，在熟悉劳动内容时，学生能够自主地参与到规划和设计中；在完成劳动的过程中，能提高自己的劳动技能。最后，在劳动意志品质的培养上，学生面对难度较大的劳动项目时，要不断自我暗示，用顽强意志去自主管理，磨炼自身的劳动品质，圆满地完成劳动任务。

案例

“立冬”——节气·劳作课程案例设计

一、指导思想

党的十八大以来，围绕传承和弘扬中华优秀传统文化，习近平总书记提出了一系列重要论述，指出实现中华民族伟大复兴的中国梦，需要充分运用中华民族数千年来积累下的伟大智慧。2016 年 11 月 30 日，中国的二十四节气成功列入联合国教科文组织人类非物质文化遗产代表作名录。作为中国人特有的时间知识体系，它是我国劳动人民与自然保持和谐一致的生活和劳作方式的体现，蕴含着中华民族传统习俗和深厚的文化积淀。学校探究将优秀传统文化——二十四节气与新时代教育相融合的新课程，将节气文化与劳作实践课程整合起来，弘扬劳动精神，在传承与劳作中崇尚劳动、尊重劳动，懂得劳动最美丽的道理。

二、课程设计目标

1. 以传承中华优秀传统文化为目标，帮助学生了解立冬节气的相关知识，培养学生对二十四节气文化的浓厚学习兴趣。

2. 引导学生走进自然，探索自然，体验劳动，随着二十四节气的时序生长发展。

3. 边学习边实践，在学习和劳作中体验快乐，感受先人的智慧。

三、课程内容

关于立冬的由来、三候、谚语、诗词、习俗、农事资料。

四、课程准备

立冬节气资料、视频、课件。

五、实施过程

（一）组建课程开发小组

自发组建六人节气文化传承小组，小组共同商定课程设计方案，根据个人选择进行分工，搜集资料，制作课件，做好录制准备工作。

（二）“立冬”微课展示流程

1. 引出“立冬”

大家好，我们是来自潍坊外国语学校三年级九班的二十四节气传承小队。我是宋抒航，我们的成员还有肖佩姗、丁馨蕊、张涵蕊、陈昱哲、张鏸予、刘烨童。

欢迎大家来到“节气 · 劳作”课堂。在很久很久以前，我们的祖先关心天地日月，春夏秋冬，风云雨雪，鸟兽虫鱼……他们给我们留下了一笔宝贵的财富——二十四节气。

请同学们打着节拍跟我一起吟诵：

二十四节气歌

春雨惊春清谷天，夏满芒夏暑相连。

秋处露秋寒霜降，冬雪雪冬小大寒。

这节课，我们一起走进第 19 个节气，即冬季的第一个节气——立冬。这节课，我们将从立冬的由来、三候、谚语、诗词、习俗等方面展开学习。请肖佩珊同学为大家讲解立冬的由来。

2. 立冬由来

大家好，我是肖佩姗，先请大家通过一段视频了解立冬吧。

《月令七十二候集解》中说道："立，建始也"；"冬，终也，万物收藏也"。立冬时节，秋季作物全部收晒完毕并收藏入库，动物也已藏起来准备冬眠。看来，立冬不仅表示冬季的开始，还有万物收藏、规避寒冷的意思。

请陈昱哲同学为大家解说立冬三候。

3. 立冬三候

大家好，我是陈昱哲。在呼啸而至的北风中，蛰虫休眠，万物活动趋向休止。

古人将立冬分为三候：一候水始冰。水面上凝结起一层薄薄的冰。二候地始冻。我们北方的土地已经开始封冻，变得硬邦邦的，土地冻结变硬。三候雉入大水为蜃。这里的"雉"指的是野鸡，而"蜃"这个字是海市蜃楼的蜃，它指的是蛤蜊，一种生活在海边的贝壳类软体动物。三候时，野鸡不见踪影，却见水边的大蛤和野鸡的线条及颜色十分相似，所以古人就认为蛤蜊是野鸡，但其实这是一个美丽的误会，因为野鸡是不会变成蛤蜊的。

在长期的生产、生活实践中，人们通过对立冬时自然界气象、气候的观测，逐渐形成了很多流传于民间通俗易懂的谚语。请张鏸予同学带着大家学习。

4. 立冬农谚

大家好，我是张鏸予。先请大家跟我一起读以下谚语：

立冬北风冰雪多，立冬南风无雨雪。

立冬那天冷，一年冷气多。

立冬晴，一冬晴；立冬雨，一冬雨。

立冬东北风，冬季好天空。

立冬前犁金，立冬后犁银，立春后犁铁。

请打着节拍再来读一遍吧。这些朗朗上口的农谚是以口耳相传的方式流传下来的，凝结着农民伯伯的智慧呢！请张涵蕊同学带着大家一起朗诵古诗。

5. 立冬古诗

大家好，我是张涵蕊。秋尽冬来，我们吟诵着古诗共同走进这美丽的冬季。

立冬即事

宋·仇远

细雨生寒未有霜，庭前木叶半青黄。

小春此去无多日，何处梅花一绽香。

立冬这天，下着细雨，草木青黄，哪里盛开的梅花送来一阵香气，让冬天增添了一分清雅。我们跟着刘烨童同学一起吟唱《立冬》吧。

大家好，我是刘烨童。在明代诗人王稚登的诗中冬天又是怎样的一番风景呢？请跟着我吟唱。

立冬

明·王稚登

秋风吹尽旧庭柯，黄叶丹枫客里过。

一点禅灯半轮月，今宵寒较昨宵多。

一点禅灯，半轮明月，诗人客居他乡，在立冬时节，更觉得寒冷吧？天气寒冷，同学们也要增添衣物啊。请丁馨蕊同学为大家讲解立冬的习俗。

6. 立冬习俗

大家好，我是丁馨蕊。秋收冬藏，立冬是我国民间非常重视的节气之一，在我国很多地方立冬也被当作重要的节日来庆祝。你们知道哪些关于立冬的习俗吗？

（1）迎冬。古时此日，天子有出郊迎冬之礼，《吕氏春秋》记载："立冬之日，天子亲率三公九卿大夫以迎冬于北郊。还，乃赏死事，恤孤寡。"意思是说，立冬这一天，皇帝要带着大臣贵族们去往北郊迎冬。回来之后，还要犒赏为国捐躯的将士遗孤。今天，我们慰问烈士家属、抚恤孤寡老人的传统，正是源于古代迎冬的习俗。

（2）贺冬。贺冬亦称"拜冬"，在汉代即有此俗。每逢此日，人们更换新衣，庆贺往来，一如年节。此习俗后来有了创新，如办冬学、拜师活动都在冬季举行。

（3）冬泳。立冬之日，冬泳爱好者会用冬泳这种方式迎接冬天的到来。冬泳无论在北方还是南方，都是冬季人们喜爱的一种锻炼身体的方法。

（4）吃饺子。饺子谐音“交子”，意指立冬是秋冬季节之交。饺子的原名叫“娇耳”，是我国医圣张仲景发明的。他的“祛寒娇耳汤”的故事至今还在我国民间流传着。民间有谚语“立冬不端饺子碗，冻掉耳朵没人管”，意味着冬天天凉，耳朵暴露在外面很容易被冻伤，因此，要吃点长得像耳朵的饺子，补补耳朵。其实一家人围在一起吃一碗热腾腾的饺子便是冬日里最温暖和幸福的时刻。

在古代，立冬也意味着平时上不起学的孩子有了进冬学堂的机会。穷人的孩子大多早当家，需要为家里分忧。春耕秋收都需要孩子们的帮忙。到了农闲时节，孩子们终于有机会可以进学堂认字学文化。穷人家孩子的冬学堂一般从立冬开始，到腊月十五结束。从冬学堂走出来的孩子只是经历了两三个月的“扫盲班”基础培养，与当时的读书人仍有本质的区别。凭着冬学堂的教育，乡间的孩子可以认识一些基本的汉字并以此立身处世。可以想见，冬学堂的设立是旧时穷人家的孩子十分珍贵的教育资源，孩子们期待着立冬这一天，期待着进入冬学堂学习知识。现在我们的生活和学习条件优越了，更应当珍惜美好的学习时光。

7. 课程劳作超市

课下请你选择以下 1—2 项实践活动进行劳作体验，并拍下照片或录制视频上传至班级群内。

（1）吟诵描写立冬时节的诗词或者谚语。

（2）和家人一起包饺子，品尝饺子。

（3）自己动手整理冬天的衣物，为过冬做好充分的准备。

六、评价与反思

在课程构思、搜集资料、录制微课的过程中，丰富对节气内涵的认识，学习以前未知的节气知识。“亲身尝梨知酸甜”，只有真正做过、体验过，才能知行合一。同学们一起在节气与劳作的微课中体会古人的智慧，感受中华优秀传统文化的魅力，这也是劳动课中难得的体验。

（潍坊外国语学校　王云云）

三、劳动成效的评价者

学生是评价教育教学活动的重要主体，他们对教育教学活动的感知和自身的学习体验是最重要的评价内容。对劳动教育的评价，主张学生参与其中制订评价标准，自主反思劳动行为及结果，促进学生劳动成效有质量地提升。

（一）参与评价方式的制订

对劳动成效的评价，劳动成果确实是一个重要的考核因素。但是，学生参与劳动的角色也相应地成了劳动评价的一部分。评价的重点是对每个学生所有参与劳动的经历和过程做出综合评估，即包含对学生劳动期间的情绪态度、参与水平、探索欲望、创造能力、协同实践能力、团队合作精神等各个方面发展状况所做出的评估。综合评估需要多样化的评估方式，学生既是被评价者，又是评价的参与者、决策者。如果在这个过程中缺少学生的参与，综合化评价将失去意义。因此，这就需要学生参与评价方式的制订，让劳动教育成效的评价更科学、更合理。

就综合评价的方式来说，让学生参与评价方式的制订，就是高度重视培养学生的主观能动性，将培养学生积极主动参加劳动的各种外在表现、活动行为和内在经历相结合，关注学生劳动观的形成及其对劳动习惯的培养。对于学生的劳动效益评价，不仅要评价学生的外在劳动效益的多少，而且要关心学生积极主动参与到劳动中的效果。即看学生对劳动有无积极的感受和体验，是否有劳动的自觉性，劳动热情高不高等。综合评价的方式能够有效引导学生形成正确的劳动思想观念、劳动精神和良好的劳动习惯，是培养他们成为德智体美劳全面发展的时代创造者和新型人才的重要途径。

（二）作为多元化评价主体的重要一环

对学生劳动教育的成效进行客观、准确的评价，要将其中相关的评价主体全部纳入考量范围。评价手段的多样性就是要将学生的自评、他人的评价和群体性评价紧密结合起来，其中包括教师的评价、家长的评价和同伴之间的互评以及学生的自我评价。

当前的劳动教育评价方式多是教师评价，是指向劳动结果的、单一的、主观色彩较浓厚的评价方式。要改变这种教师一言堂的评价方式，就要充分发挥学生参与评价的作用。学生可以通过自评与互评的方式参与其中。当学生的劳动任务完成后，学生可以对自己的劳动态度、劳动过程和劳动结果进行自我反思和评价。同时，也可以根据这些评价与学习伙伴或小组成员进行互评。评价呈现的方式可以根据学生的爱好及习惯来进行，可以是文字论述、数据量化、星级评价，还可以是多种形式并存，等等。此时，学生既是被评价者，也是评价者。

对劳动评估主体的评价是一种全方位、多视野和多角度的综合评价。这种激励性、群体性、综合性的评价方式，能更好地督促学生勤于劳动、善于劳动、乐于劳动，进一步增强学生参与劳动的光荣感和使命感。

（三）动态化评价信息的提供人

对学生劳动成效的评价，还应该建立一种多维度的动态化跟踪评价方式，注重对学生劳动成效过程的指导与评价，并做好记录，形成每个学生的成长记录袋。学校应当建立对学生的劳动性评价体系，其中评价的内容主要有劳动参与次数、劳动态度、实际行为、劳动结果等各个方面。具体的劳动状况和有关事实资料均被记入学生的综合素质档案，并将其作为晋级、评优的主要依据。也就是说，学校所组织和开展的各类劳动实践活动，可以直接采用“劳动记录”的形式，这样的方式使得教师、家长都能够更加明确地看到学生的发展与进步。动态化跟踪评价的方式本身具有的动态性、随机性特征，容易导致教师在收集学生的成长信息时不全面，带有一定的偶然性。因此，需要发挥学生评价主体的作用，引导学生记录自己和同伴的劳动活动信息，帮助教师完善档案袋内容。

为广大学生提供一体化劳动状况信息档案，既有助于广大学生准确把握自身的劳动教育状况，又有助于开展劳动评价工作。劳动笔录的具体实际操作方法，可以按照学生各个阶段不同的发展需要进行选择。例如在小学低年级阶段，可以将学生按照班级划分为小组，每个人都要安排一位老师或者一位家长来协助其记录下劳动教育工作开展的情况。将记录的内容划分为各个个体和团队，既能够记录班级各个小组中每一名学生的劳动表现，又能够记录全班学生的劳动表现。从高年级阶段起，可以通过增加记录的主体，安排学生自行记录或与同伴之间相互记录，再对他们及其所在小组人员在各项劳动中的表现情况进行分析，总结其所取得的进步，并找到存在的问题，明确进一步奋斗的目标和方向。

通过让学生提供动态化评价信息，对学生劳动评价追踪的动态化管理，能更加客观、公正地评价学生的劳动成效，有助于学生不断提高劳动综合素养，给予学生信心和鼓励，促进学生全面发展。

第三节　劳动教育中学生的角色演绎

厘清了学生在劳动教育中的角色定位，还需要引导学生在丰富多彩的劳动教育实践中大胆地实践，智慧地劳动。

一、学生在学校劳动中的学习

学校是学生参加劳动教育的主阵地，也是学生学习劳动知识、提高劳动技能的乐园。学校要以更加开放的姿态，发挥学生主体地位的作用，引导学生更广泛地参与学校劳动课程的规划、设计，提供更多展示劳动成果的机会，激发学生参与劳动学习与实践的热情。

（一）参与课程设计

学校在建立劳动教育课程体系时，要考虑课程的多样性，除了国家课程、地方课程，还要综合考虑各自的校情与学情，充分利用本校资源研发出富有特色的、可供学生选择的校本课程。学校要充分尊重广大学生的自主学习意愿，倾听他们对劳动课程的需求，规划出如生活技能、人工智能、四季农活研学实践等特色劳动课程，引导学生做这些课程的设计者，并参与课程的规划和设计。

（二）主导课程学习

学校劳动课程可分为劳动知识技能学习和劳动实践展示。学生是学习的主体，劳动教育课程强调学生亲历过程、真实实践。因此，在上课之前，学生要准备好劳动工具和材料，为真正感受劳动技能、体验劳动过程奠定基础。在劳动知识与劳动技能理论学习的课堂上，学生要自主探究，深入思考，与伙伴合作动手操练，在相互启发与互助中积极实践，达到掌握劳动知识与技能的目标。

案例

树叶粘贴画

本节劳动教育课，注重对学生劳动创新意识的培养。学生不仅要构思各种树叶的形状，合理地粘贴出作品，还要设计精巧、有创新地完成作品。这对学生的劳动思维、劳动技能和劳动创新意识都是一个挑战。

怎样做到多者兼备、更好地完成课程内容呢？教师组织学生进行小组讨论，确定作品内容，然后引导学生合作探究做新品，开展劳动实践活动。在学习伙伴的相互启发与探究下，学生对作品有了大胆的构思，并对树叶进行选取、剪裁和粘贴，将一片片看似平淡无奇的树叶，制作成《向祖国献礼》《逆行者》《大美襄阳》《绿水青山》等一幅幅精美的作品。

（三）展示课程成果

每个人都渴望将自己辛勤付出得到的成果与他人分享，对于劳动教育这门实践性较强的课程来说更是如此，因此一定要给予学生充分展示的空间。

在每次展示之前，活动组织者应给予学生一定的准备时间，要尽可能通过多种形式和渠道给学生创造展示的机会。除了学校的劳动课程，学校还可以另外开设专项主题劳动，如安排劳动周、劳动月、科技节、亲子劳动竞赛等劳动项目。通过自己搭建展示平台，为学生提供展示各种劳动成果的机会，既可以加强学生的劳动技能，又能提升学生的劳动成就感和自豪感。

二、学生在家庭劳动中的实践

家庭也是学生开展劳动教育的重要场所。家庭有独特的劳动教育资源，是学校劳动教育很好的补充。家长要充分利用家庭劳动教育的资源，尽量为学生创造更多实践机会。

（一）积极参加力所能及的家务劳动

家庭劳动是培养儿童生活自理能力的保证。有研究表明，儿童时期家务劳动经历越多，其职业意识越强。学生的生活自理能力的提高，是通过不断地独立完成个人劳动和家务劳动来获得的。

学生的个人劳动包括刷牙洗脸、穿衣叠被、梳头洗衣、烧菜做饭等具体的活动。在日常生活中，大部分家长会根据孩子的年龄特点，要求孩子做一些简单的个人劳动。学生在日常的反复实践中，也确实能掌握部分简单的个人生活自理劳动，然而，对于一些稍微复杂点儿的劳动，如洗衣、烧菜、做饭、维修等，部分家长总是不放心交给孩子来做，多由自己代劳。家长应该充分相信孩子的动手能力。只要家长愿意花时间对孩子进行劳动指导，并给予足够的实践机会，孩子对这些有难度、稍复杂的劳动是完全可以胜任的。

学生要在家庭劳动中通过常态化的实践，把个人劳动和家务劳动做出深度、做出精度。学生参与家务劳动，很多时候仅仅停留在扫地、倒垃圾上，这些劳动太简单，没有挑战性，慢慢地会消磨掉他们做家务的热情。加上有些家长心疼孩子，或是认为做家务耽误孩子的学习，很少让学生参与家务劳动，这样学生实践的机会就更少了。

针对学生的家务劳动状况，要对学生加强关于责任和义务的教育。家长要敢于放手，积极引导学生体会到窗明几净、美味可口的饭菜都是来自父母的辛勤劳动。身为学校、家庭中的一分子，学生有责任和义务参与家务劳动。对于有难度的家务劳动，家长带着孩子一起做。孩子在父母的带动之下，既可以掌握这部分家务劳动的技巧，也可以在亲子劳动的互动交流中，密切亲子关系，增强家庭幸福感。

有一个不可忽视的重要的问题，那就是对学生的勤劳俭朴意识的培养。现在人们的生活水平日渐提高，很多孩子的物质生活较为富足，不缺吃穿。少数学生出现了追求享受、虚荣、盲目攀比、浪费等不良风气。这显然与培养学生良好的劳动品质是背道而驰的。家长要做孩子的榜样，一起辛勤劳动，珍惜劳动成果。家长在日常生活中要注意节俭，珍惜各种蔬菜和粮食，节约用电用水，引导学生养成勤劳俭朴的劳动品质。

（二）亲身体验生产劳动

家庭劳动除了要教会学生基本的生活自理劳动，还应创造条件积极引导学生通过种植、养殖、美化家园等劳动方式，感受劳动带来的乐趣。

学生亲手种植植物，观察植物从萌芽到开花结果的过程，体验劳动的艰苦和快乐。学生在对这些植物进行观察、记录及管理的过程中，养成做事细心、持之以恒的良好品质。

学生自己饲养小动物，体验喂食、打扫圈舍、照顾小动物的劳动过程，在付出辛勤劳动的同时学会关爱生命，体会到生命的可贵，培养吃苦耐劳的劳动品质，增强劳动责任感。

学生利用各种材料制作工艺品，美化家园，这也是学生非常喜爱的一项劳动。学生在这项劳动中，可以充分利用各种材料，甚至是废弃的边角料制作出精美的工艺品。这项活动既锻炼了学生的动手能力，提升了学生的创新能力，也增强了学生对劳动的热爱和对生活的热爱。

三、学生在社会劳动中的体验

参加社会劳动是学生劳动教育的重要组成部分。学生走进社区参与各种社会劳动，能够将已有的劳动知识进行实践检验，用劳动知识处理社会生产生活中的事务。

（一）生活文化体验

生活即劳动。学生的生活是丰富多彩的，参加劳动的形式也是灵活多样的。学生要充分利用生活资源进行各种劳动体验，例如到社区进行文艺表演，学习和传承各种非物质文化遗产。学生通过参与这些活动，可以加深对社会生活的认识，体会劳动的意义。

各种节日活动也是学生参与社会劳动的时机。春节，学生动手写春联，跟家人一起备年货；元宵节、端午节、中秋节，学生和家人一起吃汤圆、包粽子、品月饼。在这些节日中，学生通过自己的劳动，体会节日的意义，体验劳动对创造美好生活的价值。

（二）公益服务体验

参加社会公益活动是学生必不可少的劳动体验。公益劳动是为公共福利而进行无报酬、不求回报的社会劳动。例如，可以参加社区帮扶活动，帮助有困难的群众和孤寡老人打扫卫生、洗衣做饭等，在帮助别人的同时提高自己的劳动能力。还可以参与消防知识宣传、垃圾分类宣传、保护环境宣传等公益活动。公益劳动可以培育学生善良、无私的品质，让学生常怀感恩之心。

学生可以加入各种志愿者团体，用自己的劳动回馈社会，为社会做出自己应有的贡献。例如，学生可以走进一些特殊教育学校，与特殊教育学校的儿童一起开展手拉手的活动；参与小动物保护协会，培养学生对动物的爱护之情，使学生成为有爱心的人。

（三）自然课程体验

大自然是开展劳动教育的广阔舞台。学生可以在各类农耕文化馆、农场基地进行各种农耕劳动体验。学生通过认识农具、操作农具、农场种植与收割等，体验农耕的不易，学会尊重劳动，爱惜劳动成果。

学生还可以在社会研学基地开展野炊、防灾演练等实践体验活动，感受劳动规则、人与自然和谐相处的重要性。这种体验是在教室里无法实现的。

各种节气活动是学生进行劳动体验的又一渠道，可以结合二十四节气对农业生产的影响，更是可以为学生提供非常丰富的劳动体验。随着节气的变化，学生在具体的劳动体验中感受自然的神奇，积累丰富的劳动技能和劳动经验。

（四）社会职场体验

社会职场体验是学生劳动体验中非常重要的一课。学生可以利用节假日走进工厂，走进各机关企事业单位进行职场体验。在这些职场体验中，学生成为营业员、图书管理员、社区工作者等，并通过参观调查、观察实验、适当的岗位操作等具体的劳动实践，在体验中学习职业知识，掌握职业技能，形成职业意识，提升职业素养，为未来寻找适合的职业方向奠定基础。

低年级学生体验内容以职业了解为主，比如走进儿童职业体验馆开展研学活动，进行模拟职业体验活动。中年级学生以职业认知为主，可以开展走访消防大队、电视台、气象局、军事基地等活动，让学生亲身感受相关职业劳动者的苦与乐。高年级学生以职业体验为主，可以走进企业、工厂，了解企业文化与管理制度，感受企业劳动者的工作，亲身“上一天班”。岗位体验还可以根据人工智能时代职业岗位的新变化、新要求和职业劳动的新形态，让学生看到新时代劳动的特征，感受到只有认真学习才能创造美好未来。

案例

“营养早餐‘蛋’生记”案例及评析

一、劳动教育环境分析

校情（班情）：由于学校坚持从一年级开始对学生实施劳动教育，因而四年级学生不管是身体素质还是实际劳动实践方面都具备一定基础，他们都有过烹饪的经验，具备一定的烹饪能力。

学情：本课程是四年级第二单元第7课的劳动课程。本单元的活动主题为“日常生活劳动之我是厨艺小达人”。通过本单元前三课的教学，学生已经掌握了炊具、刀具的使用方法，并且在家中已做过练习，具备一定的烹饪基础。

家情：家长很支持学生参与劳动教育，平时在家会给孩子提供一定的家务劳动实践的机会，已教会孩子一些基本的简单的烹饪方法。

二、劳动教育项目分析

劳动缘由：让学生尝试动手做一些营养丰富且方便快捷的早餐，培养学生自己动手丰衣足食的劳动意识，提高学生劳动实践能力。

实施途径：通过“厨王争霸赛”的形式，培养学生团结协作的精神，提高学生的劳动创造能力及审美能力。

注意事项：注意劳动安全，以免烫伤。准备碘伏和创可贴。准备塑料袋，注意配制调味料时的卫生。

劳动评价：小组分工是否做到人人参与，制作的菜品色香味如何，制作中有什么创新。

相关信息：指导学生了解早餐的重要性和早餐的营养原则。

三、劳动教育教学设计

（一）学习目标

知识与技能：引导学生自主探究鸡蛋的各种做法，掌握鸡蛋的四种主要烹饪技巧，进一步熟练掌握厨具的安全使用方法。

过程与方法：学生以小组合作的方式烹饪鸡蛋，提高学生的劳动实践与创新能力及审美情趣，培养团结协作精神。

情感态度价值观：树立学生自己动手做早餐的劳动意识，激发学生对劳动的热爱，养成良好的劳动习惯。

（二）学习重点难点

学生掌握鸡蛋“煎、炒、蒸、煮”四种烹饪方法的基本过程。

（三）教学准备

教师准备：多媒体课件，小奖杯，医药箱。

学生准备：面包（或馒头）、西红柿、黄瓜、鸡蛋、生菜、丝瓜、甜面酱（或沙拉酱、番茄酱）、油盐糖醋等调味料适量，一套小厨师衣帽。

家长准备：电磁炉、各种锅具、碗盘筷铲勺、一次性手套等。

（四）课时安排：一课时

四、具体教学环节设计

（一）谈话导入，以旧引新

师：俗话说“一年之计在于春，一日之计在于晨”，营养丰富的早餐开启我们一天的生活，为我们提供充沛的能量。在前两节课上，我们认识了早餐的重要性（课件出示），知道了营养早餐的搭配原则（课件出示），也设计了许多营养丰富的早餐，而且，在家长的帮助下，制作了许多早餐。让我们一起看看同学们设计的早餐吧！

教师播放营养早餐幻灯片。

（二）联系实际，了解方法

师：从同学们的设计中，可以发现鸡蛋是早餐的主要食材之一，大家都吃过什么样的鸡蛋美食？

师生一起从学生回答中提炼出做鸡蛋美食可用煎、炒、蒸、煮四种主要烹饪方法。（老师板书）全班交流各自的做法和经验。

设计评析：

学生对劳动价值的情感认同是开启学生参与劳动、提高劳动能力的钥匙。上课伊始，教师引导学生温故知新，回顾前两节内容，把同学们在家制作的营养早餐做成幻灯片向全班同学展示，既增强学生劳动成就感和劳动自信，也调动起学生强烈的劳动兴趣，激发学生对劳动的热爱，为后面学生动手制作早餐打下情感基础。

劳动服务于生活，对劳动课程内容的设计应贴近于学生生活。学生不仅是劳动的实践者，也可以是劳动课程内容的设计者。通过学生设计的早餐，教师从学生的劳动实际出发，不仅引导学生了解鸡蛋的不同烹饪方法，感受到食物烹饪方法的多样性，而且总结出煎、炒、蒸、煮四种主要的烹饪鸡蛋的方法。这正是本节课学生劳动的主要课程内容。四种烹饪鸡蛋的做法来自学生内在的劳动需求，教师因势利导，尊重学生意愿，和学生一起规划课程内容，将学生劳动学习的主动权交给学生，提高了学生的劳动参与度。

（三）小组合作，探究不同菜品的制作方法

师：今天我们就以鸡蛋为主要食材，用不同的烹饪方法开展一次“厨王争霸赛”。我们特邀 4 名家长加上每组推选 1 名同学担任评委，从色、香、味、新四方面为美食贴花，得花最多的组将获得厨王奖杯！

1. 以小组为单位，选择一种烹饪方法，展开小组合作学习。用平板电脑搜索煎、炒、蒸、煮鸡蛋菜品的视频，学习制作步骤。

2. 在小组内分工（主厨、帮厨、切菜、摆盘等）。

3. 根据所选菜品，选择合适的厨具（锅、铲、勺、刀等）、食材、调味料，组长简单说明选择理由。

（四）小组合作，现场制作美食

（老师提示注意做菜时用火的安全。）学生制作时，教师可巡视，利用投屏功能，把学生精彩的烹饪瞬间展示到电子白板上，也可现场简单采访。

设计评析：

学生是劳动教育的主角。无论是对劳动内容的自主选择，还是在劳动实践中的主动探究与体验，教师都应充分尊重学生的劳动情感，鼓励学生富有个性地劳动学习与实践创新。

在本环节，教师创设“厨王争霸赛”的劳动情景，不仅能激发学生的劳动好胜心，而且更能激发他们的劳动创新思维，使其发挥聪明才智，能更加认真地去做一道美食。只要给学生提供一个舞台，学生的劳动潜质就会被尽情地释放。在各小组选择一种烹饪方法后，教师让学生用平板电脑搜索美食的制作方法，自主跟随视频学习制作，培养学生对劳动技能自主学习的能力。教师利用投屏功能，及时将学生精彩的劳动过程进行全班展示，为学生树立榜样引领，给其他学生提供劳动实践动力。

学生是劳动教育的践行者，学校应面向全体学生，使学生全员参与劳动实践的全过程。劳动教育中的小组实践是对所有学生的考验，不同层次的学生能否在劳动实践中提高劳动技能，有无学生趁机逃避劳动或应付劳动，也是对教师组织教学的一次考验。而在本节课中，各小组成员有明确的劳动分工，有主厨、帮厨，还有人负责切菜、摆盘等。学生人人有事做，劳动任务样样有人干。小组成员发挥劳动主人翁意识，团结协作，为了一项共同的劳动任务各尽所能，加深了对劳动分工的正确认识。

（五）评委评选，厨王感言

菜做好后放到前台品尝区，家长评委和学生评委品尝菜肴，并与网络图做对比，贴花。由一名同学和一名家长分别说说各自的感受。评出厨王小组，上台领奖，组长谈谈感受。

（六）谈感想，说收获

让学生说说这次做菜的感受，树立正确的劳动观，感受父母的艰辛，并培养劳动习惯。

设计评析：

劳动成效的评价者不再局限于传统意义上的老师，也可以是学生，还可以是家长。学校、家庭和学生在劳动评价上形成合力，共同促进学生劳动能力的发展。本次课程在各自小组用同一食材烹饪出不同的早餐食物后，邀请家长和学生一起来当评委。劳动成效的评价者变得更加丰富而立体。学生既是参与者，也是评估者。家长既是孩子家务劳动的指导者，也是劳动成果的评价者。学生评委在相互评价中加深了相互学习，完善了自身劳动认识；家长通过评价，也认识到孩子有劳动的能力，应该放手让孩子多劳动，掌握更多的劳动技能。学生和家长的这些认识将进一步促进学生对劳动的理解，增强劳动自信和劳动热情。

家长评委和学生评委在多重身份角色的转换中，对劳动者的劳动过程表现及劳动成果的评价有了更切身的认识和更加科学的评判。评委不仅要关注劳动者的劳动成果本身，而且还要关注劳动者参与劳动的积极状态和劳动熟练度等。本次评价，家长评委和学生评委重视评价主体的多元化，从色、香、味、新四个角度，来对学生的劳动成果进行多元考核评判，鼓励劳动者的劳动创新。将早餐成品的外观与网络图做对比，去感受劳动成果的色泽，然后通过亲自品尝去感受食物的香味与口感度，最后综合考量食材烹饪制作的新意度。各位评委通过以上步骤的整体评估为各小组的劳动成果贴花投票，完成了本次劳动评价。

通过各组劳动成果的展示和评委的点评，学生在相互的劳动学习、探究和成果展示中，劳动思维得以启发。面对丰富的劳动成果，听取获奖小组发表获奖感言，可以培养小组成员的劳动合作意识，增强集体荣誉感，让学生对劳动的意义有更深刻的体会。

师：早餐是一天中最主要的一餐，只有早餐摄取了足够的能量，人才能整天保持一个良好的状态。同学们每天早起30分钟，就能自己做出美味营养、干净卫生的早餐。希望同学们把这个劳动习惯坚持下去，用勤劳的双手创造我们幸福的生活。

板书设计：

营养早餐“蛋”生记

蒸出喜悦

煮出温暖

煎出技巧

炒出团结

设计评析：

学生劳动意志的锤炼和主动承担劳动的习惯，非一日之功，需要教师给予学生更多的赏识、鼓励和引导。只有从学生情感出发，提高学生的劳动认同感，才能使学生愿意主动参与劳动实践，并进行创造性地劳动，进而产生对劳动的热爱和对劳动的自觉、自律。

学生是劳动教育的主角，是劳动课程的设计者和具体实践者，也是劳动成果的展示者和评价者，更是劳动情感的体验者。劳动教育的开展要依据学生学情展开，要充分关注学生真实独特的劳动情感体验，采取恰当的教育策略，引导学生积极参与具体而丰富的劳动活动，大胆实践，有创造地劳动，从而培养学生对劳动的尊重与热爱，锤炼劳动意志，养成良好的劳动习惯。

（襄阳市晨光小学　李红琴
襄阳市方圆学校　张正菊）

后记

党的十八大以来，习近平总书记多次发表有关劳动教育的重要论述，强调要“努力培养德智体美劳全面发展的社会主义建设者和接班人”，明确将劳动教育确定为全面发展教育的重要组成部分。

2019 年 6 月 23 日，中共中央、国务院发布《关于深化教育教学改革全面提高义务教育质量的意见》，提出“五育”并举，将劳动教育纳入全面培养的教育体系。2020 年 3 月 20 日，中共中央、国务院颁布《关于全面加强新时代大中小学劳动教育的意见》，从顶层设计上明确了劳动教育到底怎么做。顶层设计已经有了，接下来，就是遵循劳动教育本质规律与科学方法，确保劳动教育的有效落地。

本书针对“如何理解新时代劳动教育目标与本质？它的基本规律是什么？如何建立学校、家庭、社会‘三位一体’多元协同的实施体系？如何在真实性、多样化的情景中增强劳动教育的实践性，进而实现以劳树德、以劳增智、以劳强体、以劳育美？如何建设劳动教育课程？如何进行专业的劳动教育教师队伍建设？如何建立系统的劳动教育评价机制？如何开发劳动教育实践基地在内的多种劳动教育资源？”等系列问题，为中小学寻找出加强劳动教育的新路径、新方法，为中小学开展劳动教育提供专业性指导。

本书的编著主要经历了策划、实践、撰写三个阶段。

策划阶段（2020 年 5 月—2020 年 8 月）：结合《意见》和《指导纲要》等文件精神，相关专业人员组建项目组，提出了本书的写作提纲，并在实践过程中不断调整。

实践阶段（2020 年 9 月—2021 年 6 月）：广西教育出版社牵头成立了编委会，并在其基础上组织各地一线专家成立了新时代劳动教育研究项目组。根据写作提纲，首先开展文献研究，并在北京市、山东省、湖北省襄阳市、四川省成都市、河北省保定市、广东省深圳市等地，进行了案例征集、经验总结和理论性提炼。

撰写阶段：（2020 年 10 月—2021 年 6 月）：各地在实践的基础上，边实践边进行理论总结，尤其是 2021 年 5 月在山东潍坊组织召开了新时代劳动教育教学方式研讨会。新时代劳动教育研究项目组成员，结合文献研究和实践研究，完成了书稿的撰写。

本书由时俊卿、李红婷、李杨映雪担任执行主编。

各章撰写有以下成员参与：

第一章新时代劳动概述：王珍、张静；第二章劳动教育目标：李红婷；第三章劳动教育的理念与原则：龚振，任媛；第四章劳动教育的课程开发与设置：赵霞；第五章劳动教育内容：韩竹；第六章劳动教育的模式与策略：赵霞；第七章劳动教育与信息技术：张正菊；第八章劳动教育管理：龚振、巴春蕾；第九章劳动教育评价：李红婷；第十章劳动教育基地建设：王秀玲、李娜；第十一章劳动教育的教师队伍建设：冯光国；第十二章劳动教育中的学生角色：郭强。

全书撰写组织、具体指导、全书统稿：时俊卿。

感谢原中央教育科学研究所所长、研究员卓晴君先生对本书在策划、撰写的过程中给予的指导，并完成本书的审稿。

感谢山东省潍坊实验中学、广东省深圳市光明区凤凰学校等学校以及姜晓波，提供来自教育教学一线的鲜活的实践案例。